WEIN

VOM EINSTEIGER ZUM KENNER

Ophélie Neiman

mit Illustrationen von Yannis Varoutsikos

WEIN

VOM EINSTEIGER ZUM KENNER

Der illustrierte Guide

INHALT

CAROLINE BESUCHT DIE WEINBERGE

LEONIE MACHT DIE AUSBILDUNG ZUR SOMMELIERE

PAUL KAUFT WEIN

Julia hat heute Abend ihre Freunde Elias, Niklas, Caroline, Leonie und Paul eingeladen. Sie werden sicher viel über Wein sprechen, denn sie alle haben Ahnung vom Thema: Leonie ist von Wein als Speisebegleitung fasziniert, Elias hat das Verkosten gelernt, Niklas weiß alles über die Produktion, Caroline liebt das Reisen – der Begriff Terroir ist kein Geheimnis mehr für sie –, und Paul stellt sich gerade einen Weinkeller zusammen.

Julia ist eine herausragende Gastgeberin. Doch so eine Feier will vorbereitet werden. Um ihre Freunde nicht zu enttäuschen, muss Julia die richtigen Gläser auswählen, gute Weine, auf die richtige Serviertemperatur achten … Und das ist nicht so einfach. Wäre sie ein Weinprofi, wüsste sie genau, wann sie eine bestimmte Flasche Wein zu öffen hätte und welche Flasche am besten zur Stimmung des Abends passt. Dieses Buch wird ihr helfen, wie ein Profi aufzutreten. Nach der Feier wird Julia die Gläser spülen müssen … und Flecken wegwischen. Falls etwas Wein übrig bleibt, ist das kein Problem, denn sie hat ein paar Ideen, wie sie ihn am besten aufbewahren oder für welche Rezepte sie ihn verwenden kann. Vor allem vergisst sie die Tricks nicht, die gegen Kater helfen. Doch im Moment fragt sie sich noch, ob sie nicht vielleicht eine Blindverkostung vorbereiten sollte, spielerisch und mit Überraschungen.

Dieses Kapitel ist für alle Julias, die mühelos gelungene Feiern organisieren möchten.

Julia

ORGANISIERT EINE FEIER

Vor der Feier • Während der Feier
Nach der Feier

Die Wahl der Gläser

Hier die Gläser, die während eines Dinners am häufigsten auf dem Tisch stehen.

1. Wasserglas Für Wasser. Und nur dafür. Serviert darin keinen Wein, es sei denn, der Geschmack wäre euch egal. Auf jeden Fall wäre nicht viel zu schmecken. Für Billigwein könntet ihr es nehmen.

2. Sektschale Ein hübsches Glas, den Aromen von Schaumwein aber nicht zuträglich. Es heißt, die Form wäre der linken Brust der Marquise de Pompadour nachempfunden. Das ist allerdings eine Legende.

3. Sektflöte Perfekt für Schaumwein. Ihr könnt darin auch lebendige, leichte Weißweine oder Aperitifs (Kir, Portwein, Madeira, Cocktails) servieren.

4. Verkostungsglas Genormtes Glas des INAO (staatl. frz. Institut für Herkunft und Qualität), recht klein, aber sehr gut. Von Verkostungs-Jurys bevorzugt und in Pariser Bistros sehr beliebt, weil es günstig und für alle Weinarten geeignet ist.

5. Burgunderglas Ein bauchiges Glas mit sich verjüngendem Kelch, perfekt für Burgunder, aber auch für andere junge Rot- oder Weißweine. Es bringt die Aromen konzentriert in die Nase.

6. Großes Burgunderglas Für Liebhaber teurer und berühmter Burgunder. Das Glas konzentriert die Aromen zuerst und streut sie dann an der Lippe des Kelchs, damit sich das Bouquet ausbreiten kann.

7. Bordeauxglas Hohe Tulpenform, die – bis auf fragile Weißweine – für alle Weine geeignet ist. Der Rand ist nicht viel enger als der Bauch und im Gegensatz zu Nr. 5 breit genug, dass sich der Wein auf der ganzen Zunge ausbreiten kann. Daher ist dieses Glas für alle kräftigen Weine geeignet.

8. Universalglas Gleiche Form wie Nr. 7, aber kleiner. Es ist für leichte und kräftige Weißweine geeignet, ebenso für junge und reife Rotweine. Sogar kräftige Champagner kann es aufnehmen. Kurz: Es kommt für alle Weine in Frage und ist auf keinen spezialisiert.

9. Das bunte, dekorierte Glas Egal, ob wertvoll oder kitschig – es ist für nichts geeignet, am wenigsten für Wein. Es versteckt die Farbe, verschwendet die Aromen. Falls es einen sentimentalen Wert für euch hat, verwandelt es lieber in eine Mini-Vase oder verwendet es als Kerzenhalter.

Warum ein Stielglas?

Das Stieglas hat zwei Vorteile

Es hält den Wein kühl, denn die Hände berühren nicht den Kelch, sondern den Stiel. Warme Finger wirken wie eine Wärmflasche auf die Flüssigkeit.

Es setzt die Aromen frei, denn in einem Glas, das sich nach oben verjüngt, können die Aromen sich unten frei tummeln, um sich dann oben zu konzentrieren und unseren Nasenlöchern zu schmeicheln. So nehmen wir die Aromen besser wahr.

Ein ausgestellter Kelch – wie bei einem Wasserglas – lässt die Aromen davonfliegen. Und schwups, weg sind sie. Sehr schade, vor allem, wenn man sich einen guten Wein geleistet hat. Das ist einfach Verschwendung.

Eines für alle? Wenn ihr nur ein einziges Weinglas nehmen könnt, wählt ihr am besten ein Burgunderglas oder ein großes Universalglas. Letzteres eignet sich für alle Gelegenheiten und passt sich jedem Wein an. Zu kleine Gläser sollte man vermeiden, denn kräftige Rotweine können sich in ihnen nicht voll entfalten. Gleiches gilt für zu große Gläser, da sie fragile Weißweine überwältigen.

Es gibt unzählige weitere Arten von Gläsern. Von den unkonventionellen einmal abgesehen, sollen alle bestimmte Eigenschaften des Weins zur Geltung zu bringen. Im Trend sind zum Beispiel Gläser mit kantigem Bauch, die es dem Wein ermöglichen sollen, sich zu »öffnen«, damit er möglichst viele Aromen verströmt. Letztlich hängt alles davon ab, ob man sehr aromatische oder delikatere Weine bevorzugt.

Glas oder Kristall?

Warum ist Kristallglas das Beste vom Besten?

Weil es sehr fein geschliffen werden kann. Sein Rand ist dann kaum dicker ist als ein Blatt Papier. Im Gegensatz zu einem groben, wulstigen Becher, bietet das Kristallglas ein leichtes, elegantes Mundgefühl. Man vergisst es zugunsten der Flüssigkeit. Ein weiterer Vorteil: Es hält den Wein länger kühl als einfaches Glas, da es weniger Wärme leitet.

Vor allem hat Kristallglas eine rauere Oberfläche als Glas, sodass der Wein besser daran haftet, wenn man das Glas zum Belüften schwenkt. Für Tollpatsche ist Kristallglas allerdings nicht zu empfehlen: Es ist teuer. Wenn ihr mehr Gläser kauft als Wein, lasst es! Es gibt auch neue Materialien, die wie Kristall wirken, aber widerstandsfähiger sind.

DER KORKENZIEHER

Welcher Korkenzieher gehört in eure Küchenschublade? Die Antwort auf diese Frage hängt von eurem Geschmack, eurer Geduld, eurem Budget und eurem Geschick ab. Nicht so sehr von euren Muskeln.
Das Prinzip ist einfach: drehen und ziehen. Um ein Korkenmassaker zu vermeiden, ist ein Korkenzieher mit »Seele«, also mit einer hohlen Spirale, zu empfehlen. Zu kurz darf sie auch nicht sein, sonst könnte der Korken brechen.

Der klassische Flügelkorkenzieher

1

Er funktioniert ganz einfach: Man dreht die Spirale in den Korken und drückt dann die Flügel herunter. Meist ist er günstig, doch bei intensiver Nutzung nicht besonders langlebig. Einziger Nachteil ist, dass die Spirale den Korken durchstechen kann, sodass Stückchen in den Wein fallen. Ich bevorzuge einen Doppelhelix-Korkenzieher, bei dem man immer in die gleiche Richtung dreht und die Basis des Korkenziehers als Hebel fungiert.

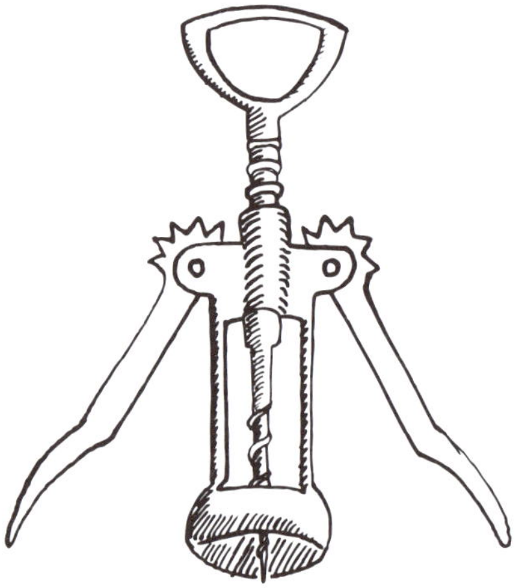

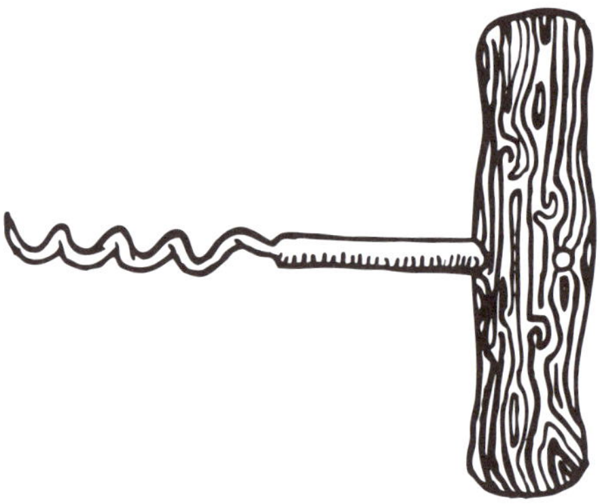

Mit Muskelkraft – der T-Korkenzieher

2

Er hat keinen Hebel, nur einen Griff, an dem kräftig gezogen werden muss. Wer nicht stark genug ist, trinkt keinen Wein. Wer Gewalt anwendet, riskiert, den Korken abzubrechen. Meistens wird er vor allem verwendet, um mit dem Bizeps anzugeben.

Der Hebelkorkenzieher

3

Der schnellste seiner Kategorie und perfekt geeignet, zum 90. Geburtstag von Opa 90 Flaschen am Stück zu öffnen – und das ohne Sehnenscheidenentzündung. Die Kehrseite der Medaille: Er ist sperrig und teuer.

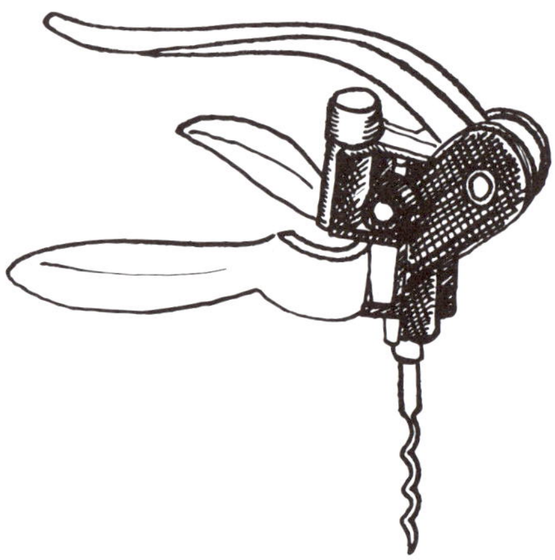

Das Kellnermesser

Beim Kellnermesser ist ein Kapselschneider integriert. Es ist der Korkenzieher, der in Restaurants verwendet wird. Auch mein Favorit, da man den Korken damit je nach Gemütslage mehr oder weniger feinfühlig angehen kann. Es passt in die Hosen- oder Handtasche, sodass man in jeder Situation gewappnet ist. Sehr effizient sind Exemplare, deren Hebel zwei Positionen haben. Mit ihnen kann man den Korken besonders sanft ziehen.

| 4 |

Der Federzungen-Korkenzieher

| 5 |

Die Geheimwaffe für Liebhaber alter Flaschen und relativ unbekannt. Das Besondere ist, dass er keine Spirale hat, die in den Korken gedreht werden muss. Die Klingen werden zwischen Korken und Flaschenhals eingeführt, dann zieht man den Korken mit Drehbewegungen. Das braucht Feingefühl. Hat man keines, fällt der Korken in den Wein. Bei sehr alten Weinen, deren Korken zu bröckeln droht, ist er aber die Rettung.

Mist, mir ist der Korken abgebrochen!

Keine Panik. Ihr habt zwei Möglichkeiten: Wenn ihr ein Kellnermesser habt, dreht die Spirale schräg hinein, um das Loch nicht zu vergrößern und Krümel zu vermeiden. Das Korkstück gegen den Flaschenhals drücken und nach oben herausziehen.

Ansonsten drückt ihr den Korken in die Flasche (Vorsicht, das könnte spritzen!) und füllt den Wein sofort durch ein Haarsieb in eine Karaffe um, damit der Korken das Getränk nicht verunreinigt.

Lösung 1

Lösung 2

ÖFFNEN OHNE KORKENZIEHER

Ihr habt alles so gut geplant … aber den Korkenzieher vergessen. Da gibt es mehrere Möglichkeiten.

– 1 –

Den Korken in die Flasche drücken. Bei dieser Methode müsst ihr den Wein sofort in eine Karaffe umfüllen, damit das Getränk nicht vom Korken verunreinigt wird. Die Methode ist riskant, weil sie den Wein innerhalb weniger Minuten verderben kann.

– 2 –

Improvisierter Korkenzieher. Ideal für Heimwerker, die so zum Star des Abends werden. Die Idee ist, den Korken festzusetzen und dann herauszuhebeln. Eine Schraube und eine Zange sind gut geeignet. Die Methode wurde von der Autorin getestet und für gut befunden, sie hat auf einer Party eine aus der Mikrowelle gezogene Schraube und eine Schere verwendet. Ergebnis: Vier geöffnete Flaschen und viele glückliche Freunde.

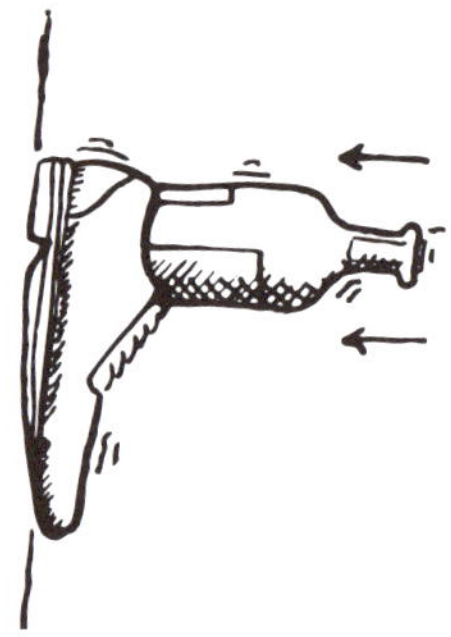

– 3 –

Den Korken mit Druckkraft entfernen. Dafür braucht ihr eine Mauer oder einen Baum, einen Schuh mit flachem quadratischem Holz- oder Kunststoffabsatz. Die Kapsel entfernen und den Flaschenboden senkrecht hinten in den Schuh stellen. Den Schuh mit der Ferse (während die Flasche stabil darin gehalten wird) fest gegen die Mauer klopfen. Die Druckwelle überträgt sich vom Schuh auf den Flaschenhals und drückt den Korken heraus. Nach sieben bis acht Schlägen sollte er ausreichend vorstehen. Vorsicht, manchmal sprudelt mit dem Druck auch etwas Wein heraus. Die Hände auf jeden Fall mit einem Küchentuch schützen, falls die Flasche bricht. Davon abgesehen ist es nicht meine Lieblingsmethode, weil der Wein durchgeschüttelt wird, was die Qualität beeinflussen kann. Aber praktisch bei Picknicks.

– 4 –

Glückspilze oder Hellseher*innen haben eine Flasche mit Drehverschluss gekauft ... Den Korkenzieher müsst ihr nicht suchen, einfach drehen und öffnen.

SCHAUMWEIN ÖFFNEN

Beim Öffnen einer Flasche Champagner dem oder der Liebsten ein blaues Auge verpassen oder Omas Vase zerbrechen, weil man keine Übung hat? Das muss nicht sein … Mit ein paar simplen Tricks lässt sich der widerspenstige Korken ganz einfach zähmen.

1

Regel
Die Flasche vor dem Öffnen nicht schütteln. Falls sie unten in der Einkaufstasche durchgeschüttelt wurde, lasst sie zunächst mindestens 1 ½ Stunden im Kühlschrank ruhen.

Nach dem Entfernen des Drahtgeflechts den Daumen auf den Korken legen und die Flasche nicht mehr unbeaufsichtigt lasssen.

Nicht ziehen, drehen!
Den Korken gut festhalten und dabei mit der Handfläche bedecken, damit er nicht wegfliegt. Dann die Flasche langsam drehen. So spürt man, wie sich der Korken langsam löst, und kann den Griff dem Druck des Gases anpassen.

Nicht loslassen! Korken und Flasche halten, bis sie vollständig getrennt sind. Wenn das gut gelingt, ist nur ein diskretes und elegantes »Plop!« zu hören.

Ein Glas in Reichweite haben. Denn falls es doch zu schnell geht und Schaum aus der Flasche steigt, könnt ihr einschenken, ehe der Schaumwein herausschwappt.

WELCHER WEIN FÜR WELCHEN ANLASS?

Ganz einfach: Ein simpler Wein für einen einfachen Anlass, ein komplexer Wein für einen außergewöhnlichen Moment. Der Rest hängt von eurem persönlichen Geschmack ab … Doch auch das Ambiente sollte man in Betracht ziehen: Ein berauschender Wein etwa verschafft uns abends schöne Stunden, haut uns zum Mittagessen jedoch um.

Das romantische Dinner

Gute Idee
Elegantes Ambiente: ein roter Burgunder (Côte de Nuits) oder ein weißer (Chablis)
Entspanntes Ambiente: weißer Bordeaux
Dolce Vita: Rotwein aus der Toskana (Italien)
Sinnliches Ambiente: Weißwein von der Loire (Chenin)
Sexy Ambiente: Rotwein von den Côtes du Rhône
Für Naschkatzen: eine süße Riesling-Auslese

Schlechte Idee
Fetter Rotwein aus gerbstoffreichen Sorten, denn der färbt garantiert die Zähne blau, und das macht einen schlechten Eindruck.

Die große Party

Gute Idee
Schaumwein: Klassischer Brut Champagner, Crémant de Bourgogne, d'Alsace, de Loire …, spanischer Cava
Weißwein: Weißburgunder aus Rheinhessen
Rotwein: Aus dem Languedoc oder aus Chile (Frucht, Frucht und nochmals Frucht – und sanft)
Rosé: aus der Provence, vor allem, wenn es warm ist

Schlechte Idee
Ein großer, besonderer Wein: aus einem einfachen Glas bekommt man nichts davon mit!

Formelle Mahlzeit mit Familie oder Chef

Gute Idee (weiß)
Um Größe zu zeigen: Meursault (Burgund)
Für Überflieger: Weißwein aus Korsika

Gute Idee (rot)
Perfekter Schwiegersohn: Saint-Émilion (Bordeaux)
Solider Handschlag: Bandol (Provence)
Geerdet: Spätburgunder (Baden)
Authentisch: Morgon (Beaujolais)

Aperitif mit Freunden

Gute Idee
Eine kleine, weniger bekannte Appellation: Jasnières aus der Touraine, Cadillac (Süßwein aus dem Bordeaux, für Autoliebhaber) oder ein Pécharmant aus Bergerac
Eine vergessene Rebsorte: Mauzac (Weißwein aus Südwestfrankreich) oder Jurançon Noir (Rotwein aus Südwestfrankreich) oder Nielluccio (Rotwein aus Korsika)
Ein guter Wein mit schlechtem Ruf: Muscadet sur lie (Loire, von einem guten Weinhändler!) oder Chiroubles (Beaujolais)
Wein für den Sommer und zu Aufschnitt: Rosé aus Korsika
Alle zusammen auf dem Sofa: Rioja (spanischer Rotwein)

Schlechte Idee
Supermarkt-Bordeaux: Zeichen für Snob UND Geizkragen
Aromatisierter Wein: Dürft ihr überhaupt schon Wein trinken?

Der große Moment

Das muss gefeiert werden: Blanc de Blancs Champagner
Familienzuwachs: Montrachet (weißer Burgunder)
Ich bin immer für dich da: Pommard (roter Burgunder)
Willst du mich heiraten?: Chambolle-Musigny (roter Burgunder)
Freunde sind das Beste: Côte-Rôtie (Rotwein von der Rhône)
Wie die Zeit vergeht (Jahrestag): gereifte Riesling-Trockenbeerenauslesen
Ich bin der/die Stärkste: Barolo (Piemont, Italien)

! Und alleine?

Wenn ihr allein seid, trinkt lieber nicht. Oder ein Glas aus einer bereits geöffneten Flasche, dann könnt ihr beim Reste-Trinken die Entwicklung des Weines analysieren. Macht möglichst keine gute Flasche auf: Wenn ihr das Vergnügen nicht teilen könnt, lauft ihr Gefahr, euch noch einsamer zu fühlen ...

DAS PRICKELT!

Auf die Frage »Ist Champagner Wein?« lautet die Antwort »Ja, tausendfach ja!« Champagner, Crémant, Prosecco, Sekt oder Cava – für diese sprudelnden Getränke wird zunächst jeweils ein eigenständiger Wein produziert. Die sprudelnden Bläschen kommen später dazu, dank verschiedender Prozesse. Schaumweine machen 7 % der weltweiten Weinproduktion aus. Besonders Frankreich, Italien und Deutschland sind für ihre Schaumweine bekannt.

Warum feiern wir so gern mit Schaum- und Perlwein?
Weil sie häufig leichter schmecken und die Bläschen eine gewisse Lebhaftigkeit mit sich bringen, sind die prickelnden Weine gute Party-Begleiter, die weder Zunge noch Kopf müde machen. Außerdem enthalten die meisten Champagner, Crémants usw. nur etwa 12,5 % Alkohol, Proseccos sogar oft nur 11,5 % – im Gegensatz zu roten Stillweinen, deren Alkoholgehalt oft 13 % übersteigt. Deswegen machen die prickelnden Weine weniger benommen. Bei einigen Perlweinen liegt der Alkoholgehalt sogar bei nur 10 %, sodass der Schwips sich langsamer einstellt.

Die richtige Auswahl

Ein wichtiger Abend

Champagner ist eine gute Wahl, schon allein wegen des prestigeträchtigen Namens. Außerdem hat jeder Produzent repräsentative und kräftige Cuvées im Sortiment, die wie Stillwein zum Essen getrunken werden können. Darüber hinaus altert Champagner meisterhaft: einige Jahrgangschampagner sind nach Jahrzehnten noch großartig. Die großen Champagnerhäuser bieten ihre bedeutenden Flaschen nach zehn Jahren Reife an. Auf dem Markt findet man derzeit Jahrgangschampagner aus den Jahren 2009, 2012, 2013 oder 2014 – das Richtige, um zum Beispiel einen wichtigen Jahrestag zu feiern.
Gute Alternativen sind Winzersekt aus Deutschland, italienischer Franciacorta oder der Crémant eines Spitzenherstellers.

Eine einfache Party

Alles was prickelt, ist erlaubt. Die großen Champagner solltet ihr allerdings vermeiden, da sie auf einer Party nicht so richtig geschätzt werden (nicht die richtigen Gläser, aufgekratzte Atmosphäre). Einen prickelnden und preisgünstigen Kompromiss mit fruchtigen Aromen bieten Proseccos ebenso wie deutscher Sekt und Crémants.

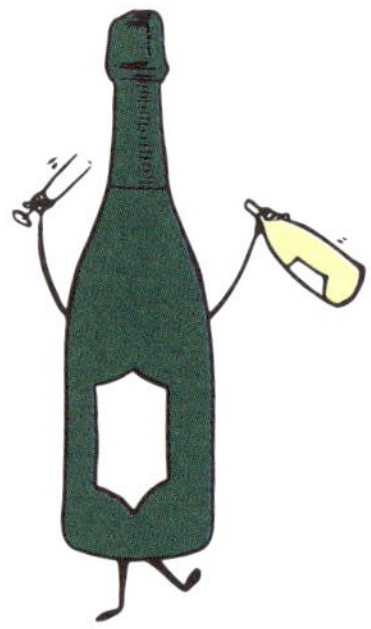

Ein leichter Moment

Hier passen Schaumweine nach der Méthode ancestrale oder Pétillants naturels. Bei der Méthode ancestrale wird der Wein vor dem Abschluss der Gärung in Flaschen abgefüllt, Beispiel sind Blanquette de Limoux, Clairette de Die, die Perlweine aus Gaillac und Bugey-Cerdon. Diese Perlweine sind häufig leichter, mit etwas höherem Zuckergehalt, perfekt für einen feierlichen Anlass tagsüber, einen leichten Snack und sogar zum Abschluss des Abends. Pétillants naturels (»Pét nats«) werden auf die gleiche Weise produziert, jedoch eher mit der Naturweinbewegung assoziiert und haben eine beispiellose rebellische Seite.

Wie viel Zucker habe ich im Glas?

Das Etikett gibt an, wie viel Zucker ein Schaumwein enthält.

Brut nature	Extra-brut	Brut	Extra sec/ extra-trocken	Sec/ trocken	Demi-sec/ halb-trocken	Doux/ süß
0–3 g/l	0–6 g/l	0–12 g/l	12–17 g/l	17–32 g/l	32–50 g/l	+50 g/l

Prosecco, der neue Held der Party

Seit etwa zehn Jahren hat der italienische Schaumwein beachtlichen Erfolg. Er verführt im Spritz, einem Cocktail mit Aperol oder Campari, wird aber auch und vor allem um seiner selbst willen geschätzt.

Prosecco wirkt »cooler« als Champagner, er hat ein jüngeres, modischeres Image, das ihm als Eintrittskarte zu allen möglichen Partys dient. Auch geschmacklich hat er großartige Eigenschaften, dazu eine gewisse Leichtigkeit, und ist daher leicht zu genießen. Doch sollten wir besser von Proseccos sprechen als von Prosecco, denn hier ist eine große Vielfalt anzutreffen: trocken oder lieblich, fein prickelnd oder überschäumend … Prosecco kann *frizzante* sein, also leicht prickelnd, oder *spumante*, schäumend wie ein Champagner. Produziert wird er wie Letzterer oder mit dem günstigeren Imprägnierverfahren, was ihn preiswerter macht. Auf Grundlage der Rebsorte Glera werden alle Proseccos in der Nähe Venedigs produziert. Besonders angesehen sind die aus Anbaugebieten der Appellation DOCG: Conegliano, Valdobbiadene und d'Asolo. Die Anbaugebiete sind auf dem Etikett verzeichnet.

WANN ÖFFNE ICH DIE FLASCHE?

Kurz vor dem Servieren
Trockene und fruchtige Weißweine, leichte Rotweine, Perl- und Schaumweine und klassische Champagner. Es reicht, sie im Glas zu belüften, damit sie sich öffnen.

1 Stunde vorher
Fast alle Weine, rot wie weiß – mit Ausnahme der Schaumweine – profitieren davon, 1 Stunde vor dem Servieren geöffnet zu werden. Ihr müsst nur den Korken ziehen und die Flasche an einem kühlen Ort stehen lassen.

3 Stunden vorher
Junge und intensive Rotweine aus Frankreich, Argentinien und Chile, sowie einige kräftige Weine aus Italien, Spanien und Portugal. Besonders kräftige Weine, vor allem junge, können sogar 6 Stunden vor der Mahlzeit geöffnet und für die letzten 3 Stunden in eine Karaffe gefüllt werden.

Warum muss Wein atmen?

Sauerstoff ist ein unverzichtbarer Freund des Weins – und gleichzeitig sein großer Feind. Im Kontakt mit Sauerstoff entwickelt sich der Wein, öffnet sich und … altert. Beim Wein hat Sauerstoff die Macht, an der Uhr zu drehen.

Wein und Luft
Wein atmet. In der Flasche bleibt er über den kleinen Luftraum, der ihn vom Korken trennt, mit Sauerstoff in Verbindung.
Im Glas kommt er richtig mit der Luft in Kontakt: Aromen blühen auf, Tannine werden sanfter. Bei leichten Weinen ausreichend!

Wein und Karaffe
Manchmal muss Wein mehr belüftet werden, um sich zu öffnen und zu zeigen. In diesen Fällen braucht man eine Karaffe. Der Wein gewinnt an Intensität und Komplexität, hat am Gaumen mehr Schmelz. Auch Weißweine und Champagner kann man belüften! Zwar reagieren Weißweine empfindlicher auf Sauerstoff als Rotweine. Doch kräftige, fette Weißweine, ausgebaut im Eichenfass (wie die großen Weißweine aus Kalifornien, dem Burgund, von der Rhône, sowie außergewöhnliche Champagner) profitieren von etwas Karaffen-Zeit.

Alte Weine
Ein alter Wein, dessen Bouquet und Tannine die Zeit hatten, in der Flasche zu reifen, muss nicht belüftet werden. Im Gegenteil: Ist der Kontakt mit Sauerstoff zu brutal, könnten zartere Aromen sich verflüchtigen.

KARAFFIEREN ODER DEKANTIEREN?

Ziel des Karaffierens ist es, den Wein zu belüften. Beim Dekantieren hingegen möchte man das in der Flasche angesammelte Depot vom Wein trennen. Junger Wein wird karaffiert, alter Wein dekantiert. In beiden Fällen wird der Inhalt der Flasche in ein anderes Behältnis gegossen, nämlich in eine Karaffe oder in einen Dekanter.

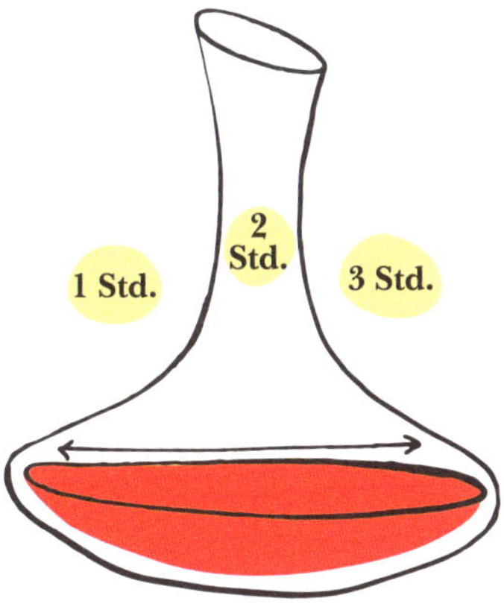

Jungen Wein karaffieren (oder belüften)

Warum?
Damit sich die Aromen entfalten können. Außerdem verfliegt so ein eventuelles an Ziegenstall erinnerndes Reduktionsaroma, das für junge Rotweine typisch ist.

Wie?
1 bis 3 Stunden, bevor man sich zum Essen an den Tisch setzt – abhängig davon, wie kräftig der Wein ist –, gießt man den Flascheninhalt in die Karaffe. Das kann aus einer gewissen Höhe geschehen, wie beim Servieren von Minztee, um den Wein möglichst gut zu belüften. Oder man schwenkt den Wein in der Karaffe, damit er sich öffnet.

Welches Gefäß?
Eine möglichst bauchige, recht flache Karaffe, die Wein und Luft eine große Kontaktfläche bietet.

Alten Wein dekantieren

Warum?
Im Laufe der Jahre lagern sich Tannine und Farbstoffe auf dem Flaschenboden ab. Durch das Dekantieren wird verhindert, dass dieses Depot in den Weingläsern landet. Das Dekantieren ist jedoch in keinem Falle zwingend und erfordert viel Sorgfalt.

Wie?
Zunächst die Flasche ein paar Stunden vor der Mahlzeit senkrecht hinstellen, damit das Depot auf den Flaschenboden sinkt. Anschließend den Wein bei guter Beleuchtung sehr vorsichtig in eine Karaffe oder einen Dekanter gießen. Sobald schwärzliche Spuren im Hals der Weinflasche zu erkennen sind, gießt man nicht weiter um.
Das Dekantieren sollte unmittelbar vor dem Servieren geschehen, da die Weinqualität durch den Sauerstoffkontakt innerhalb weniger Minuten leiden kann.

Welches Gefäß?
Eine schmale Karaffe oder ein Dekanter, nicht besonders bauchig und mit schmaler Öffnung, um den Luftkontakt einzuschränken.

DIE RICHTIGE SERVIERTEMPERATUR

Die Serviertemperatur beeinflusst nicht nur die Aromenwahrnehmung, sondern auch das Mundgefühl. Macht den Test und probiert denselben Wein bei 8 °C und bei 18 °C – ihr werdet das Gefühl haben, es handele sich um zwei verschiedene Weine. Ein mit der falschen Temperatur servierter Wein kann sogar richtig unangenehm schmecken!

Wärme unterstreicht bestimmte Aromen, Fett und Alkohol. Zu warm serviert, wirkt Wein schwer, pastös, unangenehm.

Warum werden nicht alle Weine bei der gleichen Temperatur serviert? Weil man sich nach ihren Eigenschaften richten muss. Bei einem trockenen, nicht besonders aromatischen Weißwein wünscht man sich Säure und Frische. Also serviert man ihn eher kühl oder kalt. Bei einem intensiven, würzigen Roten möchte man weichere Tannine und die runden Eigenschaften betonen. Also serviert man ihn fast bei Raumtemperatur.

Kälte verdeckt Aromen, unterstreicht Säure und Tannine. Serviert man Wein zu kalt, wirkt er streng, hart und wenig aromatisch.

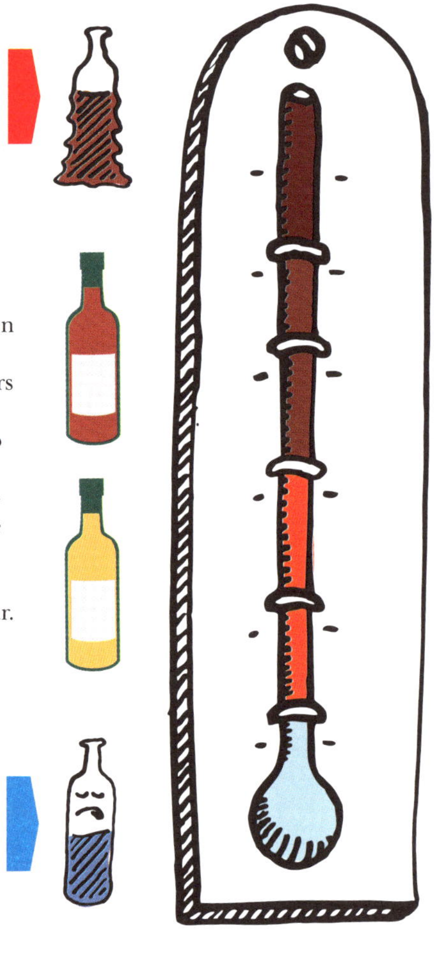

20 °C und darüber: kein Wein

16–18 °C: intensiver Rotwein

14–16 °C: seidiger, fruchtiger Rotwein

11–13 °C: intensiver Weißwein, große Champagner, leichter Rotwein

8–11 °C: Süß- und Likörwein, Rosés, fruchtige Weißweine

6–8 °C: Schaumwein, Champagner, pikante und trockene Weißweine

Besser zu kalt als zu warm

Es ist besser, Wein zu kalt zu servieren als zu warm, da er sich im Glas erwärmt – wenn er erst einmal serviert ist, wird er innerhalb von 15 Minuten etwa 4 °C wärmer.

Vokabular

Vorsicht beim Begriff »**Raumtemperatur**« – er stammt aus einer Zeit, als die Raumtemperatur bei etwa 17 °C lag! Die Innentemperaturen heutiger Wohnzimmer sind damit nicht gemeint.

Wein schnell kühlen

Normalerweise lagert ihr euren Wein an einem kühlen oder sogar kalten Ort. Normalerweise lagert ihr euren Wein nicht bei über 18 °C, sondern idealerweise bei 15 °C. Normalerweise … Wenn es aber mal anders ist, was dann?

3

Ihr habt weniger als 1 Stunde

Die Expressmethode: Füllt einen Kübel zur Hälfte mit kaltem Wasser und zur anderen Hälfte mit Eiswürfeln. Gebt eine gute Handvoll Salz hinzu, es lässt die Temperatur noch schneller sinken.

1

Ihr habt 2–3 Stunden

Stellt den Wein in den Kühlschrank, damit er Serviertemperatur annehmen kann.

2

Ihr habt 1 Stunde

Stellt die Flasche in einen Kübel mit kaltem Wasser und gebt Eiswürfel hinzu. Das ist ebenso effizient, wie die Flasche in den Gefrierschrank zu legen.

Oder ihr befeuchtet ein Küchentuch mit kaltem Wasser, wickelt es um die Flasche und stellt sie so in den Kühlschrank. Die Verdunstungskälte lässt den Wein schneller kalt werden.

WÄHREND DER FEIER

Was tun mit der geschenkten Flasche?

Ein Gast kommt mit einer Flasche in der Hand. Was tun? Bedanken und vorsichtig aushorchen. Falls ihr das Gefühl habt, er oder sie möchte den Wein kosten: Macht es möglich. Falls der mitgebrachte Wein nicht zum Essen passt, stellt ihn erst mal beiseite. Wenn es heißt, es handle sich »um eine gute Flasche zum Reifen«, stellt sie an einen sicheren Ort und versprecht, sie in ein paar Jahren gemeinsam mit besagtem Gast zu öffnen (und tut dies auch). Sind die Absichten unklar, müsst ihr entscheiden, ob der Wein zum Abend passt oder nicht.

Der Wein passt nicht

Der Wein passt nicht zur Art der Feier (etwa ein guter Wein bei einer Party, auf der alle aus Wassergläsern trinken): Hebt ihn für einen passenderen Anlass auf. Der Wein passt nicht zum Essen (zum Beispiel ein kräftiger Rotwein zu Fisch oder ein Weißwein zu Rinderkotelett): Hebt ihn für ein anderes Mal auf und kocht eine auf diesen Wein zugeschnittene Mahlzeit.

Der Wein passt

Champagner oder anderer Schaumwein

Ist er kalt, wird er als Aperitif serviert.

Ist er nicht kalt, wird er für ein anderes Mal aufgehoben.

Passt er zur Vorspeise, wird er mit der Expressmethode gekühlt (s. S. 21).

Wenn (und nur wenn!) es sich um süßen Schaumwein handelt, wird er bis zum Dessert kühl gestellt.

Trockener Weißwein

Falls er nicht kalt ist, wird er mit der Expressmethode gekühlt und zur Vorspeise serviert, solange es sich dabei nicht um Salat mit Vinaigrette handelt.

Er wird mit der Hauptspeise serviert, falls es sich um Fisch, weißes Fleisch oder ein Nudelgericht ohne Tomatensauce handelt.

Falls ihr einen Käsegang eingeplant habt, kann er zum Käse serviert werden.

Rotwein

Er wird eine halbe Stunde kühl gestellt (Fensterbrett oder Kühlschrank) und zur Hauptspeise serviert, falls es sich um ein Gericht mit rotem Fleisch oder mit Tomatensauce handelt.

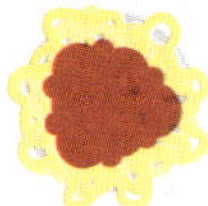

Wein mitbringen

Falls ihr zum Essen eingeladen seid und eine Flasche Wein mitbringen möchtet, ruft den oder die Gastgeber*in am Vorabend an, erkundigt euch, was es geben wird ... und sucht einen Wein aus, der passt!

Ein weißer Süßwein

Er wird kühl gestellt und zum Dessert serviert.

Welche Reihenfolge?

Wer möchte schon einen Wein trinken und sich dabei nach dem vorhergehenden zurücksehnen? Um das zu vermeiden, muss man darauf achten, die Geschmacksknospen nicht zu schockieren, einzuschläfern, zu ersticken oder zu verwirren.

Eine klassische Reihenfolge geht von lebhaft und leicht zu kräftig und schwer:
- trockener Schaumwein,
- trockener Weißwein,
- sehr aromatischer Weiß- oder leichter Rotwein,
- intensiver Rotwein,
- Süßwein.

Beispiele für unglückliche Abfolgen, die den zweiten Wein nicht zur Geltung kommen lassen:
- süßer, gefolgt von sehr trockenem Wein,
- ein sehr warmer oder sehr schwerer Wein zu Beginn,
- ein kräftiger Wein, gefolgt von einem feinen oder leichten.

Junger Wein und alter Wein

Zum Essen trinkt man am besten vom ältesten zum jüngsten Wein. Meist hat der ältere mehr Finesse, die man später vielleicht nicht mehr schmeckt. Bei einer reinen Verkostung macht man es umgekehrt.

WIE SERVIERE ICH WEIN?

Wer die Flasche öffnet, schenkt sich zunächst selbst einen Schluck ein. Dafür gibt es zwei Gründe: Ihr wollt eventuell beim Öffnen in die Flasche gefallene Korkstückchen auffangen und den Wein kosten, um sicherzugehen, dass er keinen Fehler hat. Natürlich überspringt ihr diesen Schritt, wenn ihr den Wein bereits karaffiert und dabei gekostet habt.

Wie das Essen wird auch Wein zunächst den Frauen serviert (von alt nach jung), dann den Männern (gleiche Reihenfolge).

Das Glas nie zu mehr als einem Drittel füllen. Dabei geht es nicht darum zu kontrollieren, wie viel getrunken wird (obwohl ...), sondern darum, den Wein atmen zu lassen, damit sich die Aromen entfalten können. Ermöglicht es euren Gästen, den Wein unter möglichst guten Bedingungen zu testen.

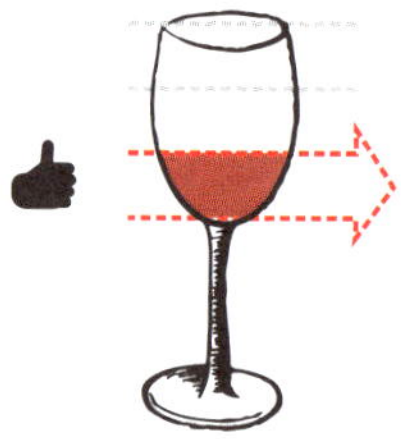

Bietet an, ein Glas nachzufüllen, bevor es leer ist. Falls abgelehnt wird, drängt ihr eure Gäste nicht.

Serviert immer ein Glas Wasser zum Wein, wenn ihr ausreichend Gläser habt.

Tropfen vermeiden!

Die meisten Flaschen neigen dazu, beim Servieren den einen oder anderen Tropfen entwischen zu lassen. Der kullert dann an der Flasche herunter und landet schließlich auf der Tischdecke. Für dieses Problem gibt es gleich drei Lösungen.

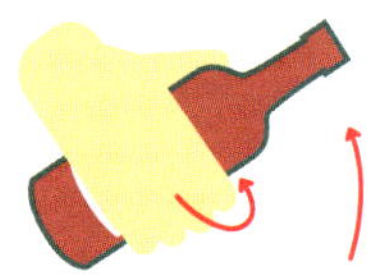

Vorausschauende Lösung Stellt einen Flaschenuntersetzer auf den Tisch. Es gibt sehr schöne aus rostfreiem Edelstahl oder Silber. Der Untersetzer einer Kaffeetasse tut es aber auch. So werden die Tropfen aufgefangen, und ihr müsst euch keine Gedanken machen – immer vorausgesetzt, ihr stellt die Flasche wieder schön auf den Untersetzer ...

Hilfsmittel als Lösung Es gibt verschiedene Gadgets, um die berühmten Tropfen zu eliminieren. Etwa einen Ring, halb Metall, halb Samt, der um den Flaschenhals gelegt wird und die Flüssigkeit auffängt. Sehr praktisch ist auch der Drop-Stop, ein Blatt mit Aluminiumbeschichtung, das zusammengerollt und in den Flaschenhals gesteckt wird, wo es die Tropfenbildung verhindert.

Manuelle Lösung Sie braucht etwas Übung: Wenn man genug Wein eingeschenkt hat, hebt man die Flasche mit einer leichten Drehung des Handgelenks an. Der Tropfen läuft dann zurück in die Flasche.

WAS TUN, WENN …

… der Wein nicht gut ist?

Zunächst müsst ihr herausfinden, ob es sich um einen Fehler (s. S. 52) oder um Fusel handelt.
Er riecht nach Essig? In den Essigtopf damit … oder in den Ausguss.
Er hat einen Korkfehlton? Gebt ihm Luft und probiert ihn ein paar Minuten später noch einmal – manchmal verschwindet der Korkgeruch und der Wein ist trinkbar. Wenn nicht: wegschütten!
Es ist Fusel? Hier sind ein paar Ideen, um den Ausguss zu vermeiden:

Bei Weißwein:
- gebt zunächst ein wenig Fruchtlikör oder Sirup ins Glas: Crème de Cassis ergibt klassischen Kir, aber auch Himbeer-, Pfirsich-, Veilchen-, Kastanien- oder Brombeer-Likör sind geeignet,
- bei Schaumwein bekommt ihr so Kir royal,
- falls ihr Rosé-Wein und Grapefruit-Sirup habt, ergibt das Kir soleil (im Sommer besonders beliebt);
- macht einen schnellen Cocktail: Weißwein, Orangenabrieb, Orangensaft, Grand Marnier.

Bei Rotwein:
- im Sommer macht ihr Sangria: mit Obststücken und Zimt (vielleicht etwas Zucker, Sprudel und Portwein),
- im Winter bereitet ihr Glühwein: den Wein in einem Topf mit einer Zimtstange, Gewürznelken, Zucker und Orangenvierteln sieden lassen,
- mixt einen Diabolo pinard: mit Limonade,
- macht einen Calimocho: halb Rotwein, halb Cola,
- oder einen Communard: Rotwein-Variante von Kir.

… ihr nicht wisst, wie viele Flaschen ihr braucht?

Eine reguläre Flasche (75 cl) reicht für sechs Gläser (ein Glas Wein enthält etwa 12 cl), bzw. sieben Sektflöten oder -schalen. Je nach Länge der Party rechnet man mit drei Gläsern pro Person oder bis zu einer Flasche, wenn die Feier bis tief in die Nacht geht. Um der Gesundheit und Würde eurer Freunde willen solltet ihr immer auch Essen einplanen.

… ihr nur Becher oder einfache Gläser habt?

Falls ihr noch keinen Wein gekauft habt, wählt einen sehr fruchtigen, runden und reinsortigen Wein. Fragt den Weinhändler nach einem mit »Kohlensäuremaischung« produzierten Wein, da dieser Prozess die Frucht in den Vordergrund bringt.

… ihr keinen Weinkühler habt?

Kommt in bescheideneren Cafés häufiger vor. Bittet um ein Glas Eiswürfel und schwenkt ein oder zwei in eurem leeren Weinglas. Sobald das Glas beschlägt, gebt sie zurück zu den anderen und schenkt den Wein ein. Das kalte Glas wird den Wein innerhalb von drei Minuten um ein paar Grad herunterkühlen. Wird der Wein im Glas serviert, bittet neben den Eiswürfeln um ein leeres Weinglas und macht es genauso.

IDEEN FÜR EINE VERKOSTUNG

Bei einer Verkostung kann man Weine vergleichen. Dabei setzt man Augen, Nase und Gaumen ein.

Für den Anfang lohnt es sich, zwei gegensätzliche Weine zu vergleichen. Später, mit mehr Erfahrung, könnt ihr euch an spezialisiertere Verkostungen wagen. Bei jeder Verkostung sollten die beiden Weine, bis auf wenige Ausnahmen, die gleiche Preisklasse haben: um 10 € für klassische Weine, 25 € für gute Flaschen – das mag teuer scheinen, aber wenn ihr zu fünft seid, zahlt ihr für zwei Flaschen nur 10 € pro Person).

Für Anfänger*innen

Große Rotweine

25 € pro Flasche
Bordeaux vs. Burgund. Die Weine sollten etwa das gleiche Alter haben. Normalerweise ist der Unterschied klar zu erkennen, im Aussehen, in der Nase und am Gaumen: Der Burgunder ist heller, duftet nach Kirsche, Erdbeere, sogar Pilzen, während der Bordeaux dunkler ist, mit den Aromen dunkler Früchte, etwa Schwarzer Johannisbeere, mit Blüten wie Veilchen, mit Tabak und Leder. Am Gaumen hat der Bordeaux mehr Struktur, mehr Tannine, während der Pinot noir mehr Säure hat, delikater und leichter ist.

Alltägliche Rotweine

10 € pro Flasche
Badischer Spätburgunder vs. Cairanne. Der Erste stammt aus Süddeutschland, der Zweite kommt aus dem Süden der Côtes du Rhône und basiert häufig auf Syrah und Grenache.
Der Spätburgunder duftet nach Sauerkirschen, Himbeeren, vielleicht etwas Holunder und Sanddorn. Am Gaumen ist er knackig frisch.
Der Cairanne duftet nach Süßkirschen, Brombeeren, Pfeffer und anderen Gewürzen. Am Gaumen wirkt er warm, fast süß, runder und kräftiger.

Klassischer Weißwein

12–15 € pro Flasche
Deutscher Riesling vs. Chardonnay von der Côte de Beaune. Der Erste hat einen intensiven aromatischen Ausdruck: Zitrone, grüner Apfel, Aprikose, tänzelnde, frische Säure. Häufig weist er grünliche Reflexe auf. Im Gegensatz dazu hat der Burgunder Chardonnay etwas mehr Farbe und ist in der Nase diskreter, mit Aromen von Akazienblüten, Zitronenbaiser und Butter. Am Gaumen ist der Riesling lebhaft und erfrischend, der Burgunder etwas fetter und geschmeidiger auf der Zunge.

Jung vs. alt

10 € für den jungen Wein
18 € für den reifen Wein
Junger vs. alter/gereifter Wein, beide aus der gleichen Region und Appellation (einer möglichst kleinen, also lieber Pomerol als Bordeaux, oder Riesling nur von der Mosel), und am besten vom gleichen Produzent*innen. Es sollten mindestens fünf Jahre zwischen den beiden Weinen liegen. Der junge Wein hat fruchtigere Aromen, vielleicht mit Holznote oder strenger Säure. Der ältere weniger Frucht, Säure und Holz, dafür mehr Aromen von Leder, Tee, Trockenobst. Der erste Wein ist etwas vergnüglicher, der zweite geruhsamer.

Für erfahrene Verkoster*innen

Bockspringen zwischen den Appellationen

Vergleicht mehrere weiße Burgunder, zum Beispiel Chablis, Meursault und Saint-Véran. Analysiert die Unterschiede: die Präzision des Chablis, die Breite des Meursault, die Gutmütigkeit des Saint-Véran. Oder: die Ufer der Gironde. Vergleicht die Eleganz eines Médoc mit der Geschmeidigkeit eines Saint-Émilion.

Eine Rebsorte, verschiedene Länder

Kostet Pinot noir aus dem Burgund, Südafrika und Oregon (USA) und erlebt die Rebsorte mal trocken, mal warm und mal mit einer gewissen süßen Note.

Für Experten und Expertinnen

Die Vertikale

Wählt den gleichen Wein (von denselben Produzent*innen) aus drei unterschiedlichen Jahren und versucht, den Jahrgang anhand der Ausgewogenheit, Säure und Reife der Früchte zu bestimmen.

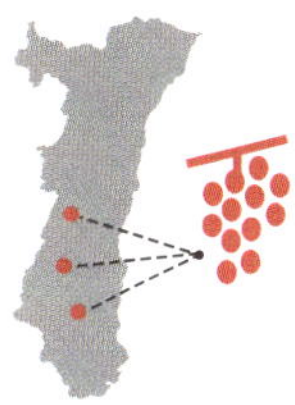

Terroirs identifizieren

Wählt drei Flaschen Riesling aus dem Elsass, von unterschiedlichen Terroirs, vom Norden bis in den Süden der Region, zum Beispiel die Grands Crus von Kirchberg-de-Ribeauvillé, Sommerberg und Kitterlé.

»Piratenweine« verkosten

Kostet Weine, die vorgeben, etwas anderes zu sein, als sie eigentlich sind. Zum Beispiel einen Saint-Bris, die einzige Appellation aus dem Burgund, wo Weißwein aus Sauvignon blanc produziert wird, einen Chardonnay aus Limoux, aus dem Languedoc-Roussillon, wo einige Weißweine von strahlender Frische sind, einen Blanc de Blancs Crémant aus dem Jura, einen reifen Bandol, dessen Kraft euch glauben lassen will, ihr wäret im Südwesten Frankreichs, einen Cabernet Sauvignon aus Kalifornien, vinifiziert im Stil des Bordeaux.

PROST!

Cheers!
(Englisch)

¡Salud!
(Spanisch)

Saúde!
(Portugiesisch)

Na zdorovie!
(Russisch)

Tchin, tchin!
(Französisch)

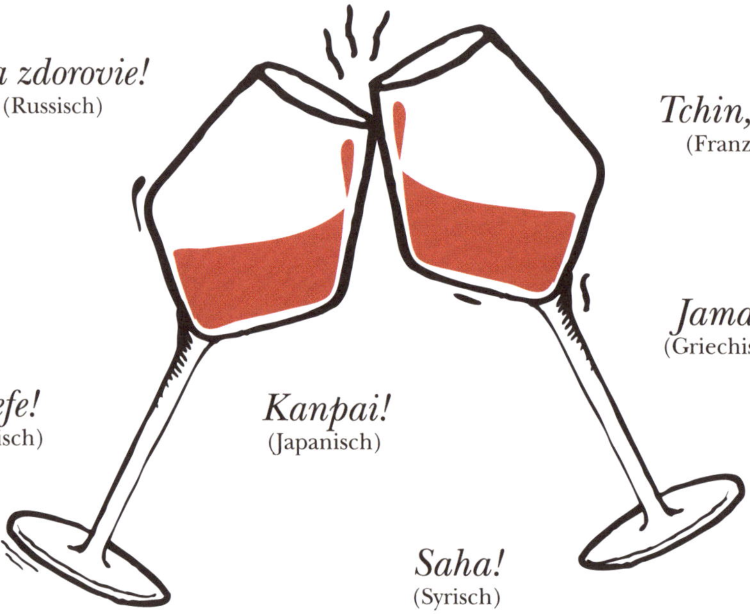

Salute!
(Italienisch)

Jamas!
(Griechisch)

Şerefe!
(Türkisch)

Kanpai!
(Japanisch)

Skål!
(Dänisch)

Saha!
(Syrisch)

Mazel Tov!
(Hebräisch)

Manuia!
(Tahitianisch)

Ganbei!
(Chinesisch)

Egészségedre!
(Ungarisch)

Warum stoßen wir an?

Dieser Brauch geht auf das Mittelalter zurück, als Feinde häufig mit Gift beseitigt wurden. Das Anstoßen war eine Methode, sich der guten Absichten aller Anwesenden zu versichern: Beim kräftigen Zusammenstoßen der Trinkgefäße ging immer auch ein klein wenig von dem Getränk aus einem Kelch in den anderen über. Unter diesen Umständen würde kein Trinker das Risiko eingehen, seinen Nachbarn zu vergiften! Das Anstoßen ist also ein Vertrauensbeweis.

Prost!

Dieser Ausdruck wird in deutschsprachigen Ländern beim Anstoßen verwendet. Er geht zurück auf das 18. Jahrhundert. Damals prosteten sich Studenten mit dem lateinischen Wort »Prosit!« zu, das ungefähr »Zum Wohlsein!« bedeutet. Aus »Prosit!« entwickelte sich umgangssprachlich schnell die kürzere Form »Prost!«, die wir noch heute verwenden. Allerdings haben auch »Tchin, tchin!« und »Cheers!« längst in die deutsche Trinkkultur Eingang gefunden.

WEIN UND RELIGION

Christentum
Wein ist ein wichtiger Bestandteil christlicher Rituale. Das erste der Zeichen, die Jesus als Sohn Gottes erkennen ließen, war die Verwandlung von Wasser in Wein während der Hochzeit zu Kana. Christus machte Brot und Wein zu den Symbolen des Bundes zwischen Gott und den Menschen, und beim Abendmahl symbolisiert der Wein das Blut Christi (»Dies ist mein Blut ...«). Jedoch vertrat Jesus den gemäßigten Alkoholkonsum und lehnte Trunkenheit ab.

Judentum
Bei Hochzeiten und Beschneidungen wird Wein rituell zum Anfang und Ende der Zeremonie getrunken. Zu Beginn des Schabbat wird Gott gedankt, der »die Frucht des Weinstocks geschaffen« hat. Ein Segensspruch wird über dem Wein gesprochen. Während des Pessachfests (das jüdische Ostern), müssen vier Gläser Wein getrunken werden. Gleichzeitig werden im jüdischen Glauben die Folgen übermäßigen Weingenusses abgelehnt: Trunkenheit, Zügellosigkeit und Götzendienst.

Islam
Das Verhältnis des Islam zum Wein ist ambivalent. Er gilt als Köstlichkeit, die für das Paradies versprochen wird, in dem Milch und Wein reichlich fließen. Wurde Wein im Diesseits zunächst noch toleriert, galt er bald als Sünde und als Getränk, das die Menschen vom Gebet abhält. »Gott hat den Wein verflucht.« Auch wenn dieses göttliche Gesetz je nach Zeit und Rechtsschule manchmal umgangen wurde, sind Wein und Alkohol generell im Islam streng verboten.

Religionen des Fernen Ostens
Während Alkohol (oder Wein) im Hinduismus toleriert wird, wird er im Buddhismus deutlich missbilligt: Berauschende Getränke sind für Buddhisten tabu.
Im Taoismus (China) gelten Wein und sogar Trunkenheit als Teil des Lebens.
Im Shintoismus (Japan) wird Reiswein als Teil von Zeremonien wie Hochzeiten und Opfergaben eingesetzt.

Über Wein sprechen: Sätze, die immer funktionieren

Ihr träumt davon, in Gesellschaft mit Kommentaren über einen Wein zu glänzen, obwohl ihr nichts von der Kunst des Verkostens versteht? Wiederholt einfach mit Überzeugung einen der folgenden Sätze. Falls ihr dabei auf Experten oder Expertinnen trefft, die euch detailliert nach eurer Meinung befragen … müsst ihr sehen, wie ihr klarkommt!

Ein gut gemachter Wein!

Spiegelt die Appellation sehr gut wieder.

Eine feine Nase, am Gaumen, dicht mit langlebiger, tiefer Struktur.

Geschmeidiger Auftakt, wunderbar am Gaumen mit hervorragender Ausdauer.

Ein Wein mit großartiger Mineralität!

Ein Wein mit Charakter! Reichhaltig und harmonisch, erfreut den Gaumen. Bewundernswerte Länge.

Intensive Nase, großartige Aromatik. Am Gaumen bietet er Substanz, aber dank seiner Spannung und der eleganten Tannine ist er nicht zu weich!

Dieser Wein hat eine schön tiefe Farbe, präsentiert sich in der Nase üppig und ausdrucksstark, mit großartiger Reife. Gleichzeitig ist er fleischig mit seidiger Textur.

Ein ausgeglichener und doch straffer Wein!

Schöne Farbe, ausdrucksstarke Nase, am Gaumen direkt und offen.

Ein ausdrucksstarker Wein, der wunderbar reifen wird.

Ein dichter Wein mit schöner Farbe, geschmeidigem Auftakt und feiner Körnung. Selbstbewusster Stil!

In der Nase zeigt er sich noch verschlossen, offenbart aber schon jetzt wunderbare Reinheit. Ich kann kaum erwarten, dass er sich öffnet!

Sein sortentypischer Charakter verbindet sich anmutig mit der Handschrift des Winzers.

Tiefe Farbe, fruchtige Nase und am Gaumen üppig: Welch Komplexität!

Großartiger Ausdruck des Terroirs!

NACH DER FEIER

Flecken entfernen

Was für ein Pech! Der Abend hatte so gut begonnen … und jetzt habt ihr einen Weinfleck auf eurem Lieblingsteil.

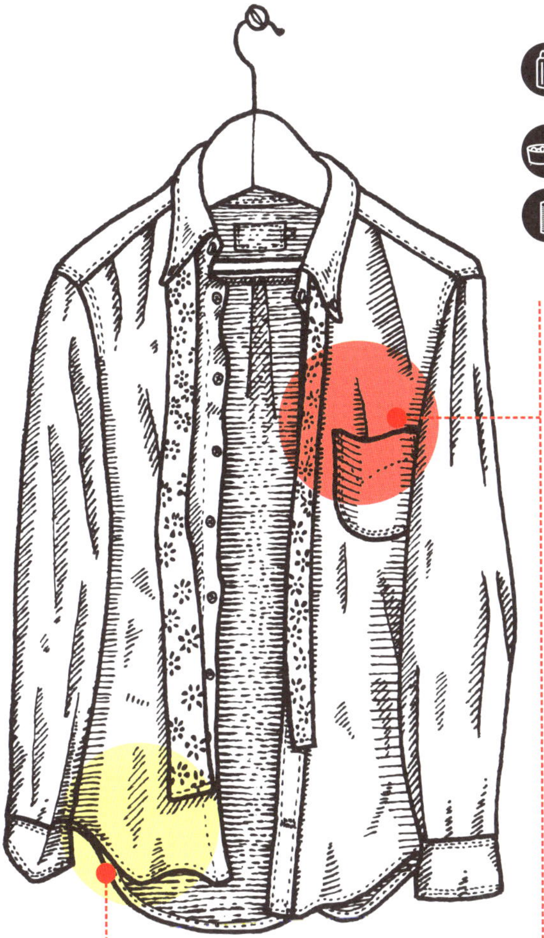

Bei Rotwein oder Rosé ist es ärgerlich. Wenn der Fleck noch frisch ist (weniger als 10 Minuten alt), **vergesst diese Tipps:**

- Salz – es entzieht dem Stoff Farbe, schadet den Fasern und fixiert den Fleck letztlich,
- kochendes Wasser, vor allem bei empfindlichen Stoffen,
- Bleichmittel und Natron – außer bei weißem Stoff.

Stattdessen: Den Wein zunächst so gut wie möglich mit Küchenpapier abtupfen. Dann … opfert ihr entweder eine **Flasche Weißwein.** Am besten habt ihr in der Vorratskammer immer eine offene Flasche mit guter Säure. Den Weißwein in einen Eimer gießen, das Kleidungsstück hineinlegen und mindestens 1–2 Stunden einweichen, dabei den Flecken regelmäßig reiben. Danach in der Waschmaschine waschen.

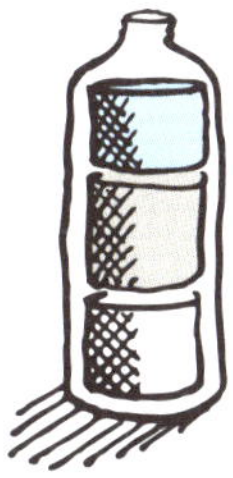

Oder ihr nehmt ein **Hausmittel:** Eine Flasche zu je einem Drittel mit Wasser, Haushaltsalkohol und Weißweinessig füllen. (Am besten steht auch davon immer eine Flasche in der Vorratskammer bereit.) Dann weiter wie oben: Die Mischung in einen Eimer geben, das Kleidungsstück darin einweichen und dann in der Maschine waschen.

In beiden Fällen ist der Prozess derselbe: Säure und Alkohol bewirken, dass die Anthocyane, die für die hartnäckige Farbe des Weins verantwortlich sind, sich besser in Wasser lösen und an Farbe verlieren.

Bei Weißwein oder Schaumwein ist es nicht so schlimm. Es bleiben keine Flecken, schlimmstenfalls bilden sich Ringe, die beim Waschen verschwinden.

Falls der Fleck getrocknet ist, solltet ihr nichts weiter tun. Bringt das Kleidungsstück so schnell wie möglich in eine professionelle Reinigung.

Die Gläser spülen

Was ist ein gut gespültes Weinglas? Ein sauberes Weinglas ohne Spuren und Schlieren, natürlich, aber auch – und vor allem – eines, das nicht riecht!

Spülen

Spülmittel oder Schaum auf dem Boden der Gläser zurücklassen, damit sie wirklich sauber sind. Dann schmeckt der Wein nach Spülmittel.

NEIN

Die Gläser mit viel Klarspüler in der Maschine spülen. Das führt zu einem unangenehmen Geruch, und der Wein schmeckt bitter.

PUH

JA

Sofort nach der Feier die Gläser mit heißem Wasser ausspülen. Dann braucht ihr auch kein Spülmittel. Wischt die Ränder einfach mit einem Spülschwamm ab und stellt die Gläser danach kopfüber in ein Abtropfgestell, oder trocknet die Gläser ab und widmet dem Rand besondere Aufmerksamkeit, um etwaige Abdrücke der Lippen zu entfernen. Je heißer das Wasser, umso weniger Spuren entstehen beim Trocknen. Wenn ihr die Gläser gegen Licht haltet, könnt ihr prüfen, ob alle Spuren von Fingern und Lippen beseitigt sind.

Aufbewahrung

Wenn die Gläser trocken sind, hängt ihr sie kopfüber in eine Glasschiene, falls ihr eine habt. Im Schrank sollten sie aufrecht stehen.

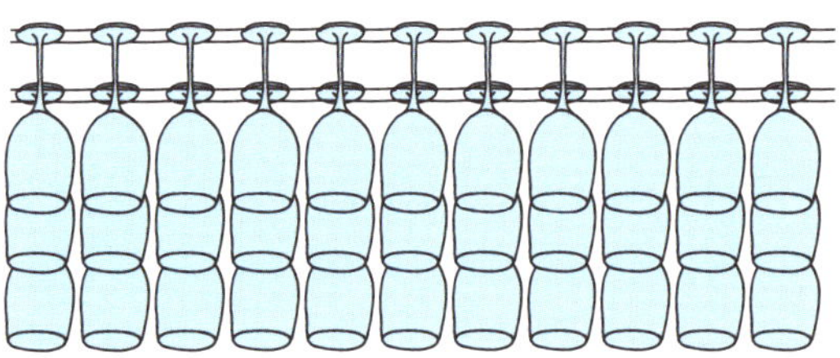

Gläser möglichst nicht in einem Karton aufbewahren, da sie den Geruch annehmen. Falls es nicht anders geht, spült sie vor dem Einschenken mit Wasser aus.

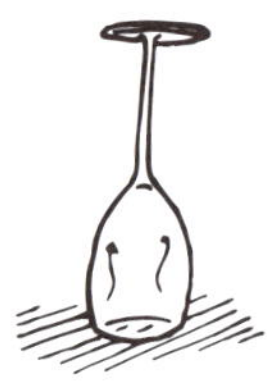

Die Gläser niemals kopfüber ins Regal stellen. Der Kelch nimmt die Gerüche des Regals auf und überträgt sie bei der nächsten Gelegenheit auf den Wein.

GEÖFFNETE FLASCHEN AUFBEWAHREN

Nach der Party ist Wein übrig? Zwingt euch nicht, die Flasche zu leeren. Eine halbvolle Flasche Weißwein ist im Kühlschrank drei bis vier Tage haltbar, wenn sie gut verschlossen wurde. Rotwein ist an einem kühlen, lichtgeschützten Ort ebenfalls vier Tage haltbar, im Kühlschrank sogar bis zu einer Woche.

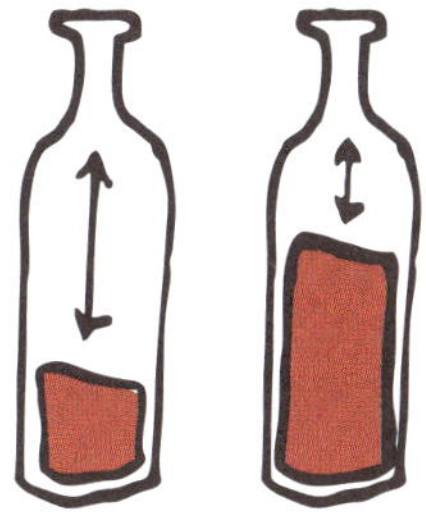

Es spielt eine Rolle, wie viel Wein noch in der Flasche ist … und wie viel Luft. Je mehr Wein sich noch in der Flasche befindet, umso besser hält er sich.

Ist die Flasche fast leer, greift die vorhandende Luft den kleinen Weinrest schneller an und ruiniert ihn.

Ihr könnt die Lebensdauer einer Flasche Wein mit einigen handelsüblichen Hilfsmitteln auch noch um drei bis vier Tage verlängern.

Unter den Weinstopfen sind die Exemplare besonders effizient, die ein Vakuum schaffen, indem sie der Flasche möglichst viel Sauerstoff entziehen. Außerdem gibt es spezielle Ventile mit Gaspatronen, über die Gas (Argon oder Stickstoff) in die Flasche geleitet wird, das den Sauerstoff verdrängt. Für Schaumwein gibt es spezielle Verschlüsse, die das Perlen etwa 48 Stunden erhalten.

Mit Weinresten kochen

Weinreste, die weniger als zehn Tage im Kühlschrank waren, können zum Kochen verwendet werden. Hier ein paar Ideen.

Rotwein könnt ihr verwenden für:

- Sauce Bolognese,
- alle Gerichte mit Rotweinsauce: Coq au Vin, Bœuf bourguignon, Ragoût du pauvre Homme (wie Bœuf bourguignon, aber ohne Rindfleisch: Speck und Zwiebeln im Schmortopf dünsten, geviertelte Kartoffen und etwas Wein zufügen sowie etwas Wasser und ein Bouquet garni. Alles sanft köcheln lassen, bis die Kartoffeln schön weich sind.) und andere Schmorgerichte,
- in Wein mit Gewürzen pochierte Birnen, Erdbeeren in Rotwein mit Zucker und Vanille,
- Konfitüre.

Trockenen Weißwein könnt ihr verwenden für:

- sautiertes Kalb-/Schweinefleisch mit Pilzen,
- Hähnchen mit Morcheln,
- Ossobuco,
- Muscheln in Weißweinsauce,
- Suppe aus Wurzelgemüse,
- Risotto,
- pochierten Fisch,
- Spaghetti mit Thunfisch,
- Käsefondue,
- Holunder-Weißwein-Gelee.

Weißen Süßwein könnt ihr verwenden für:

- Eierpunsch,
- Birnenkompott mit Süßwein,
- Obstsalat,
- Apfeltorte (die Äpfel im Süßwein gedünstet),
- Hähnchenschenkel in Süßwein,
- Sauerkraut.

Champagner könnt ihr verwenden für:

- die gleichen Gerichten wie für trockenen und süßen Weißwein, abhängig vom Champagner.

WAS HILFT GEGEN KATER?

Die einzig wirksame Methode, einen Kater zu bekämpfen ist … ihn zu verhindern.

Woher kommt der Kater?
Kopfschmerzen, Krämpfe, Brechreiz, Erschöpfungsgefühl? Und am Vorabend habt ihr ein paar Gläser Wein getrunken? Kein Zweifel, das ist ein Kater.
Die erste Ursache ist ganz klar: Ihr seid dehydriert, eine klassische Folge der Alkoholausscheidung durch die Nieren. Dazu kommen noch die Auswirkungen einer Unterzuckerung, die Folgen alkoholeigener Stoffe (Methanol und bestimmte Polyphenole), sowie die Nachwehen anderer Substanzen, die besonders in minderwertigem Alkohol (Wein und anderen) enthalten sind: große Mengen an Sulfiten, Zusatzstoffen …

Was kann man am Abend selbst tun?
Wasser trinken, viel Wasser trinken, und zwar BEVOR ihr schlafen geht. Wenn möglich einen halben Liter, ein ganzer Liter wäre noch besser. Das ist die wichtigste und effektivste Regel gegen das Auftreten von Kopfschmerzen. Ganz einfach … vorausgesetzt, ihr habt noch die Geistesgegenwart, daran zu denken. Wenn möglich, stellt zusätzlich noch eine Flasche Wasser auf euren Nachtisch. Falls ihr nachts durstig aufwacht: trinken!

Was tun am folgenden Morgen?
Nach dem Aufwachen eine Banane essen oder Vitamin C einnehmen. Ihr müsst euer Depot an Vitaminen wieder aufstocken, es könnte aber sein, dass ihr durch die am Vorabend mit dem Wein aufgenommene Säure Sodbrennen habt. Orangensaft solltet ihr also vermeiden, da er das Sodbrennen verschlimmern würde. Wendet euch stattdessen einer Frucht zu, die reich an Proteinen, Vitaminen und Zucker ist: der Banane.
Ansonsten trinkt eine Brühe oder Suppe, beide sind reich an Mineralstoffen. Austern wären dank ihres hohen Zinkgehalts auch äußerst effektiv.

Gegen Magenschmerzen
Falls ihr Magenschmerzen habt, löst einen Teelöffel Natron in einem Glas Wasser auf. Das begrenzt den Säureschaden.
Trinkt einen Detox-Kräutertee oder eine Kamillentee. Schwarztee und Kaffee sind harntreibend und verstärken die Dehydrierung nur.
Esst Reis. Er kleidet den Magen aus und setzt langsam Zucker frei, den ihr den Tag über brauchen werdet.

Der letzte Ausweg
Probiert es mit einer Bloody Mary, einem Cocktail aus Tomatensaft, Wodka (nicht zu viel), Staudensellerie und Tabasco. Das Vitamin C der Tomate macht munter und der Wodka, arm an Methanol, verlangsamt den Alkoholrückgang. Diese Methode ist allerdings umstritten.

»Ich mag diesen Wein. Mir gefällt daran …
– Ja?
– Dieser Duft nach …
– Nach?
– Nach Wein! Dieser gute Duft nach Wein!«

Millionen von Menschen kennen diese Situation. Darunter auch Elias. Elias liebt Wein, versteht aber nichts davon. Also gibt er sich mit einem »schmeckt gut« zufrieden, und das ist auch gar nicht schlimm. Allerdings wüsste Elias gern, was er denken und sagen könnte, wenn er ein Glas Wein kostet. Elias hat kein Ohr für Musik, aber das spielt beim Wein auch keine Rolle. Es reicht, wenn er seine anderen Sinne gut einsetzt: seine scharfen Augen, seine freie Nase, seinen klaren Gaumen und seine ungeduldige Zunge.

Also konzentriert er sich auf das Sehen, Riechen, Schmecken und Fühlen und beschreibt die Eindrücke jeweils mit einem Adjektiv. Eins reicht am Anfang schon. Er wird sich bewusst, dass das Weinverkosten gar nicht kompliziert ist, solange man regelmäßig (und nicht übermäßig) trainiert.

Auf Partys ruft Elias nicht mehr »oh!« und »ah! « aus, während er seine Nase tiefer als nötig ins Glas steckt, um andere zu beeindrucken. Stattdessen bewertet er rasch die Eigenschaften seines Weines und genießt dann die Party. Später nimmt er sich für jeden Schluck ein paar Sekunden Zeit, um mit Nase und Gaumen die Entwicklung des Weins zu analysieren. Elias trinkt nicht mehr Wein, aber er verkostet besser. Eigentlich macht er es mit dem Wein wie mit jedem anderen Gast auf der Party: Er beurteilt ihn nicht nach seinem Aussehen oder danach, was man über ihn sagt – er lernt ihn einfach kennen.

Dieses Kapitel ist allen gewidmet, denen es wie Elias geht.

Elias

LERNT DAS VERKOSTEN

Die Farben von Wein • Die Aromen von Wein
Wein schmecken • Den Traumwein finden

DIE FARBEN VON WEIN

Warum betrachten Weinliebhaber ihr Glas vor dem Trinken so aufmerksam? Nicht etwa, um besonders intellektuell zu wirken. Auch nicht, um ihr Spiegelbild zu bewundern. Wir schauen uns die Farbe des Weins an, weil sie uns viel über seinen Zustand verrät. Bevor wir ein Bekleidungsgeschäft betreten, schauen wir uns ja auch die neuen Stoffe und Farben im Schaufenster an. Hier ist es ganz ähnlich – wir betrachten die Farben des Weins.

Farbnuancen

So machen es die Profis

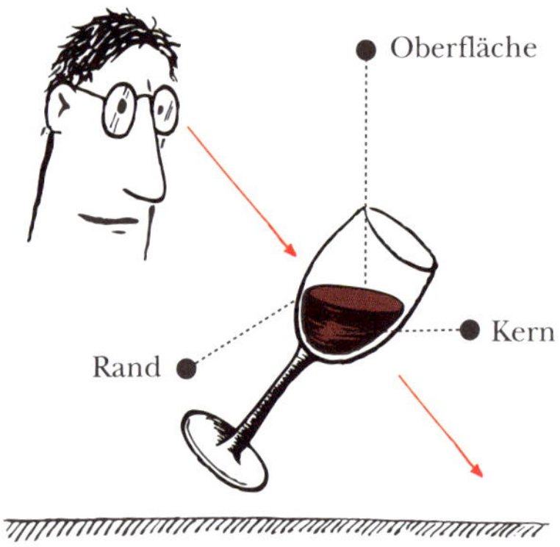

Um die Farbe des Weins zu bewerten, haltet ihr das Glas vor einen weißen Hintergrund. So lassen sich Oberfläche, Kern und Rand betrachten. Die Farbtiefe bzw. -nuance des Weins verrät uns etwas über sein Alter.

Welche Nuancen?

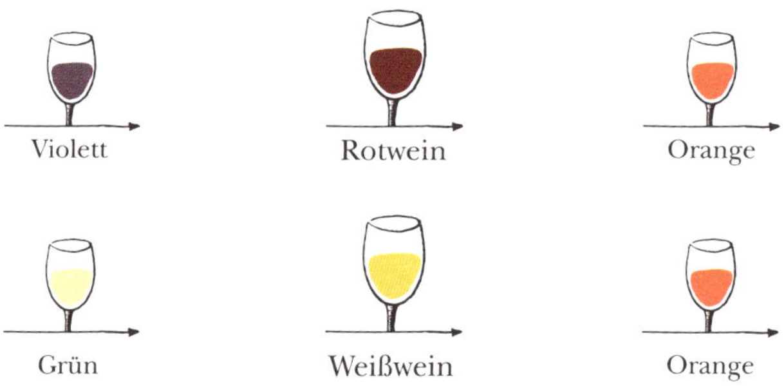

Junger Wein hat eine violette Nuance, wenn es sich um Rotwein, und eine grüne, wenn es sich um Weißwein handelt.

Wein auf seinem Höhepunkt ist rot/rubinrot/granatrot oder zitronengelb/golden/strohfarben. Es ist Zeit, ihn zu genießen.

Alter Wein (meint: zu alt) tendiert ins Ziegelrote oder Orange, egal, ob es sich um Rot- oder Weißwein handelt.

Vokabular

Weißwein-Nuancen: grün, lachsfarben, zitronengelb, strohfarben, golden, honigfarben, kupfer, bernsteinfarben, braun

Rotwein-Nuancen: violett, purpur, rubin-, granat-, kirschrot, mahagoni, ziegelrot, orangebraun, kastanienbraun

Alte Weine

»Alt« bedeutet bei Wein nicht automatisch, dass er mehr als zehn Jahre alt sein muss. Abhängig von seiner Struktur und der Aufbewahrung altert Wein mehr oder weniger schnell. Falls er starken Temperaturschwankungen, Licht oder Luft ausgesetzt war, wird er schneller altern, als eine weitere Flasche des gleichen Weins, die ungestört bei 12 °C in einem Keller ruht.
Darüber hinaus sind einige Weine für das Altern bestimmt und wirken mit zehn Jahren immer noch frisch. Andere hingegen erleben ihren Höhepunkt schon in ihrem ersten Jahr.

Farbintensität

Farbintensität und Alter des Weins

Ebenso wie die Nuance verrät uns die Farbintensität etwas über das Alter des Weins. Rotwein neigt dazu, mit dem Alter Farbpigmente zu verlieren. Sie fallen aus und lagern sich am Flaschenboden ab. Im Gegensatz dazu nimmt Weißwein mit dem Alter Farbe an. Nach mehr als einem Jahrhundert sind die Farben von Rot- und Weißwein dann so ähnlich, dass sie miteinander verschmelzen.

Farbintensität und Herkunft des Weins

Die Farbintensität verrät uns auch etwas über die Herkunft des Weins (Ausnahmen bestätigen die Regel). Trauben, die in kühlerem Klima gewachsen sind, verleihen Wein häufig eine hellere Farbe als unter der prallen Sonne gewachsene. Abhängig von Region und Klima werden unterschiedliche Rebsorten zur Weinproduktion verwendet. Hitzebeständigere Trauben haben eine dickere Haut mit mehr Farbpigmenten als in kühlen Regionen wachsende Trauben.

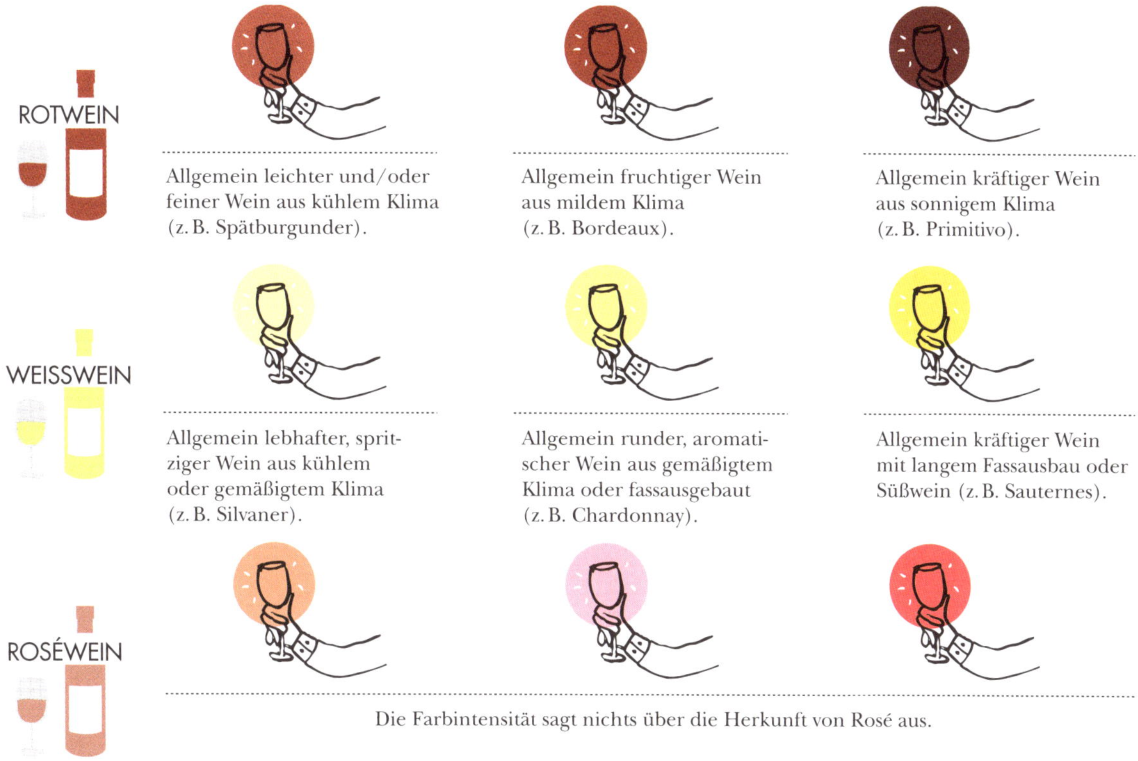

Vokabular

Die Farbintensität eines Weines ist wahlweise blass, hell, intensiv, dunkel, tief oder sehr tief.

Farbintensität und Geschmack des Weins

Ein heller Wein hat häufig mehr Säure und ist feiner als ein dunkler Wein. Ein Wein mit tiefer Farbe hat häufig einen höheren Alkoholgehalt, ist fetter, süßer oder hat mehr Tannine.

Und die Farbe von Rosé?

Sie verrät uns nichts! Anders als bei Weiß- und Rotwein hängt die Farbe von Rosé von den Vorlieben der Produzenten und Produzentinnen ab, die die Färbung nach Belieben unterbrechen. Für die Roséproduktion werden rote Rebsorten verwendet (Weißwein und Rotwein werden nicht gemischt, außer für Champagner). Die Beerenschalen geben dem Most Farbe, das Fruchtfleisch ist farblos. Je länger Schalen und Most Kontakt haben und je dunkler die Rebsorte ist, umso intensiver wird die Farbe des Weins. Für einen blassen Rosé werden Most und Schalen schnell getrennt. Rosé mit kräftiger Farbe hat meist, aber nicht immer, einen »kräftigeren« Geschmack und höheren Alkoholgehalt als blasser Rosé. Außerdem ist die Farbe von Rosé eine Frage der Mode: Nachdem lange ein kräftiger Farbton im Trend war, sind es nun wieder die helleren Flaschen.

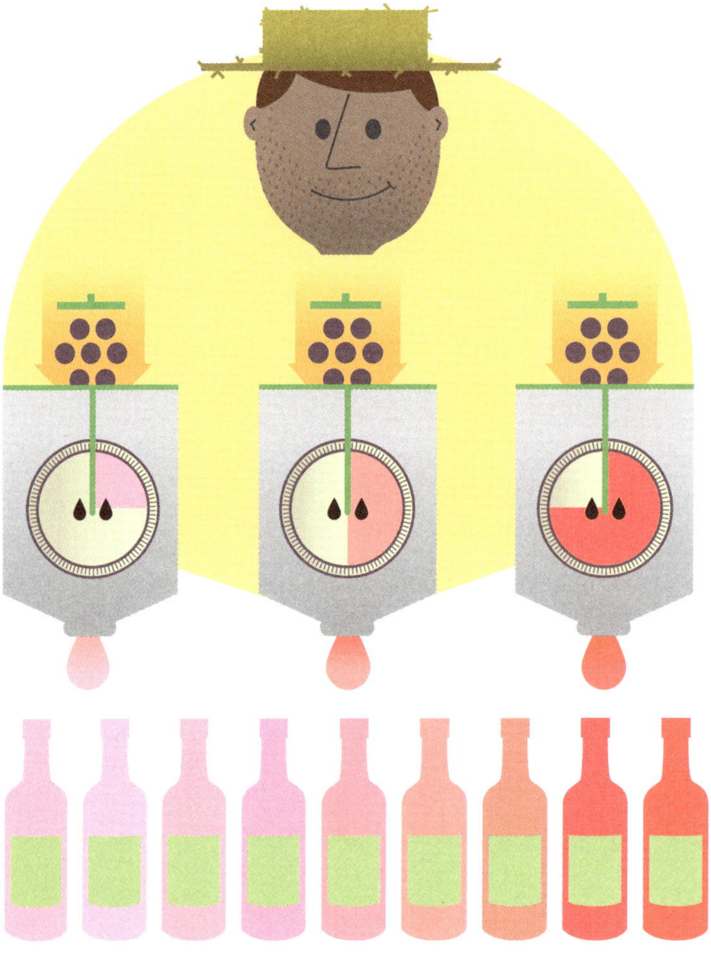

Vokabular

Rosé-Nuancen: apricot, zwiebelschalen-, lachsfarben, pastellrosa, pink, kirsch-, grenadine-, himbeer-, kupferrot

BRILLANZ UND KLARHEIT

Nachdem ihr die Farbe betrachtet habt, ihre Nuancen und Intensität, achtet ihr auf Lichtreflexe und Klarheit des Weins: Sind Schwebstoffe oder ein leichter Schleier vorhanden?

Lichtreflexe im Wein

In seltenen Fällen trübt Wein durch mikrobiellen Befall ein und wird ungenießbar. Meistens sagen Brillanz und Klarheit jedoch nichts über die geschmackliche Qualität aus, sondern sind ästhetische Merkmale.

Das Depot am Flaschenboden

Ein Depot ist nicht schlimm. Es handelt sich um instabile Partikel, die sich als Feststoffe abgesetzt haben, etwa Weinsteinkristalle (bei Weißwein), Tannine oder Farbstoffe (bei alten Rotweinen). Auf jeden Fall verdirbt das Depot den Wein nicht und sollte euch nicht davon abhalten, ihn zu trinken. Zwischen den Zähnen ist es allerdings nicht besonders angenehm, vermeidet also besser, das Depot mit ins Glas auszuschenken.

Schwebstoffe im Wein

Das kommt immer häufiger vor und gilt paradoxerweise als immer weniger schlimm. Früher wurden alle Weine vor der Flaschenabfüllung filtriert. Eine Trübung galt daher als Anomalie. Heute werden »Naturweine« immer häufiger nicht filtriert, zeigen sich daher eher matt – nicht gerade ansprechend, doch der Geschmack wird davon nicht beeinflusst. Produzent*innen, die nicht filtrieren, geben auf dem Etikett häufig an, dass leichte Trübungen auftreten können. Allerdings ist Misstrauen gerechtfertigt, wenn der Wein richtig trüb ist.

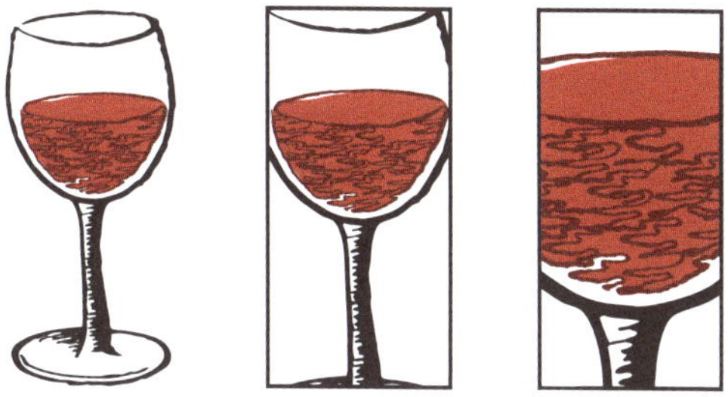

V **Vokabular**

Wein ist (optisch) kristallklar, klar, matt oder trüb.

TRÄNEN, BEINE, KIRCHENFENSTER

Die Beine eines Weins könnt ihr nur bewundern, wenn ihr auch seine Tränen liebt … und seine Kirchenfenster. Tränen, Kirchenfenster und Beine sind unterschiedliche Begriffe, die beim Weinverkosten dasselbe bedeuten: die Spuren, die Wein an den Glasinnenwänden hinterlässt. Um sie betrachten zu können, müsst ihr das Glas einfach zweimal sanft schwenken. Und schon könnt ihr die schönen Beine des Weins bewundern – falls er welche hat.

Was verraten uns die Tränen des Weins?

Die Tränen weisen auf den Alkohol- und Zuckergehalt eines Weins hin. Je mehr Tränen euer Wein hat, umso höher ist sein Alkohol- oder Zuckergehalt. Muscadet hinterlässt fast nie Tränen, während sich ein Costières de Nîmes die Augen ausheult. Zum Vergleich könnt ihr euch ein Glas Wasser und ein Glas Rum einschenken – der Unterschied ist ganz deutlich zu erkennen.

Der Alkoholgehalt

Diese Methode kann euch zwar eine Vorstellung vom Alkoholgehalt eures Weins vermitteln, das bedeutet jedoch nicht, dass ihr diesen auch am Gaumen spürt. Unter den Weinen in der Kategorie ab 14 % Alkohol kompensieren die besten den Alkoholgehalt mit einer hohen Säure und schönen Tanninstruktur. Will heißen: Diese Weine verbrennen euch nicht den Rachen, sondern wirken besonders … ausgewogen.

! Achtung – die Sauberkeit des Glases spielt eine Rolle

Ein schmutziges Glas mit Fettspuren sorgt für mehr Tränen beim Wein. Rückstände von Spülmittel hingegen zwingen die Beine in die Knie!

DAS SPRUDELN UND SCHÄUMEN

Das Sprudeln und Schäumen betrifft natürlich die … Schaumweine! Bläschen sind die Stars dieses Abschnitts.

Die Größe der Bläschen

Die Größe der Bläschen gibt euch einen Hinweis auf das Alter des Schaumweins, den ihr verkosten werdet. Feine Bläschen, also eine feine Perlage, zeugen von sorgfältiger Gärung und langer Kellerreife. Aktuelle Studien weisen jedoch auf ein überraschendes Phänomen hin: Je höher ein Bläschen im Glas steigt, umso größer wird es. Die Größe der an der Oberfläche platzenden Bläschen hängt also auch von der Höhe des gewählten Glases ab. Verfolgt ruhig mal den Aufstieg eines dieser Bläschen.

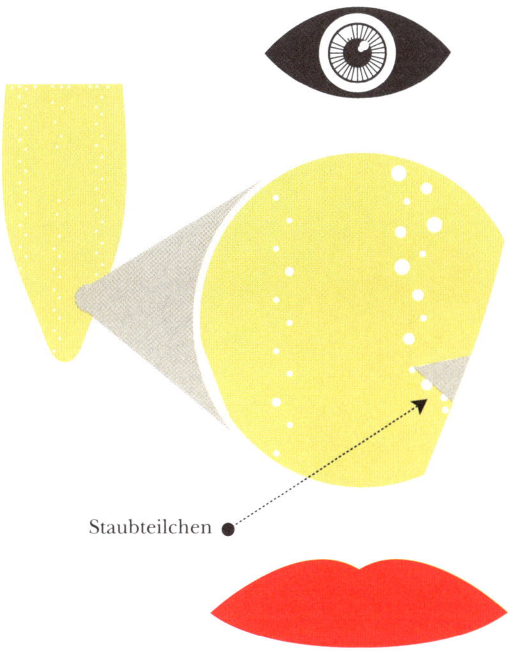

Die Anzahl der Bläschen

Wie viele Bläschen ihr im Glas seht, hängt davon ab, wie sauber das Glas ist! Unglaublich aber wahr: Je sauberer das Glas ist, umso weniger Bläschen steigen auf. In einem perfekt sauberen, glatten Glas ist überhaupt keine Perlage zu sehen. Sie macht sich erst am Gaumen bemerkbar! In einem leicht verschmutzten oder mit einem Lappen gereinigten Glas wird die Bläschenbildung verstärkt.
Tatsächlich sind es mikroskopische Unebenheiten auf der Innenwand, die zur Bläschenbildung im Glas führen. Daher empfehlen Sommeliers, Gläser mit einem Küchentuch abzutrocknen, damit sich winzige Baumwollfasern darin absetzen, an die sich Bläschen koppeln können. Alternativ könnt ihr den inneren Boden des Glases auch leicht mit Sandpapier aufrauen.

Die Bläschen am Gaumen

Verschwendet eure Zeit nicht mit dem Bläschenzählen. Am besten bewertet ihr sie direkt am Gaumen: fein, aggressiv, cremig …

! Bläschen, wo sie nicht hingehören

Ihr spürt Bläschen, obwohl der Wein keine haben sollte? Bei sehr jungen Weinen ist das normal. Es handelt sich um Rückstände von Kohlendioxid, das während der Gärung entsteht. Die Bläschen verschwinden, wenn ihr das Glas schwenkt.

V Vokabular

Wenn ein Wein nicht **schäumt,** wird er als still bezeichnet. Ein **Stillwein,** bei dem noch etwas Kohlendioxid am Gaumen zu verspüren ist, wird als **prickelnd** bezeichnet.

DIE AROMEN VON WEIN

Nun kann Elias das Vorzimmer des Genusses betreten. An Wein zu riechen ist fast so aufregend wie Wein zu trinken. Eines Tages werdet ihr vielleicht sogar zögern, einen exquisit duftenden Wein über eure Lippen kommen zu lassen, aus Angst vor Enttäuschung. An Wein zu riechen, bedeutet, sich verführen zu lassen. Noch vor dem Trinken.

Wie riecht man an Wein?

– 1 –

Erster Eindruck in der Nase
Er entsteht durch die Aromen, die freigesetzt werden, wenn der Wein ruht. Für eine Verkostung solltet ihr das Glas nie zu mehr als einem Drittel füllen. Die Aromen brauchen Raum, um sich entfalten zu können.

– 2 –

Die Aromen freisetzen
Um die Aromen freizusetzen, müsst ihr den Wein belüften: Schwenkt das Glas leicht, indem ihr mit dem Fuß einen kleinen Kreis auf dem Tisch zieht, oder in der Luft (für Geschickte).

– 3 –

Zweiter Eindruck in der Nase
Die Aromen, die nach dem Belüften erscheinen oder sich verändern, sind in der Regel deutlicher und intensiver. Wenn sie noch kaum wahrzunehmen sind, müsst ihr das Glas erneut etwas kräftiger schwenken – zweifelsohne schläft der Wein noch, er ist **verschlossen.**

Sehr alten oder sehr großen Wein solltet ihr nicht schwenken, um ihn nicht zu erschöpfen. Kippt das Glas sanft und riecht den Wein an verschiedenen Stellen: in der Mitte, am Rand … das reicht, um die Komplexität des Bouquets wahrzunehmen.

V Darüber reden …

Beim Wein entwickelt sich das Vokabular ständig, wie in der Alltagssprache. Wer möchte Wein heute noch als »Jesuskind in Samthosen« beschreiben oder sagen, er dufte wie Hasenbauch? Ob bildlich, metaphorisch oder deskriptiv – verwendet Begriffe, die sich für euch natürlich anfühlen und die auch für andere verständlich sind.

! Schnuppern statt einatmen

Beim Riechen solltet ihr nicht zu tief einatmen, um die Nase nicht zu übersättigen. Denkt stattdessen an … Pluto oder einen anderen Hund, der an einer Fährte schnüffelt: Schnüffelt mehrmals sanft und haltet euren Geist möglichst offen für die Eindrücke. Schließt die Augen, falls euch das hilft. Konzentriert euch nicht zu sehr auf einen bestimmten Geruch, sondern lasst die Aromen auf euch wirken.

AROMEN-FAMILIEN

Die großen Aromen-Familien

Die Welt des Weins beinhaltet Hunderte verschiedener Gerüche, und diese sind nicht immer leicht zu identifizieren. Zur Orientierung werden sie beim Verkosten zu großen Familien gruppiert. Die Definition dieser Familien und der Düfte, die sie enthalten, kann variieren: Die Früchte können als Kern- oder Steinfrüchte, Beeren, Streuobstwiesenfrüchte usw. klassifiziert werden … Ihr könnt die hier vorgeschlagene Liste auch durch Aromen ergänzen, zum Beispiel durch verschiedene Apfelsorten.

Den Geruchssinn trainieren

Gibt es Düfte, die euch nichts sagen? Versucht, euch den jeweiligen Duft folgender Aromen vorzustellen. Falls das nicht klappt, ist es Zeit, daran zu riechen: Kauft Früchte, saisonale Blumen (oder schnuppert an den einzelnen Blütendüften in einer Parfümerie), knabbert Schokolade, macht einen Waldspaziergang, leckt an Kieselsteinen, wenn es sein muss! Ebenso wie Musiker*innen Fingerübungen machen müssen, müssen Verkoster*innen ihre Nasen trainieren. Zum Üben gibt es auch spezielle Aromenkoffer mit Flakons.

Früchte

Früchte

WEISSE FRÜCHTE

Honigmelone · Weißer Pfirsich · Birne · Apfel

GELBE FRÜCHTE

Aprikose · Nektarine · Mirabelle · Pfirsich · Pflaume · Quitte

TROCKEN-FRÜCHTE

Mandel · Dattel · getrocknete Feige · Haselnuss · Walnuss · Cashewkern

Pistazie · Dörrpflaume · Rosine · frische Mandel

KANDIERTE FRÜCHTE

Kompott · Konfitüre · Orangenzeste · Mandarinenzeste · gekochtes Obst · Quittenbrot

Süßwaren

Gummibären · Marshmallows

Blüten

Akazie

Weißdorn

Kamille

Geißblatt

Orangenblüte

Levkoje

Iris/Schwertlilie

Jasmin

Flieder

Nelke

Pfingstrose

Rose

Veilchen

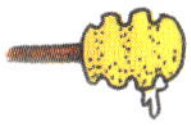
im übertragenen Sinne: Honig

Gebäck und Milchprodukte

frische Butter

Butterkeks

Brioche

Konditorcreme

Crème fraîche

Milch

Hefe

Toast

Mürbeteig

Marzipan

Joghurt

Hölzer

Balsaholz

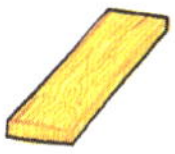
frisches Holz

Zeder

Eiche

Kokosnuss

Patschuli

Kiefer

Harz

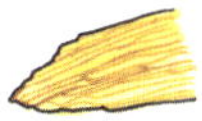
Sandelholz

Frische und getrocknete Pflanzen

Zitronengras | Eukalyptus | Fenchel | Heu | Farn | frisches Gras | Lavendel | Minze

Paprika | Holunder | Tabak | Tee | Linde | Eisenkraut | Heideland | Getreide

Kräuter und Gewürze

Anis | Zimt | Gewürznelke | Koriander | Curry | Ingwer | Lorbeer | Muskatnuss

weißer Pfeffer | schwarzer Pfeffer | Lakritze | Rosmarin | Thymian | Vanille | Safran | Paprikapulver

Gegrillt, gebrannt und geröstet

(auch »empyreumatisch« genannt)

Kakao | Kaffeebohnen | Karamell | Schokolade | Rauch | Teer | Mokka | geröstetes Brot

Nugat

Unterholz

Champignon | trockenes Laub | Pfifferling | Humusboden | Moos | Erde | Trüffel

Animalisches

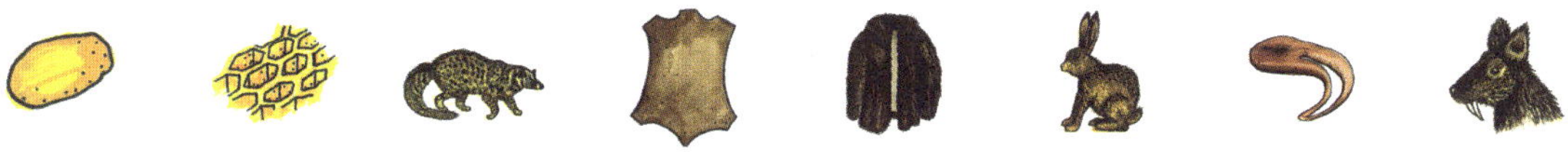

Ambra | Bienenwachs | Zibetkatze | Leder | Pelz | Wild | Bratensauce | Moschus

Mineralisches

Mineralische Noten in Wein sind selten. Aber es gibt sie. Falls ihr sie riechen könnt, könnt ihr wetten, dass es sich um einen sehr guten Wein handelt.

Kreide | Kiesel (aufgeheizt) | Mineralöl (zwischen Erdöl und Heizöl) | Jod | Pulver (Feuerwerk) | Feuerstein (aufgeheizt) | Rohbenzin | Meeresfelsen

Fehler

Pappe | Blumenkohl | Pferdestall | Geranie | Korken | Schimmel | Zwiebel | fauliger Apfel

verfault | ranzig | Schuppen | Putzlappen | Schwefel | Schweiß | Katzenurin | Essig

DER LAUF DER JAHRESZEITEN

Die Aromen eines Weins sind niemals unveränderlich. Sie entwickeln sich in der Flasche, wandeln sich im Lauf der Jahre. Sogar im Laufe eines Abends verändern sie sich, vom Einschenken bis zum Ende der Mahlzeit.

Der Lebenszyklus oder die Jahreszeiten des Weins

Wein durchläuft einen Lebenszyklus. Er ist jung und wächst, erreicht seinen Höhepunkt im Erwachsenenalter und beginnt dann abzubauen, zu altern, um schließlich zu sterben. Während des Lebenszyklus' spiegeln seine Aromen den Lauf der Jahreszeiten wider: Junger Wein hat einen frühlingshaften Reiz und setzt dann auf sommerliche Akzente. Auf seinem Höhepunkt lässt er an den Herbst denken, am Ende seines Lebens an den Winter. Dieser Lebenszyklus ist ein gutes Mittel, um Lebenserwartung und Reifegrad zu bestimmen. Hier gibt es große Unterschiede: Mit fünf Jahren ist ein Wein noch jung, ein anderer schon alt.

Junger Wein

Frühling

Grün und pflanzlich, Knospen, Blüten, frisches Obst, saures Obst, Süßigkeiten

Erwachsener Wein

Sommer

Getrocknete Kräuter, Gewürze, reife Früchte, gekochte Früchte, Gewürze, Nadelbäume, Röstaromen, mineralische Noten (z.B. Rohöl)

Gereifter Wein

Herbst

Trockenfrüchte, Kompott, Honig, Kekse, Unterholz, Champignons, Tabak, Leder, Pelz und weitere tierische Gerüche

Wein gen Ende

Winter

Kandierte Früchte, Wild, Moschus, Ambra, Trüffel, Erde. Ist er zu alt: abgehangenes Fleisch, verfaultes Obst, schimmlige Pilze – und schließlich gar kein Aroma mehr.

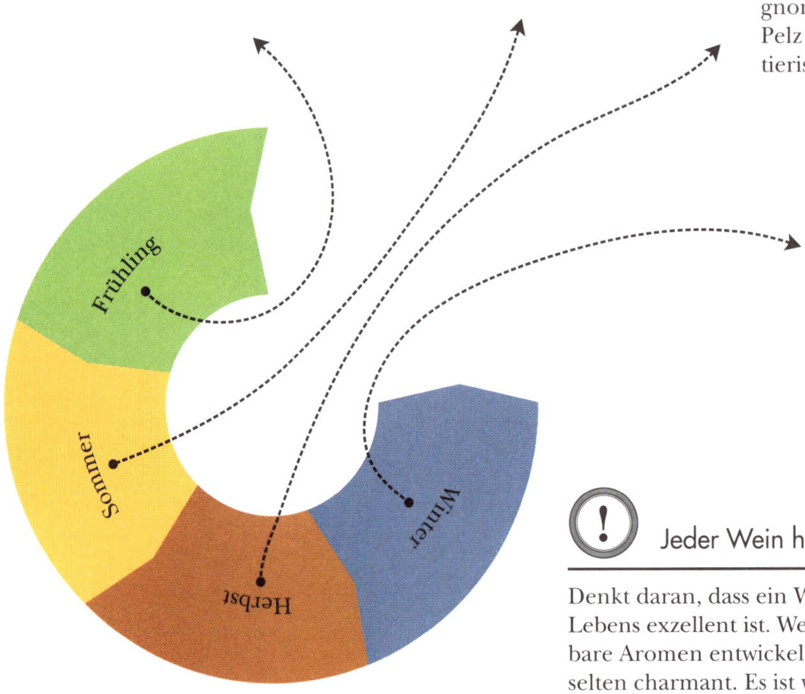

Jeder Wein hat sein Goldenes Zeitalter

Denkt daran, dass ein Wein selten in allen Phasen seines Lebens exzellent ist. Wein, der in seinem Herbst wunderbare Aromen entwickelt, zeigt sich in seiner Jugend selten charmant. Es ist wie bei den Menschen: Ein alter, weiser Philosoph ist selten auch guter Fußballer.

PRIMÄRE, SEKUNDÄRE UND TERTIÄRE AROMEN

Gärung und Aromen

Die meisten Aromen bilden sich während der Weinproduktion. Jede Rebsorte trägt ihr individuelles Aromenpotenzial in sich, intensiv oder diskret. Dieses Potenzial entfaltet sich jedoch nicht ohne die Gärung, die den Wein entstehen lässt.

Viele weitere Aromen entstehen während der Weinbereitung und der Reifeperiode. Wein zu produzieren, heißt nicht nur, Alkohol zu produzieren, sondern auch, Aromen entstehen zu lassen! Wir unterteilen die Weinproduktion in drei Phasen und sprechen daher von primären, sekundären und tertiären Aromen.

1 Primäraromen

Die in den Trauben enthaltenen Aromen, freigesetzt durch die alkoholische Gärung: **Früchte, Blüten, Pflanzen, Mineralisches**

2 Sekundäraromen

Aromen, die von Hefen oder während der malolaktischen Gärung geschaffen wurden, sowie Aromen, die bei der Reifung in Holz entstehen: **Süßwaren, Konditorwaren, Holz, Röstaromen**

3 Tertiäraromen

Während der Fass- und Flaschenreife freigesetzte Aromen: **Gewürze, Röstnoten, Unterholz, Pilze, Animalisches**

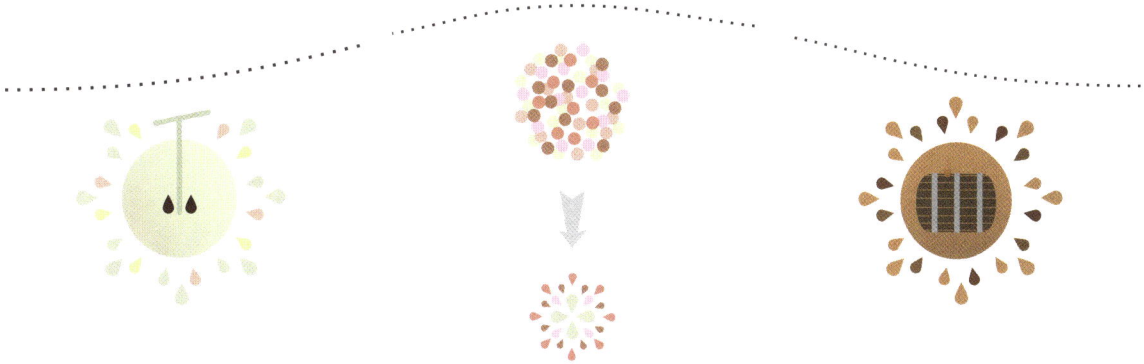

Vokabular

Der Begriff **Bouquet** bezieht sich auf die Aromen eines reifen oder gereiften Weins. Es besteht größtenteils aus Tertiäraromen, aber auch einigen Primäraromen, häufig in einer weiterentwickelten Form, mit Patina. Es ist ganz ähnlich wie beim Floristen: Die Schönheit eines großartigen Weins liegt in der Harmonie seines Bouquets.

DAS STINKT!

Da riecht was nicht gut? Oft ist da nicht viel zu machen – außer den Inhalt eures Glases in die Spüle zu schütten.

Nicht zu behebende Fehler

In einem Wein können verschiedene unangenehme Gerüche auftreten – aus mehreren Gründen.

Die Trauben waren nicht reif genug. Das riecht nach Katzenurin, Rasen, grüner Paprika.

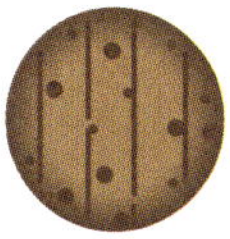

Der Wein hat einen Korkton. Er wurde durch ein Hefebakterium verunreinigt (betrifft 3– 5 % der Flaschen). Das riecht muffig, nach vergammeltem Kork.

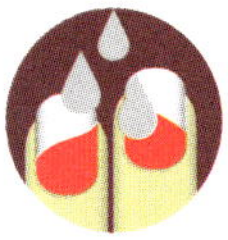

Der Wein kippt in Essig um. Das riecht nach Essig, Nagellackentferner.

Der Wein wurde schlecht gelagert, war dem Licht ausgesetzt oder lag in einem feuchten Karton, der seinen Duft überträgt. Das riecht nach Staub, Pappe.

Der Wein ist oxidiert (bei Madeira und anderen oxidativen Weinen ist dies allerdings erwünscht). Das riecht nach Madeira, Walnüssen, überreifen bis fauligen Äpfeln.

Der Wein riecht nach Thiolen. Aufgrund von Sauerstoffmangel haben Hefen diese Schwefelverbindungen produziert. Das riecht nach faulen Eiern, Mundgeruch.

Der Wein ist mit Hefen der Spezies *Brettanomyces* kontaminiert, umgangssprachlich auch »Brett« genannt. Dabei handelt es sich um eine Verunreinigung des Weins während der Reife. Das riecht nach Schweiß, Stall, Wischlappen, Exkrementen.

Die Reduktion: eine Jugendsünde

Der Wein ist zu reduktiv. Das riecht nach Kohl (alle möglichen Sorten), fauligen Zwiebeln, Blähungen. Zweifelsohne ist das ein weniger tragischer Fehler (obwohl er manchmal mindestens ebenso schlimm riecht wie die anderen), da er behoben werden kann. Man könnte diesen Fehler als Thiolgeruch geringer Intensität einstufen: Der Geruch, den wir reduktiv nennen, entsteht durch Sauerstoffmangel in der Flasche.

So riecht der Wein wieder gut:

Lüften
Kräftiges Karaffieren, ordentliches Schwenken, schlimmstenfalls ein paar Stunden Wartezeit (ja, zum Dinner wird das nichts, ihr müsst auf morgen warten), und der reduktive Geruch verfliegt.

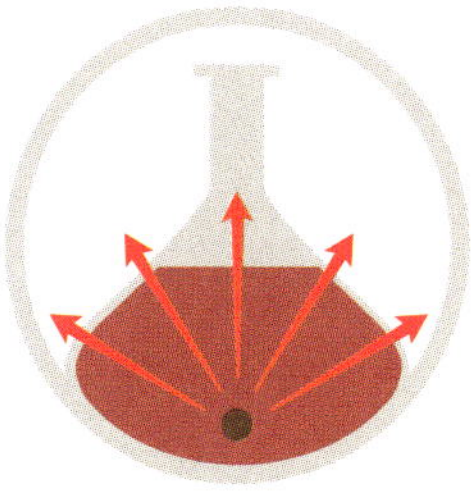

Kupfer
Falls es schnell gehen muss, könnt ihr ein Stück Kupfer (ja, wirklich!) in die Karaffe geben. Der Kupfer bewirkt, dass die Schwefelmoleküle sich absetzen.

Pech bei der Verkostung

Schnupfennase, verschlossener Wein

Ihr habt Schnupfen. Eure Atemwege sind verstopft, ihr habt die Nase voll, das Verkosten könnt ihr vergessen. Ja, das frustriert. Erholt euch gut und genießt den Wein ein andermal.

Der Wein ist verschlossen. Es kommt vor, dass Wein einige Monate nach der Flaschenabfüllung »zumacht«, wütend darüber, dass er eingesperrt ist. Die beleidigte Phase kann einige Monate dauern. Er muss durch das Belüften in einer Karaffe geweckt werden. Besonders schlecht gelaunte Weine brauchen einige Stunden, um sich zu öffnen. Bleibt Wein den ganzen Abend verschlossen, genießt ihr ihn am nächsten Mittag.

Was ihr riecht, riecht nicht gut

Das Öffnen einer Flasche Wein kann verschiedene Enttäuschungen mit sich bringen: Ein poröser Korken hat Luft an den Wein gelassen und ihn getötet, ein kontaminierter Korken hat dem Wein einen »Korkton« verliehen, ein Wein riecht nach Schweiß, nach Urin, Gülle – kurz: schlecht. Das Verkosten bringt das Risiko mit sich, enttäuscht zu werden, Geld für nichts ausgegeben zu haben. Das kommt vor, und ihr solltet keine große Sache daraus machen. Ein guter Wein bei einer Feier macht Spaß, ein schlechter sollte sie nicht ruinieren.

Ihr riecht etwas anderes als die anderen

Ihr nehmt einen fantastischen Rhabarberduft im Glas wahr – und dann sagt der Sommelier: »Riecht ihr dieses wunderbare Grapefruitaroma?« Ähm ... Nein! Was soll's, das macht nichts! Die Wahrnehmung von Gerüchen ist von Person zu Person verschieden. Sie hängt von eurer gastronomischen Kultur ab und auch von eurem genetischen Erbe. Lasst euch nicht davon beeinflussen oder verunsichern, was euer Nachbar riecht, sondern konzentriert euch darauf, was ihr wahrnehmt. Und wenn außer euch niemand Rhabarber riecht, müsst ihr euch nicht schämen. Interessanterweise nimmt man Gerüche, die man nicht mag, leichter wahr.

WEIN SCHMECKEN

Schlürfen oder Kauen?

Beim Verkosten gibt es zwei Arten, Wein zu schmecken: das Schlürfen und das Kauen.

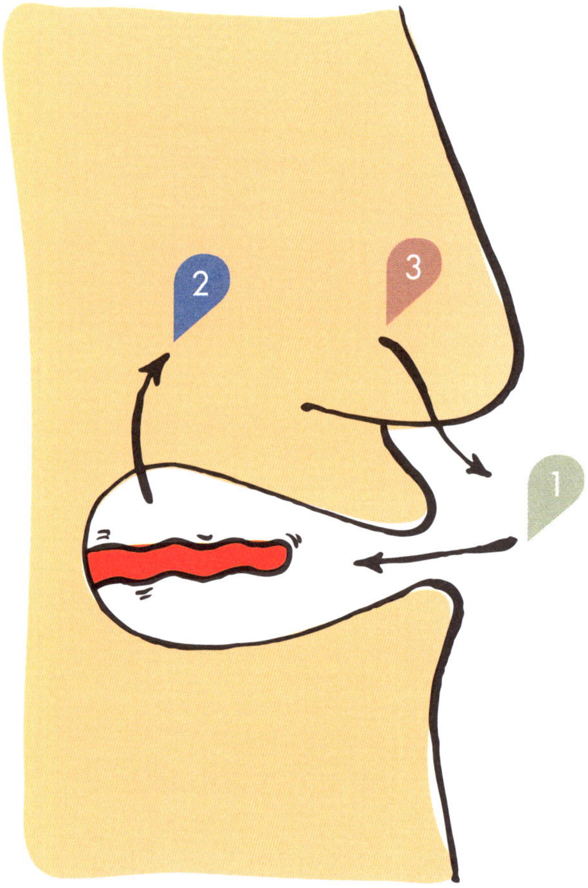

Den Wein schlürfen

Wenn Verkoster*innen beim Probieren von Wein ein bizarres Schlürfgeräusch von sich geben, tun sie dies, um den Wein im Mund zu belüften. So gelingt es:

1. Spitzt die Lippen.
2. Zieht Luft in den Mund. So bewegt und erwärmt ihr den Wein und er kann sich entfalten.
3. Atmet durch die Nase aus, damit die Luft zirkuliert und von Aromen erfüllt zu den Geruchsrezeptoren aufsteigt.

Den Wein kauen

Ja, wie ein Steak! Diese Methode ist einfacher und hat den gleichen Effekt wie die vorherige: Sie ermöglicht es dem Wein, sich voll zu entfalten.

Ihr könnt die Methode verwenden, die euch besser liegt. Oder beide kombinieren: Schlürfen, dann kauen (oder umgekehrt). Oder die Zunge am Gaumen schnalzen. Ziel ist es, alle **Aromen des Weins** wahrzunehmen, also die Geschmacksrichtungen (süß, sauer …), die am Gaumen wahrgenommenen Aromen und die taktilen Empfindungen (prickelnd, austrocknend …).

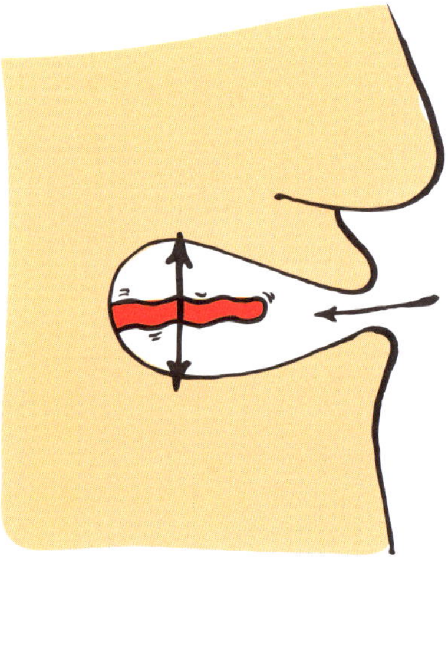

Die Geschmacksrichtungen

Bitter Eine feine Bitterkeit gilt als elegant. Für einige weiße Rebsorten ist er typisch, zum Beispiel für Weißwein auf Basis von Marsanne (Côtes du Rhône), Mauzac (Südwestfrankreich), Rolle (Südostfrankreich), Pinot grigio (Italien) oder Gewürztraminer (Deutschland oder Oregon). Weniger angenehm ist es, wenn der bittere Geschmack zu präsent ist. Er wird häufig im Abgang wahrgenommen, einige Sekunden nach den anderen Geschmacksrichtungen. Wer keinen Chicorée mag, kein Bier und auch keinen schwarzen Tee oder Kaffee, reagiert meist sensibler darauf.

Salzig ist eine Geschmacksrichtung, die bei Wein immer häufiger erwähnt wird. Zu bemerken ist sie in bestimmten lebhaften (moussierenden) Weißweinen wie Muscadet (die Rede ist hier von salzigen Noten), aber auch bestimmte Rotweine zeigen im Abgang leicht salzige Töne. Dies gilt als gute Eigenschaft, als Zeichen für einen eleganten Wein und ein großartiges Terroir.

Süße ist präsent in … Süßweinen! In Dessertweinen wie Sauternes, Süß- oder Likörweinen wie Muscat de Beaumes-de-Venise, Maury, Banyuls, edelsüßem Riesling …
Der Zuckergehalt von Wein kann zwischen 0 und mehr als 200 g/l liegen! Zucker schmeckt man sofort. Wer viel Zucker konsumiert, nimmt ihn aber weniger leicht wahr.

Säure bildet das Rückgrat eines Weins, ohne sie kann ein Wein nicht »durchhalten«. Ein Wein ohne Säure ist ein Wein ohne Zukunft. Eine schöne Säure lässt das Wasser im Mund zusammenlaufen und regt den Appetit an (zum Beispiel bei trockenem Riesling). Ein zu saurer Wein hingegen ist unangenehm am Gaumen, zieht den Rachen zusammen.

Sehr süß

Weiße Süßweine mit einem Zuckergehalt über 45 g/l. Dazu gehören: Trockenbeerenauslese und Eiswein aus Deutschland, Eiswein aus Österreich und Kanada. Aus Frankreich: Sélection de grains nobles (Beerenauslese) aus dem Elsass, Sauternes und Barsac aus dem Bordeaux, Monbazillac und Jurançon aus dem Südwesten, Bonnezeaux, Quarts-de-Chaume und Vouvray von der Loire. Tokaji aus Ungarn …

Süß

Aus Deutschland: Auslese. Weiße Süßweine aus Frankreich: Spätlese aus dem Elsass, Coteaux-du-Layon, Montlouis oder Vouvray von der Loire, Jurançon, Pacherenc du Vic-Bilh, Côtes de Bergerac … aus dem Südwesten.

Leicht süß

Halbtrockene Rieslinge und Kabinettweine aus Deutschland, Sec und Demi-Sec Champagner, Demi-Secs von der Loire (Montlouis, Savennières), bestimmte Rotweine aus dem Süden Frankreichs. Einige Weißweine aus dem Mittelmeerraum …

Vokabular

Den Säuregehalt von Wein, von schwach bis intensiv, kann man so beschreiben: flach, weich, frisch, lebhaft, nervös, bissig, aggressiv.

FETT ODER BRENNEND?

Zum Geschmack kommen taktile Empfindungen hinzu: metallisch (unangenehm), würzig/scharf, fett, wärmend …

Das Fett

Alkohol wärmt die Kehle, wenn er zu präsent ist. Bei der Gärung entstandenes **Glycerin** verleiht dem Wein Geschmeidigkeit, schmiert den Gaumen wie Butter. Das Gefühl von Fett oder Weichheit macht den Unterschied verschiedener Rebsorten aus.

Die Struktur des Weins

Um die Struktur eines Weins zu bewerten, achtet man vor allem auf zwei Empfindungen: **Säure** (senkrechte Linie folgender Diagramme) und **Fett** (horizontale Linie). Hier vier extreme Beispiele, die den Charakter eines Weins darstellen.

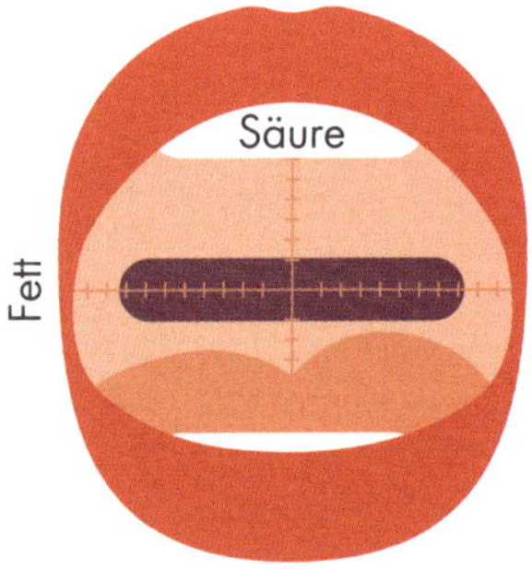

Der Wein ist berauschend, warm, schwer, um nicht zu sagen: fett. Es handelt sich um einen kräftigen, charmanten Rotwein. Fehlt ihm Säure, brennt der Wein, ermüdet den Gaumen und wird schnell widerlich. Das kommt bei Weinen vor, deren Trauben zu stark von der Sonne erhitzt wurden sowie bei süßen Weißweinen, denen es an Säure fehlt.

Rotweine aus dem Languedoc, Südfrankreich, Südamerika oder Kalifornien

Der Wein ist frisch, lebendig, kantig, sogar aggressiv. So verhalten sich sehr trockene Weiß- oder erfrischende Rotweine, die man als »süffig« bezeichnet. Der Wein ist zu sauer, wenn die Trauben nicht reif und süß genug sind.

Weißwein: Riesling aus Deutschland und Österreich, Pinot blanc (Elsass), Muscadet (Loire), Petit Chablis, weißer Bordeaux, Sauvignon Blanc aus Neuseeland
Rotwein: Gamays (Loire oder Beaujolais), Pinot noir (Burgund), Sangiovese (Italien)

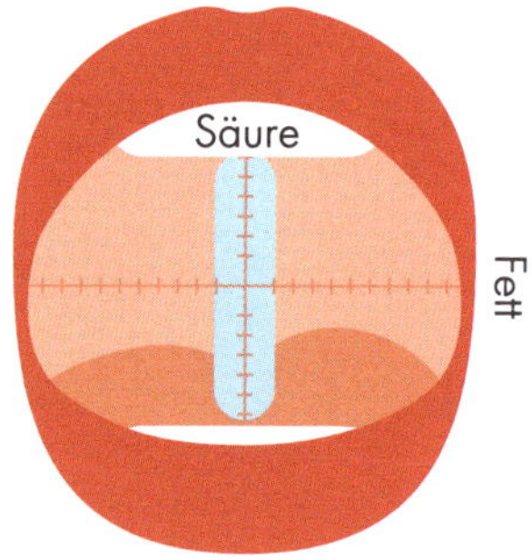

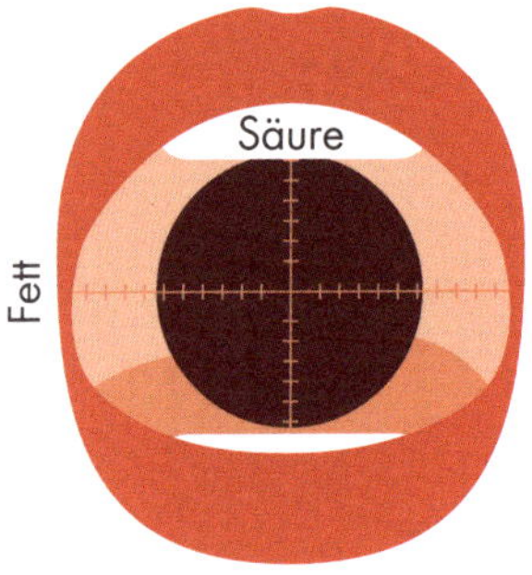

Der Wein ist fleischig, reichhaltig, üppig, voll. Ein großartiger Wein! Er gehört zu den kräftigen Weinen, die ebenso viel Säure wie Fett haben und sehr angenehm zu trinken sind. Sie haben häufig ein gutes Alterungspotenzial – und einen hohen Preis.

Weißwein: Riesling Beerenauslese aus Deuschland, Eiswein aus Deutschland oder Kanada, Sémillon aus Australien, Weißweine aus dem Burgund, aus Bordeaux, von der Loire oder aus dem Languedoc
Rotwein: Bordeaux, Côtes du Rhône, Barolo, Cabernet Sauvignon aus Kalifornien

Vokabular

Den Schmelz (das Fett) eines Weins, von schwach zu intensiv, beschreibt man so: straff, schmelzig, rund, fett, cremig.

Der Wein ist klein, dünn, mager, wässrig. Auf jeden Fall handelt es sich nicht um einen guten Wein. Ihr solltet ihn nicht trinken.

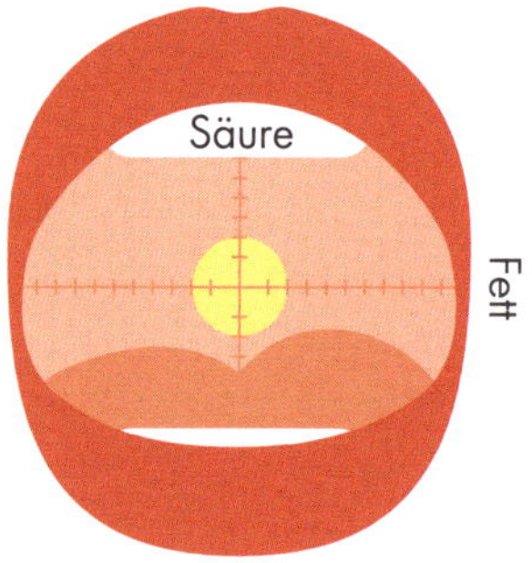

ZEIGT HER EURE SCHENKEL

»Ah, voilà un vin qui a de la cuisse!« – »Ah, das ist mal ein Wein mit Schenkel!« Dieses Zitat wird François Rabelais zugeschrieben, einem französischen Autor der Renaissance. Es beschreibt einen runden, charmanten, fülligen und gleichzeitig spannenden Wein. Im Deutschen wird der Begriff »Schenkel« nicht für die Weinbeschreibung verwendet. Und doch ist es amüsant, sich vorzustellen, wie die Schenkel von Weinen aussehen würden: sportlich und männlich beim Carignan, schlank und grazil beim Pinot noir aus dem Burgund.

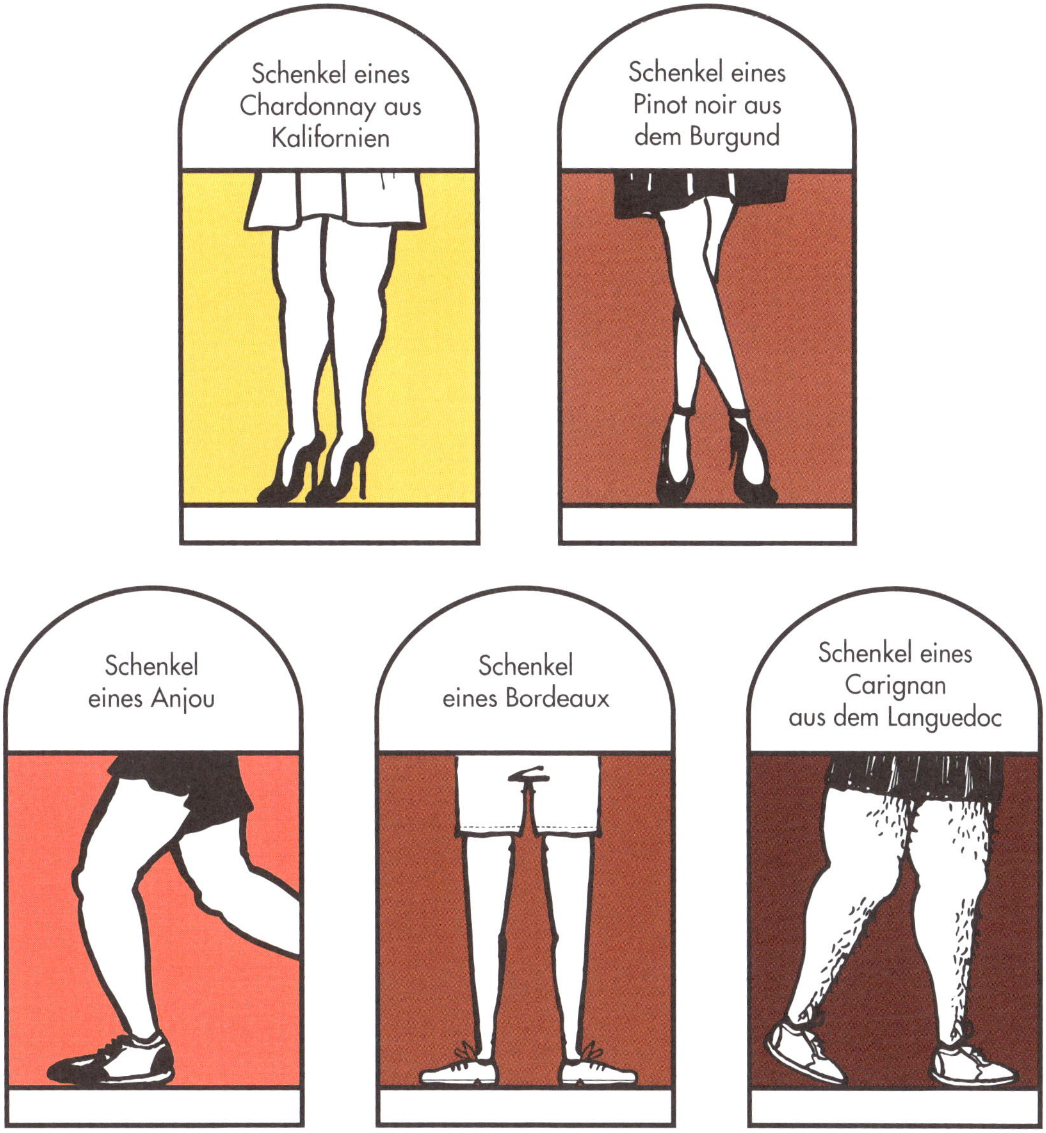

DIE TANNINE

Ein wesentlicher Aspekt für alle, die Weine verkosten möchten, sind die Tannine. Sie gehören vor allem in die Welt der Rotweine und einiger Rosés, in Weißweinen kommen sie in der Regel nicht vor.

Was sind Tannine?

Tannine sind Gerbstoffe. Sie trocknen die Zunge aus, manchmal den Gaumen. Das fühlt sich ähnlich an wie bei schwarzem Tee, der zu lange gezogen hat (und auch viele Gerbstoffe enthält). Einige Rotweine enthalten wenige Tannine, andere viele. Sie können mehr oder weniger elegant sein, harsch, sogar adstringierend, sich auf der Zunge anfühlen wie eine Küchenreibe oder wie Seide. Daher müssen wir bei einem Wein Quantität und Qualität der Tannine bewerten.

Woher stammen die Tannine?

Tannine sind in den Beerenschalen, den Kernen und Rappen (das sind die Stiele, die Beeren und Traube verbinden und vor dem Pressen oft entfernt werden, weil sie zu gerbstoffreich sind).
Bei der Rotweinbereitung wird, anders als bei Weißwein, der Most mit der Schale und den Kernen vergoren und gemaischt, sodass die Tannine in den Wein übergehen können. Die Tannine verleihen dem Wein Struktur und Langlebigkeit.

Vokabular

Je nachdem, wie viele Tannine der Wein hat, sprechen wir von geschmeidigem, tanninhaltigem, adstringierendem oder herbem Wein. Je nach Eigenschaft werden Tannine als grob, rau, fein, seidig oder samtig beschrieben. Zusammenfassend könnten wir sie so darstellen:

kaum vorhandene Tannine	aggressive, grobe Tannine	adstringierende Tannine	feine (feinkörnige) Tannine	seidge, samtige Tannine

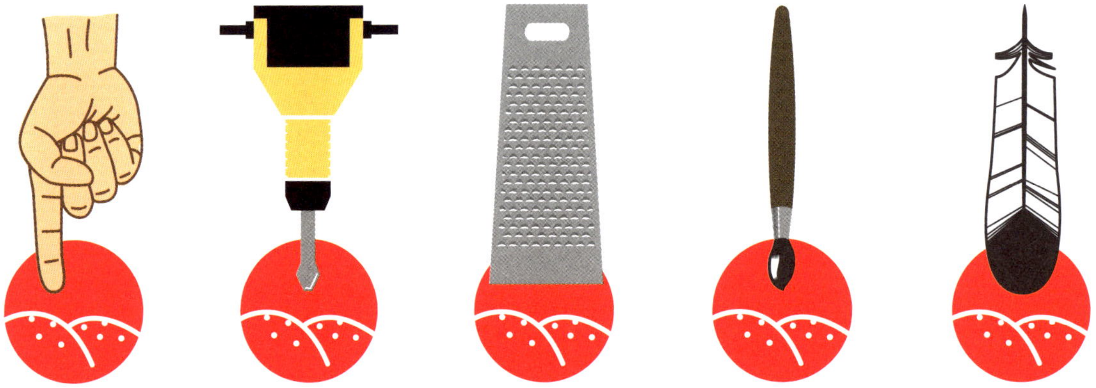

DER RETRO-EINDRUCK

Wusstet ihr, dass wir nicht nur mit der Nase riechen, sondern auch mit dem Mund? Das bezeichnet man als retronasale Wahrnehmung. Wir setzen sie täglich ein – beim Essen!

Es gibt zwei Wege, auf denen Gerüche zu unserer Riechschleimhaut vordringen: direkt durch die Nase oder von hinten über den Gaumen. Auf diesem Weg können wir den »Geschmack« von Lebensmitteln wahrnehmen. Haltet euch mal beim Essen die Nase zu: Ihr werdet nichts mehr schmecken.

Abhängig vom Wein ist die retronasale Wahrnehmung schwach bis kräftig. Die zunächst durch die Nase wahrgenommenen Gerüche werden bestätigt oder durch neue, bisher nicht wahrgenommene Aromen ergänzt. Manche Verkoster*innen finden übrigens die retronasale Wahrnehmung sensibler, da sie bei jeder Mahlzeit zum Einsatz kommt.

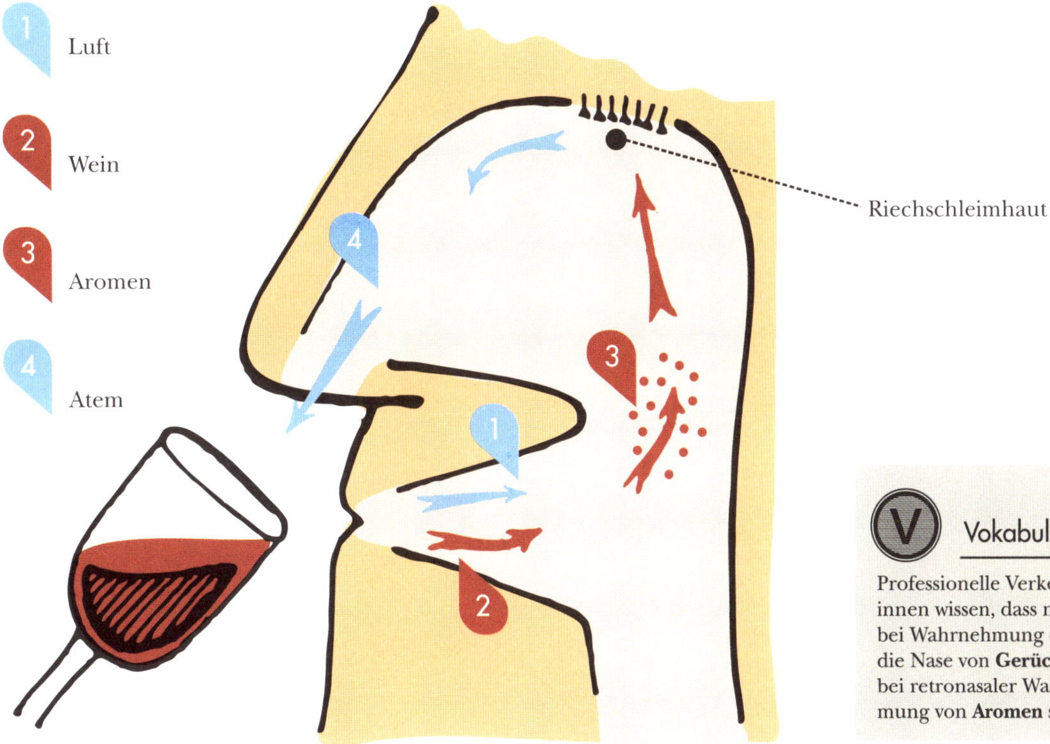

> **Vokabular**
>
> Professionelle Verkoster*innen wissen, dass man bei Wahrnehmung durch die Nase von **Gerüchen,** bei retronasaler Wahrnehmung von **Aromen** spricht.

Wenn der Wein weg ist, ist da noch was

Nachdem wir einen Schluck Wein getrunken haben, hallt er noch einige Sekunden am Gaumen nach. Das ist der **Abgang des Weins**. Der Begriff bezieht sich auf Aroma und Geschmack zugleich. Dieser Moment kann länger anhalten oder kurz sein: Ein sogenannter langer Abgang ist Zeichen für einen guten Wein (natürlich nur, wenn er angenehm ist).

> **Vokabular**
>
> Der Begriff **Caudalie** bezieht sich auf die Länge des Abgangs eines Weins. Sie wird in Sekunden gezählt. Ein Wein, der 7 Sekunden am Gaumen nachhallt, hat sieben Caudalies. Aber Vorsicht: Der Begriff ist nicht mehr sehr gebräuchlich und gilt als versnobbt.

DIE BLINDVERKOSTUNG

Das Licht könnt ihr anlassen! Blindverkosten bedeutet, einen Wein zu verkosten, ohne das Etikett gesehen zu haben. Ihr wisst also nichts über ihn: weder Herkunft, noch Alter, noch Preis. Es ist die objektivste und pädagogisch wertvollste Art der Weinverkostung. Möglich ist auch, den Wein aus schwarzen Gläsern zu kosten, um sich von seinem Aussehen freizumachen, allerdings ist das nicht immer ratsam.

Der Einfluss der Sehkraft

Im Alltag ist das Sehen der meistgenutzte Sinn, der alle anderen dominiert. So sehr, dass die Sehkraft das Urteilsvermögen verzerren kann: Ein Gericht erscheint weniger lecker, wenn es nicht schön aussieht (zum Beispiel Hirn), ein Wein erscheint besser, wenn auf seinem Etikett eine prestigeträchtige Appellation verzeichnet ist. In zahlreichen Tests wurde es bewiesen, auch unter Profis: Ein Wein, dessen Etikett auf ein großartiges Terroir verweist und der teuer ist, wird besser bewertet als der gleiche Wein, der mit einem nichtssagenden Etikett und einem kleinen Preis versehen wurde. Noch überraschender ist, dass ein paar Tropfen roten Farbstoffs in einem Weißwein ausreichen, um die meisten Verkoster die Aromen roter Früchte wahrnehmen zu lassen! Der Geruchssinn ist wankelmütig und lässt sich leicht von den anderen Sinnen täuschen. Bei der Verkostung sollten wir uns also vor dem hüten, was wir sehen.

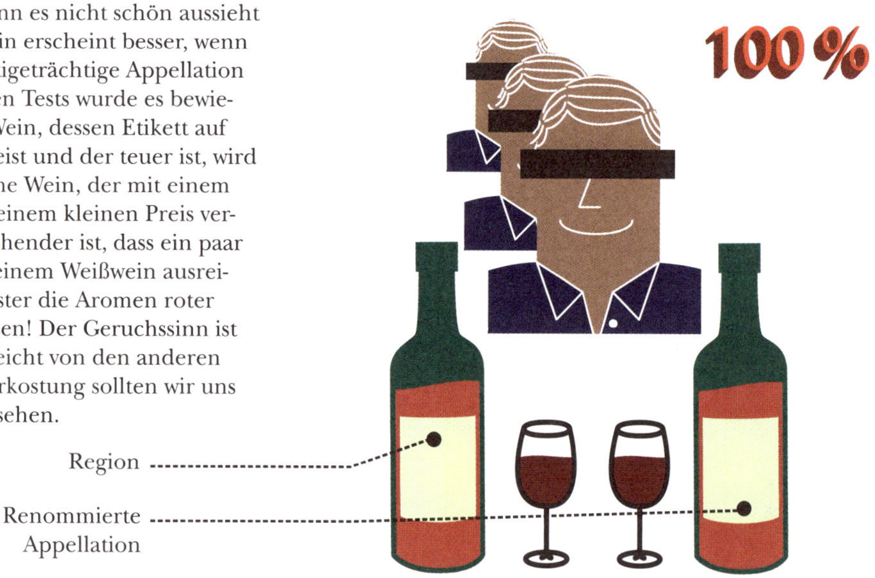

Schwarze Gläser

Einen Rotwein mit einem Weißwein verwechseln? Ist durchaus möglich. Undurchsichtige Gläser können die Blindverkostung noch spannender machen. Um die Farbe zu bestimmen, muss die Nase eine Untersuchung starten: Zitrusfrüchte und Brioche deuten auf Weißwein hin, schwarze Früchte, Leder, Tabak sind typisch für Rotwein. Doch bei einem kräftigen, in Holz ausgebauten Weißwein und einem leichten, fruchtigen Rotwein ist der Fehler schnell gemacht.

Der Schlüssel liegt an eurem Gaumen. Nur er kann einen Hinweis darauf geben, ob Tannine im Wein vorhanden sind. Fühlt der Gaumen sich trocken an? Wenn ja, ist es wahrscheinlich ein Rotwein. Zieht sich die Zunge von der Säure zusammen, deutet das auf Weißwein hin. Eine Schwierigkeit bleibt: der Rosé! Zwischen den beiden sollte er an die Aromen von Rot- und die Textur von Weißwein erinnern. Trotzdem kann es schnell zu einer Verwechslung kommen.

Wie läuft die Blindverkostung ab?

Versammelt euch mit Freunden um eine Flasche, die ihr unkenntlich gemacht habt – zum Beispiel, indem ihr einen Strumpf darüberzieht. Verkostet und macht euch Notizen. Das muss nicht länger als 5 Minuten dauern. Eure Aufgabe ist es, den Glasinhalt richtig ins Verhör zu nehmen, alle Fragen sind erlaubt. Geht der Reihe nach vor und grenzt eure Feststellungen immer weiter ein.

1

Sehen

Mindestens drei Punkte sind zu beachten:

- die Farbnuance: Sie verrät uns, ob der Wein jung oder reif ist.
- die Farbintensität: Sie kann darauf hinweisen, dass ein Wein aus einem kühlen Klima stammt (wenn er blass ist), oder einem warmem Klima (wenn er farbintensiv ist). Aber Vorsicht, hier gibt es Fallstricke: Ein in Holz ausgebauter Weißwein ist goldfarbener als ein im Tank ausgebauter mediterraner Weißwein. Und es gibt Rebsorten, die nicht wirklich farbintensiv sind, auch wenn sie in wärmeren Breitengraden wachsen.
- die Tränen: Sind sie zahlreich und breit, hat der Wein sicherlich einen hohen Alkohol- oder Zuckergehalt.

Riechen

Fangt mit dem markantesten Geruch an und bestimmt seine Aromenfamilie. Trefft innerhalb dieser Aromenfamilie eure Wahl und achtet gegebenenfalls auch auf den Reifegrad.
Verbannt dieses Aroma nun aus eurem Kopf und versucht, ein zweites wahrzunehmen, dann ein drittes usw.
Versucht, diese Gerüche zu interpretieren: Aromen von Holz und Vanille weisen auf einige Zeit im Barriquefass hin. Aromen von gekochten Früchten sind ein Hinweis darauf, dass die Trauben viel Sonne abbekommen haben. Säuerliche Frucht und grüne Aromen deuten hingegen auf einen Mangel an Wärme hin.

2

3

Schmecken

Wenn ihr den Wein im Mund habt, analysiert ihr ihn unter drei oder vier Gesichtspunkten: Alkohol, Säure, Tannine und vielleicht Zucker. Welche Geschmacksrichtung ist besonders markant? Wärmt der Alkohol eure Kehle? Trocknen Tannine den Gaumen aus? Haben sich die Aromen entfaltet? Handelt es sich um einen einfachen oder einen komplexen Wein? Elegant oder festlich? Und schließlich: Was fällt euch am meisten auf? Was ist euer Gesamteindruck? Könnt ihr es mit einem Wort oder einem Ausdruck zusammenfassen?

4

Herleiten

Ausgehend davon könnt ihr eventuell auf eine Region, eine Appellation und vielleicht sogar einen Jahrgang schließen. Mit etwas Glück kommt ihr sogar auf den/die Produzent*in.

Vergleichen

5

Vergleicht eure Ergebnisse mit euren Freunden und Freundinnen. Und enthüllt die Flasche! Eure Wahrnehmung kann von der der anderen abweichen. Ihr habt komplett daneben gelegen? Kein Problem. Vielleicht wart ihr müde, verschnupft, gestresst … oder euer Gaumen einfach abgestumpft von den vorherigen Gläsern. Genießt euren Abend – nächstes Mal läuft es besser.

Beispiel Verkostungsnotiz

Aussehen	Nuance				
Weiß	grün	lachsfarben	zitronengelb	strohfarben	× golden
	honigfarben	kupfer	bernsteinfarben	braun	
Rot	violett	purpur	rubinrot	granatrot	kirschrot
	mahagoni	ziegelrot	orangebraun	kastanienbraun	
Rosé	apricot	lachsfarben	rosenholzfarben	pastellrosa	pink
	kirschrot	grenadinerot	himbeerrot	kupferrot	
Intensität	blass	× hell	intensiv	dunkel	tief
Tränen	leicht	× dickflüssig			
Bläschen	fein	grob	rar	dicht	

Die Nase	Aromen-Familie			Aromen
Primäraromen	× fruchtig Konditorwaren Röstaromen mineralisch	floral Wald animalisch Fehler	pflanzlich Gewürze Unterholz	gelbe Frucht: Aprikose, sehr reife Aprikose
Sekundäraromen	fruchtig Konditorwaren Röstaromen mineralisch	× floral Wald tierisch Fehler	pflanzlich Gewürze Unterholz	weiße Blüten intensiv: Jasmin
Tertiäraromen	fruchtig × Konditorwaren Röstaromen mineralisch	× floral Wald tierisch Fehler	pflanzlich Gewürze Unterholz	zwischen Blüten und Konditorwaren: Honig
Geruchsintensität	schwach	mittel	× aromatisch	kräftig

Der Gaumen	Aromen-Familie			Aromen
retronasale Wahrnehmung	× fruchtig Konditorwaren Röstaromen mineralisch	floral Wald tierisch Fehler	pflanzlich Gewürze Unterholz	eine weitere gelbe Frucht taucht auf: Quitte

Andauern der Aromatik	Quitte und Honig bleiben länger präsent.						
Süße/Zucker	nicht wahrnehmbar	schwach	× präsent	sehr präsent			
Körper	straff	× rund	fett	ölig			
Säure	flach	frisch	× lebhaft	nervös	aggressiv		
Tannine (Quantität/ Qualität)	× nicht vorhanden samtig	schmelzend seidig	glatt fein	präsent rau	astringierend grob	herb	
Alkohol	verwässert	leicht	großzügig	warm	brennend		
Geschmacks-intensität	wässrig berauschend streng	mager wärmend kräftig	gering schwer vollmundig	frisch pappig	lebhaft weit	säuerlich × komplex	aggressiv einfach
Gesamteindruck	Ein süßer Wein, elegant und harmonisch						
Daraus schließe ich:	Es handelt sich um einen Weißwein mit gewissem Zuckergehalt, Rebsorte Chenin Blanc. Ich denke, aus Frankreich, von der Loire. In Anbetracht seiner Eleganz und Lebhaftigkeit würde ich sagen, es ist ein Vouvray...						

EINE FRAGE DER AUSGEWOGENHEIT

Ihr habt fast alle Schritte der Verkostung gemeistert, nur die Schlussfolgerung fehlt noch. Denn das Aufzählen aller Eigenschaften ist noch keine Gesamtbeschreibung. Das ist ähnlich wie bei Menschen: 1,76 m, 75 kg, grüne Augen … das reicht nicht aus, um euren besten Freund zu beschreiben. Sieht er gut aus? Ist er nett? Besonders lustig?

Gibt es eine dominante Eigenschaft?

Wärmend wegen seines Alkoholgehalts, lebhaft dank seiner Säure, streng wegen der Tannine … dieser Wein ist zwangsläufig unausgewogen. Trotzdem kann er sehr angenehm sein.

Wenn alles passt

Säure sowie Körper bei einem Weißwein? Säure, Alkohol und Tannine bei Rotwein? Der Wein ist ausgewogen! Allerdings ist ein augewogener Wein nicht gleich der Heilige Graal – bestimmte Weine profitieren von einem gewissen Ungleichgewicht. Außerdem sind die Vorstellungen regional unterschiedlich: Weine aus südlichen Gegenden haben einen höheren Alkoholgehalt, die aus dem Norden enthalten mehr Säure.

Nicht nur Balance: Genuss

Bleibt eine wichtige Frage: Schmeckt euch der Wein? Wenn er euch gefällt, solltet ihr nun wissen, warum. Wegen der Aromen, wegen der Textur, wegen der Harmonie?
Manchmal entspricht ein Wein allen Anforderungen und gefällt dennoch nicht. Ein ausgewogener, makelloser Wein ist manchmal einfach … langweilig! Daran solltet ihr immer denken. Kleine Makel können den Charme eines Weins ausmachen.

Weinkategorien

Am Ende eurer Verkostung solltet ihr eure Weine in die folgenden Kategorien einordnen können.

Weißweine

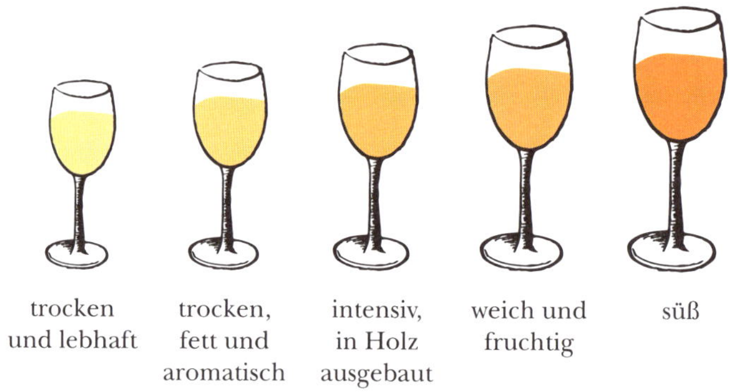

Rotweine

SCHLUCKEN ODER SPUCKEN?

Während einer Mahlzeit oder bei einer Party wird der Wein geschluckt,

- denn wenn ihr als einzige ausspuckt, wirkt ihr wie die letzten Snobs,
- weil das Ausspucken wirklich nicht besonders sexy ist,
- weil ihr beim Essen Gefahr lauft, zu verwechseln, was ausgespuckt werden muss,
- weil in Maßen genossener Wein zu den Freuden einer Mahlzeit gehört – und warum sollte man darauf verzichten, wenn man ihn genießen kann?

Ausnahmen von dieser Regel
Ihr möchtet mehrere Weine probieren, müsst später aber noch fahren.
Es ist ein Verkostungsabend und es gibt sehr viele Weine.
Es besteht eine Schwangerschaft.

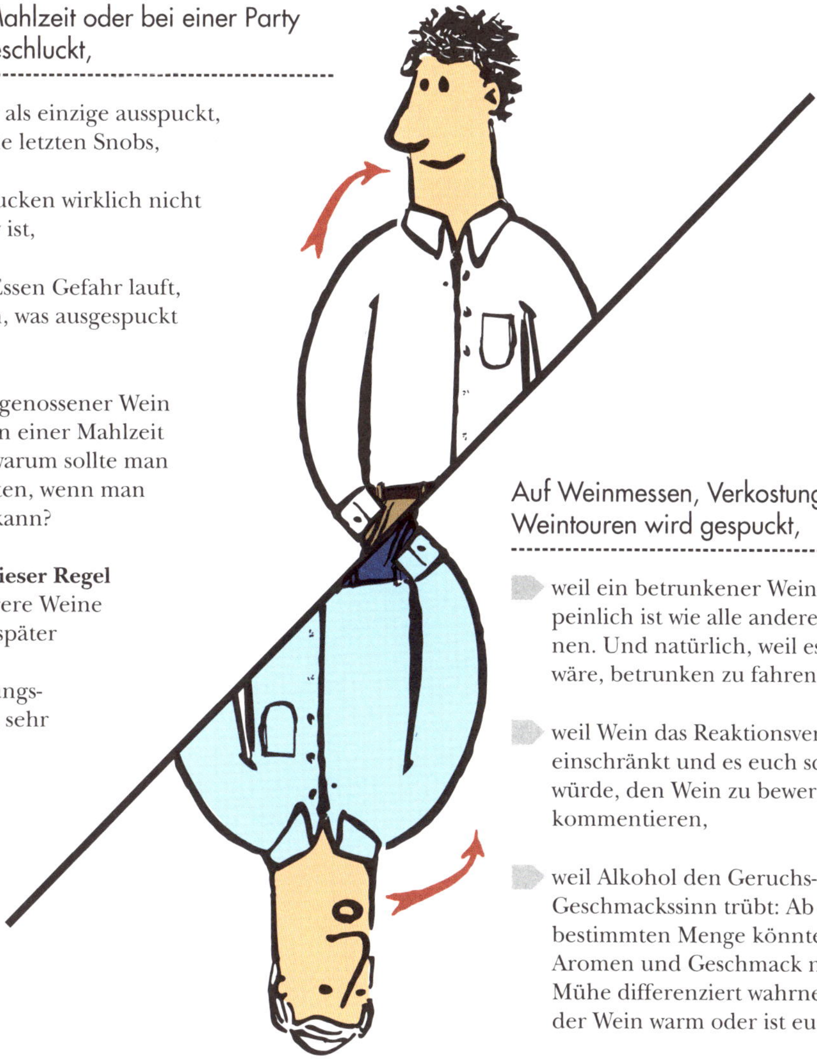

Auf Weinmessen, Verkostungen und Weintouren wird gespuckt,

- weil ein betrunkener Wein-Profi ebenso peinlich ist wie alle anderen Betrunkenen. Und natürlich, weil es gefährlich wäre, betrunken zu fahren,
- weil Wein das Reaktionsvermögen einschränkt und es euch schwerfallen würde, den Wein zu bewerten und zu kommentieren,
- weil Alkohol den Geruchs- und Geschmackssinn trübt: Ab einer bestimmten Menge könntet ihr Aromen und Geschmack nur mit Mühe differenziert wahrnehmen (ist der Wein warm oder ist euch warm?),
- weil ihr mit derart betäubten Sinnen Gefahr lauft, einen x-beliebigen Wein zu kaufen.

Wie spuckt man elegant?

Ihr lasst die Schwerkraft übernehmen. Dabei versucht ihr nicht einmal, irgendwohin zu zielen – außer nach unten.

Neigt den Kopf, damit nichts aufs Kinn tropft. Haare, Schal, Krawatte – was immer dem Wein im Weg sein könnte – solltet ihr festhalten.

Formt dabei mit den Lippen ein »U«, als wolltet ihr »guuuuter Wein« sagen (ohne eine Schnute zu ziehen).

Extra-Tipp

Stoßt den Wein wie beim Pfeifen aus. Wenn ihr ihn einfach in den Spucknapf laufen lasst, entsteht ein nicht besonders elegantes Pinkelgeräusch.

VOM LIEBHABER ZUM TRINKER

Die schädliche Wirkung von Alkohol, die Vorteile von Wein

*Weinliebhaber*innen, die verkosten möchten, sollten verantwortungsvoll konsumieren.*

»Die Dosis macht das Gift«
Haltet euch an dieses Zitat von Paracelsus, einem Mediziner aus dem 15. Jahrhundert.

Halbe Gläser sind bei einer Verkostung zu bevorzugen. So könnt ihr beispielsweise sechs Weine kosten, trinkt aber nur drei Gläser.

Risikoarmer Konsum
Da Alkoholkonsum immer riskant ist, solltet ihr möglichst wenig trinken. Laut der Deutschen Hauptstelle für Suchtfragen e.V. sollten Frauen maximal ein kleines Glas Wein pro Tag trinken, Männer höchstens zwei kleine Gläser pro Tag. An mindestens zwei bis drei Tagen pro Woche solltet ihr ganz auf Alkohol verzichten.

Ein Glas Wasser solltet ihr immer zur Hand haben. Stillt euren Durst mit Wasser und eure Lust auf Vergnügen mit Wein.

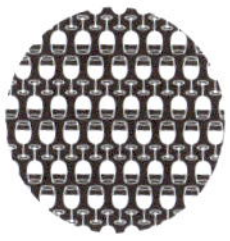

Bei übermäßigem Konsum greift Alkohol u.a. Leber, Bauchspeicheldrüse, Magen, Speiseröhre, Rachen und Gehirn an. Regelmäßiger Konsum führt erst zu Gewohnheit, dann zu starker körperlicher Abhängigkeit. Allein in Deutschland sterben jedes Jahr etwa 20 000 Menschen allein aufgrund von Alkohokonsum.

DEN TRAUMWEIN FINDEN

Jetzt ist es an der Zeit, auf der Basis eurer Erfahrungen bei der Verkostung einzugrenzen, was euch besonders schmeckt. So steigt die Wahrscheinlichkeit, dass ihr einen Wein kauft, der euch wirklich gut gefällt.

Tank oder Fass?

Ihr mögt
besonders und vor allem Aromen von Früchten, Blüten, getrockneten Kräutern oder Gewürzen? Ihr mögt es knackig, luftig, lebhaft und leicht säuerlich? Dann seid ihr Fans von im Tank ausgebautem Wein.

Warum?
Weil ein im Tank ruhender Wein, sei es im Stahl- oder Betontank, keinerlei aromatische oder geschmackliche Eigenschaften des Behälters annimmt. Man spricht von neutralen Behältern. Hier findet die Rebsorte ihren vollen Ausdruck, sanft unterstützt vom Kellermeister.

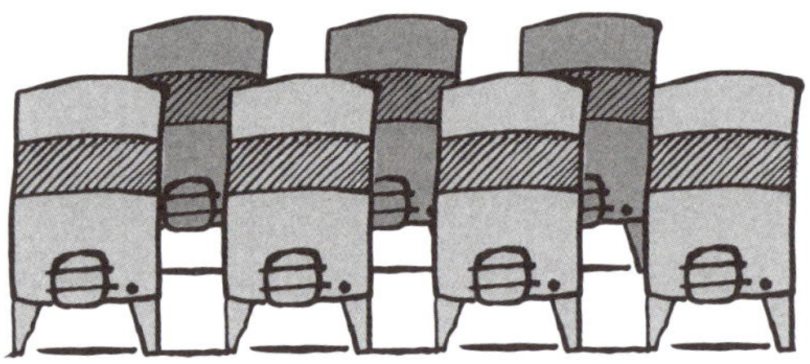

Ihr mögt
Frucht, die mit holzigen Aromen zusammenkommt, Aromen von Eiche oder Nadelhölzern, von Vanille, Kokosnuss, Gewürznelke, Röstaromen, Nugat, Karamell? Ihr mögt einen geschmeidigen Gaumen, Rundheit, Samtigkeit? Dann gefällt es euch, wenn ein Holzfass dem Wein seine Handschrift verleiht.

Warum?
Im Fass (Barrique) findet ein Austausch mit dem Wein statt. Das Holz überträgt neue Aromen auf den Wein, sorgt für eine neue Struktur am Gaumen. Die Tannine entwickeln sich.

Der »Holzgeschmack«

In den vergangenen 20 Jahren waren Weine mit starkem Holzgeschmack im Trend. So sehr, dass viele Produzent*innen sich für die Weinbereitung im Tank unter Zugabe von Holzspänen (Chips) oder Dauben entschieden, um den Effekt des Holzausbaus zu deutlich geringeren Kosten zu reproduzieren … Heute bringt intensiver Holzgeschmack Weinliebhaber*innen aber nicht mehr unbedingt zum Träumen.

Der Herstellungsprozess des Fasses hat großen Einfluss auf den Geschmack des fertigen Weins.

Wahl der Holzsorte
Eiche dominiert weitgehend. Kastanienholz ist nicht ganz so hochwertig und kommt immer weniger zum Einsatz. Seltenere Holzsorten wie Quebracho oder Akazie werden manchmal für kleinere Produktionen verwendet.

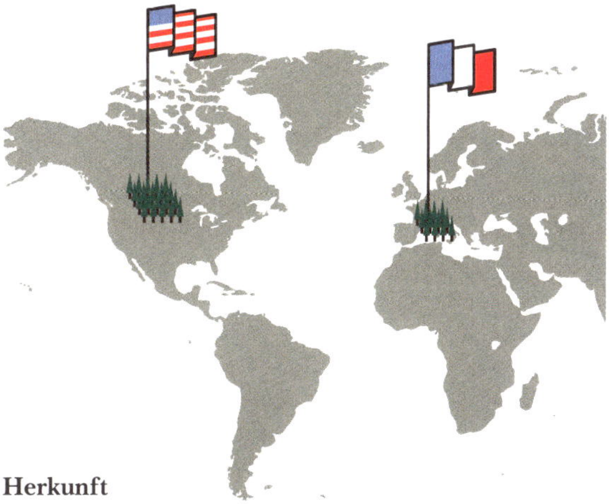

Herkunft
Im Fall von Eichenholz gibt es große Unterschiede zwischen amerikanischer Eiche (Kokosaromen, Süße) und französischer Eiche (Vanille). Letztere wird besonders geschätzt, wenn sie aus dem Wald von Tronçais im Département Allier stammt.

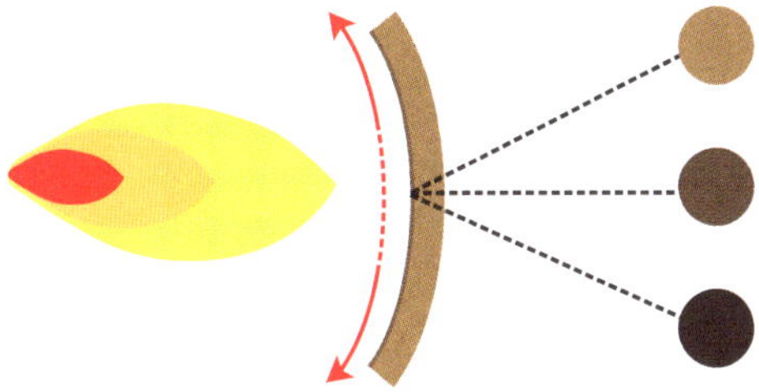

Toasten
Während der Fassherstellung erhitzt und toastet der Küfer das Fassinnere mit einem Feuerkorb. Abhängig von der Intensität, von schwach bis stark, sorgt das später für Gewürz-, Röst- oder angebrannte Aromen. So variieren die Aromen von Vanille über Kaffee und Toast zu Karamell.

Fassalter
Ein neues Fass überträgt viele Aromen und Tannine. Manchmal sogar zu viel, wenn der Wein weder genügend Kraft noch Struktur hat, um sie zu absorbieren und sich mit ihnen zu verschmelzen. Dann verdeckt das Holz den Wein. Andererseits überträgt ein Fass, das älter als vier Jahre ist, fast keine Aromen mehr, es ist neutral. Abhängig vom Wein wählen Winzer*innen daher ältere oder jüngere Fässer aus.

Jung oder alt?

Das ist eine Frage des Geschmacks … und der Geldbörse! Im Allgemeinen ist ein älterer Wein teurer. Auf keinen Fall solltet ihr euch verpflichtet fühlen, ältere Weine zu mögen, bloß weil sie als schicker gelten. Die Gerüche von Erde, Humusböden, Pilzen und Wild sind sehr speziell und treffen nicht jeden Geschmack!

Junger Wein

Euch gefallen strahlende Farben, Blumenwiesen, knackige Äpfel, saftige Erdbeeren, Burrata, Pizza, Spaziergänge durch die Obstgärten im Sommer, die Obsternte? Bingo, ihr mögt junge Weine, adrett und voller Fruchtaromen.

Alter Wein

Ihr mögt den Herbst, das Flanieren durch bunte Wälder, die Atmosphäre von Clubsesseln und Raucherzimmern, Wildschwein-Schmorbraten, Walnüsse und Trüffel? Euer Gaumen sehnt sich nach alten Weinen – schade um euer Bankkonto.

Sortentypisch oder Terroir?

*Wir sprechen von sortentypischem Wein, wenn er die Eigenschaften der Rebsorte widerspiegelt, aus der er produziert wurde. Bei Wein mit Terroir-Charakter geht es mehr um die Herkunftsregion, das Klima und die Winzer*innen.*

Sortentypischer Wein

Ihr mögt günstige (aber gute), unkomplizierte Weine, Fernsehabende und Chips mit Freunden? Macht euch keine großen Gedanken und wählt einen sortentypischen Wein. Wenn er gut gemacht ist, ist er vielleicht nicht besonders raffiniert und wird euch auch nicht umwerfen, aber er beschert euch unaufdringlich und sympathisch einen schönen Abend. Wenn ihr auf ein Angebot im Supermarkt zurückgreifen müsst, ist ein bescheidener sortenreiner Wein (zum Beispiel ein Syrah oder Sauvignon blanc) besser als eine Flasche, die sich als großartiger Château-Wein auszugeben versucht.

Wein mit Terroir-Charakter

In einem Wein sucht ihr nach Emotionen, ihr möchtet den Lehmboden riechen, die Säure von Kieselsteinen schmecken, die Rundungen eines warmen Jahrgangs, die Bitterkeit einer alten, vergessenen Rebsorte, das feine Gespür der Winzer*innen? Ohne Zweifel sehnt ihr euch nach einem Wein mit »Terroir-Charakter«, der Aufmerksamkeit und Sorgfalt braucht. Er muss nicht teuer sein, ist im Supermarkt aber selten zu finden. Wendet euch an den Weinfachhandel oder direkt an die Winzer*innen, um die guten Terroirs für euch zu entdecken.

Alte oder Neue Welt?

Einige Weine aus der »Neuen Welt« (amerikanischer Kontinent, Australien und Neuseeland) sind den europäischen Weinen zwar sehr ähnlich – und umgekehrt –, in der Regel sind jedoch Unterschiede im Aroma- und Geschmacksprofil zu beobachten.

Weine aus der Neuen Welt

Ihr trinkt gern süß, mögt cremige, ja fette Gerichte? Dann werden euch die Weine der neuen Welt wahrscheinlich verführen. Sie sind leicht zu trinken, haben deutliche Vanillenoten, zeigen sich schön rund (um nicht zu sagen: fettleibig), Weiß- und Rotweine sind charmant, sogar richtige Verführer. Manchmal haben sie Konfitüre-Aromen und sind nicht wirklich komplex – und doch machen sie Spaß! Und durch ihr Preis-Leistungs-Verhältnis werden sie interessant. Bei den Weißweinen trifft man häufig auf die Aromen exotischer Früchte, die in europäischen Breitengraden selten sind. Einige Weingüter arbeiten mit viel Fingerspitzengefühl und produzieren lebendige, feine Weine, die man nicht ignorieren sollte.

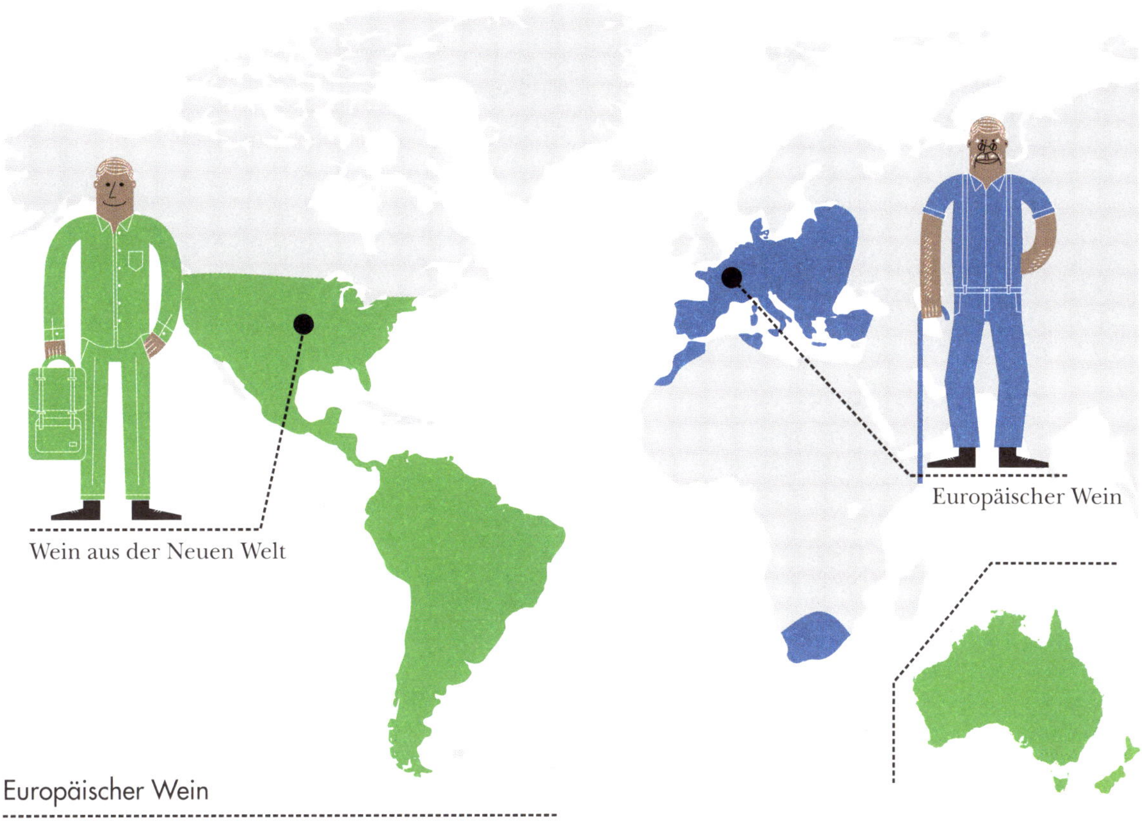

Europäischer Wein

Ihr mögt die Frische, spannende Säure und zieht die Strenge der Überspitzung vor? Dann haben es euch die europäischen Weine angetan. Aus den gleichen Gründen kritisiert, aus denen sie gelobt werden, fehlt es diesen Weinen manchmal an Geschmeidigkeit, wobei sie strenge Säure und Tannine zeigen. Gut gelungen sind sie jedoch subtil und elegant. Aber auch hier ist es wichtig, sich nicht in Vorurteilen zu verlieren: Einige Weine aus Italien, Spanien und Südfrankreich sind geradezu schmeichlerisch.

Technisch, bio, ohne Schwefel, Natur?

Technischer Wein

Es handelt sich um Weine, die unabhängig von ihrem Jahrgang, manchmal sogar vom Boden, ausgesprochen gleichmäßig sind. Sie sind nicht außergewöhnlich, haben aber immer eine ordentliche Qualität. Diese Weine sind ideal für Geschäftsessen geeignet. Aber auch für Momente der Entspannung, in denen Wein eine Nebenrolle spielen soll. Mit modernen Weinbereitungsmethoden und vielen Eingriffen entstehen Weine, die den Massen gefallen, einfach zu trinken sind, auf die man sich verlassen kann und die zu jeder Gelegenheit passen. Für gelungene Rosés wird eine Menge Technik eingesetzt.

Unsere Empfehlung
Um ehrlich zu sein, gehören solche Allzweckweine nicht zu unseren Favoriten. Oft sind sie einfach zu glatt und langweilig. Aber sie haben auch den Vorteil, dass sie niemanden zusammenzucken lassen. Viele Supermarkt-Weine fallen in diese Kategorie. Häufig stammen sie von großen Handelsmarken. Daher sind sie leicht erhältlich, und das ist natürlich ein unbestreitbarer Vorteil.

Biowein

Bei gleichem Preis ist ein Biowein nicht zwangsläufig besser als einer aus nachhaltigem Weinbau (wo Chemikalien nur eingeschränkt eingesetzt werden). Was die Gesundheit betrifft, richtet der Alkohol im Wein schneller Schaden an als eventuelle Pestizidrückstände. Für die Arbeiter im Weinberg sind die Pestizide schon problematischer, ebenso für den Boden und die Biodiversität. Der Einsatz von Kupfer durch Biowinzer*innen ist auch nicht unproblematisch, allerdings richtet der intensive Weinbau mehr Schaden an. Die Wahl eines Bioweins ist also eher eine politische als eine geschmackliche Entscheidung.

Unsere Empfehlung
Angesichts einer durch zu viel Chemie (oder Kupfer) ausgelaugten Erde, bringen Böden, die nicht mit Chemie behandelt wurden, Weine mit mehr Länge und Komplexität hervor – vorausgesetzt natürlich, dass die Trauben hochwertig sind und die Arbeit im Keller den gleichen Prinzipien wie im Weinberg folgt. Unter den besten Weinproduzent*innen der Welt trifft man immer häufiger auf Bio- oder biodynamische Weine. Sie alle haben ein Siegel: Demeter, Naturland, Bioland, Ecovin oder das EU-Bio-Logo.

Wein ohne Schwefel

Weine ohne Schwefelzusatz sind in Weinbars und bei unabhängigen Weinhändlern immer mehr in Mode und manchmal sogar im Supermarkt zu finden. Sie sind nicht mit veganen Weinen (s. S. 150) zu verwechseln. Fortschritte im Weinbau und präzisere Weinbereitungstechniken machen es möglich, Weine auf den Markt zu bringen, denen weder während der Herstellung noch bei der Abfüllung Schwefel zugesetzt wurde (wichtig: Es geht hier um den Zusatz von Schwefel – er kann jedoch auf natürliche Weise im Wein entstehen). In der Regel sind es jung zu trinkende, sehr fruchtige, lebhafte und angenehme Weine. Ohne Schwefel, der sie stabilisiert, sind sie allerdings fragil.

Unsere Empfehlung
Obwohl immer mehr Weine als »ohne Schwefel« vermarktet werden, heißt das noch nicht, dass es sich um Naturweine handelt: Einige Weine ohne Schwefelzusatz werden flashpasteurisiert oder mit Vitamin C stabilisiert. Sie sind dann zwar weniger fragil, verlieren aber die »lebendige« Note, die bei Weinen ohne Schwefel geschätzt wird. Schwefel-Kopfschmerzen verursachen sie allerdings nicht.

Naturwein

Naturwein könnte als Kreuzung der beiden vorigen Kandidaten beschrieben werden: mindestens bio, wenn nicht sogar biodynamisch, und ohne Zusatz während der Weinbereitung (nur eine minimale Dosis Schwefel ist erlaubt). In der konventionellen Weinproduktion sind gesetzlich über 50 Zusatzstoffe erlaubt (Stabilisatoren, Enzyme u. a.). Selbst wenn diese vor der Flaschenabfüllung entfernt werden, haben sie doch den Geschmack des Weins beeinflusst. Manchmal ist das gut, manchmal aber auch nicht.

Unsere Empfehlung
Bis vor kurzen gab es keinerlei gesetzliche Regelungen für Naturweine – und das wurde bisweilen ausgenutzt. Die Bezeichnung »Naturwein« ist also noch lange keine Qualitätsgarantie, im Gegenteil. Winzer*innen, die auf diese Weise arbeiten möchten, müssen extrem sorgfältig vorgehen, ihr Keller muss perfekt sauber sein. Einige Naturweine enttäuschen im Glas, manche sind sogar richtiggehend misslungen. Andere hingegen sind fabelhaft, reich und tief. Am besten lasst ihr euch von einem auf Naturweine spezialisierten Weinhändler beraten.

Ende August, Anfang September – für viele Schulkinder und ihre Eltern sind diese Tage gleichbedeutend mit dem Schulanfang, der Rückkehr zur Arbeit, einem neuen Anfang. Für Winzer*innen und Lesehelfer*innen hingegen sind es Tage des Abschlusses, der Vollendung. Und ein Moment großer Freude.

Niklas wollte in den letzten Semesterferien vor seinem Examen einen Sommerjob annehmen. Irgendwas in der Natur, denn er ist ein fitter und aktiver Typ. Das ist auch wichtig, denn nun hatte er einen Job gefunden, für den er beide Fähigkeiten braucht: als Lesehelfer. Also hat Niklas sich auf den Weg ins Languedoc gemacht, zum Pic Saint-Loup. Auf dem Weingut wurde ihm eine Gartenschere in die Hand gedrückt, einen Hut als Sonnenschutz hatte er dabei, und dann pflückte er Trauben: Syrah, Grenache und Mourvedre. So lernte er die Unterschiede zwischen diesen Rebsorten kennen, und er erfuhr auch etwas über das Alter der Rebstöcke, ihren Lebenszyklus und ihre Pflege. Abends aß und trank er mit allen anderen, die bei der Lese halfen. Und zum Abschluss feierten sie ein großes Fest.
Da er bis zum Beginn der Vorlesungen noch einige Wochen Zeit hatte, fragte Niklas, ob er länger im Weingut bleiben könne, um bei der Weinbereitung zu helfen. Der Winzer nahm das Angebot gern an, und so lernte Niklas auch einiges über die Weinproduktion, die Bedeutung eines Jahrgangs und den Ausbau.

Seit diesem Sommer weiß Niklas, wie der Wein, den er trinkt, entstanden ist, warum er schäumt oder Restzucker hat.

Dieses Kapitel ist für alle, die wie Niklas gern mehr darüber erfahren möchten, wir ihr Wein entsteht.

Niklas

HILFT BEI DER WEINLESE

Über Beeren und Rebsorten • Weiße Rebsorten
Rote Rebsorten • Das Leben der Reben
Die Lese • Von der Traube zum Wein • Der Ausbau

ÜBER BEEREN UND REBSORTEN

Querschnitt einer Weinbeere

Die Rappen (Stiele, Kämme): Sie sind reich an Tanninen und haben einen kräftigen, krautigen Geschmack. Vor der Weinbereitung werden sie entfernt, man nennt das abbeeren oder entrappen.

Das Fruchtfleisch ist farblos, außer bei wenigen, als »Färbertrauben« bekannten Sorten. Es enthält vor allem Wasser, Zucker und Säuren.

Der Reifbelag ist ein wachsartiger, weißlicher Belag, der die Beeren vor Umwelteinflüssen schützt. Er beinhaltet die Hefen, die beim Kontakt mit Zucker die alkoholische Gärung auslösen.

Die Kerne enthalten einige Tannine (wenn man darauf beißt, kratzt es auf der Zunge). Sie sind essenziell für die Struktur von Rotwein.

Die Schale enthält die Farbpigmente, sie ist es, die dem Wein Farbe verleiht. Außerdem enthält sie aromatische Substanzen.

Im Vergleich zu Tafeltrauben

Zum Nachtisch essen wir gern saftige Weinbeeren mit dünner Schale, die wenige bis keine Kerne enthalten. Für die Weinproduktion werden hingegen Beeren mit dicker Schale bevorzugt, die Farbe und Aromen mit sich bringt, und mit Kernen, welche Rotweinen Tannine verleihen und so mehr Langlebigkeit garantieren.

Die Unterschiede zwischen den Beeren

Größe und Eigenschaften der Beeren sind von der Rebsorte abhängig. Innerhalb einer Sorte spielen das Wetter, das Terroir und die Arbeit im Weinberg eine Rolle: Bekommt der Weinstock viel Wasser, saugen sich die Beeren voll, dehnen sich aus und die Schale wird dünner. In Trockenperioden entwickeln sich kleinere Beeren mit dickerer Schale, was später zu konzentrierten Aromen im Wein führt.

Familienverhältnisse

Rebsorten sind die verschiedenen Sorten von Weinstöcken, die für die Weinproduktion angebaut werden. Jede Rebsorte hat individuelle Eigenschaften. Weltweit gibt es etwa 10 000 Rebsorten, von denen knapp 300 in Deutschland zugelassen sind. Der größte Teil der Weinproduktion stammt allerdings von nur etwa 20 dieser Sorten.
Für die Produktion hochwertigen Weins werden Rebsorten der Spezies *Vitis vinifera* verwendet, die für die Weinproduktion am häufigsten angebaut wird. Es gibt jedoch auch andere Spezies, zum Beispiel die amerikanische *Vitis labrusca*. All diese Arten gehören zur Gattung *Vitis*, die wiederum aus der Familie der *Vitaceae* stammt. Zu dieser großen Familie der Weinrebengewächse gehören alle Gattungen von Weinreben, auch der Wilde Wein, der Hauswände schmückt.

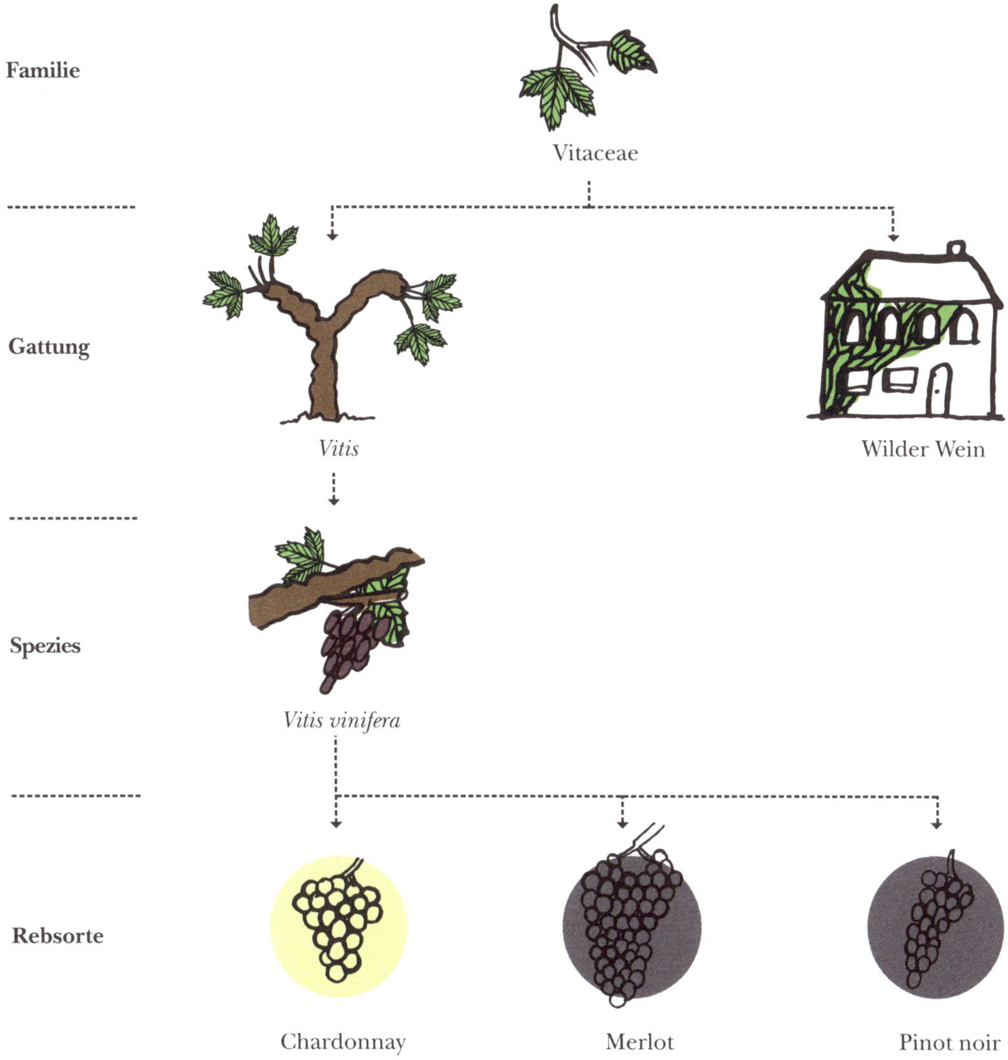

CHARDONNAY

ÜBERBLICK

Vielseitige Rebsorte mit wandelbarer Erscheinung, abhängig von Region, Terroir und Winzer. Chardonnay ist sehr floral oder sehr fruchtig, kann sich im nördlichen Burgund aber auch klar und mineralisch zeigen (wie in Chablis), oder sinnlich und buttrig wie in Kalifornien. Aufgrund der wandelbaren Persönlichkeit lässt sich der aromatische Charakter der Weine nicht genau festlegen, aber er umfasst in der Regel Aromen von Zitrone, Akazie und Butter. Um die Noten von geröstetem Brot und Brioche zu unterstreichen, wird Chardonnay häufig im Eichenfass ausgebaut.

RATING

Absolut top. Aus dieser Rebsorte werden die besten trockenen Weißweine der Welt produziert. Und die teuersten. Sie wird auch für Champagner verwendet.

WARM ODER KÜHL?

Warm UND kühl. Diese Rebsorte passt sich dem Klima an (daher ihre Beliebtheit), verändert jedoch ihre Erscheinung. Kühles Klima bringt eher trockene, mineralische Weine hervor, wärmeres Klima betont fettere, reifere Fruchtaromen.

WO?

Frankreich (Burgund, Champagne, Jura, Languedoc, Provence), USA (Kalifornien), Kanada, Chile, Argentinien, Südafrika, China, Australien

SAUVIGNON BLANC

FRÜCHTE

Zitrone

Limette

Pampelmuse

Bergamotte

Schwarze Johannisbeeren

IN WARMEM KLIMA

Ananas

Passionsfrucht

BLÜTEN UND PFLANZEN

Jasmin

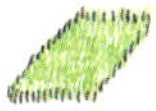
frische Kräuter/ gemähtes Gras

Holunder

BONUS

Rauch

Feuerstein

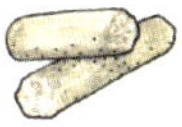
Kreide

ÜBERBLICK

Eine der ausdrucksstärksten Rebsorten im Glas. Sauvignon bringt Weine mit erfrischenden, lebendigen Aromen von Zitrusfrüchten und zarten Kräutern hervor, mit denen man Frühling und Lebensfreude verbindet. Mit Hilfe des Winzers und des passenden Klimas können Aromen von Rauch und Kieselsteinen hinzukommen. Am Gaumen ist Sauvignon blanc ebenso dynamisch wie in der Nase, mitunter kraftvoll. In der Weinbereitung kann Sauvignon allein verwendet oder mit Sémillon, ihrer Freundin aus dem Bordeaux, zu trockenen oder süßen Weinen verschnitten werden, denen sie einen leichten Touch verleiht.

RATING

Sauvignon ist sehr populär und wurde oft exportiert. Das verdankt der Wein dem Ruf des Sancerre von der Loire und der Weißweine aus dem Bordeaux. Sauvignon ist der Star unter den sortenreinen Weißweinen, weil er vor allem die Aromen der Rebsorte zum Ausdruck bringt – und er ist leicht zu trinken und zu genießen.

WARM ODER KÜHL?

Gemäßigt. Ist es zu kühl, nimmt der Wein weniger angenehme, krautige Aromen an, sogar solche von Katzenurin. Ist es zu warm, überwiegt die exotische Fruchtigkeit auf unangenehme Weise.

WO?

Frankreich (Mittleres Loiretal, Bordeaux, Südwesten), Spanien, Neuseeland, USA (Kalifornien), Chile, Südafrika

CHENIN BLANC

ÜBERBLICK

Eine überraschend milde und lebhafte Rebsorte. Dank ihrer Säure und Sanftheit am Gaumen kann sie zu Schaumwein, trockenem, halbtrockenem, Süß- und Likörwein verarbeitet werden. Sie kann viele Gesichter annehmen, von der Quitte bis zum Eisenkraut. Und sie steht für sich allein und muss nicht mit anderen Rebsorten verschnitten werden. Einige Süßweine können jahrzehntelang reifen.

RATING

Noch ein relativer Underdog, da es sich um eine anspruchsvolle Rebsorte handelt, doch die Zahl der eingefleischten Fans wächst.

WARM ODER KÜHL?

Gemäßigt. Ist es zu kühl, werden die Weine zu sauer, ist es zu warm, werden sie nichtssagend.

WO?

Frankreich (Loire), Südafrika, USA (Kalifornien)

GEWÜRZTRAMINER

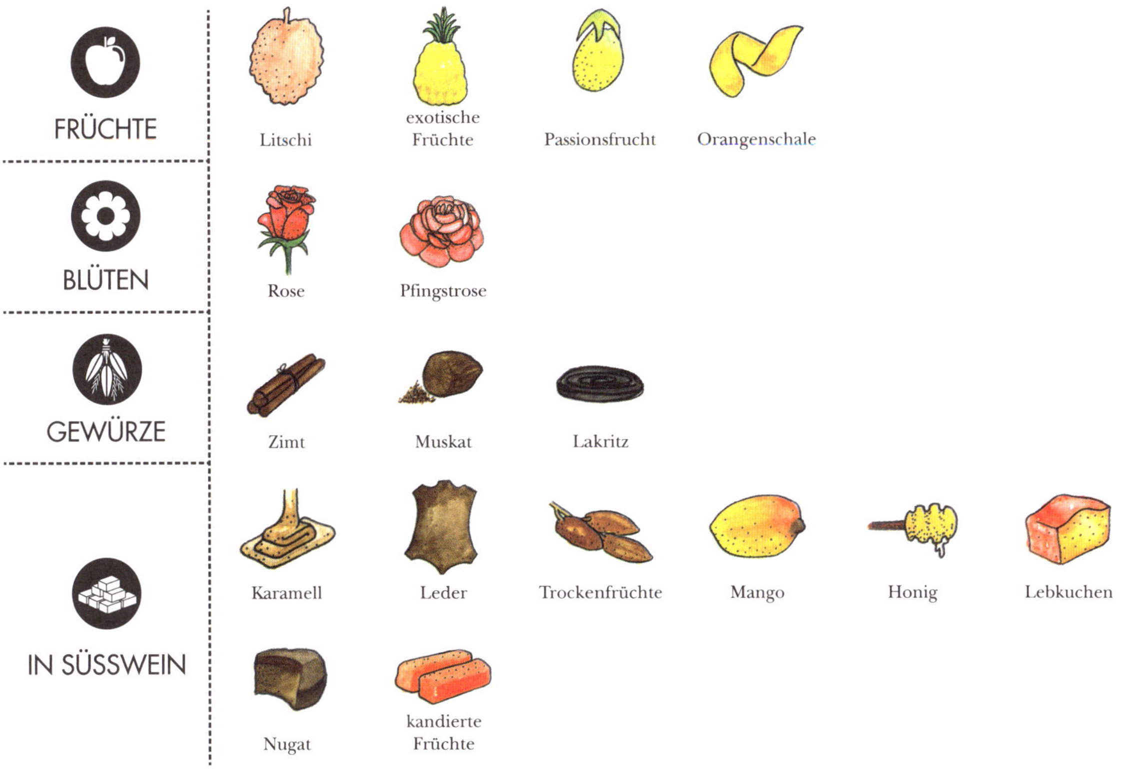

ÜBERBLICK

Anhand der einzigartigen Aromen von Rose und Litschi ist Gewürztraminer leicht zu erkennen. Wie der Name andeutet, schmückt sich der Wein gern mit Gewürzen. Am Gaumen ist er so üppig und aromatisch, dass die süßen Versionen ans Widerliche grenzen können, wenn ihnen die Säure fehlt. Gut gemacht ist er jedoch ein wahrer Genuss. Wird selten verschnitten.

RATING

Man liebt ihn oder hasst ihn. In der Regel ist er Aperitifs, Desserts, Weihnachtsessen oder asiatischem Essen (chinesisch, Thai, Sushi) vorbehalten.

WARM ODER KÜHL?

Kühl. Dies ist eine Rebsorte des Nordens oder der Kontinentalregionen, denn sie kann Winterfrösten gut standhalten.

WO?

Frankreich (Elsass), Deutschland, Österreich, Norditalien

VIOGNIER

FRÜCHTE

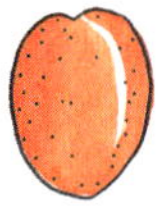
Aprikose

Gelber Pfirsich

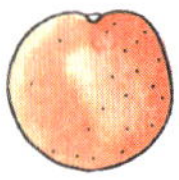
Weißer Pfirsich

kandierte Zitronenschale

Birne

Melone

BLÜTEN

Veilchen

Iris

Akazie

BONUS

Moschus

Gewürze

Bienenwachs

geröstete Haselnüsse

Tabak

ÜBERBLICK

Diese Rebsorte produziert Weine mit deutlichen Aromen von Aprikosen und Pfirsich, oft fett, vollmundig, um nicht zu sagen berauschend. Sie sind von seltener Eleganz, wenn sie gut vinifiziert wurden, tendieren jedoch zum Schweren, Pastösen, wenn sie schlecht gemacht sind. Aus Viognier, der ursprünglich von der Rhône stammt, werden allein große Weine bereitet. Er verbindet sich aber auch gut mit anderen Rebsorten der Region, zum Beispiel Marsanne oder Roussanne. In der Rotweinproduktion können ein paar Tropfen Viognier sogar den Syrah versüßen.

RATING

Einer der extrem verführerischen, großen Weißweine der Rhône, der zu hohen Preisen verkauft wird. Neulingen ist diese Rebsorte weniger bekannt.

WARM ODER KÜHL?

Mild bis warm. Sehr schwierig im Anbau und ertragsarm. Die Herausforderung liegt darin, ein empfindliches Gleichgewicht zwischen der unvermeidlichen Vollmundigkeit und der richtigen Säure zu erreichen.

WO?

Frankreich (Rhônetal, Languedoc), USA (Kalifornien), Australien

SÉMILLON

FRÜCHTE

Zitrone · Mandarine · Orange · Bergamotte · Aprikose · kandierte Birne · Feige

BLÜTEN UND PFLANZEN

Linde · Akazie

BONUS

Butter

IN SÜSSWEIN

Nugat · Honig · Bienenwachs · Dattel · Quittenbrot · Orangenschale · Konfitüre

ÜBERBLICK

Die Reben sind sehr anfällig für Botrytis (Edelfäule), einen Schimmelpilz, der die Konzentration des Zuckers in befallenen Trauben begünstigt und so zur Entstehung großartiger Süßweine beiträgt. Sémillon ist daher die Vorzeige-Rebsorte der üppigen Süßweine des Bordeaux. Die trockenen Weißweine sind speckig und wenig aromatisch, doch die Rebsorte ermöglicht das lange Reifen der Weine und entfaltet besonders in Süßweinen ihr Potenzial. Lieblingsbegleiter des Sémillon ist Sauvignon blanc, den er wunderbar abrundet. Manchmal wird der Verschnitt noch von Muscadelle vervollständigt.

RATING

Ein Champion! Die großen Sauternes kosten ein Vermögen und werden weltweit von Weinliebhabern geschätzt.

WARM ODER KÜHL?

Seeklima, gemäßigt bis mild. Die Entwicklung der Edelfäule im Herbst muss möglich sein.

WO?

Frankreich (Bordeaux, Südwesten), Australien, USA, Südafrika

RIESLING

FRÜCHTE

Zitrone

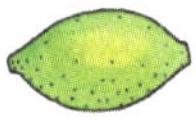
Limette

Bergamotte

Apfel

Mirabelle

BLÜTEN UND PFLANZEN

Geißblatt

Akazie

Minze

Linde

BONUS

Mineralöl

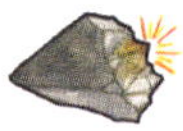
Feuerstein

ÜBERBLICK

Wie keine andere Rebsorte spiegelt Riesling das Terroir wider, das ihn hervorgebracht hat. Sein Trumpf ist der Stein: Mehr als die Aromen von Früchten und Blüten sind es die mineralischen Noten, die in großen Rieslingweinen überraschen. Im Laufe ihres Lebens weisen einige von ihnen eine ebenso charakteristische wie markante Petrolnote auf.
Auch Noten von salzigen Kieselsteinen, überzogen von Zitrusfrüchten und zarten Blüten, sind anzutreffen. Riesling wird trocken oder süß getrunken. Letzterer stammt aus der Spätlese im Herbst, der Trockenbeerenauslese im Winter oder ist Eiswein. Riesling muss nicht verschnitten werden.

RATING

Er ist ein Star! Unter Profis gilt er zusammen mit Chardonnay als eine der besten weißen Rebsorten. Bis weit ins 20. Jahrhundert wurde er unterschätzt, doch mittlerweile erfreut er sich dank besserer Produktionsbedigungen und strengerer Vorgaben wieder größerer Beliebtheit unter den Konsumenten.

WARM ODER KÜHL?

Kühl! Es handelt sich um die nördliche Rebsorte schlechthin. Riesling kann sich zwar auch an wärmeres Klima anpassen, verliert dann jedoch seine Komplexität und Eleganz und ist weniger interessant.

WO?

Deutschland, Frankreich (Elsass), Luxemburg, Australien, Neuseeland, Kanada

MARSANNE

FRÜCHTE

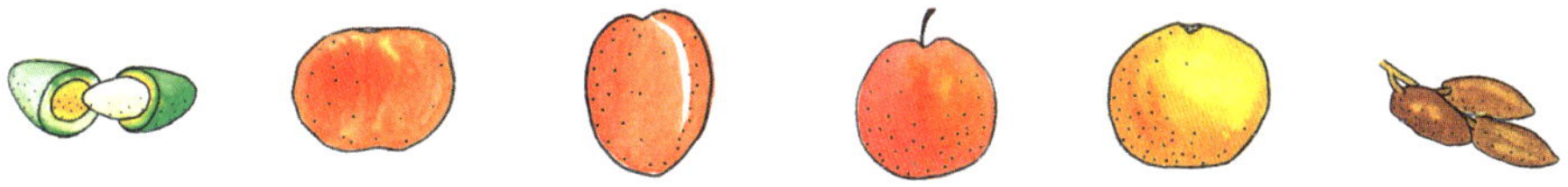

grüne Mandel | Pfirsich | Aprikose | Apfel | Orange | Trockenfrüchte

BLÜTEN

Jasmin | Akazie

BONUS

Walnuss | Trüffel | Marzipan | Bienenwachs

ÜBERBLICK

Diese Rebsorte verleiht Wein Kraft, rundet ihn ab. Sie entwickelt Mandelaromen in allen Ausprägungen, aber auch Noten von Jasmin und Bienenwachs. Marsanne wird selten reinsortig ausgebaut, ergänzt aber harmonisch andere Sorten, insbesondere die ebenfalls aus dem Rhônetal stammende Roussanne.

RATING

Nicht sehr bekannt, zusammen mit Roussanne in Frankreich jedoch sehr präsent. Marsanne verbindet sich auch gut mit Rolle/Vermentino, Grenache blanc und Viognier.

WARM ODER KÜHL?

Warm. Mit Kieselsteinen zu ihren Füßen.

WO?

Frankreich (Rhônetal, Languedoc, Südfrankreich), Australien, USA (Kalifornien)

ROLLE/VERMENTINO

FRÜCHTE

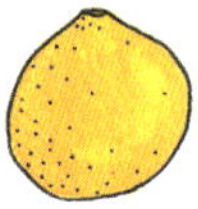
Grapefruit

Birne

Golden Delicious

Pfirsich

Ananas

grüne Mandel

BLÜTEN UND PFLANZEN

Weißdorn

Kamille

Dill

Fenchel

GEWÜRZE

Sternanis

ÜBERBLICK

Korsische Weißweine bestehen zu 100 % aus Vermentino. Unter dem Namen Rolle verbindet sich diese Rebsorte in der Provence mit vielen anderen Sorten: Ugni blanc, Marsanne, Grenache blanc, Clairette, Chardonnay, Sauvignon blanc. Vermentino ist sehr frisch und aromatisch, er bringt Aromen von Birne und vor allem anisähnliche Noten (Fenchel) hervor. Im Abgang entfaltet sich eine feine Bitternote, die köstlich ist, solange sie nicht dominiert.

RATING

Im Sommer ist die Rebsorte sehr beliebt zu Speisen mit Fisch, aber bei Wintergerichten hat sie es schwer. Doch wer Lust auf Urlaubsgefühle hat, sollte die Weine auch in der kalten Jahreszeit probieren.

WARM ODER KÜHL?

Warm! Diese Rebsorte mag Sonne sowie trockene und nicht besonders fruchtbare Böden.

WO?

Frankreich (Languedoc-Roussillon, Südwesten, Korsika), Italien (Sardinien, Toskana)

MUSKATELLER

FRÜCHTE

Trauben

Zitrone

Apfel

BLÜTEN UND PFLANZEN

Linde

Rose

IN SÜSSWEIN

Bienenwachs

Quittenbrot

Konfitüre

Orangenzeste

Rosinen

ÜBERBLICK

Die Rebsorte kommt ursprünglich aus Griechenland und wird schon seit der Antike angebaut. Sie ist auch als Gelber Muskateller, Muscat à petits grains oder Moscato bekannt und heute in ganz Europa zu finden. Trocken und floral, ist es die einzige Rebsorte, deren Weine Aromen von Tafeltrauben liefern. In Italien sind die Weine fein und perlend, in Griechenland und Frankreich gespritet. Die süßen, kandierten Weine wie Muscat de Beaumes-de-Venise oder Muscat de Rivesaltes passen gut zu Desserts. Nicht zu verwechseln mit anderen Rebsorten, die »Muscat« im Namen tragen, wie Muscat d'Alexandrie, Muscat Ottonel oder Muscadet (trockener Burgunder Weißwein der Rebsorte Melon de Bourgogne).

RATING

Von Großeltern als Leckerei geschätzt, sind die Weine bei jungen Leuten weniger beliebt. Wirklich schade, da es unter ihnen feine Schätze gibt.

WARM ODER KÜHL?

Mild. Passt sich leicht an.

WO?

Frankreich (Elsass: trocken, Süden: gespritet), Korsika, Italien (Moscato, trocken und perlend), Griechenland (Samos, süß), Spanien, Portugal, Australien (genannt Rutherglen), Österreich, Osteuropa, Südafrika

PINOT GRIS

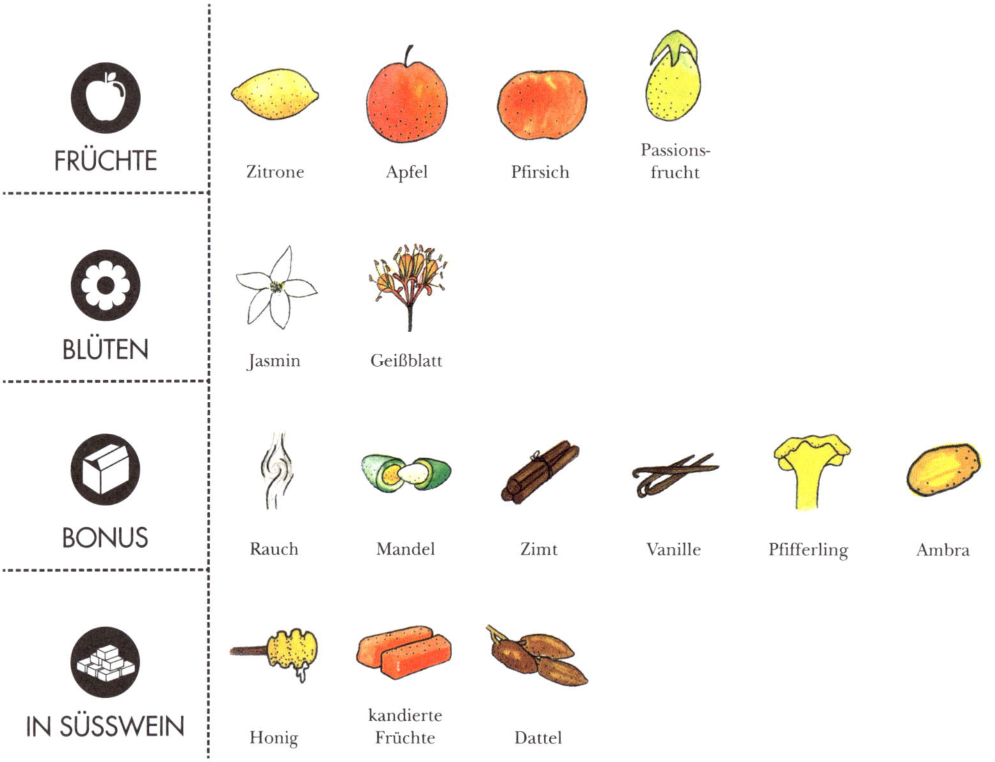

ÜBERBLICK

In Frankreich Pinot gris, in Italien Pinot grigio genannt, gibt Grauburgunder Trauben von einer Farbe, die von grau-rosa über blasslila zu lavendel-grau reicht. Die Farbe der Schalen ermöglicht die Herstellung eines sehr hellen Rosés im Loiretal. Doch ist es vor allem seine aromatische Komplexität, seine Finesse und die Fähigkeit, großartige Süßweine zu liefern, für die Grauburgunder geschätzt wird. In Deutschland findet man ihn sowohl frisch und fruchtig als auch reich und rauchig vor. In Italien ist er leicht und zitronig, im Elsass hat er rauchige, reife Aromen. Spätlesen sind reich, vollmundig und kraftvoll.

RATING

Erfreut sich steigender Beliebtheit und erobert international die Herzen. Die einfacheren Weine sind beliebt, die konzentrierten Weine begehrt.

WARM ODER KÜHL?

Kühl. Diese Rebsorte kann sich zwar auch an warmes Klima gewöhnen, wird wegen mangelnder Säure bei Wärme aber schnell schwer. Dafür kann sie auch strenge Winter überstehen.

WO?

Frankreich (Elsass, Loire), Italien, Deutschland, Österreich, Ungarn, Krim, USA, Australien, Neuseeland

PINOT BLANC

FRÜCHTE

Apfel

Weißer Pfirsich

Zitrone

Honigmelone

BONUS

Mandel

Rauch

Mineralisches

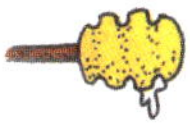

Honig

ÜBERBLICK

Beim milden Weißburgunder (in Italien als Pinot bianco und in Frankreich als Pinot blanc bekannt) handelt es sich um eine weiße Rebsorte mit runden, fleischigen Apfelaromen und geringer Säure. Die Rebsorte wird manchmal mit Chardonnay verglichen, ihre Aromen sind aber viel milder und die Weine sind weniger körperreich. Weißburgunder ist eine Art Chamäleon, kann leicht und knackig, aber auch rauchig in Holz oder süß ausgebaut sein. Sogar Schaumweine werden daraus produziert.

RATING

Weißburgunder löst selten Begeisterungsstürme aus, einige Beispiele aus Österreich und Norditalien verdrehen Weinliebhabern auf der Suche nach etwas Außergewöhnlichem aber durchaus den Kopf. Pinot blanc ist ein guter Party-Wein, dank des guten Preis-Leistungs-Verhältnisses, seiner Frische und Trinkbarkeit.

WARM ODER KÜHL?

Weißburgunder zieht ein kühles Klima vor.

WO?

Frankreich (Elsass, Burgund, Champagne), Deutschland, Österreich, Italien (Norden), USA (Kalifornien, New York (State), Oregon), Kanada, Slowenien, Kroatien, Ungarn, Spanien

GRÜNER VELTLINER

FRÜCHTE

Apfel

Birne

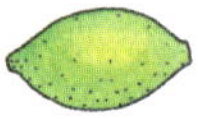
Limette

Zitrone

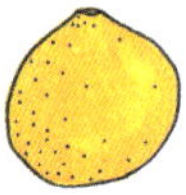
Grapefruit

Mango

PFLANZEN

Linde

BONUS

Feuerstein

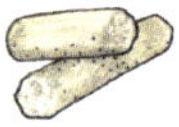
Kreide

Fenchel

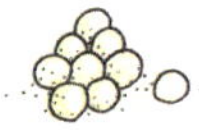
weißer Pfeffer

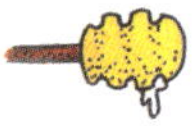
Honig

Bienenwachs

ÜBERBLICK

Grüner Veltliner ist die beliebteste weiße Rebsorte Österreichs. In Österreich befindet sich auch ein Großteil der Rebflächen, aber auch in nahe gelegenen osteuropäischen Ländern sind einige Hektar angepflanzt. Es handelt sich um einen erfrischenden Weißwein mit einer deutlich pikant-pfeffrigen Note. Aus den kühleren Regionen Österreichs stammen leichte, säurebetonte Grüne Veltliner, die jung und frisch getrunken werden, aus den wärmeren Gegenden kommen reichhaltigere, pikantere Weine, die länger reifen können und Noten tropischer Früchte entwickeln.

RATING

Grüner Veltliner hat eine Achterbahnfahrt hinter sich, was seine Beliebtheit betrifft. Der unkomplizierte, erfrischende Wein, häufig in Literflasche mit Schraubverschluss angeboten, kam als erfrischender Sommerdrink in Mode, als Alternative zu Sauvignon blanc oder Pinot grigio. Doch er erlitt das Schicksal von vielen Dingen, die sehr in Mode sind: Die Leute fingen an, sich nach dem nächsten Trend umzuschauen, und der Grüne Veltliner blieb auf der Strecke. Glücklicherweise erlebt er ein Comeback, und das nicht nur in preiswerten Literflaschen: Es gibt ein wachsendes Interesse an reichhaltigeren, ernst zu nehmenden Abfüllungen.

WARM ODER KÜHL?

Kühl bis warm. Unterschiedliche Temperaturen bringen unterschiedliche Typen von Grünem Veltliner hervor. Ist es jedoch zu kühl, reifen die Trauben nicht voll aus und dem Wein fehlt es an Charakter.

WO?

Österreich (Niederösterreich, Burgenland), Slowenien, Tschechien, Norditalien, Neuseeland, Australien, USA

VERDICCHIO

FRÜCHTE

Zitrone

Bergamotte

BLÜTEN

Jasmin

Holunder

GEREIFT

Heizöl

Zitronat

Mandarinen-
zeste

Feuerstein

ÜBERBLICK

Eine der besten weißen Rebsorten Italiens. Die Stärke der Weine ist die lebhafte, frische Säure, die sich nach ein paar Jahren Flaschenreife in einen sehr gefälligen, ausgeglichenen Geschmack auflöst. Aus dem Binnenland (zum Beispiel aus Matelica) stammender Verdicchio ist tendenziell schlanker, hier werden auch Schaumweine aus dieser Rebsorte produziert.

RATING

Dieser Weißwein steht für die Weinregion der Marken. Seine jugendlichen Talente, geprägt von einer puren und unmittelbaren Gefälligkeit, lassen sein Potenzial für die Flaschenreife kaum erahnen. Weinkenner*innen wissen, dass die besten Verdicchios auch noch ein Jahrzehnt nach der Lese großartig schmecken können.

WARM ODER KÜHL?

Moderat. Aus der Gegend Castelli di Jesi in Küstennähe stammen alkoholhaltigere, rundere Weißweine, während aus der Gegend von Matelica (im Landesinneren mit im engeren Sinne kontinentalen Klima) schlankere und säurebetontere Weine stammen.

WO?

Italien (vor allem in den Marken, jedoch auch in Umbrien und den Abruzzen)

TREBBIANO

BLÜTEN UND PFLANZEN

weiße Blüten

Getreide

FRÜCHTE

Zitrusfrüchte

GEREIFT

Haselnuss

Meeresfelsen

Torf

ÜBERBLICK

Eine der in Italien am häufigsten kultivierten weißen Rebsorten. Es existieren zahlreiche Varianten (Klone), vom Norden bis in den Süden. In der Jugend ist Trebbiano nicht besonders aromatisch, doch mit der Reife entwickelt er komplexere Aromen. Allerdings gilt dies nur für die besseren Flaschen. Die von diesen großzügigen Reben produzierten Weißweine sind meistens eher leicht und sollten innerhalb von zwei bis drei Jahren nach der Lese getrunken werden.

RATING

Eine Art Rebsorten-Joker: leicht anzubauen, passt sich gut an unterschiedliche Umgebungen an, liefert auch bei hohen Erträgen akzeptable Ergebnisse.
Die bekanntesten Weine, aus konzentrierten Trauben gewonnen und mit besonderer Sorgfalt vinifiziert, zeigen eine überraschende Langlebigkeit (sprich: Sie halten Jahrzehnte).

WARM ODER KÜHL?

Die Reben tolerieren verschiedene Klimazonen, vor allem die wärmeren: In sehr sonnigen Gegenden (zum Beispiel in den Abruzzen) gibt Trebbiano besonders gute Ergebnisse.

WO?

Eigentlich überall in Italien. Die Weine, die am meisten überzeugen, kommen aus den Abruzzen, der Emilia-Romagna, der Toskana und – in geringer Menge – aus Umbrien.

KERNER

FRÜCHTE

Zitrone

Limone

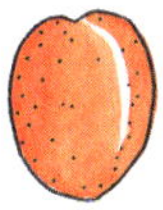
Aprikose

Apfel

Mirabelle

PFLANZEN

Eisenkraut

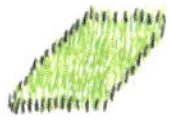
frisches Gras

BONUS

Muskatnuss

Gummibären

ÜBERBLICK

Die Elternpaare merkt man dieser aus weißem Riesling und rotem Trollinger gekreuzten Rebsorte an: Meist erinnert Kerner an Mirabelle, Apfel und Zitrus, wie wir es vom Riesling kennen. Anders als beim Riesling mischt jedoch häufig die kitschige Fruchtbonbon-Aromatik des Trollingers mit. Deswegen steht Kerner fast ausschließlich für fruchtbetonte Weine mit dezenter Süße im Abgang. Ordentlich gekeltert kann die Sorte vielversprechende Weine mit großem Trinkfluss hervorbringen.

RATING

Viele Winzer*innen lieben ihn, weil er anspruchslos ist und hohe Erträge verspricht. Viele Weintrinker*innen verschmähen ihn, da ihm anspruchslose Winzer*innen leider das Image eines Industrieweins verpasst haben.

WARM ODER KÜHL?

Moderat kühl und nicht zu trocken. Jedoch bieten sich wenig Vergleichsmöglichkeiten an, da es die erst im 20. Jahrhundert in Deutschland gezüchtete Rebsorte nie wirklich aus dem Mutterland heraus geschafft hat.

WO?

Fast nur in Deutschland, vereinzelt auch in Südtirol, der Schweiz und Japan

SCHEUREBE

FRÜCHTE

Zitrone

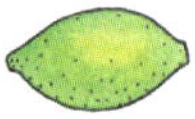
Limone

Grapefruit

Schwarze Johannisbeere

Passionsfrucht

Mango

Birne

BLÜTEN UND PFLANZEN

Orangenblüte

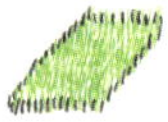
frisches Gras

BONUS

weißer Pfeffer

Katzenurin

IN SÜSSWEIN

Kompott

getrocknete Feige

Rosinen

ÜBERBLICK

Die deutsche Rebsorte bringt expressive, fruchtbetonte Weine hervor, weswegen sie manchmal mit Sauvignon blanc verglichen wird. Aus vollreif gelesenen Scheurebetrauben lassen sich körperreiche und duftige Weißweine keltern, die an Schwarze Johannisbeere, Passionsfrucht und Grapefruit erinnern. Früher gelesen, dominieren grasige Aromen. In Deutschland und Österreich keltern Winzer*innen sowohl trockene und halbtrockene als auch edelsüße Weine aus Scheurebe.

RATING

Obwohl die regional bekannte Rebsorte von Kennern geschätzt wird, hat sich die weltweit bestockte Fläche seit den 1990er-Jahren halbiert. Als hervorragend gelten die Trockenbeerenauslesen.

WARM ODER KÜHL?

Moderat kühl. Zu heiße Sonnenstrahlen lassen die für deutsche Weinberge gezüchtete Rebsorte schal wirken. Allzu kalte Standorte straft die Rebsorte mit unreifen, kratzigen Aromen ab.

WO?

Fast nur in Deutschland (Pfalz, Rheinhessen, Franken, Nahe), außerdem in Österreich (Steiermark, Neusiedler See)

MÜLLER-THURGAU

FRÜCHTE

Zitrone

Limone

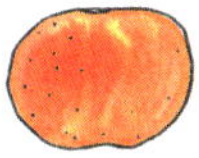
Pfirsich

Banane

Honigmelone

Apfel

BLÜTEN UND PFLANZEN

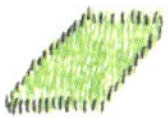
frisches Gras

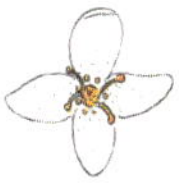
Orangenblüte

BONUS

Gummibären

Muskatnuss

ÜBERBLICK

Auch wenn man in Deutschland häufiger und lieber über Riesling spricht, ist Müller-Thurgau hier ein Schwergewicht und nach Riesling – gleichauf mit Spätburgunder – die zweithäufigste Rebsorte. Mit ihr lassen sich hohe Erträge erzielen und fruchtbetonte Weine keltern, die an weiße Blüten, Aprikose und Zitrus erinnern, dabei aber nicht allzu viel Säure mitbringen. Einfache Weine bereichert Müller-Thurgau mit Süffigkeit, für Spitzenweine fehlt meist die Komplexität. Jüngst entdecken immer mehr Winzer*innen aus der Naturweinszene den Müller-Thurgau wieder.

RATING

Das Gute vorweg: Müller-Thurgau genießt heute wieder mehr Wertschätzung als vor einigen Jahren, vor allem in Deutschland und Südtirol. Trotzdem gilt er nach wie vor als Inbegriff des industriellen Massenweins, weil Winzer*innen in den 1970er- und 80er-Jahren vor allem auf hohe Erträge Wert legten, zulasten der Qualität.

WARM ODER KÜHL?

Moderat kühl, wie die meisten Züchtungen aus Deutschland

WO?

Deutschland (fast überall außer Rheingau und Ahr), Südtirol, Österreich, Ungarn, Slowakei und Tschechien

SILVANER

FRÜCHTE

Apfel

Birne

Zitrone

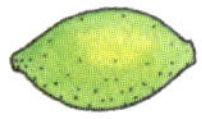
Limone

Passionsfrucht

BLÜTEN UND PFLANZEN

frisches Gras

Geißblatt

BONUS

Mandel

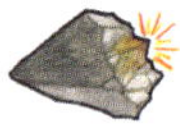
Feuerstein

Kiesel

ÜBERBLICK

Die säurehaltige Weißweinsorte ist heute vor allem in Franken zu Hause, aber auch in Rheinhessen oder im Elsass finden sich Silvanerreben. Wer bunte Aromenfeuerwerke sucht, könnte enttäuscht werden: Silvaner steht für säurehaltige, filigrane Weine, die mit Aromen von gelben Äpfeln, Zitrone, nassem Stein und herben Früchten auftrumpfen. Seit sich einige Winzer*innen vor allem in Franken der Rebsorte mit Holzfässern nähern, gehören auch cremige Aromen zum Spektrum des Silvaner.

RATING

Hoch angesehen, sowohl als Basis-Wein als auch als Spitzengewächs. Silvaner gehören zu den großen deutschen Weißweinen, auch wenn die Rebsorte international weniger bekannt ist als Riesling. Wer ihn kennt, schätzt ihn sehr.

WARM ODER KÜHL?

Moderat kühl. Allzu viel Hitze im Sommer mag er nicht, Frost im Winter verträgt er aber auch nicht gut.

WO?

Frankreich (Elsass), Deutschland (Franken, Rheinhessen), ansonsten auch vereinzelt in Österreich, Schweiz und Osteuropa

CHASSELAS

FRÜCHTE

Zitrone

Apfel

Honigmelone

GEWÜRZE

Muskatnuss

BLÜTEN UND PFLANZEN

Orangenblüte

Geißblatt

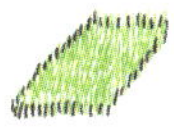
frisches Gras

BONUS

Marshmellow

Mandel

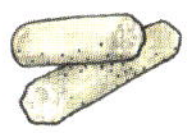
Kreide

Kiesel

Feuerstein

ÜBERBLICK

Die größte Bekanntheit erlangte der Chasselas am Genfer See, wo er als Fendant bezeichnet wird. Im südbadischen Markgräflerland heißt die Rebe Gutedel und ist dort eine der wichtigsten Sorten. In anderen Teilen Deutschlands findet man sie hingegen kaum. Obwohl sie eher neutrale als expressive Weine hervorbringt, kann die subtile Zitrusaromatik spannend wirken, gerade weil ihr zurückhaltender Charakter Platz für die Handschrift der Winzer*innen lässt.

RATING

Lange wurde Chasselas als Schorle-, Fondue- und Touristenwein belächelt. Seit immer mehr Winzer*innen in Deutschland und der Schweiz die Rebsorte als Spitzenwein interpretieren, ist ihr Ansehen stark gewachsen.

WARM ODER KÜHL?

Moderat kalt, wobei Chasselas vereinzelt auch im wärmeren Klima der französischen Rhône zurechtkommt.

WO?

Frankreich (Rhône) und Schweiz (Genfer See), Deutschland (Baden)

PINOT NOIR

ÜBERBLICK

Pinot noir, auch als Spätburgunder bekannt, setzt mehr auf Finesse als auf Kraft. Die Weine sind von einem wenig intensiven, aber brillanten Rubinrot. Die roten Fruchtaromen sind von bezaubernder Schönheit. Am Gaumen zeigt er sich von feiner Textur und eher tanninarm. Nach einigen Jahren der Reife treten die Vorzüge des Pinot noir besonders hervor: Er entwickelt ein unglaublich attraktives Bouquet von Herbstwald, Leder und Trüffel. Meistens wird Pinot noir alleine vinifiziert.

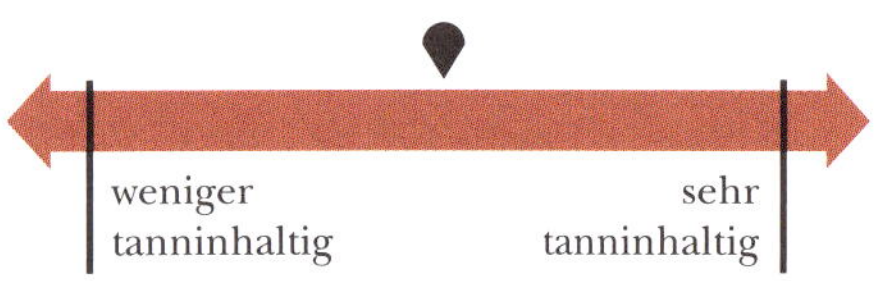

RATING

Unermesslich! Eine der am meisten geschätzten (und angebauten) Rebsorten der Welt. Große Burgunder können ein Vermögen kosten. Glücklicherweise sind auch viele nette Pinot noirs zu kleinem Preis erhältlich, sehr gut zu trinken und passend zu jedem Anlass.

WARM ODER KALT?

Kühl. Die Beeren haben sehr feine Schalen und in warmem Klima reifen sie zu schnell, sodass sie weniger interessante Aromen bieten.

WO?

Überall, wo Wein angebaut wird, in Europa, Nord- und Südamerika, Südafrika … Die interessantesten Weinbaugebiete für Pinot noir sind jedoch Frankreich (Burgund und Champagne) sowie USA (Oregon), Neuseeland und Australien.

CABERNET SAUVIGNON

ÜBERBLICK

Ein großer Wein aus dem Bordeaux. Wie ein Marathonläufer ist er für Langstrecken geschaffen: Dank seiner reichlichen Tannine kann er Jahrzehnte überstehen und dabei ein unglaublich komplexes Aroma von Schwarzen Johannisbeeren, Tabak, Wild und Zedern entwickeln. Die Rebsorte bringt einen kräftigen, recht ernsten und dabei wenig üppigen Rotwein hervor. Jung kann er recht streng wirken, um nicht zu sagen schroff. Daher wird er häufig mit seinem milderen Freund, dem Merlot, verschnitten.

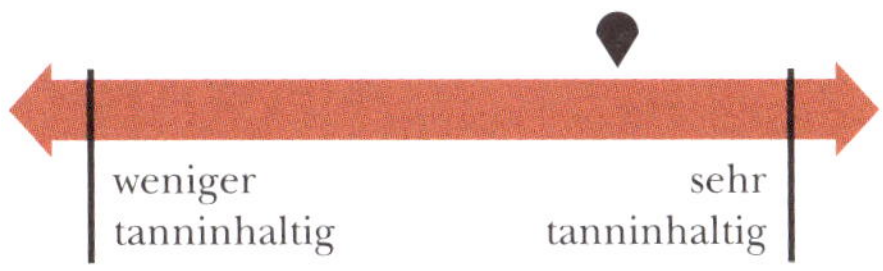

RATING

Gigantisch, wie der Pinot noir! Die weltweit am weitesten verbreitete Resorte. Und die daraus gewonnenen Weine gehören zu den teuersten.

WARM ODER KALT?

Recht warm. Die Schale der Weinbeeren ist ziemlich dick, sodass sie spät reifen und Sonne benötigen.

WO?

Überall, von Frankreich nach China, in Frankreich insbesondere im Bordeaux und in Südfrankreich. Außerdem in Italien, Chile, USA usw.

CABERNET FRANC

AROMEN

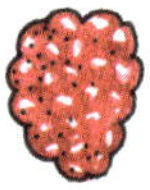
Himbeere

Schwarze Johannisbeere

Moos

Eukalyptus

Paprika

GEREIFT

Unterholz

Erde

ÜBERBLICK

Ein Vorfahr des Cabernet Sauvignon, jedoch geschmeidiger und weniger dicht als dieser. Reinsortig zeigt er Aromen von Schwarzer Johannisbeere und Blättern. Wurde die Traube zu früh geernet, kommt ein Hauch Paprika hinzu. Im Bordeaux wird Cabernet franc am rechten Ufer der Gironde auch mit Merlot verschnitten, für runde und gleichzeitig frische Weine.

RATING

In Pariser Bistros sehr geschätzt, wenn er von der Loire stammt. Weil er jung getrunken werden kann, kommt er auch im Bordeaux gut an.

WARM ODER KÜHL?

Gemäßigt. Reift schneller als Cabernet Sauvignon.

WO?

Frankreich (Bordeaux, Loire, Südwesten), Italien, Chile, Australien, USA

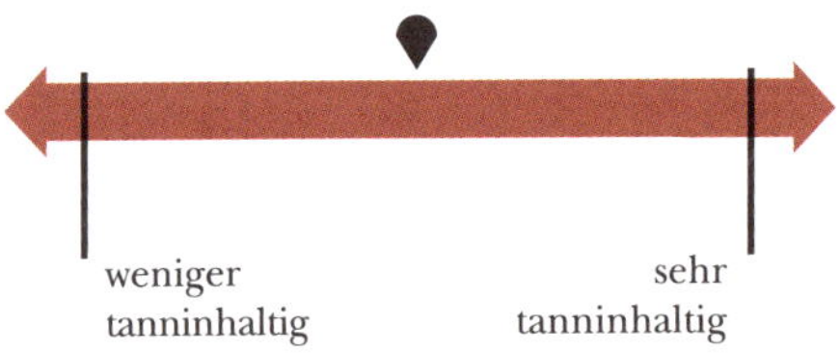

MERLOT

AROMEN

Dörrpflaume

Brombeere

Heidelbeere

Süßkirsche

Veilchen

Minze

GEREIFT

Leder

Wild

Bratensauce

ÜBERBLICK

Mit Cabernet Sauvignon bildet Merlot ein unzertrennliches Duo – wie Dick und Doof (Merlot würde die Rolle von Dick übernehmen). Doch er wird auch reinsortig abgefüllt und ist sofort sympathisch, opulent und sanft am Gaumen. Für die großen Bordeaux-Weine tut er sich gern auch mit Cabernet franc zusammen, der seine Lebensdauer verlängert.

weniger tanninhaltig

sehr tanninhaltig

RATING

Für den unkomplizierten Genuss sehr geschätzt. Als fruchtiger, unkomplizierter und jung zu trinkender reinsortiger Wein kommt er gut an. In Verschnitten begeistert er auch die Liebhaber der Weine vom rechten Gironde-Ufer.

WARM ODER KÜHL?

Gemäßigt bis warm. Er ist unkompliziert im Anbau und seine großen, dünnhäutigen Beeren reifen leicht.

WO?

Frankreich (Bordeaux, Südwesten, Languedoc-Roussillon), Italien, Südafrika, Chile, Argentinien, USA (Kalifornien)

SYRAH

ÜBERBLICK

Der Syrah ist wie ein tiefviolettes Abendkleid. Er verzaubert mit Aromen von Pfeffer, Muskatnuss und Lakritz, kombiniert mit der Süße von Veilchen. Syrah bringt Weine mit langem Reifepotenzial hervor, dicht und kräftig, wenn die Rebsorte allein vinifiziert wird, fruchtiger und unkomplizierter in Verbindung mit Grenache.

RATING

Berühmtheit erlangt hat Syrah in den Weinen von Hermitage, Côte-Rôtie und Saint-Joseph, in denen er erst nach ein paar Jahren glänzt. Als Shiraz ist es die am meisten angebaute Rebsorte Australiens.

WARM ODER KÜHL?

Gemäßigt oder warm.

WO?

Frankreich (Rhône, Südfrankreich), Italien, Südafrika, als Shiraz in Australien, Neuseeland, Chile sowie USA (Kalifornien)

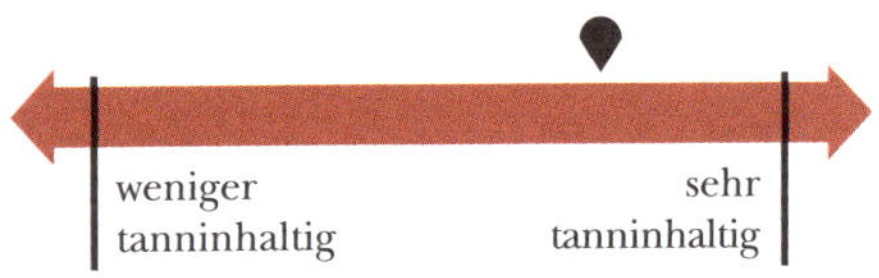

GRENACHE

ÜBERBLICK

Die ursprünglich spanische Rebsorte (Garnacha) bringt samtige Weine mit Aromen von Dörrpflaumen, Schokolade und mediterranen Kräutern hervor, leicht süßlich am Gaumen, mit teilweise sehr hohem Alkoholgehalt. Sie ist für Rosé und Süßweine geeignet, und selbstverständlich für Rotweine, im Verschnitt oder reinsortig. An der Rhône flirtet Grenache gern mit dem großen Syrah und mildert dessen Tannine mit seinen samtigen Eigenschaften ab.

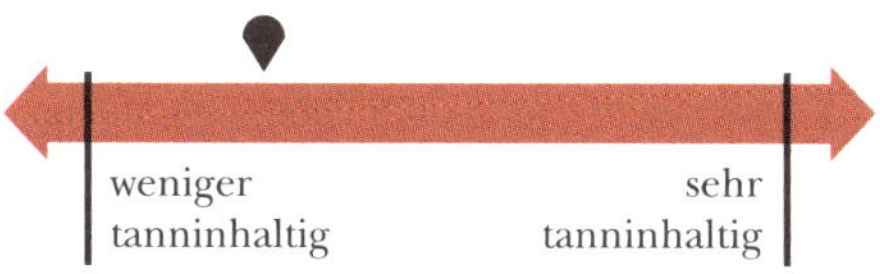

RATING

In südlichen Gegenden ebenso beliebt wie verbreitet. Als Teil der großen Weine aus Châteauneuf-du-Pape hochgeschätzt, ebenso in Süßweinen wie Banyuls und Maury, die wir besonders gern mit Schokolade genießen.

WARM ODER KÜHL?

Warm. Die Reben fürchten kalten Frühlingsregen, aber nicht die Trockenheit.

WO?

Frankreich (Rhône, Languedoc-Roussillon, Provence), Spanien, Australien, Marokko, USA

GAMAY

FRÜCHTE

Sauerkirsche

Erdbeere

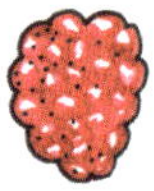
Himbeere

Rote Johannisbeere

Brombeere

Banane

BLÜTEN

Jasmin

BONUS

Schokolade

ÜBERBLICK

Synonym mit der Region Beaujolais, wo 99 % der Weinberge mit dieser fruchtigen und charmanten Rebsorte bepflanzt sind. In der Nase zahlreiche rote Fruchtaromen, am Gaumen frisch und geschmeidig mit relativ wenigen Tanninen, voilà: ein leicht zu trinkender Wein für jede Gelegenheit. Der Trend zu Beaujolais nouveau und eine Gärtechnik, die Aromen von Banane und Süßigkeiten in den Vordergrund bringt, misshandelt den Gamay. Dabei können die Weine wunderschön reifen, wenn sie gut gemacht sind.

RATING

Wegen der übermäßig hohen Produktion war Gamay eine Zeit lang in Ungnade gefallen. Doch es gibt Winzer*innen, die auf die Produktion von konzentrierten, guten Weinen bedacht sind, und so wird Gamay heute auch von Profis wieder getrunken.

WARM ODER KÜHL?

Kühl bis gemäßigt. Eine früh reifende und produktive Rebsorte.

WO?

Frankreich (Beaujolais, Loire, Ardèche, Burgund), Schweiz, Chile, Argentinien

MOURVÈDRE

AROMEN

Brombeere

Lakritz

Heidelandschaft

Zimt

Pfeffer

Moschus

GEREIFT

Leder

Wild

Trüffel

ÜBERBLICK

Aus Mourvèdre werden fast schwarze, kräftige und häufig alkoholreiche Weine produziert. In der Jugend zeigen sie sich streng und erdig, mit dem Alter können sie Aromen von Leder und Trüffel entwickeln. Häufig wird diese Rebsorte für Verschnitte verwendet, um Weinen aus dem Süden, ob Rot oder Rosé, Struktur zu verleihen.

RATING

Mourvèdre ist weniger bekannt. Sie bringt die großen Bandols der Provence hervor. Man braucht aber viel Geduld, um sie reifen zu lassen.

WARM ODER KÜHL?

Warm! Mit ihren dicken Schalen brauchen die Beeren viel Sonne, um zu reifen.

WO?

Frankreich (Rhône, Languedoc-Roussillon, Bandol), USA (Kalifornien), Australien, Spanien

weniger tanninhaltig — sehr tanninhaltig

MALBEC

FRÜCHTE

Süßkirsche

Heidelbeere

Pflaume

BONUS

Zeder

Leder

Schokolade

Kakao

ÜBERBLICK

Diese Rebsorte ist aus Argentinien nicht wegzudenken. Aus ihr werden dort farbtiefe, reichhaltige und samtige Weine produziert. In Südwestfrankreich zeigen die Weine einen eher rustikalen, tanninreichen Charakter. Vinifiziert wird die Rebsorte als Rotwein oder Rosé, allein oder im Verschnitt. Roter Malbec zeichnet sich häufig durch deutliche Schokoladen- und Kakaonoten aus, mit einem Hauch Süßkirsche.

RATING

Obwohl Malbec in Frankreich früher sehr verbreitet war, ist er dort nicht mehr sehr bekannt. Auf dem amerikanischen Kontinent hingegen ist er sehr beliebt.

WARM ODER KÜHL?

Eher warm. Die Rebsorte ist kälteempfindlich.

WO?

Frankreich (Bordeaux, Südwesten), Argentinien, Chile, Italien, USA (Kalifornien), Australien, Südafrika

SANGIOVESE

AROMEN

GEREIFT

ÜBERBLICK

Durch und durch italienisch bringt diese Rebsorte im Zentrum des Landes sehr unterschiedliche Weine hervor, vom allseits beliebten Chianti bis zum majestätischen (und teuren) Brunello di Montalcino. Der Name der Sorte bedeutet: »Blut des Jupiter«. Die Weine sind von einem relativ hellen Rubinrot, haben eine frische Säure, strenge Tannine und charakteristische Noten von Süßkirschen und mediterranen Kräutern. Weine aus den prestigeträchtigsten Appellationen können mehr als 40 Jahre reifen.

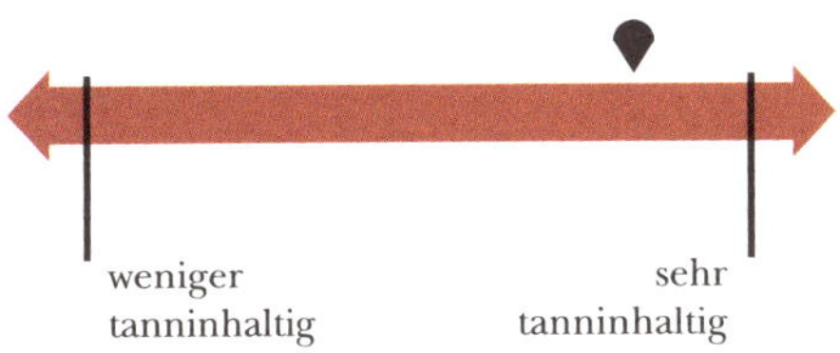

RATING

Die am meisten angepflanzte Rebsorte Italiens, besonders in der Toskana. Ihr haben wir die »Supertoskaner« zu verdanken. Auch in seiner korsischen Variante ist Sangiovese erfolgreich, dort unter dem Namen Nielluccio.

WARM ODER KÜHL?

Warm, mit kühlen Nächten. Werden die Trauben unreif geerntet, geben sie zu blasse, saure und adstringierende Weine.

WO?

Frankreich (Korsika, unter der Bezeichnung Nielluccio), Italien (Toskana, Umbrien, Kampanien), USA, Argentinien, Chile, Australien

NEBBIOLO

AROMEN

GEREIFT

ÜBERBLICK

Eine der meistgeschätzen Rebsorten Italiens, der wir die berühmten Weine Barolo und Barbaresco aus dem Piemont zu verdanken haben. In der Jugend sind deren Tannine kräftig, mit monströser Adstringenz. Sie brauchen einige Zeit (oft mehr als zehn Jahre), bis sie eine Vielzahl komplexer Aromen liefern. Die Reben sind unendlich anspruchsvoll im Anbau, kälteempfindlich und krankheitsanfällig. Die Produktionsausbeute ist gering, die Weine potenziell jedoch unglaublich gut.

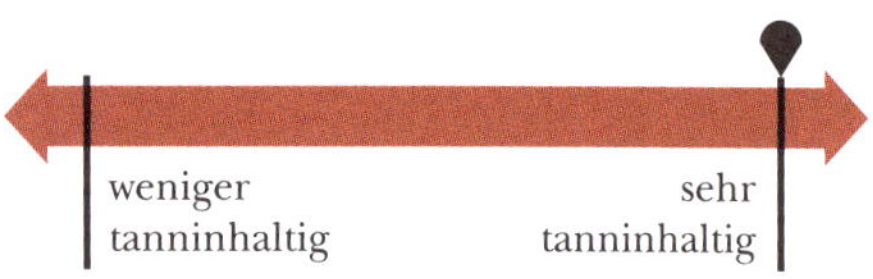

RATING

Das will verdient sein: Die Weine sind selten, sehr teuer und man muss eine Menge Geduld aufbringen, sie erst bei voller Reife zu trinken. Wenn diese erreicht ist, gehören die Weine zu den weltweit gefragtesten.

WARM ODER KÜHL?

Mild und feucht. Der Austrieb ist früh, die Reife spät, sodass eine lange, sonnige Wachstumszeit benötigt wird, damit die Tannine ihre grünen Aromen verlieren.
Der Name stammt von *Nebbia* (»Nebel«), da es in der Region Piemont neblig sein kann und Herbstnebel während der Lese keine Seltenheit sind.

WO?

Italien (Piemont, Lombardei), Österreich, Bulgarien, Zypern, Griechenland, USA, Mexiko, Chile, Argentinien, Australien

ZWEIGELT

ÜBERBLICK

Die in Österreich gezüchtete Kreuzung ist dort eine der wichtigsten Sorten. Die besten Vertreter vereinen die Aromen ihrer Eltern: die Würze des Blaufränkisch und die Eleganz des Sankt Laurent. Ihre größte Bedeutung erreicht die Rebsorte am Neusiedler See und im Weinviertel, wo sie mittelschwere Weine mit üppigem Fruchtbouquet hervorbringt. Winzer*innen, die der Versuchung widerstehen, die ertragsstarke Sorte als Massenträger zu verwenden, können aus Zweigelt komplexe und lagerfähige Rotweine keltern.

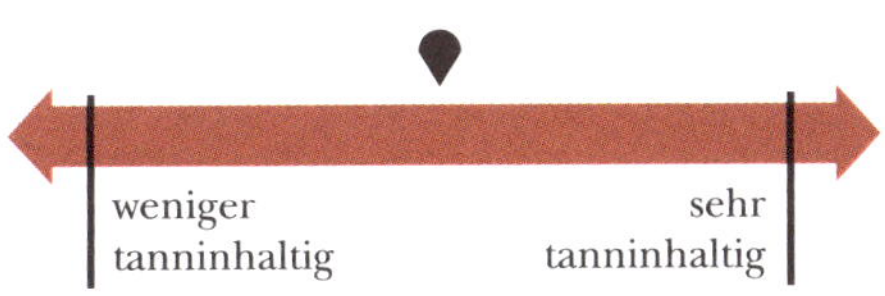

RATING

Wie bei fast allen ertragreichen Züchtungen des 20. Jahrhunderts hat der Zweigelt das Image eines Massenweins. Zahlreiche hochwertige Weine der vergangenen Jahre unterstreichen aber auch sein Potential.

WARM ODER KÜHL?

Moderat kühl. Die Züchter schnitten die frostfeste Rebsorte auf die kühlen Winter der Voralpen zu. Im Sommer verträgt Zweigelt aber auch wärmeres Klima.

WO?

Österreich (fast überall, aber vor allem Neusiedler See und Weinviertel), Deutschland (Saale-Unstrut)

DORNFELDER

FRÜCHTE

Erdbeere

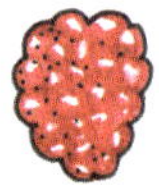
Himbeere

Brombeere

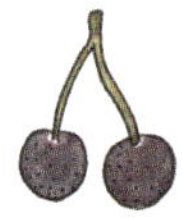
Süßkirsche

Dörrpflaume

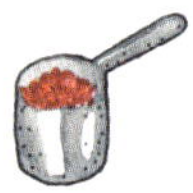
gekochtes Obst

Konfitüre

BONUS

Teer

FASSGEREIFT

Schokolade

Vanille

ÜBERBLICK

Kaum eine Rebe verspricht höhere Erträge als Dornfelder, weswegen sie die zweithäufigste rote Rebe Deutschlands ist. Die Qualität schwankt zum Teil sehr stark. Die riesigen Trauben machen Massenerträge zwar möglich, strafen die Weine aber auch mit bitteren und schalen Aromen ab. Trimmt man die Erträge nach unten, lassen sich spannende mittelschwere Rotweine mit filigraner Säurestruktur keltern.

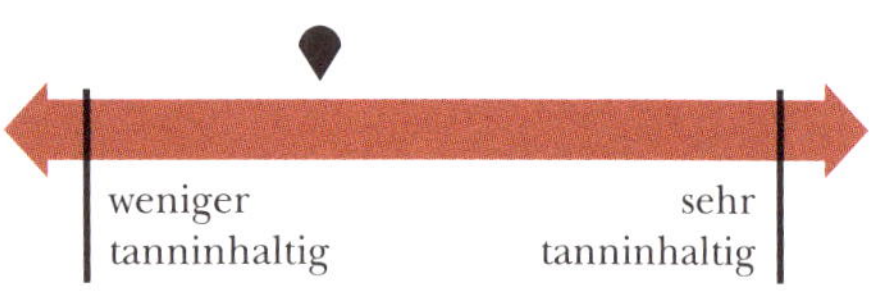

RATING

Der Ruf hat stark unter dem Massenwein-Image gelitten, weswegen Dornfelder im Spitzensegment keine Rolle spielt. Dass er nach wie vor sehr verbreitet ist, liegt an den günstigen Anbaubedingungen. Doch die Rebsorte kann mehr. Wenn Winzer*innen wollen.

WARM ODER KÜHL?

Moderat kühl bis moderat warm. Die Rebsorte stellt keine großen Ansprüche an ihren Standort.

WO?

Deutschland (Pfalz, Rheinhessen, Nahe)

TROLLINGER

FRÜCHTE

Bergamotte

Erdbeere

Sauerkirsche

Himbeere

Konfitüre

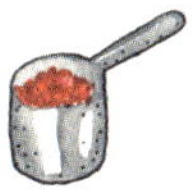
gekochtes Obst

BLÜTEN

Orangenblüte

Rose

Iris/Schwertlilie

BONUS

Mandel

Gummibären

Vanille

ÜBERBLICK

Die Rebsorte ist fast ausschließlich in Württemberg und in Südtirol zu Hause, wo sie Vernatsch oder Schiava heißt. Trotz ihrer dunklen Farbe bringt sie leichte, spritzige und säurehaltige Rotweine hervor, oft mit parfümiertem Fruchtbouquet. Da Trollinger häufig der füllige Körper fehlt, verschneiden ihn manche Winzer*innen mit voluminöseren Rebsorten: in Württemberg mit Lemberger und in Südtirol mit Lagrein. Aber auch reinsortige Trollinger können mit ihrer grazilen Art spannende und authentische Weine abgeben.

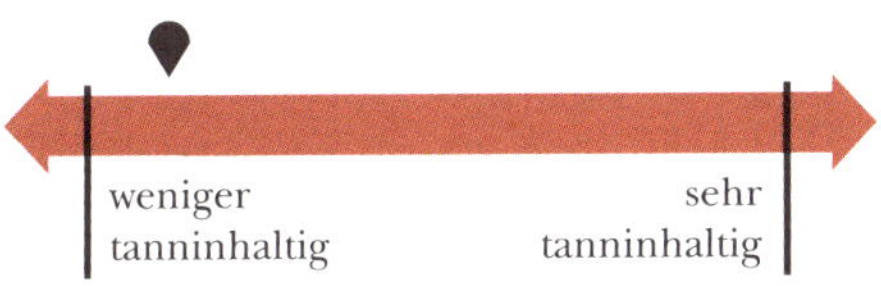

RATING

In Süditrol ist sein Ruf besser als in Deutschland, wobei auch hier immer mehr Winzer*innen, gerade aus der Naturweinbewegung, die traditionelle Rebsorte wiederentdecken.

WARM ODER KÜHL?

Moderat kühl bis moderat warm. In den warmen Lagen Südtirols prägt die Sorte mehr Konfitüre- und Beerenaromen aus, kühlere Lagen in Deutschland betonen Steinobst und Kräuter.

WO?

Deutschland (Württemberg), Italien (Südtirol, Trentino)

SANKT LAURENT

ÜBERBLICK

Dass Sankt Laurent mit Spätburgunder verwandt ist, macht sich durch die feine Kirschfrucht und das Zusammenspiel von Finesse und Kraft bemerkbar. Anders als Spätburgunder hat er es jedoch nie zum internationalen Star geschafft, sondern wird nur punktuell angebaut. Die Rebsorte steht für mittelschwere Rotweine, die zum Teil im Holzfass ausgebaut werden und lagerfähige komplexe Weine mit feiner Säure versprechen.

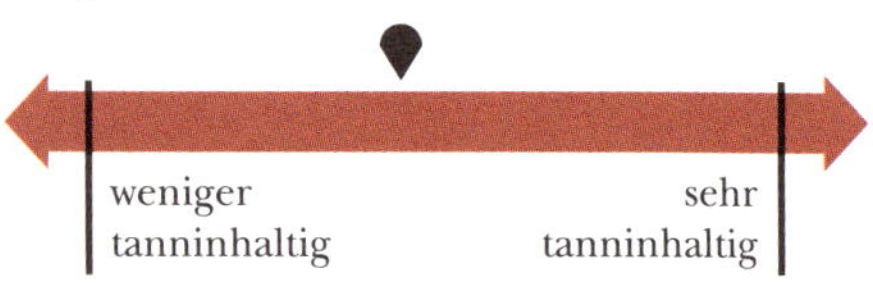

RATING

Die Rebsorte ist international recht unbekannt. Doch wer sie kennt, schätzt ihre Rotweine als spannende Spätburgunder-Alternative.

WARM ODER KÜHL?

Eher kühl, wie alle Rebsorten der Burgunderfamilie.

WO?

Österreich (Neusiedler See, Thermenregion), Deutschland (Pfalz, Rheinhessen), Tschechien, Slowakei

BLAUFRÄNKISCH

AROMEN

Süßkirsche

Brombeere

Pflaume

Granatapfel

Mandarine

schwarzer Pfeffer

Gewürznelke

Lorbeer

Eukalyptus

BONUS

Kakao

Rauch

Mineralisches

ÜBERBLICK

Blaufränkisch gehört zu den charakteristischen Rebsorten Österreichs und wird im ganzen Land angebaut, besonders präsent sind die Weine im Burgenland. Die Sorte ist sehr vielseitig, sodass Weine in unterschiedlichen Stilarten daraus produziert werden, darunter elegante, würzige, mit mittlerem bis vollem Körper. Eigenschaften, die all diesen Stilen gemein sind, sind die Frische der Frucht, die saftige Säure und die klaren Aromen. Traditionell wird Blaufränkisch in großen Eichenfässern ausgebaut, um dem Wein Struktur zu verleihen. Doch hier darf nicht übertrieben werden, da der Wein für einen übermäßigen Holzgeschmack anfällig ist.

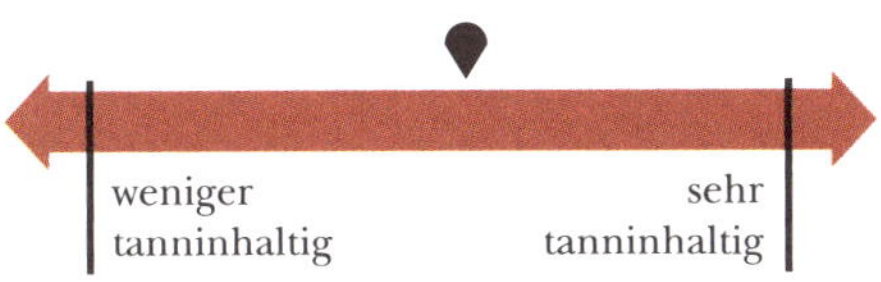

RATING

Lange war Blaufränkisch außerhalb Österreichs nicht besonders populär. Doch Weinkritiker*innen und Blogger*innen bringen diese charmante und vielseitige Rebsorte immer mehr in den Vordergrund. Wenn ihr etwas Würze im Leben vertragen könnt, macht euch mit dieser peppigen Rebsorte vertraut und serviert Blaufränkisch auf eurer nächsten Grillparty.

WARM ODER KÜHL?

Warm. Die Trauben reifen spät und brauchen viel Wärme.

WO?

Österreich (Burgenland, Südburgenland, Neusiedler See, Neusiedler See-Hügelland, Carnuntum), Ungarn, Kroatien, Tschechien, Slowakei, Rumänien, Bulgarien, USA (New York State/Finger Lakes, Washington State), Kanada

TEMPRANILLO

FRÜCHTE

Kirsche

Pflaume

Erdbeere

Schwarze Johannisbeere

BONUS

Schokolade

Tabak

Vanille

Gewürznelke

Leder

ÜBERBLICK

Tempranillo stammt aus dem Süden Spaniens und ist heute aus einigen der besten Weinen der Iberischen Halbinsel nicht mehr wegzudenken, darunter Weine aus dem Rioja und Portweine aus Portugal.

Tempranillo ist reich an komplexen Aromen und zeigt, abhängig vom Anbaugebiet, charmante rote Fruchtaromen (in kühleren Regionen) oder Aromen von Trockenfrüchten und Tabak (in wärmeren Gebieten). Er verträgt sich auch gut mit Eiche und zeigt, wenn er im Fass ausgebaut wird, warme Gewürznoten, während die Fruchtaromen weiterhin im Vordergrund bleiben. Tempranillo altert gut: Beispiele sind Vega-Sicilia Único und Dominio de Pingus aus der spanischen Region Ribera del Duero.

RATING

Obwohl die eindringlich pikant-fruchtigen Rotweine aus den Regionen Rioja und Ribera del Duero (Spanien) und dem Douro (Portugal) fast ausschließlich Tempranillo zu verdanken sind, wurde dieser Rebsorte lange kaum Aufmerksamkeit geschenkt. Liebhaber wurden erst darauf aufmerksam, als Regionen der neuen Welt, zum Beispiel die USA und Australien, reinsortigen Tempranillo abfüllten und den Namen der Rebsorte auf dem Etikett anpriesen.

WARM ODER KÜHL?

Warme Tage und kühle Nächte ermöglichen es den Reben, sich von der Hitze zu erholen, sodass die Trauben etwas Säure beibehalten können.

WO?

Spanien (Rioja, Ribera del Duero, Penedès, Navarra und Valdepeñas), Portugal (Douro, Alentejo), USA, Australien, Argentinien, Chile

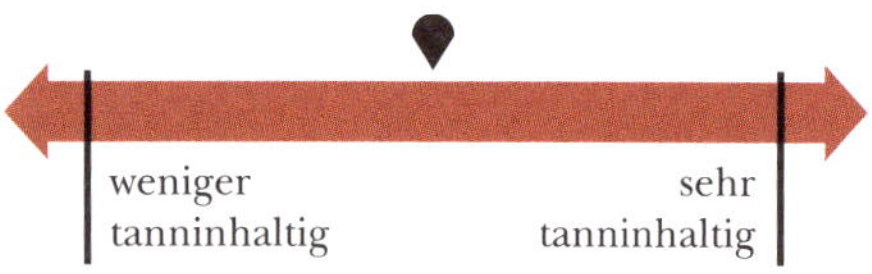

BARBERA

ÜBERBLICK

Ursprünglich aus Norditalien stammend, gedeiht Barbera besonders gut im Piemont. Die besten Weine vereinen reife Früchte, hohe Säure, Körperreichtum und geringe Tannine, sind saftig und kraftvoll mit Pepp. Zwischen den beiden bedeutenden Barbera-Regionen im Piemont, Alba und Asti, gibt es deutliche Unterschiede: Barbera d'Alba ist kräftiger und aromatischer, Barbera d'Asti leichter und lebendiger. Traditionell wurde wenig Eiche eingesetzt, doch das hat sich geändert, seit einige Winzer*innen reichhaltigere Weine mit mehr Frucht und weniger Gewürznoten produzieren möchten.

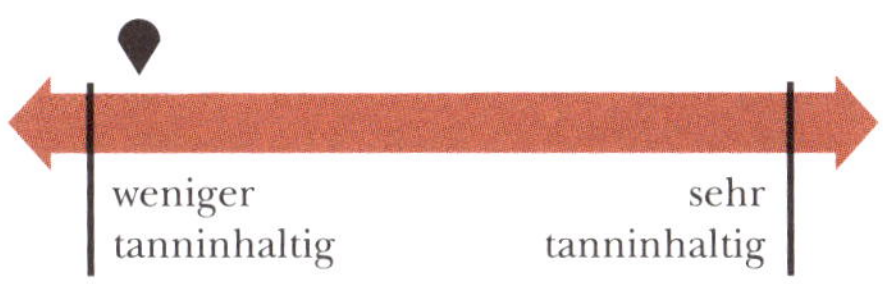

RATING

In seiner eigenen Heimatregion Piemont vom berühmten Nebbiolo überschattet, hat Barbera einen Ruf als freundlicher, rustikaler Rotwein aus dem Norden. Es gibt zwar auch einige Nobel-Beispiele, von spezifischen Lagen und in Eiche ausgebaut, aber die köstliche Einfachheit von traditionellem Barbera mit Pizza oder Pasta hat durchaus etwas für sich!

WARM ODER KÜHL?

Heiß, wenn auch nicht zu heiß. Übermäßige Hitze produziert schlappe Weine mit Aromen von gebackenem Obst.

WO?

Italien (Piemont, Emilia-Romagna, Apulien, Kampanien, Sizilien, Sardinien), USA (Kalifornien), Australien, Argentinien

NERO D'AVOLA

ÜBERBLICK

Auf Sizilien ist Nero d'Avola die am häufigsten angebaute rote Rebsorte, aus der kräftige, fruchtige und körperreiche Weine gewonnen werden, deren Stil vom Ausbau abhängt. Fassgereift ergibt Nero d'Avola reichhaltigere Weine mit dunkleren Fruchtaromen und den typischen Holznoten. Nicht im Fass ausgebaut zeigt die Traube mehr rote Fruchtaromen und frische Säure. Unabhängig vom Stil handelt es sich um einen herzhaften Wein, der zu deftigen Speisen passt, etwa Burger oder Grillplatten.

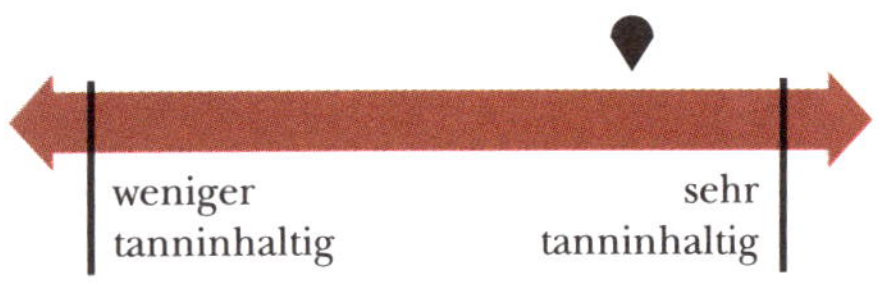

RATING

Nero d'Avola hatte sich daran gewöhnt, der Liebling Siziliens zu sein, musste jedoch etwas in den Hintergrund treten, als Weinliebhaber*innen auf sizilianische Weine der charmant-mineralischen Rebsorte Nerello Mascalese sowie der leichten und lebendigen Frappato-Traube aufmerksam wurden.

WARM ODER KÜHL?

Heiß. Auf höheren Lagen, wo auch eine gewisse Abkühlung vorhanden ist, werden die Tannine gezähmt.

WO?

Italien (Sizilien), USA (Kalifornien), Australien

ZINFANDEL

FRÜCHTE

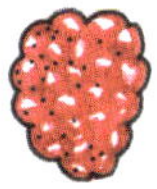
Himbeere

Erdbeere

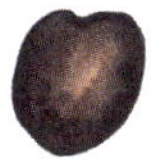
Pflaume

Heidelbeere

Brombeere

Rosinen

GEWÜRZE

weißer Pfeffer

Gewürznelke

Zimt

FASSGEREIFT

Tabak

Vanille

Muskatnuss

Karamell

ÜBERBLICK

Zinfandel ist zwar als die rote Rebsorte Kaliforniens bekannt, seine Ursprünge liegen aber in Italien und Kroatien: Sowohl Italiens Primitivo als auch eine alte Rebsorte aus Kroatien sind genetisch mit Zinfandel identisch. Die Weine sind pfeffrig und konfitürig, mit super-samtigen Tanninen und potenziell hohem Alkoholgehalt, daher wird roter Zinfandel am besten mit deftigen, aromatischen Speisen gepaart.

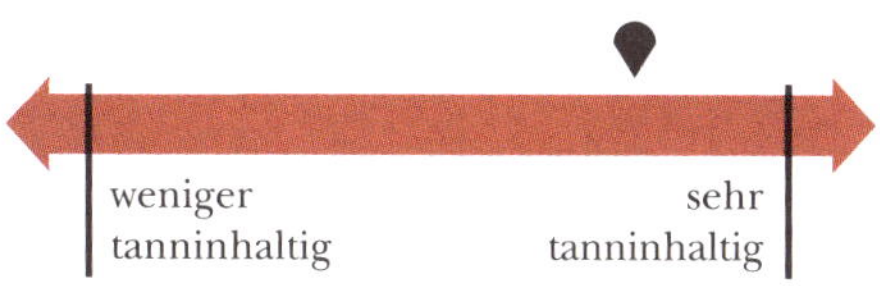

RATING

Zinfandel-Rotweinen wird in letzter Zeit wohlverdiente Aufmerksamkeit geschenkt. Für Verwirrung sorgt immer noch der glückliche Zufall, der White Zinfandel hervorbrachte: Dieser hellrosafarbene, leicht süße Wein erfreute sich in den 1970er-Jahren großer Beliebtheit. Für viele Amerikaner, die an Limoade und sirupartige Fruchtsäfte gewöhnt waren, bot er einen Einstieg in die Welt der feinen Weine.

WARM ODER KÜHL?

Die besten Zinfandels stammen aus höheren Lagen mit kühlerem Klima, doch auch in wärmeren Gegenden gedeiht die Rebsorte.

WO?

USA (Kalifornien), Italien (Apulien, als Primitivo)

DAS LEBEN DER REBEN

Wein ist das Ergebnis zweier sehr unterschiedlicher Arbeitsphasen: Zunächst ist da die Arbeit an den Rebstöcken, der sogenannte Weinbau. Dann folgt die Verwandlung der Weintrauben in Wein, die Vinifizierung.

Im Laufe des Jahres: Wachstum, Rebschnitt, Reife …

Winter

Dormanz Der Rebstock ruht. Je kühler, umso besser für die nächste Lese (vorausgesetzt, dass der Saft nicht im Fuß der Rebe gefriert).

Rebschnitt Wenn der Saft nicht zirkuliert, wird die Rebe beschnitten, damit sie nicht zu viele Zweige versorgen muss. Je fruchtbarer die Rebe, umso kürzer.

Frühlingsanfang

Die Reben weinen: Der Saft zirkuliert und tropft aus den Schnittstellen.

Bodenbearbeitung Die Erde zwischen den Reben wird gelockert, um das Leben darin zu fördern und damit Wasser besser eindringen kann. Die Devise: Gutes Pflügen ist mehr wert als Regen.

Austrieb Die Knospe schwillt an, öffnet sich und gibt einen jungen Trieb frei. Spätfröste, die die Knospen sofort abtöten würden, sind jetzt eine Gefahr.

Spätfrühling – Frühsommer

Blattbildung Allmählich kommen Blätter zum Vorschein und wachsen.

Blüte Mehr Sonne und Wärme lassen winzige kleine weiße Blüten erscheinen, bereits in Form der Traube.

Fruchtansatz In den befruchteten Blüten bilden sich die Traubenkerne. Der Winzer kann eine erste Einschätzung der späteren Lese vornehmen.

Wipfeln (oder Gipfeln) Vorstehende Triebe werden gestutzt, sodass der Rebstock nicht zu stark wächst, um die Kräfte in den Trauben zu konzentrieren.

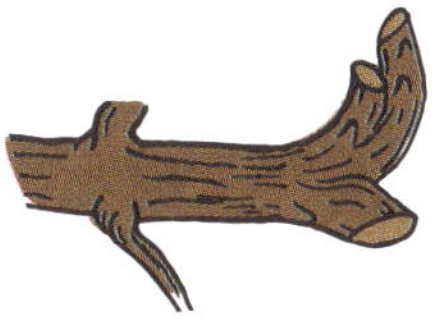

Éffeuillage Blätter, die die Trauben beschatten, werden zurückgeschnitten. Je nach Region bleiben gerade so viele Blätter zurück, dass die Trauben ausreichend Sonne abbekommen, ohne zu verbrennen.

Risiken im Lebenszyklus des Weinstocks

Befruchtung Sie klappt nicht, weil es nicht windig genug ist, zu viel regnet oder zu heiß ist. **Verrieselung** Der Saft steigt nicht zur Blüte, die Blüte fällt ab. **Kleinbeerigkeit** Die Beeren werden nicht dicker. **Hagel** Er beschädigt die Trauben.

Sommer

Die Rebe befindet sich in einer Wachstumsphase und die Trauben werden dicker, wenn alles gut geht.

Ausdünnen In manchen Weinbergen werden Trauben herausgeschnitten, wenn die Reben zu fruchtbar sind. So begrenzt man den Ertrag, damit die verbleibenden Trauben besser reifen und der Wein an Qualität gewinnt.

Véraison (Reifebeginn) bisher waren die Beeren undurchsichtig, grün und hart. Jetzt bekommen sie Farbe: hellgelb (weiße Rebsorten) bzw. rot bis dunkelblau (rote Rebsorten).

Fruchtreife Diese Phase dauert bis zur Lese an und ist bestimmend für die Eigenschaften des Jahrgangs. Während die Beeren reifen, steigt ihr Zuckeranteil, die Säure geht zurück, und die Schalen werden dünner. Wetterkapriolen wirken sich direkt auf den Wein aus.

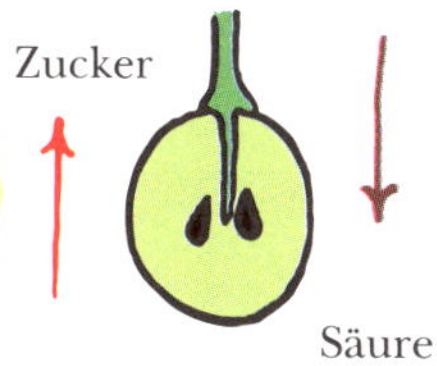

Lese Etwa 100 Tage nach der Véraison können die Trauben gelesen werden. Die Winzer*innen warten den perfekten Zeitpunkt ab, da die Trauben reif sein müssen, aber nicht überreif sein dürfen.

Herbst

Die Blätter werden bunt und fallen. Der Rebstock geht in Winterruhe.

WELCHER LOOK FÜR DEN REBSTOCK?

*Abhängig von Region, Klima und Rebsorte, lenken Winzer*innen die Rebstöcke in bestimmte Wuchsrichtungen. Der Abstand der Pflanzen, Unterstützung und Schnitt des einjährigen Holzes sind die Grundlagen der »Reberziehung«.*

Systeme der Reberziehung

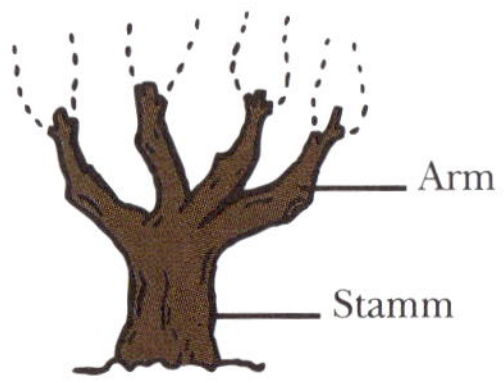

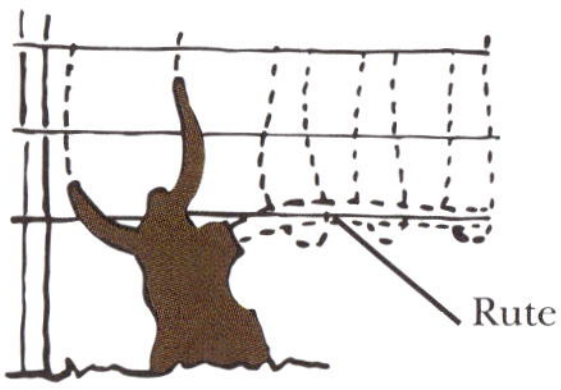

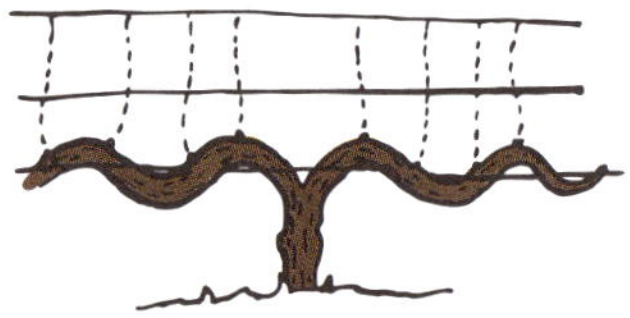

Gobelet-Erziehung

Vor allem im Mittelmeerraum üblich (Südfrankreich, Spanien, Portugal, Italien), da die Blätter die Trauben vor direkter Sonne schützen. Der Stamm des Rebstocks ist kurz und jeder Arm trägt einen Trieb, wie die Finger einer Hand. Draht ist bei dieser Erziehung nicht nötig. Ihr Nachteil: Es können keine Maschinen eingesetzt werden.

Guyot-Erziehung (einfach/doppelt)

Sehr verbreiteter Fruchtrutenschnitt, auch Spalier-Erziehung genannt. Das System wird sowohl einfach (s. Abb.), als auch doppelt (auf jeder Seite ein Trieb) angewendet. Es ermöglicht auch bei weniger fruchtbaren Rebsorten gute Erträge, und der Traktor kann zwischen den Rebstöcken fahren. Da dieser Schnitt den Rebstock schnell ermüdet, wird jedes Jahr eine andere Fruchtrute verwendet.

Cordon de Royat

Bei der Kordonerziehung haben die Reben einen kurzen, stabilen Stamm. Hier lässt sich gut maschinell arbeiten (Schnitt und Lese), die Trauben haben Platz und bekommen Luft. Dieser Schnitt ist für sehr ergiebige Rebsorten gut geeignet.

Junge und alte Rebstöcke

Rebstöcke können sehr alt werden, im Durchschnitt etwa 50 Jahre, einige erreichen sogar 100 Jahre. Je älter der Rebstock, desto weniger Trauben produziert er, aber umso hochwertiger ist der Wein. Eine Parzelle mit alten Reben ist daher ein kostbares Gut, dass die Winzer*innen sorgfältig pflegen. In den ersten drei Jahren, wenn sich die Reben noch entwickeln, sind ihre Trauben nicht gut genug für die Weinproduktion. Zwischen zehn und 30 Jahren sind Rebstöcke am produktivsten. Danach werden sie ruhiger und der Saft in ihren Beeren konzentrierter. Ähnlich wie bei uns Menschen: auf Wachstum folgt zuerst Lebenskraft, dann Weisheit.

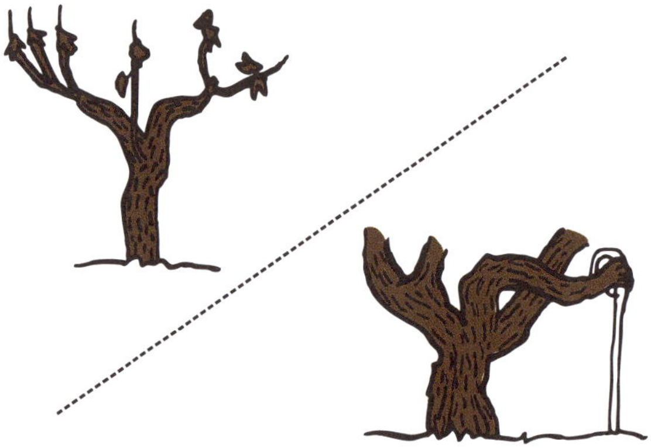

DIE GESCHICHTE DER UNTERLAGSREBEN

*In nahezu allen Ländern, in denen Weinbau betrieben wird, pfropfen die Winzer*innen sogenannte Edelreise der gewünschten Sorte auf Unterlagsreben auf. Der Anteil an Weinstöcken ohne Unterlagsreben ist verschwindend gering.*

Um diese Gepflogenheit zu verstehen, müssen wir auf das Jahr 1863 und das Erscheinen der Reblaus zurückschauen. Bis dahin ging es dem europäischen Wein gut. Doch plötzlich erkrankten überall in den Weinbergen die Reben. Die Krankheit breitete sich von Frankreich ausgehend in ganz Europa aus, vernichtete den Großteil des Weinbaus und verursachte innerhalb von 20 Jahren eine ernsthafte Krise.

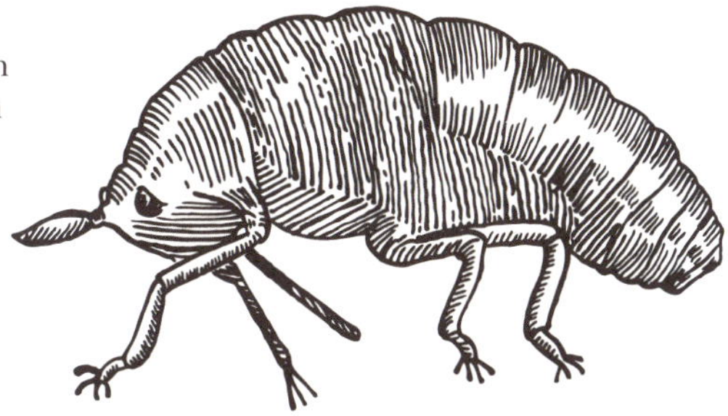

Reblaus

Der Schuldige? Eine Pflanzenblattlaus aus Nordamerika, die Reblaus. Sie greift die Wurzeln der Reben an, schwächt die Pflanze und tötet sie innerhalb weniger Wochen ab.

Die Entdeckung einer gegen die Reblaus immunen, in den Vereinigten Staaten heimischen Rebsorte und die daraus resultierende Technik revolutionierten den modernen Weinbau: Der amerikanische Wurzelstock dient als Unterlage für die europäischen Rebsorten. Diese Methode verbreitete sich ab 1880 und belebte die Weinberge wieder neu, doch es sollte noch ein gutes Jahrhundert dauern, bis sich die Dinge wieder normalisiert hatten.

Heute sind weltweit fast alle Rebstöcke auf diese Weise veredelt. Die wenigen Ausnahmen bilden lokale resistente Rebsorten oder auf Sandböden gepflanzte Rebstöcke, da der Parasit in diesen Böden nicht überleben kann.

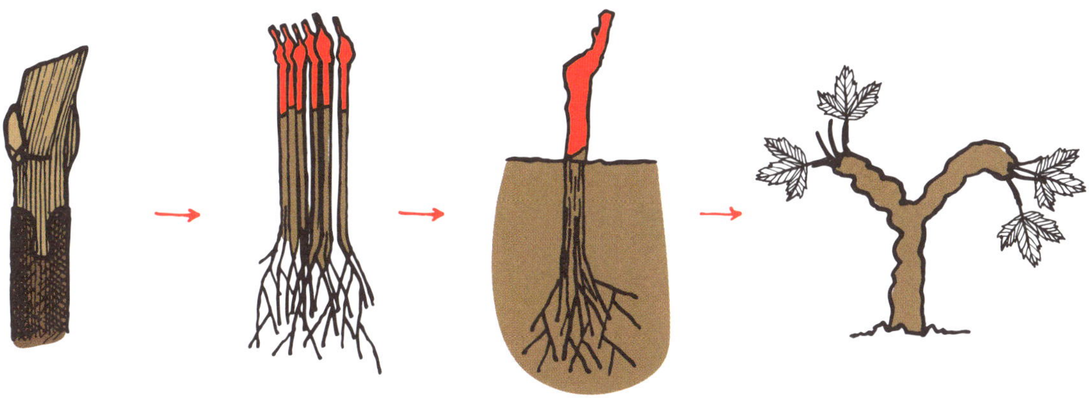

Das Pfropfen → Der Einkauf → Gepflanzt → Einige Jahre später

REBKRANKHEITEN UND SCHÄDLINGE

Zahlreiche Rebkrankheiten und Schädlinge können den Reben und der kommenden Ernte schaden, den Ertrag reduzieren, den Geschmack der Trauben beeinflussen und im schlimmsten Fall zum Absterben der Reben führen. Zu unterscheiden ist zwischen Pilzkrankheiten und von Insekten oder Parasiten verursachten Krankheiten.

Falscher Mehltau

Diese Pilzkrankheit ist der größte Feind der Rebe. Sie entwickelt sich vor allem im milden, regnerischen Frühling, ein gewisses Risiko besteht jedoch bis zum Reifebeginn. Betroffen sind Blätter und Weinbeeren, was zu erheblichen Ernteverlusten führen kann. Bekämpft wird falscher Mehltau mit der sogenannten Bordeauxbrühe und Schwefelpulver.

Echter Mehltau

Wie beim Falschen Mehltau handelt es sich beim Echten Mehltau um eine Pilzerkrankung, die Blätter und Weinbeeren angreift. Sie tritt vor allem unter warmen, feuchten Bedingungen auf und stellt bis zur Lese eine Bedrohung dar. Der Befall macht sich zunächst diskret als grauer Staub auf den Beeren bemerkbar und breitet sich dann schnell auf die Rebzeilen aus.

Edel- und Graufäule

Botrytis Cinerea hat zwei Gesichter: In einigen Regionen und im Zusammenhang mit bestimmten Rebsorten spricht man von »Edelfäule«, da sie zur Entstehung großartiger Süßweine beiträgt. Doch der Befall unreifer oder beschädigter Trauben ist eine Katastrophe. Vom Reifebeginn bis zur Lese befällt sie die Beeren schnell und ruiniert deren Geschmack.

Esca

Esca ist eine der ältesten bekannten Rebkrankheiten, jedoch noch unbezwungen, da sie sehr komplex ist. Sie befällt den Rebstock und lässt ihn absterben. Eine bestimmte Art des Rebschnitts kann der Verbreitung vorbeugen.

Goldgelbe Vergilbung

Sie wird durch ein von Zikaden übertragenes Bakterium verursacht und kann zum Verlust der kompletten Ernte und schließlich zum Absterben der Reben führen. Befallene Rebstöcke müssen unbedingt mitsamt aller Wurzeln entfernt und verbrannt werden.

DER EINFLUSS DES WETTERS

Klima und Wetter sind zwei sehr unterschiedliche Konzepte. Der Begriff Klima bezieht sich auf eine geografische Zone. So herrscht im Bordeaux etwa mildes Meeresklima, das Klima des Burgund kann als halbkontinental beschrieben werden. Die Klimazonen beeinflussen den Weinbau: Welche Rebsorten sind zu bevorzugen, welche Reberziehung, welches Erntedatum? Das Wetter hingegen zeichnet den Jahrgang aus. Ein heißes, trockenes Jahr verleiht dem Wein einen anderen Charakter als ein kaltes, regnerisches. In den Wochen vor der Lese spielt das Wetter eine besonders wichtige Rolle.

Schlechtes Wetter

Zu große Hitze verlangsamt das Wachstum der Trauben. Die Zuckerkonzentration ist zu hoch. Das führt zu Weinen mit erhöhtem Alkoholgehalt und zu wenig Säure.

Hagel kann das ganze Jahr über plötzlich auftreten und ist der Albtraum der Winzer*innen, denn in weniger als 10 Minuten kann er Trauben und/oder Reben und damit die gesamte Ernte zerstören.

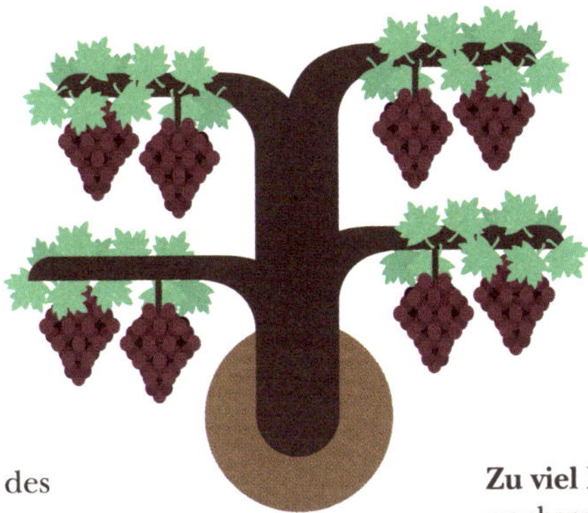

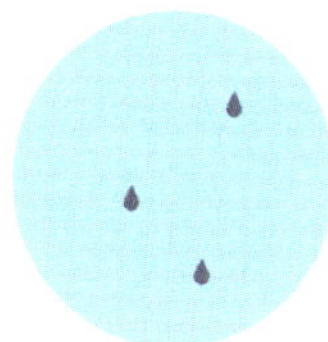

Frost kann im Frühjahr während des Austriebs (wenn die Triebe aus den Knospen kommen) Katastrophen im Weinberg verursachen. Die Knospen frieren ein und geben später keine Beeren.

Zu viel Regen lässt die Reben zu stark wachsen, die Beeren werden zu dick, sodass sie zu wenig Zucker, Säure und Farbstoffe enthalten.
Bei zu wenig Regen haben die Reben Durst und wachsen nicht genug. Die Traubenreife wird unterbrochen.

Die Auswirkungen der Erderwärmung

Die Beobachtungen der letzten 30 Jahre zeigen Veränderungen bei der Reifung. Die Trauben reifen früher, in ihren klassischen Anbaugebieten teilweise zu früh. Die Folge: Der Zuckergehalt der Beeren steigt und damit auch der Alkoholgehalt der Weine. Sie werden pastös und schwer verdaulich. Für Weinbaugebiete in Südfrankreich, Spanien, Italien, Australien und bestimmte Regionen in Amerika stellt die Erderwärmung ein Problem dar. Wie lässt sich die Frische im Wein erhalten? Die Laubpflege muss angepasst werden, ebenso wie der Lesetermin und sogar die angepflanzten Rebsorten. In anderen Weinbaugebieten ist die Erwärmung jedoch von Vorteil, etwa in der Champagne, da man sich hier nicht mehr sorgen muss, ob die Trauben ausreichend reifen. Auch in Großbritannien gedeihen die Trauben auf nie dagewesene Weise. Wie wird die Landkarte der Weinbaugebiete in einem halben Jahrhundert aussehen? Wahrscheinlich werden Rebsorten mediterranen Ursprungs ihre Heimat verlassen und sich auf die Pole zubewegen. Rebsorten und Terroirs müssen neu gedacht werden!

DIE ARBEIT IM WEINBERG

*Das ganze Jahr über müssen Winzer*innen die Reben vor Insekten, Pilzkrankheiten, Viren und Fäule schützen und sie, wenn nötig, behandeln. Es kann auch erforderlich sein, den Erdboden zu düngen.*

Die Behandlungen

Für die Arbeit im Weinberg steht ein ganzes Arsenal an Behandlungen zur Verfügung: chemische oder natürliche Düngemittel, Pestizide, Insektizide, Bordeauxbrühe (eine Mischung aus Schwefel, Kupfer und Kalk), Schwefel, Brennesseljauche … Gewählt werden die Produkte nach der Art des Anbaus: konventionell, nachhaltig, biologisch oder biodynamisch.

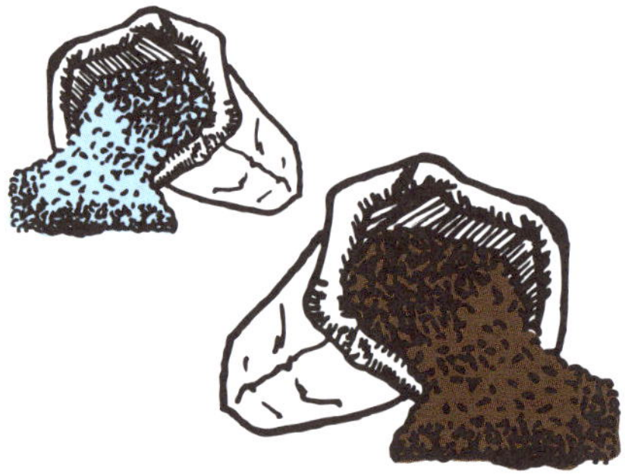

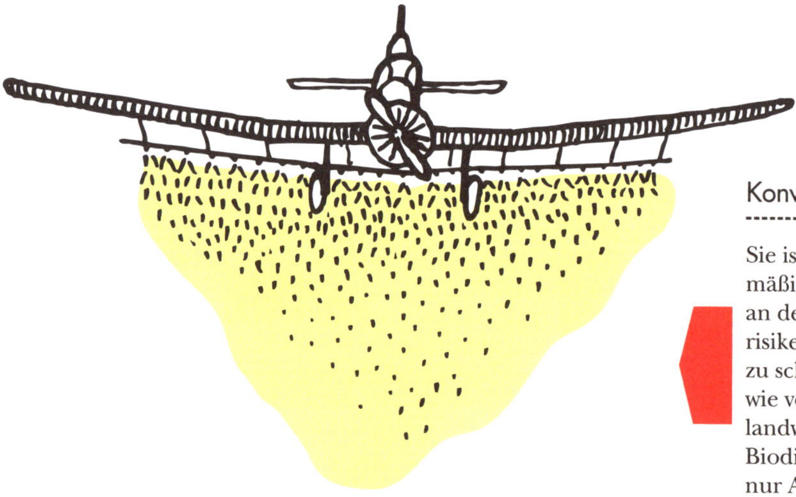

Konventionelle Landwirtschaft

Sie ist im Rückgang begriffen. Übermäßiger Einsatz von Chemikalien zehrt an den Böden, von den Gesundheitsrisiken für die Winzer*innen ganz zu schweigen. Der Weinbau ist nach wie vor eine der umweltschädlichsten landwirtschaftliche Praktiken für die Biodiversität – in Deutschland werden nur Apfelplantagen intensiver mit Pestiziden behandelt als Weinberge.

Nachhaltige Landwirtschaft

Sie gewinnt immer mehr an Boden: Chemische Behandlungsmethoden sind erlaubt, werden aber möglichst eingeschränkt angewendet. Statt vorbeugender Maßnahmen werden Insektenschutzmittel gezielt und erst ab einer bestimmten Befallsschwelle eingesetzt.

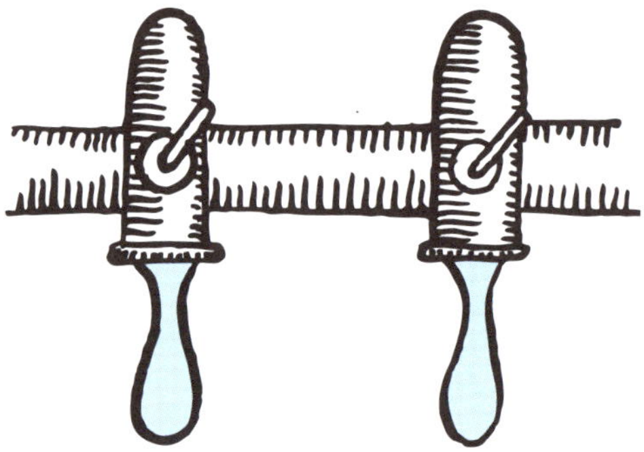

Biologische Landwirtschaft

Ein Biowein ist in erster Linie ein Wein aus ökologischer Landwirtschaft. Und die findet vor allem in den Weinbergen statt.

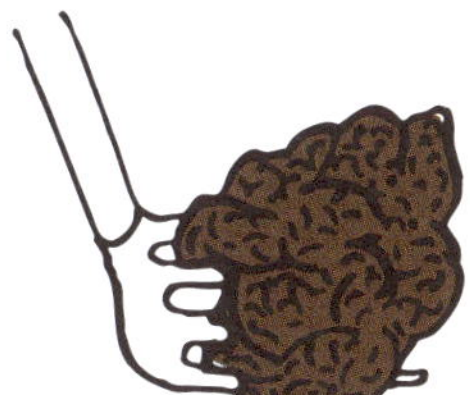

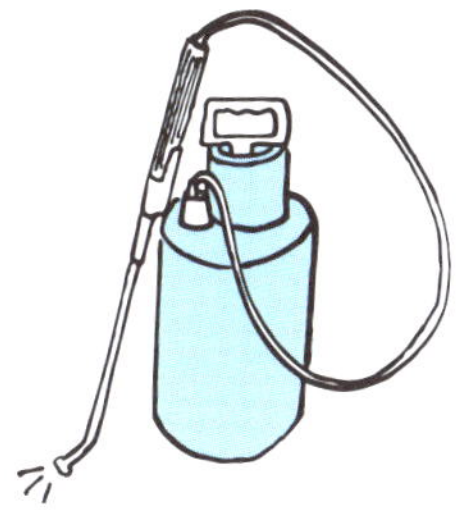

Der Weinbau

Damit man das Biosiegel der Europäischen Union verwenden darf, sind mindestens drei Jahre der Umstellung nötig. Chemische Dünger, Herbizide, synthetische Pestizide oder Insektizide dürfen nicht angewendet werden. Stattdessen werden natürliche Dünger wie Mist und Pheromone eingesetzt, die Schädlinge verwirren sollen. Gegen Rebkrankheiten darf Schwefelpulver verwendet und Kupfer zwischen den Reben verteilt werden. Gerade Kupfer ist in größeren Mengen jedoch schädlich für den Boden, was neue Probleme mit sich bringen kann.

Biowein

Biowein gibt es offiziell seit einer europäischen Verordnung aus dem Jahr 2012, in der auch für den Keller und die Vinifizierung strenge Regeln vorgesehen sind: Auch die hier verwendeten Mittel (Hefen usw.) müssen aus Bioanbau stammen.
Bio bedeutet mehr Aufmerksamkeit, mehr Arbeit, mehr Arbeiter*innen, mehr Geld. In anspruchsvollen Terroirs ist dieser Ansatz schwer umzusetzen (zum Beispiel im Bordeaux, wo das feuchte Klima krankheitsfördernd ist). Andererseits fördert er die Erhaltung der Artenvielfalt und einen an Nährstoffen und Mikroorganismen reichen Boden.

Vielfalt der Siegel

Der Bioweinbau boomt in vielen Ländern Europas. Kein Wunder also, dass verschiedene Verbände und sogar Weinhändler (zum Beispiel Demeter, Naturland, Bio Austria oder Ecovin) teilweise schon in den 1980er-Jahren eigene Biosiegel herausgebracht haben. Deren Regeln sind oft strenger als die des EU-Siegels, das die Verwendung von immerhin mehr als 50 Zusatzstoffen erlaubt.

Der biodynamische Weinbau

Die biodynamische Landwirtschaft geht weiter als die Biolandwirtschaft. Im biodynamischen Weinbau ist es das Ziel, die Energie des Bodens und der natürlichen Elemente zu verbessern, um die Entwicklung der Reben zu fördern. Er ist noch nicht besonders weit verbreitet, trifft aber auf wachsendes Interesses bei den Verbrauchern.

Die Ursprünge der Biodynamik

Die biodynamische Landwirtschaft beruht auf den (umstrittenen) Arbeiten des österreichischen Philosophen Rudolph Steiner, vor allem einer Vortragsreihe zur Landwirschaft aus dem Jahr 1924. Hier wird der komplette landwirtschaftliche Betrieb als lebendiger, vielfältiger und autonomer Organismus angesehen, dessen Funktionsweise verstanden und respektiert werden soll. Statt also eine Krankheit zu behandeln, bemühen sich Winzer*innen, das Ungleichgewicht zu beseitigen, das diese Krankheit verursacht hat.

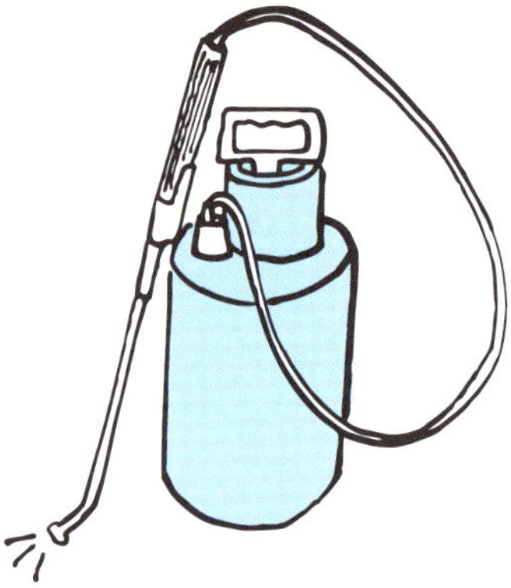

Die Methode

Bei dieser Art des Weinbaus werden die Methoden des biologischen Weinbaus aufgenommen, dazu kommen Präparate, die auf esoterischen Prinzipien beruhen. Homöopathische Dosen dieser Präparate werden versprüht, um den Boden zu beleben und die Entwicklung von Parasiten zu begrenzen. Winzer*innen richten sich dabei nach dem Lauf von Sonne und Mond. Wie im biologischen Weinbau kann Bordeauxbrühe zur Bekämpfung von Falschem Mehltau eingesetzt werden. Zwischen den Reben wird gepflügt.

Das Demeter-Siegel

Das internationale Siegel für biodynamische Landwirtschaft ist das Demeter-Siegel. Es verlangt die Einhaltung von Vorgaben, die die Richtlinien des biologischen Landbaus mit einem spezifischen Kalender zur Behandlung und Pflege der Reben ergänzen, beruhend auf dem Einfluss des Mondes, der Sonne und der Planeten.

demeter

Das Biodyvin-Siegel

Seit 1996 gibt es das von einem internationalen Zusammenschluss biodynamischer Winzer*innen gegründete Biodyvin-Siegel, das auch von Écocert zertifizierte Weine tragen. Dieses Siegel wird von einigen der renommiertesten französischen Winzer*innen verwendet.

Beispiele für biodynamische Praktiken

Der Hornmist
Das Präparat mag seltsam klingen, ist aber eines der berühmtesten und am häufigsten verwendeten der Biodynamik. Ziel der Zubereitung ist die Förderung des Bodens und des Wurzelwachstums. Kuhhörner werden mit Mist gefüllt und einen Winter lang vergraben, damit sie reifen. Dann wird der Inhalt mit Wasser verdünnt, kräftig umgerührt und schließlich im Weinberg versprüht.

Ab- und aufsteigender Mond
Der Einfluss des Mondes auf Wasser und Pflanzen ist im biodynamischen Weinbau von wesentlicher Bedeutung. Bestimmte Phasen gelten als besonders geeignet für die Entwicklung der Wurzeln, andere für die von Blättern, Blüten oder Früchten. So wird beispielsweise empfohlen, in der absteigenden Phase des Mondes zu pflügen und Kompost auszubringen und in der aufsteigenden Phase zu ernten. Diese Phasen sind nicht mit dem ab- und zunehmenden Mond zu verwechseln, da dieser einem anderen Rhythmus folgt.

Der Mondkalender
Biodynamische Winzer*innen folgen dem Mondkalender, in dem die jeweilige Phase und das Symbol des Tages aufgeführt sind: Wurzel, Blatt, Blüte oder Frucht. Er wird sogar herangezogen, um die besten Tage für die Verkostung festzulegen.

Die Wirksamkeit der Biodynamik

Die tatsächliche Wirksamkeit der Biodynamik im Weinbau wird auch (teilweise skeptisch) hinterfragt. Trotzdem wird sie von einer Handvoll international erfolgreicher Winzer*innen praktiziert, die großartige Weine produzieren: Nicolas Joly von der Domaine La Coulée de Serrant an der Loire, einer der Pioniere der Biodynamik im Weinbau, oder die Domaine de la Romanée-Conti, eines der berühmtesten Weingüter des Burgund.

Die Verbreitung

Biodynamische Weine sind beliebt bei Verbrauchern, die Pestizide ablehnen, doch ist ihre Verbreitung bisher sehr marginal. In Deutschland macht biodynamischer Weinbau nur 0,5 % der Anbaufläche aus.

Naturwein

Kann es Naturwein überhaupt geben?

Dies ist das wichtigste Argument seiner Kritiker: Wein existiert nicht in der Natur. Er wird vom Menschen gemacht. Wein mit dem Begriff »natürlich« zu versehen, sei daher unehrlich. Darüber hinaus argumentieren sie: Wenn Traubensaft sich durch Spontanvergärung unabhängig vom Willen des Menschen in Wein verwandeln würde, wäre es das Schicksal dieses sich selbst überlassenen Weins, sich in Essig zu verwandeln. Daher witzeln Gegner dieses Weinstils gern »Was ist Naturwein? Essig!«.
Produzent*innen von Naturwein zweifeln hingegen nicht an der Rolle, die sie beim Gelingen ihres Weins spielen. »Natürlich« bedeutet für sie nicht, die Natur einfach machen zu lassen, sondern nichts anderes als Trauben für die Herstellung von Wein zu verwenden.

Naturwein oder naturreiner Wein?

Der Naturwein hat viele Namen, wird selbst im Deutschen auch Naked Wine oder Vin naturel genannt. Der Begriff Naturwein ist am geläufigsten. Er darf allerdings offiziell aufgrund von EU-Regelungen (noch) nicht auf Etiketten gedruckt werden. Am besten verwendet ihr einfach den Begriff, der euch am meisten liegt.

Endlich die rechtliche Anerkennung!

Inmitten der Corona-Pandemie ist diese Information in den Nachrichten so gut wie untergegangen – dabei handelt es sich um einen wichtigen Sieg in der Welt des Naturweins: Seit 2020 erkennen das französische INAO (staatl. Institut für Herkunft und Qualität in Frankreich) sowie weitere Genehmigungsbehörden ein neues Siegel an: **»Vin Méthode Nature«.**

Bis dato gab es für Naturweine keinerlei rechtliche Anerkennung. Die Europäische Kommission untersagte sogar, die Begriffe »Wein« und »Natur« auf einem Etikett zu kombinieren, sodass es unmöglich ist, den Flascheninhalt entsprechend zu bewerben. Winzer*innen haben sich daher mit pfiffigen Wortspielen und fantasievollen Schreibweisen beholfen, doch bisher gab es kein Etikett, dem man trauen konnte.

Doch nun ermöglicht das neue Etikett eine klare Definition dessen, was von einem Naturwein erwartet wird. Bisher ist es auf nur wenigen Hundert Abfüllungen zu sehen, aber wir sind noch am Anfang.

Vin méthode Nature

Die Verpflichtung des Siegels

Ein Wein mit dem Siegel »Vin Méthode Nature« muss vor allem bio sein, und zwar offiziell zertifiziert. Weine ohne Schwefelzusatz, die im Weinberg eine Menge Chemie abbekommen haben, sind damit schon mal nicht dabei. Darüber hinaus müssen die Trauben manuell gelesen worden sein. Während der Vinifizierung dürfen keine Zusatzstoffe zugesetzt oder önologische Veränderungen vorgenommen werden. Keine Hefezusätze, um die Gärung in die Gänge zu bringen, keine Flash-Pasteurisierung zur Sterilisation, keine Umkehrosmose zum Senken des Alkoholgehalts, keine Kohlefilter für mehr Brillanz und Klarheit.

Mit oder ohne Schwefel?

Für viele Weinliebhaber*innen ist Naturwein vor allem ein Wein ohne Schwefel. Doch das stimmt nicht ganz: In den Regelungen für das Siegel »Vin Méthode Nature« sind tatsächlich bis zu 30 mg Schwefel pro Liter erlaubt. Das hört sich viel an? Im Gegenteil, es ist wenig. Das französische Weingesetz erlaubt bis zu 210 mg Schwefel pro Liter Weißwein! Nach mehreren Jahren schwefelfreier Produktion ziehen es einige Naturwein-Winzer*innen vor, diese winzige Dosis Schwefel zuzusetzen, um den Wein länger haltbar zu machen – das bedeutet jedoch nicht, dass sie in ihrem Engagement für Naturwein nachlassen. Andere verzichten weiterhin auf den Zusatz von Schwefel, denn sie sind nach wie vor der Meinung, dass für einen gelungenen Naturwein nichts weiter nötig ist als gesunde, gute Trauben.

Falscher Freund: Champagner brut nature

Wenn man auf einem Champagneretikett den Begriff »brut nature« sieht, kann man leicht glauben, dass es sich um einen Naturwein handelt. Doch bei Champagner weist dieser Begriff lediglich darauf hin, dass keine Dosage verwendet wurde, also vor dem Verschluss mit dem Korken keine Zuckerlösung oder Süßwein zugefügt wurde. Dies ist jedoch sehr selten. Champagnerhäuser können auch den Hinweis »brut zéro dosage« verwenden und damit die Verwechslung mit Naturweinen vermeiden.

DER JAHRGANG

Der Begriff »Jahrgang« bezieht sich auf das Jahr, in dem die Trauben gelesen und zu Wein verarbeitet wurden. In der Regel wird er auf dem Etikett angegeben, allerdings ist das nicht obligatorisch. Da uns der Jahrgang jedoch eine Vorstellung vom Charakter des Weins vermitteln kann, ist er von Bedeutung.

Was ist ein guter Jahrgang?

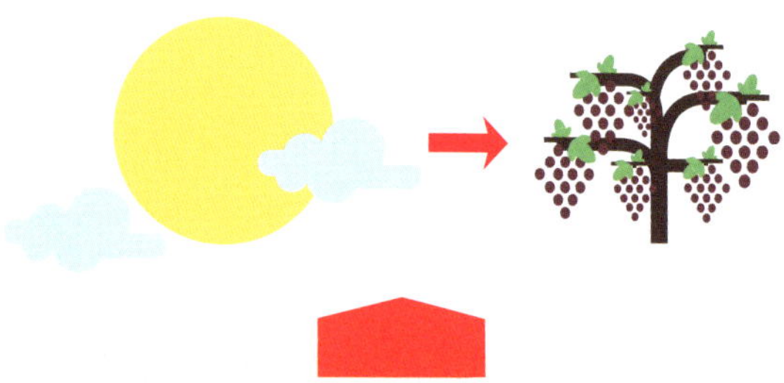

Von einem guten Jahrgang spricht man, wenn das Wetter mild war und die Trauben ohne Probleme reifen konnten. Sie haben dann einen ausgewogenen Zucker- und Säuregehalt, und es gab keine Verluste oder Fäulnisbefall.

Ein schwieriges Jahr wirkt sich auch stark auf die Trauben und damit den Geschmack des Weins aus. Allgemein bedeutet ein guter Jahrgang, dass auch der Wein gut ist, von einem herausragenden Jahrgang spricht man, wenn der Wein außerdem gut altern kann.

Wie bewertet man einen Jahrgang?

Abhängig vom Wetter kann derselbe Jahrgang in einer Region herausragend, in einer anderen jedoch mittelmäßig sein. Manchmal kommt es aber auch vor, dass ein Jahrgang im gesamten Land großartig ist, in Frankreich etwa in den Jahren 2005, 2009, 2010 und 2015.

Um ein Verständnis für den Einfluss des Jahrgangs auf den Wein zu entwickeln, lohnt sich eine Vertikale, also das Verkosten verschiedener Jahrgänge desselben Weins, vom jüngsten zum ältesten. So könnt ihr erkennen, wie sich der Charakter eines Weines je nach Jahrgang verändern kann.

Was ist von Jahrgangstabellen zu halten?

In diesem Buch werdet ihr keine finden, weil wir nichts davon halten. Ja, ein guter Jahrgang weist auf eine gute Alterungsfähigkeit hin. Aber nicht alle Weine sind fürs Altern gemacht! In einem »kleinen« Jahrgang können sehr gute Weine zum baldigen Trinken entstehen. Da kommt es vor allem auf das Talent der Winzer*innen an. Eine Bewertung als »schlechter Jahrgang« kann vom Kauf eines guten Weins abschrecken, während eine Bewertung als »guter Jahrgang« dazu führen kann, dass ein großer Wein gekauft und zu früh getrunken wird, sodass er seine beste Seite nicht zeigen kann. Und: Es ist schon oft vorgekommen, dass sich die Weine eines schlechten Jahrgangs mit den Jahren viel besser entwickelten als vermutet (oder umgekehrt).

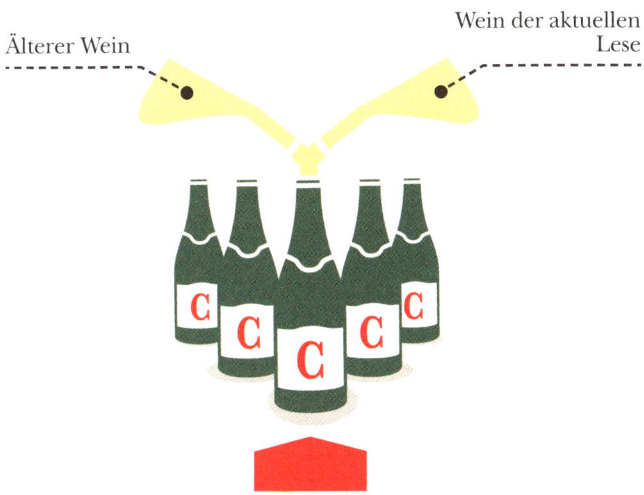

Spezialfälle: Schaumweine ohne Jahrgang

Ist euch schon aufgefallen, dass auf dem Etikett der meisten Schaumweine kein Jahrgang vermerkt ist? Das liegt daran, dass für deren Produktion die Lese eines Jahrgangs mit älteren Weinen verschnitten werden kann, abhängig von ihren Eigenschaften. Ziel ist es, einen Schaumwein von stets gleicher Qualität und gleichen Eigenschaften zu schaffen. Die sehr seltenen Jahrgangschampagner spiegeln jedoch den Charakter eines großartigen Jahrgangs wider.

DER ZEITPUNKT DER LESE

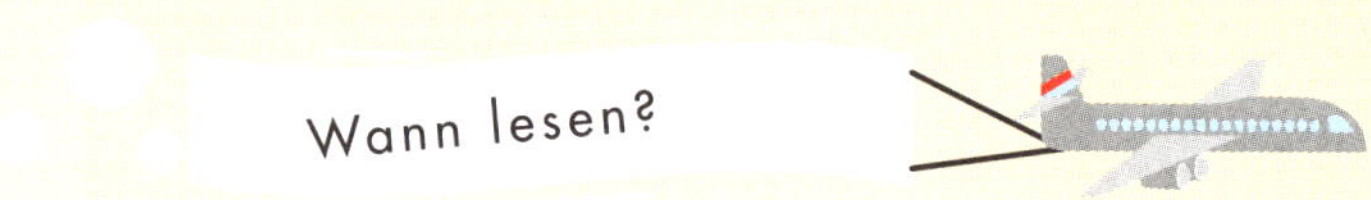

Der Zeitpunkt der Lese spielt eine wichtige Rolle
Werden die Trauben zu früh gelesen, haben sie zu wenig Zucker und sind zu sauer. Das zeigt sich später auch in den Weinen. Werden die Trauben hingegen zu spät und überreif geerntet, ist ihr Zuckergehalt zu hoch, es fehlt ihnen an Säure und sie werden zu schweren, pappigen Weinen. Erschwert wird die Aufgabe durch die Launen des Wetters: Starke Regenfälle kurz vor der Lese lassen die Trauben faulen, starke Hitze lässt sie austrocknen.

Nicht alle Trauben reifen gleich schnell
Das hängt natürlich von der Rebsorte ab, aber auch von der Umgebung: Die Bodenart, die Höhenlage der unterschiedlichen Parzellen und ihre Ausrichtung können die Reifung beschleunigen oder verlangsamen. Um die Trauben bei optimaler Reife zu ernten, müssen all diese Parameter in Betracht gezogen werden. Im Languedoc (Frankreich), wo Grenache, Syrah, Carignan, Mourvèdre und Cinsault angebaut werden, kann sich die Erntezeit über zwei bis drei Wochen hinziehen. Zunächst werden die früh reifenden Rebsorten gelesen, Parzelle um Parzelle, dann die später reifenden.

Schnell ist alles verspielt ...
Starkregen kurz vor der Ernte kann dazu führen, dass sich die Beeren mit Wasser vollsaugen und/oder beschädigt werden. Daher sind Winzer*innen ein paar Tage vor der Lese besonders aufmerksam, achten auf den Himmel und den Zustand ihrer Trauben.

Niklas hilft bei der Weinlese

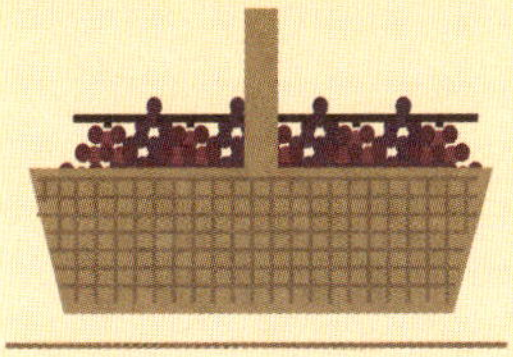

Der Ertrag

Je nachdem, wie die Winzer*innen ihre Reben während der Wachstumssaison gezähmt haben, abhängig von der Sonne, dem Jahrgang und der Rebsorte, werden in einem Bereich mehr oder weniger große Mengen geerntet, angegeben in Hektoliter pro Hektar (hl/ha). Es ist immer interessant, die Erträge eines Weinguts zu kennen, da sie uns etwas über das Motiv der Winzer*innen verraten: viel produzieren … oder den Most konzentrieren. Bei Tafelweinen und (aus anderen Gründen) Schaumweinen liegt der Ertrag bei 80–90 hl/ha, bei klassischen AOC-Wein um die 45 hl/ha. Bei großen Weinen werden 35 hl/ha selten übertroffen.

Die Spätlese

Die Spätlese ist der Süßweinproduktion vorbehalten und besonders aufwändig. Die besten Süßweine werden aus Trauben gewonnen, die von der sogenannten Edelfäule befallen sind, der Pilzart *Botrytis cinerea*. Sie überzieht die Trauben und trocknet die Beeren auf wunderbare Weise aus, was zur Konzentration des Zuckers und der Aromen darin führt. Da nicht alle Trauben gleichzeitig und gleichmäßig befallen werden, geschieht die Lese in mehreren Durchgängen (in Europa zwischen September und November), bei denen jeweils nur Trauben mit perfekten, rosinenähnlichen Beeren gepflückt werden.

Eiswein-Lese

Für die Produktion von Eiswein muss mit der Lese gewartet werden, bis die Temperaturen unter -7 °C liegen und die Weinbeeren von einer feinen Eisschicht überzogen sind. Ihre Zuckerkonzentration ist noch höher als die von Spätlesen und sie enthalten fast kein Wasser mehr. Die Lese ist nicht nur eine anstrengende Arbeit, die Verluste sind außerdem enorm und die Erträge unglaublich gering (10 hl/ha), was den gehobenen Preis der Flaschen erklärt. Eiswein kann nur in Ländern produziert werden, in denen die klimatischen Bedingungen es zulassen, zum Beispiel in Deutschland und Kanada, ist vom Klimawandel jedoch bedroht.

DIE HANDLESE

Ablauf

Je nach Größe des Betriebs werden Familie und Freunde hinzugezogen und/oder Saisonarbeiter*innen eingestellt. Die Erntehelfer*innen schneiden die Weintrauben von den Reben und legen sie vorsichtig in Weinkörbe. Diese werden von Trägern und Trägerinnen eingesammelt: Sie füllen die Trauben in flache Kisten um, damit sie auf dem Weg ins Weingut nicht zerquetscht werden.

Die Vorteile

Die Lesehelfer*innen arbeiten bei Auswahl und Schnitt sorgfältig und gehen schonend mit den Reben um. Sie können auf allen Geländearten eingesetzt werden und wählen nur die reifen Trauben. Für bestimmte Arten der Lese, bei denen besonders sorgfältig ausgewählt werden muss, und für die mehrere Durchgänge möglich sind, sind sie unerlässlich. Diese Art der Lese wird für hochwertige Weine bevorzugt.

Die Nachteile

Man braucht viele helfende Hände, damit die Trauben nicht zu lange in der Sonne bleiben und austrocknen. Es muss unbedingt verhindert werden, dass die Trauben aufplatzen, bevor sie in die Presse kommen, damit sie nicht oxidieren und verderben. Für Winzer*innen ist diese Art der Lese natürlich ein großer Kostenfaktor.

DIE MASCHINELLE LESE

Ablauf

Die Erntemaschine fährt die Rebreihen entlang und schüttelt die Rebstämme. Dabei lösen sich die reifen Beeren von den Trauben und werden vom Förderband der Maschine eingesammelt. Ist die Maschine korrekt eingestellt und wird gut gelenkt, sind die Beeren in gutem Zustand und bereits entrappt.

Arbeitet die Maschine hingegen ein bisschen zu grob, werden die Weinbeeren schnell beschädigt. Für diese Art der Lese wird daher eine komplexe und sehr fein justierte Maschine benötigt.

Die Vorteile

Es handelt sich um eine relativ kostengünstige und schnelle Art der Lese: Es wird wenig Personal benötigt, und die Lese kann zum idealen Zeitpunkt stattfinden, ob Tag oder Nacht.

Die Nachteile

Ein zu kräftig geschüttelter Rebstock stirbt ab. Falls die Trauben nicht gleichmäßig reifen, muss man sie vor oder nach der maschinellen Lese noch einmal händisch aussortieren. In Hanglagen oder bei schwer zugänglichen Weinbergen ist der Einsatz einer Maschine schwierig oder gar unmöglich. Und in einigen Appellationen (zum Beispiel Champagne, Beaujolais) ist die maschinelle Lese verboten.

WIE WIRD ROTWEIN GEMACHT?

Nach der Lese werden die Trauben so schnell wie möglich in den Keller befördert, wo sie zu Wein verarbeitet werden. Schlechte Beeren werden entweder während der Lese entsorgt oder auf einem Sortiertisch nach dem Abbeeren.

1

Abbeeren (oder Entrappen) und Mahlen
Die Weinbeeren werden von den Trauben und Stielen getrennt. Die Stiele (Rappen) enthalten die krautigen Aromen. Sie werden entsorgt – außer im Burgund, wo nur teilweise entrappt wird, um die Tanninstruktur zu erhalten. Die Weinbeeren werden gemahlen, um den Saft freizugeben.

2

Maischung
Beeren und Most werden zwei bis drei Wochen in einen Gärbehälter gegeben. Die Schalen färben den Most.

3

Pigeage oder Überpumpen
Schalen, Fruchtmark und Kerne steigen allmählich an die Oberfläche und bilden eine feste Schicht, den Tresterhut. Um dem Most Aromen, Farbe und Tannine zu verleihen, wird der Tresterhut aufgebrochen und in den Most gedrückt (Pigeage), oder der Most wird von unten nach oben über den Trester gepumpt (Remontage).

Alkoholische Gärung
Während der Maischung wandeln Hefen (natürliche oder zugesetzte) den Zucker aus dem Mark in Alkohol um. Der Wein wird geboren! Die Gärung kann eine Woche bis mehrere Monate dauern.

4

Abstich und Pressen
Wein und Trester werden getrennt. Der frei ablaufende Wein wird Vorlaufwein genannt. Dann wird der Trester gepresst, um die restliche Flüssigkeit daraus zu gewinnen – das ist der Presswein, der mehr Tannine und Farbe enthält als Vorlaufwein.

5

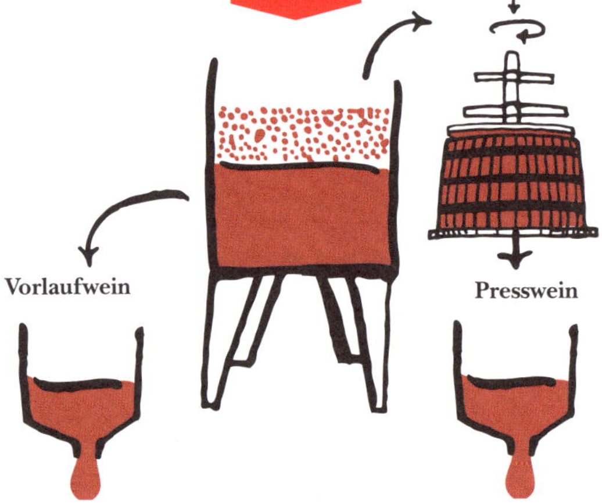

Assemblage
Vorlaufwein und Presswein werden kombiniert.

— 6 —

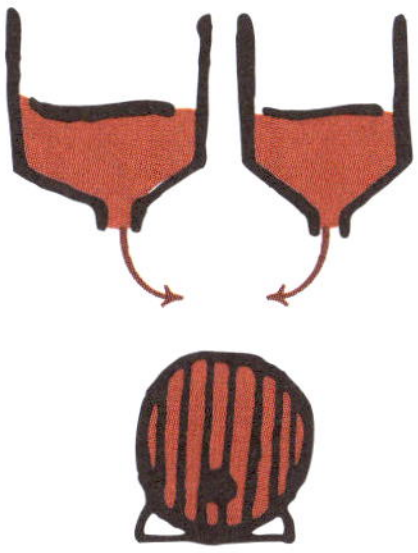

Ausbau und biologischer Säureabbau
Im Tank oder Barrique-Fass ruht der Wein zwischen einigen Wochen und 36 Monaten (für Vins de garde, hochwertige, zum Reifen bestimmte Weine). Während dieser Phase entwickeln sich Aromen und Struktur des Weins, werden ausgewogener.
Gleichzeitig findet nach drei bis vier Wochen die malolaktische Gärung statt, der biologische Säureabbau. Der Wein wird weniger sauer und dafür stabiler.

— 7 —

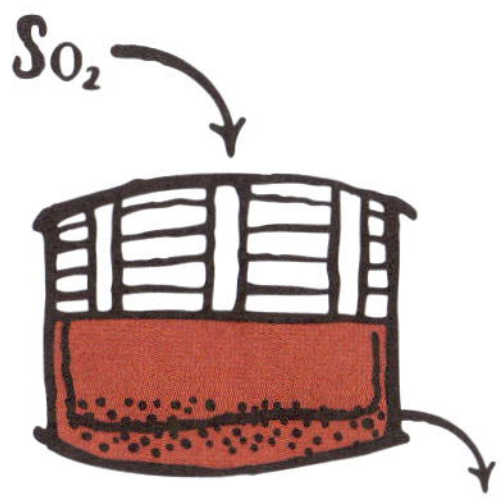

— 8 —

Abstich und eventuell Schwefeln
Hefen und andere Ablagerungen setzen sich am Boden ab und werden entfernt. Es kann Schwefel hinzugegeben werden, um den Wein vor Sauerstoff zu schützen.

Verschnitt
Je nach Region werden Weine verschiedener Rebsorten oder Parzellen, die separat vinifiziert wurden, verschnitten.

— 9 —

Mögliches Schönen und Filtrieren
Um Schwebstoffe im Wein zu binden und zu entfernen, werden Schönungsmittel (zum Beispiel Eiweiß) eingesetzt. Damit der Wein klarer und strahlender wird, kann er außerdem filtriert werden. Beide Verfahren werden nicht immer angewendet, da sie die Aromen und die Struktur des Weins beeinflussen können.

— 10 —

Abfüllung
Der Wein wird in Flaschen abgefüllt und mit einem Korken oder Schraubverschluss verschlossen. Einfache Weine gehen sofort in den Verkauf, viele Weine reifen erst noch.

— 11 —

WIE WIRD WEISSWEIN GEMACHT?

Im Gegensatz zur Rotweinbereitung findet keine Maischung statt und die Trauben werden gepresst, sobald sie im Weinkeller ankommen. Abhängig davon, welche Art Weißwein gewünscht wird, findet der Ausbau im Tank statt (für trockene, frische Weine) oder im Fass (für kräftige, zum Reifen bestimmte Weine).

1

Pressen
Nachdem sie eventuell entrappt wurden, werden die Trauben direkt gepresst, um den Most von den Schalen und Kernen zu trennen.

Absetzen
Der Most wird in den Tank gefüllt. Schwebstoffe sinken zu Boden und können entfernt werden. Dieser Schritt macht Weißweine feiner.

2

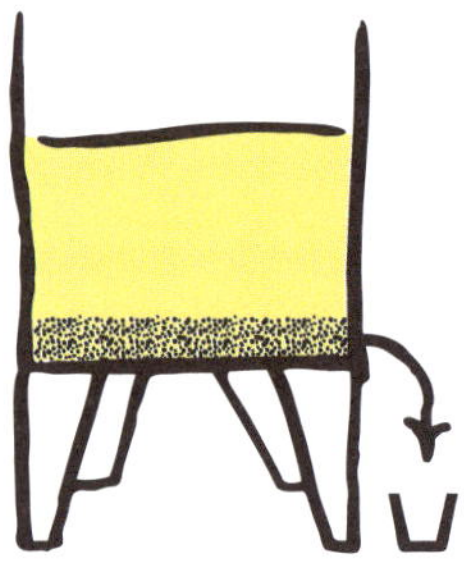

Alkoholische Gärung
Natürliche oder zugesetzte Hefen wandeln den Zucker in Alkohol um. Der Wein wird geboren! Die Gärung dauert ungefähr zehn Tage.

3

Erste Methode

Für frischen, jung zu trinkenden Weißwein

4

Ausbau
Der so gewonnene Wein wird in einen Tank gefüllt, in dem er einige Wochen zur Stabilisierung ruht. Die Hefen bleiben dabei entweder vorhanden (Hefesatzlagerung, sur lie) oder der Wein wird vom Geläger abgezogen, also von den Hefen getrennt.

A

Zweite Methode

Für kräftigen, zum Reifen bestimmten Weißwein

— 4 —

A

Fassausbau und biologischer Säureabbau
Der Wein kommt in Fässer. Eine zweite Gärung beginnt: Die malolaktische Gärung (biologischer Säureabbau) gibt dem Wein Körper und macht ihn weich.

B

Bâtonnage
Während des Ausbaus, der mehrere Monate dauern kann, wird der Wein mit einem Stock umgerührt, damit der Hefesatz wieder in der Flüssigkeit schwebt. Der Wein wird geschmeidiger.

In beiden Fällen

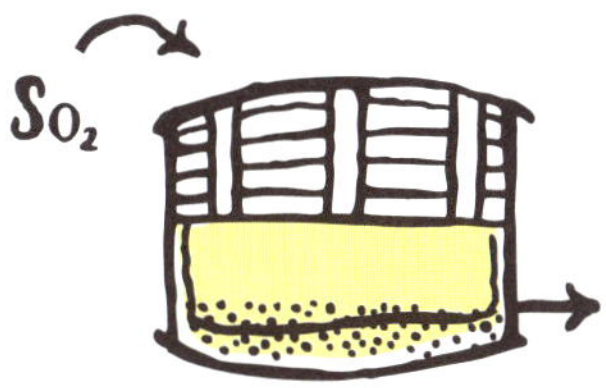

— 5 —

Mögliches Schwefeln, Verschneiden, Schönen und/oder Filtrieren
Um den Wein vor Oxidation zu schützen, kann Schwefel zugefügt werden. Abhängig von der Region werden eventuell separat vinifizierte Weine verschiedener Parzellen oder Rebsorten verschnitten. Um Schwebstoffe zu sammeln und zu entfernen, kann geschönt werden (zum Beispiel mit Eiweiß). Auch das Filtrieren ist möglich, damit der Wein klarer und strahlender wird. Diese Verfahren werden nicht immer angewendet, da sie die Aromen und die Struktur des Weins beeinflussen können.

— 6 —

Flaschenabfüllung
Der Wein wird in Flaschen abgefüllt und mit einem Korken oder Schraubverschluss verschlossen. Entweder reift er darin noch etwas oder kommt sofort in den Verkauf.

WIE WIRD ROSÉ GEMACHT?

Rosé wird aus roten Rebsorten gewonnen. Es gibt zwei Produktionsmethoden für Rosé: Eine ähnelt mehr der Rotweinbereitung, die andere mehr der Weißweinbereitung.

Saignée

Bei der geläufigsten Methode, der Saignée, findet eine Maischung statt. Allerdings ist sie viel kürzer als bei der Rotweinbereitung. Die so produzierten Rosés haben eine intensive Farbe und viel Körper.

Direkte Pressung

Diese Methode ist Rosés und Vin gris (besonders hellen Rosés) vorbehalten. Die Trauben werden dabei direkt gepresst, wie für die Weißweinbereitung – allerdings sehr langsam. Die Weine sind hell und leicht.

Abbeeren (oder Entrappen) und Mahlen
Die Beeren werden von den Trauben und Stielen getrennt. Beim Mahlen platzen die Beeren auf und setzen den Saft frei. Dieser Schritt findet bei der direkten Pressung nicht immer statt.

1

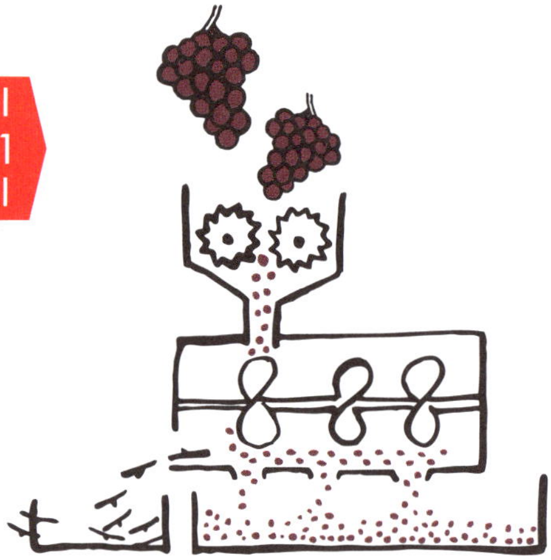

Zwei Methoden

Für Rosé aus direkter Pressung

2

Pressen
Mit einer pneumatischen Presse werden die Trauben schrittweise fester gepresst, je nach der gewünschten Farbe. Nur der abtropfende Saft wird aufgefangen.

A

Für Saignée-Rosé

2

Maischung
Gemahlene Beeren und Most kommen in einen Tank, damit die Schalen den Most färben. Je nach gewünschter Farbtiefe dauert das 8–48 Stunden. Danach werden Most und Trester getrennt.

A

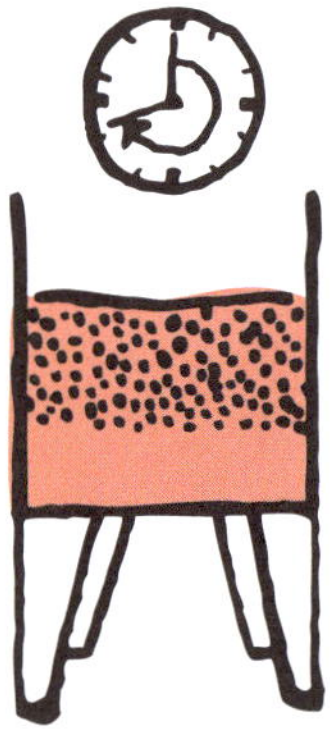

In beiden Fällen

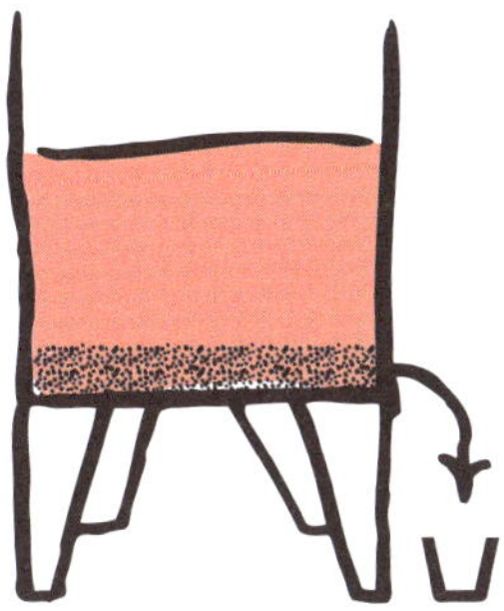

3

Absetzen
Der Most wird in den Tank gefüllt. Schwebstoffe sinken zu Boden und können entfernt werden. Dieser Schritt sorgt für klarere Aromen in den Roséweinen.

Alkoholische Gärung
Die Hefen (natürliche oder zugesetzte) wandeln den Zucker in Alkohol um. Der Wein wird geboren! Die Gärung dauert ungefähr zehn Tage.

4

Ausbau
Der so gewonnene Wein wird in einen Tank gefüllt, in dem er einige Wochen zur Stabilisierung ruht. Fassausbau und biologischer Säureabbau sind selten. Möglicherweise wird geschwefelt, verschnitten, geschönt und/oder gefiltert.

5

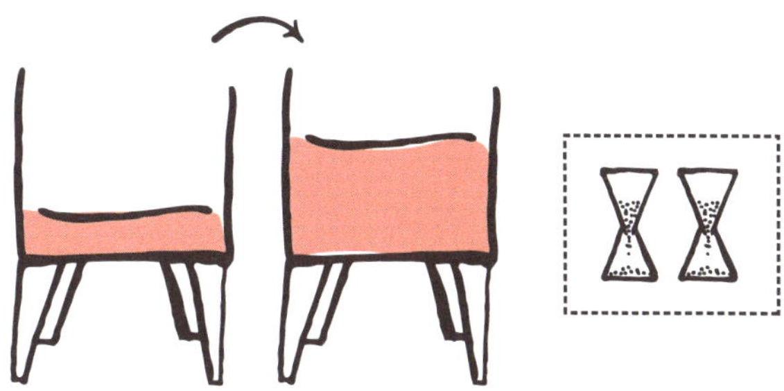

Flaschenabfüllung
Der Wein wird in Flaschen abgefüllt und mit Korken oder Schraubverschluss verschlossen. Häufig ist er ab Frühling im Verkauf.

6

WIE WIRD ORANGE WINE GEMACHT?

Orange Wine *ist nichts Neues und keine Modeerscheinung. Es gibt ihn schon seit der Antike, und wahrscheinlich gehörte er zu den ersten vom Menschen gemachten Weinen. In Deutschland, Italien und Georgien ist er sehr populär. In den USA hat er sogar seit 15 Jahren eine eigene Appellation* (Orange Wines). *Er liegt genau zwischen Rot- und Weißweinen: Weiße Rebsorten durchlaufen den Prozess der … Rotweinbereitung! So entstehen dunkel-gelbe bis orange-farbene Weine mit sehr viel Aroma und Textur (und entsprechendem Alkoholgehalt), tanninhaltig und mit weniger Säure als Weißwein und daher oft besser verdaulich.*

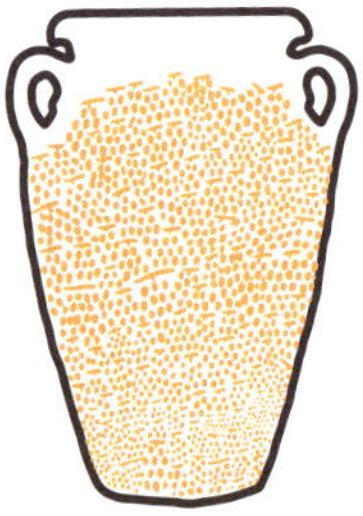

– 1 –

Maischung
Eventuell werden die Trauben entrappt. Dann werden sie gemahlen, damit sie den Most freigeben. Trauben und Most kommen zusammen in den Tank, ein Fass oder, häufiger, in eine Amphore. Die Schalen (und Stiele) verleihen dem Most Farbe, Aromen und Tannine. Die Maischung dauert zwischen einigen Wochen und acht Monaten.

Pigeage
Zu Beginn der Maischung und während der Gärung werden Most und Schalen gestampft, der Trester nach unten gedrückt. So bekommt der zukünftige Wein mehr Aromen, Farbe und Tannine.

– 2 –

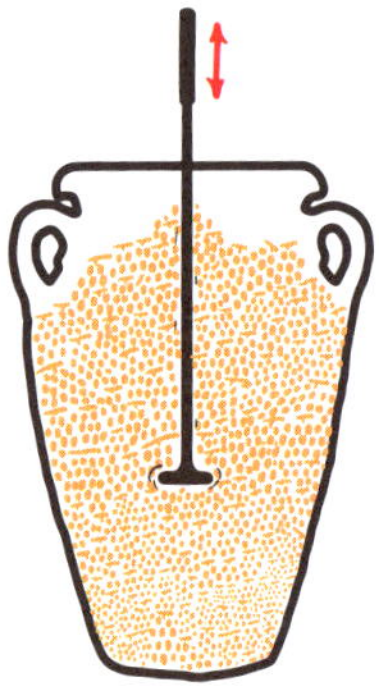

Alkoholische Gärung
Während der Maischung verwandeln (meist natürlich vorhandene, bei dieser Weinart selten zugesetzte) Hefen Zucker in Alkohol um. Der Wein wird geboren! Am Ende der Gärung wird die Amphore verschlossen.

– 3 –

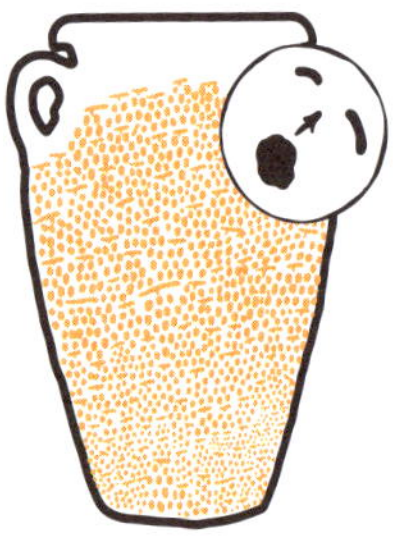

Abstich und Flaschenabfüllung
Der Wein wird von den Schalen getrennt. Nach eventuellem Ausbau im Tank, Barrique oder großem Fass wird er in Flaschen abgefüllt.

– 4 –

WIE WIRD VIN JAUNE GEMACHT?

Der Vin jaune (Gelbwein), ist eine Spezialität aus dem Jura. Dort ermöglichen Terroir und besondere Hefen eine seltene Art des Ausbaus, die man aufgrund des Sauerstoffs im Fass und der entstehenden Aromen auch als oxidativ bezeichnen kann. Vin jaune ist für seinen intensiven Duft nach Nüssen, Curry und Trockenfrüchten bekannt. Er wird ausschließlich aus der Rebsorte Savagnin gewonnen. Die Produktion ist der von Portwein und Sherry ähnlich.

1

Vinifizierung
Die ersten Schritte der Weinbereitung laufen genauso ab wie beim Weißwein: Pressen, alkoholische Gärung und Abstich.

Ausbau
Vin jaune muss mindestens sechs Jahre und drei Monate in Eichenfässern ausgebaut werden.

2

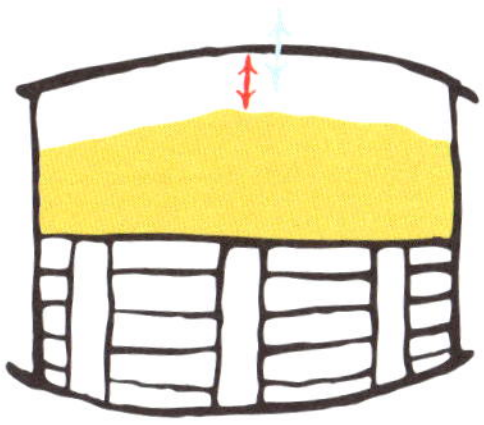

3

Kein Auffüllen!
Im Gegensatz zur klassischen Weinbereitung wird das Fass nicht aufgefüllt. In der Regel wird Wein in Holzfässern regelmäßig aufgefüllt, um die natürliche Verdunstung auszugleichen und keine Luft an den Wein zu lassen, die ihn verderben könnte. Doch für die Produktion von Vin jaune ist Sauerstoff im Fass erwünscht.

Bildung des Flors
Die Hefen kommen dem Wein auf natürliche Weise zu Hilfe, indem sie einen Hefeschleier an seiner Oberfläche bilden, den sogenannten Flor. Er verhindert, dass die Luft den Wein in Essig verwandelt und sorgt dafür, dass der Wein sein gefragtes Aroma bekommt. Fässer, in denen sich der Flor nicht entwickelt, ergeben keinen Vin jaune.

4

Flaschenabfüllung
Der Wein nimmt eine intensive Bronzefarbe an. Abgefüllt wird er in speziellen 620 ml Flaschen, den Clavelins.

5

WIE WIRD SCHAUMWEIN GEMACHT?

Schaumwein kann aus weißen Rebsorten (meist Chardonnay), roten Rebsorten (Pinot noir und Pinot Meunier) oder aus einem Verschnitt der zugelassenen Sorten gewonnen werden. Für klassische Champagner werden die Rebsorten verschnitten. Bei der traditionellen Methode der Schaumweinbereitung findet die zweite Gärung in der Flasche statt. Mit der Flaschengärung werden Champagner, Crémant, Cava und viele Winzersekte bereitet.

Pressen
Nachdem sie eventuell entrappt wurden, werden rote UND weiße Trauben getrennt direkt gepresst, um den Most von den Schalen zu trennen. Der (farblose) Most wird gesammelt. Meist enthält er mehr Säure und weniger Zucker als der für Stillwein.

1

Alkoholische Gärung
Der Most wird in Tanks oder Fässer gefüllt. Schwebstoffe setzen sich ab. Die Hefen wandeln Zucker in Alkohol um – der Wein wird geboren!

2

Verschnitt
Der Wein wird im Tank oder Barrique ausgebaut. Tankvergoren wird er trockener und körperreicher als im Barrique. Hier vollzieht er den biologischen Säureabbau. Bei den meisten Schaumweinen (ohne Jahrgang) folgt dann der Verschnitt der Rebsorten miteinander und mit Weinen älterer Jahrgänge. So hat der Schaumwein stets den gleichen Charakter.

3

! Für Rosé-Schaumwein

Ein Teil der roten Rebsorten wird als Rotwein vinifiziert. Dieser Rotwein wird bei der Assemblage zugefügt (etwa 10 %) und färbt den Weißwein rosa. Das ist der einzige Fall, in dem es erlaubt ist, Rot- und Weißwein zu mischen.

Flaschenabfüllung
Der Wein wird in Flaschen abgefüllt. Eine Fülldosage (Liqueur de tirage) aus Hefen und Zucker wird zugefügt, und die Flaschen werden provisorisch mit Kronkorken verschlossen.

— 4 —

Schaumbildung
Die neu zugesetzten Hefen bauen den Zucker ab und setzten eine zweite Gärung in Gang. Dabei entsteht Kohlendioxid in der Flasche: Es bilden sich Bläschen!

— 5 —

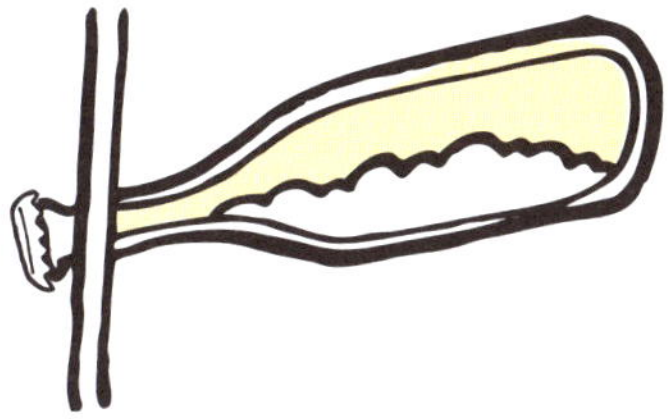

Reifen und Rütteln
Die Flaschen werden nun zwei bis fünf Jahre im Keller gelagert, im Fall von großen Champagnern sogar länger. Dabei liegen sie zunächst flach, werden regelmäßig sanft gerüttelt und nach und nach aufgerichtet, sodass sie kopfüber stehen und der Hefesatz in den Flaschenhals hinter den Kronkorken rutscht (früher geschah das manuell, heute maschinell).

— 6 —

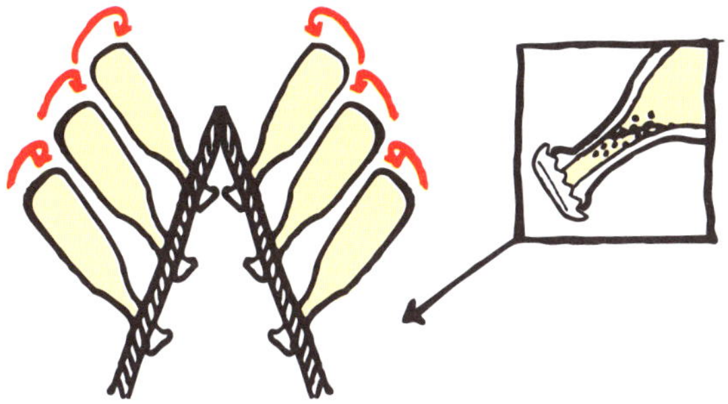

Degorgieren
Der Flaschenhals wird eingefroren. Beim Entfernen des Korkens wird der gefrorene Hefesatz unter Einwirkung des Gases aus der Flasche geschleudert.

— 7 —

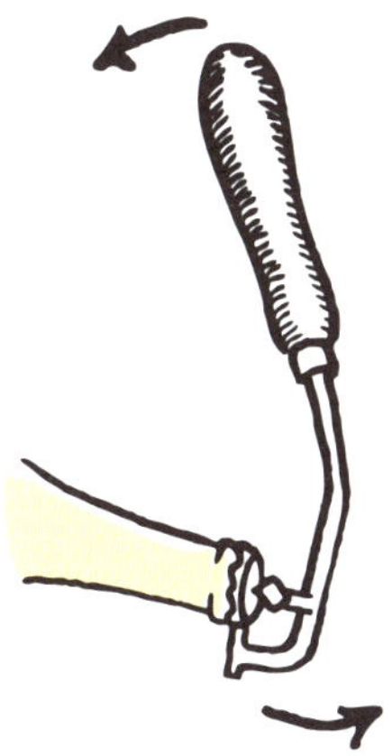

Dosage
Bevor die Flasche endgültig mit einem Korken verschlossen wird, kann sie mit der zum Süßen bestimmten Dosage aufgefüllt werden. Abhängig von deren Zusammensetzung ist der Schaumwein dann mehr oder weniger süß.

— 8 —

Vokabular

Ja nach Dosage sprechen wir bei Schaumweinen von: zéro dosage, extra-brut, brut, sec, demi-sec, doux (von trocken zu süß).

DER AUSBAU

Zwischen der alkoholischen Gärung und der Abfüllung ist der Ausbau in Tank oder Fass ein essenzieller Schritt.

Zweck des Ausbaus

Die Aromen entwickeln

Den Wein reifen lassen

Die Farbe stabilisieren

Bei Rotwein: die Tannine geschmeidiger machen

Den Wein von vorhandenen Partikeln trennen (z. B. von den Hefen)

Ausbau im Tank

Tanks bestehen aus Edelstahl, Beton oder Kunststoff, also aus neutralen Materialien, die auf die Aromen des Weins keinen Einfluss nehmen. Für Weißweine und Rosés sowie für Rotweine, die fruchtig, frisch und leicht bleiben sollen, wird diese Art des Ausbaus bevorzugt. Die Tanklagerung dauert unterschiedlich lang: zwischen ein und zwei Monate für leichte Weine und bis zu zwölf Monate für Weine, die sich mehr entwickeln müssen, wie Rotweine, die reifen müssen, bevor sie in den Handel kommen.

Fassausbau

Beim Fassausbau verändert sich der Wein noch sehr, vor allem, wenn die Fässer neu sind. Abhängig von der Holzsorte und der Anröstung nimmt der Wein zum Beispiel Röst-, Toast-, Vanille- oder Brioche-Aromen an. Um den Einfluss des Holzes fein abzustimmen, nimmt man in der Regel verschiedene Fässer, von neuen bis hin zu welchen, die bereits viermal verwendet wurden. Durch das Holz und den Stopfen des Fasses kann etwas Luft zirkulieren, ein wenig Wein verdunstet. Man nennt das *angels' share.* Dieser Gasaustausch sorgt für die Entwicklung des Weins: Tannine werden eingebunden, ein Prozess der Reife startet, der sich später in der Flasche fortsetzt. Der Fassausbau ist nur für kräftige Rotweine geeignet. Er kann 12–36 Monate dauern.

Der biologische Säureabbau (BSA)

Während des Ausbaus durchlaufen Rotweine sowie bestimmte Rosés und kräftige Weißweine den sogenannten biologischen Säureabbau: Apfelsäure (ähnlich der Säure grüner Äpfel) wird in Milchsäure (die auch in Milch vorkommt) umgewandelt. Sie ist weicher, samtiger, nicht so stechend. BSA beginnt bei einer Temperatur von etwa 17 °C und kommt nicht in Gang, wenn es zu kalt ist. Bei Rosés und Weißweinen, die leicht bleiben sollen, wird er vermieden.

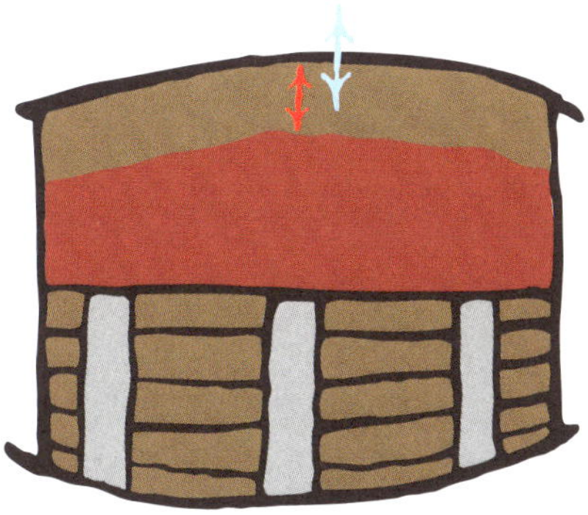

Der oxidative Ausbau

In der Regel wird Wein in randvollen Fässern ausgebaut. Um die Verdunstung auszugleichen, wird regelmäßig mit Wein aufgefüllt. So kommt der Wein niemals in direkten Kontakt mit Sauerstoff.
Einige Weine werden jedoch absichtlich in Fässern mit einer bestimmten Menge Luft ausgebaut. In diesen Fällen entwickelt der Wein aufgrund der oxidativen Bedingungen sehr spezielle Aromen von Nüssen, Curry, Trockenfrüchten oder Bitterorange.

In einigen Fällen bilden Hefen einen schützenden Schleier auf der Oberfläche des Weins, den sogenannten Flor. Oxidativ ausgebaute Weine sind zum Beispiel Vin jaune aus dem Jura, Fino Sherry, Tawny Portwein, Banyuls und Madeira.

Die Mikrooxygenation

Der Begriff bezeichnet das gezielte Zuführen geringer Mengen Sauerstoff, häufig während der Tankreife, seltener beim Fassausbau. Dadurch können Effekte des Fassausbaus ersetzt oder betont werden: Tannine werden verfeinert und der Reifungsprozess beschleunigt. Diese Praxis ist durchaus umstritten, da der Charakter eines Weines dadurch geglättet wird.

SÜSSWEINE

Die Begriffe Süßwein und Dessertwein, die umgangssprachlich für deutlich süße, vollmundige Weine verwendet werden, sind im deutschen Weinrecht nicht definiert. Die gesetzlichen Vorgaben für die süßen Weine Auslese, Beerenauslese, Trockenbeerenauslese und Eiswein sind hingegen klar festgelegt.

Die Produktion einfacher Süßweine ist … einfach: Während der Weinbereitung wird Zucker zugegeben. Sobald durch die Gärung ein akzeptabler Alkoholgehalt (etwa 12,5 %) erreicht wurde, wird sie durch Schwefelzugabe gestoppt. Dieses Verfahren nennt man Chaptalisierung.

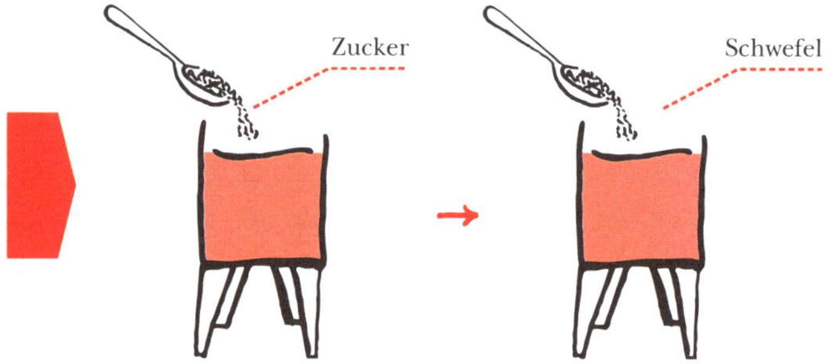

Die Art der Lese

Die Produktion hochwertiger Süßweine entscheidet sich im Weinberg: Hier werden Trauben gelesen, deren Zuckergehalt höher ist als gewöhnlich. Erreicht werden kann das auf verschiedene Arten:

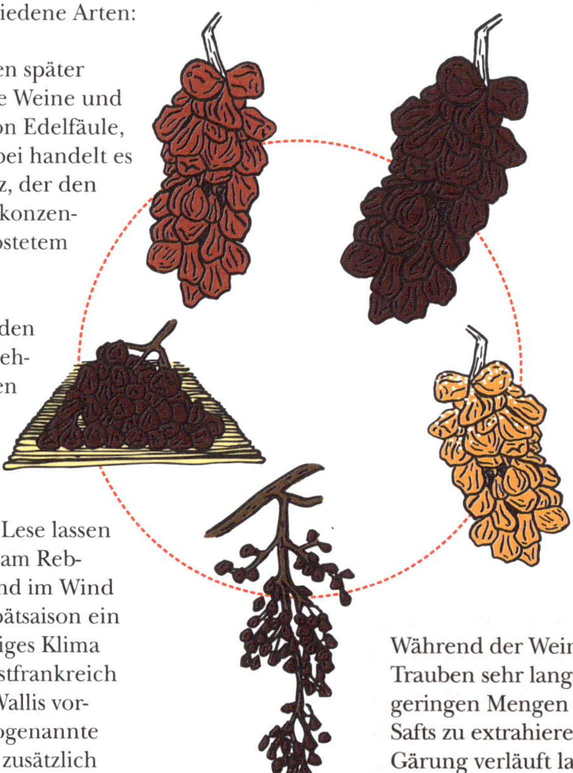

Spätlese Die Trauben werden später geerntet als die für trockene Weine und sind in den besten Fällen von Edelfäule, *Botrytis cinerea*, befallen. Dabei handelt es sich um einen Schimmelpilz, der den Zucker in den Weinbeeren konzentriert und Aromen von geröstetem Obst entstehen lässt.

Sélection de grains nobles oder Beerenauslese Der Zuckergehalt der Trauben muss noch höher sein als für die Spätlese, daher werden sie noch später und edelfaul gelesen.

Strohwein Die Trauben werden früher gelesen und dann mehrere Monate auf Strohmatten getrocknet, etwa in Italien, Griechenland, Spanien und dem Jura.

Eiswein In kalten Weinbauregionen werden die Trauben in gefrorenem Zustand und daher besonders konzentriert geerntet, zum Beispiel in Deutschland, Österreich und vor allem in Kanada.

Passerillé Für diese Art der Lese lassen Winzer*innen die Trauben am Rebstock in der Herbstsonne und im Wind trocknen. Dazu ist in der Spätsaison ein heißes, trockenes und windiges Klima notwendig, wie es in Südwestfrankreich und im Schweizer Kanton Wallis vorherrscht. Trauben für die sogenannte Trockenbeerenauslese sind zusätzlich von Edelfäule befallen.

Während der Weinbereitung werden die Trauben sehr langsam gepresst, um die geringen Mengen des darin enthaltenen Safts zu extrahieren. Die alkoholische Gärung verläuft langsamer. Sie wird mit Schwefel und durch Kühlung gestoppt. Die Hefen werden durch Filtration entfernt.

GESPRITETE WEINE

Rot- oder Weißweine, deren Gärung durch die Zugabe von hochprozentigem Alkohol unterbrochen wird, nennt man »gespritet«. Auf Französisch sind sie als Vins doux naturels, *auf Englisch als* Fortified Wines *bekannt. Sie sind meist süß, selten trocken, und ihr Alkoholgehalt übersteigt 15 %.*

Die Weinbereitung

Zu Beginn der alkoholischen Gärung wird die Arbeit der Hefen durch die Zugabe von Weingeist (96 %) unterbrochen. Dieser neutrale Alkohol tötet die Hefen ab. Der Zucker aus den Trauben wird daher nicht in Alkohol umgewandelt.

In Frankreich werden einige gespritete Weißweine produziert: Muscat de Beaumes-de-Venise, Muscat de Rivesaltes, Muscat de Frontignan, Muscat du Cap Corse ...

Der bekannteste gespritete Wein der Welt ist sicherlich der portugiesische Portwein.

... sowie die gespriteten Rotweine Rasteau doux, Banyuls und Maury, alle aus der Rebsorte Grenache.

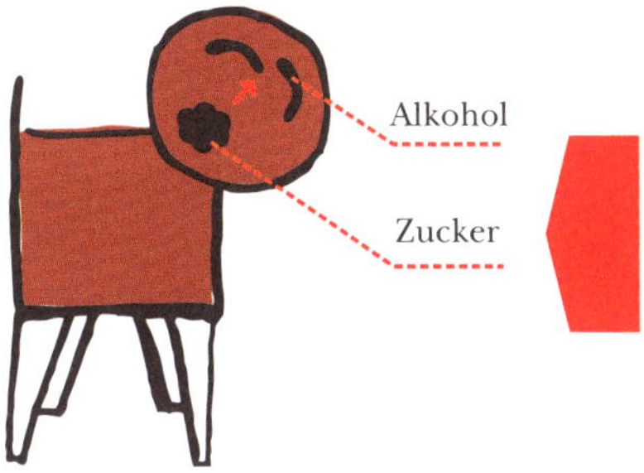

Sherry

Der im spanischen Jerez produzierte Wein wird erst kurz vor der Flaschenabfüllung gespritet, also nach Gärung und Ausbau. Der gesamte in den Trauben vorhandene Zucker wurde also vergoren, sodass die Weine trocken sind. Einigen Sorten Sherry kann vor der Abfüllung jedoch Zucker zugefügt werden. Manchmal wird Sherry oxidativ ausgebaut.

Madeira

Madeira wird während der alkoholischen Gärung gespritet und dann mehrere Monate in großen Tanks auf etwa 45 °C erhitzt. Die besten Sorten werden auch während des Ausbaus noch erhitzt, indem die Fässer in heißer Umgebung gelagert werden. Dieser Ausbau ist besonders oxidativ.

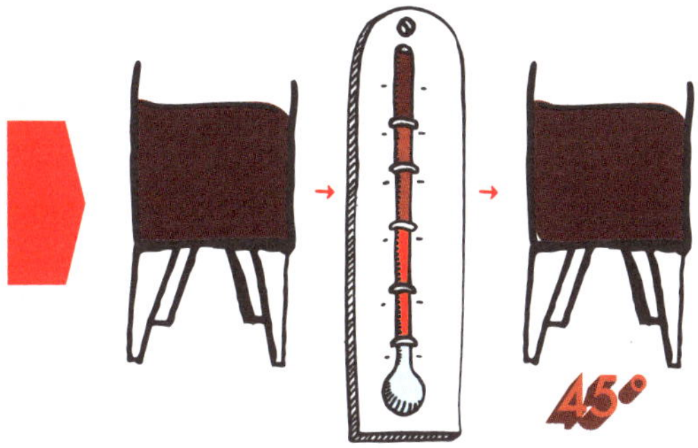

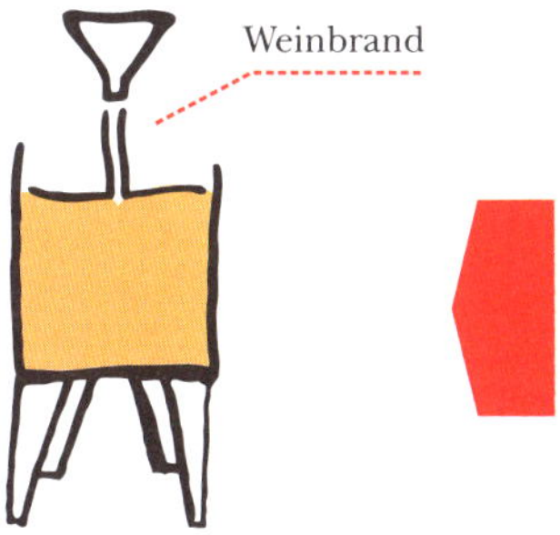

Likörweine

Die Bereitung gleicht der von gespriteten Weinen, allerdings werden sie mit Weinbrand gespritet statt mit neutralem Alkohol. Besonders bekannt sind der mit Cognac gespritete Pineau des Charentes, der mit Armagnac gespritete Floc de Gascogne und der Macvin du Jura, gespritet mit Marc de Franche-Comté.

· SCHÖNEN, FILTRIEREN … UND VEGANER WEIN ·

Veganer Wein – braucht man diese Kennzeichnung wirklich? Es handelt sich doch um vergorenen Traubensaft? Aber ganz so einfach ist es nicht: Beim Schönen wird in der Regel tierisches Eiweiß eingesetzt, wie Hühnereiweiß, Fischblasen oder Gelatine. Nur ungeschönte oder mit Mineralerde oder Erbsenprotein geschönte Weine sind wirklich vegan.

Die Schönung
Dem Wein wird eine Substanz zugesetzt, die Schwebstoffe bei Kontakt durch Koagulation bindet, sodass sie vom Wein getrennt und entfernt werden können. Diese Methode wurde schon von den alten Römern praktiziert.
Zur Schönung verwendete Stoffe: Eiweiß (für Rotwein), Milchproteine (für Weißwein), Isinglass (Fischblase), Gelatine, Mineralerde, Erbsenprotein, Getreide- oder Kartoffelstärke

Das Filtrieren
Der Wein wird durch einen oder mehrere Filter unterschiedlicher Dicke und Maschenweite geleitet.

Die Vorteile
Durch das Schönen und Filtrieren können Ablagerungen und Trübungen entfernt werden, sodass klarere und strahlendere Weine entstehen. Auch einige unangenehme Gerüche werden so beseitigt.

Die Nachteile
Beim Schönen und Filtrieren können phenolische und aromatische Verbindungen verloren gehen, was die Geschmacks- und Aromenstruktur des Weins verändert. Daher wird manchmal auch damit geworben, wenn ein Wein weder geschönt noch gefiltert ist.

Ob diese Prozesse nötig sind, hängt auch von der Weinbereitung ab: Reift der Wein mindestens ein Jahr im Tank oder Fass, können sich Hefen und andere Schwebepartikel am Boden absetzten. Schönen und Filtrieren sind dann überflüssig. Bei Weinen ohne langen Ausbau oder Reife ist das nicht der Fall.

DER GESCHMACK IN DER GESCHICHTE

Im Lauf der Jahrhunderte wurde nicht immer der gleiche Wein getrunken. Süß oder salzig, kräftig oder leicht, trüb oder klar – je nach Produktionsmethode hatte Wein einen anderen Charakter. Und glaubt bloß nicht, dass Wein früher naturbelassener war: Schon immer haben die Menschen weitere Zutaten zugefügt, nur für den Geschmack oder auch, um ein medizinisches Produkt herzustellen. Eins ist sicher: Der Wein, den wir heute trinken, hat geschmacklich nicht viel mit dem von früher gemeinsam.

Ägyptische Grands Crus
Im Alten Ägypten, also vor über 4000 Jahren, wurde Wein in mit Korken verschlossenen und versiegelten Amphoren aufbewahrt. Darauf waren Hinweise auf den Weinberg und das Jahr der Lese vermerkt. Das heißt, die Ägypter ließen ihren Wein also reifen und hatten bereits eine Klassifikation nach Terroir und Prestige. Zu jener Zeit waren die Weine vor allem weiß.

Leicht und hygienisch
Im Mittelalter werden Weinberge vor allem von Mönchen bewirtschaftet, später von Herrschern und Adeligen. Auf einen internationalen Weinwettbewerb im Jahr 1224 folgte eine amtliche Klassifizierung heute noch anerkannter Weinlagen. Weißwein war immer noch sehr beliebt, doch Rotwein holte langsam auf. Die Amphoren wurden von Holzfässern verdrängt. Die Weine ähnelten geschmacklich denen, die wir heute trinken, doch mussten sie möglichst schnell getrunken werden (Flaschen gab es noch keine). Sie waren relativ leicht (9–10 % Alkohol) und das war gut so: Unsere Vorfahren tranken etwa drei Liter pro Tag! Allerdings war das Wasser damals auch verschmutzt und machte krank, Wein war also das hygienischere Getränk!

Thymian oder Zimt?
Der Wein der alten Griechen und Römer war meist weiß, gelb oder orange, seltener rot oder rosé. Auf jeden Fall wurde er nicht pur getrunken: Man fügte Gewürze hinzu, etwa Thymian oder Zimt, Blüten, Wurzeln, aber auch Honig oder Meerwasser. Die meisten Weine waren eher süß. Die Amphoren wurden in Meerwasserkübeln aufbewahrt. Auch damals wurden die Weine etikettiert, denn einige waren renommierter als andere, etwa die von den griechischen Inseln.

Ohne Unterlagsrebe
Wir machen uns kaum Gedanken darüber, wie Wein vor 1880 geschmeckt haben könnte. Und doch gab es eine große Veränderung, auch wenn Weinbereitung und Ausbau sich kaum von dem unterscheiden, was wir heute machen: die Unterlagsrebe. Nachdem die Reblaus in den europäischen Weinbergen gewütet hatte, mussten fast alle Rebstöcke neu auf Unterlagsreben gepflanzt werden. Der geschmackliche Unterschied ist zwar minimal, einige Profis können Weine von unveredelten Rebstöcken aber trotzdem erkennen, dank deren aromatischer Dichte und Länge.

DIE FLASCHEN

Bordeaux
Muscat
de Frontignan
Champagner
Sherry
Champagner
Tawny Port
Elsass
Clavelin (Jura)
Muscat de
Beaumes-de-Venise
Madeira
Burgunder
Côtes du Rhône
Vin jaune
(Jura)
Banyuls
Provence
Muscat
de Rivesaltes
Provence

DIE GEHEIMNISSE DES KORKENS

Bereits in der Antike wurden Korken zum Verschluss von Amphoren verwendet. Dann geriet das Material einige Zeit in Vergessenheit, um im 17. Jahrhundert mit der Erfindung der Glasflasche wieder als Verschlussart aufzutauchen.

Herstellung

Die Korkeiche wird vor allem in Portugal, Spanien, Marokko und Algerien angebaut. Die Bäume müssen mindestens 25 Jahre alt sein, bevor ihre Rinde zur Herstellung von Korken verwendet werden kann. Die Rinde wird dann alle neun Jahre entfernt (die Eiche kann bis zu 125 Jahre alt werden), getrocknet, gereinigt und geschnitten.

Am besten werden die Korken am Stück aus der Rinde geschnitten. Sie können aber auch aus Korkgranulat gepresst werden und sind dann für Flaschen bestimmt, die bald getrunken werden.

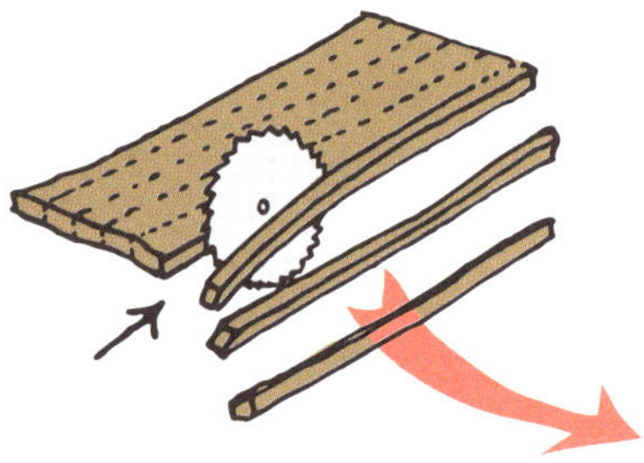

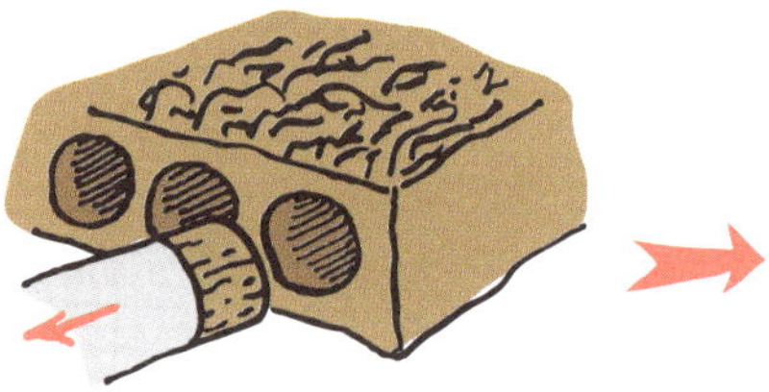

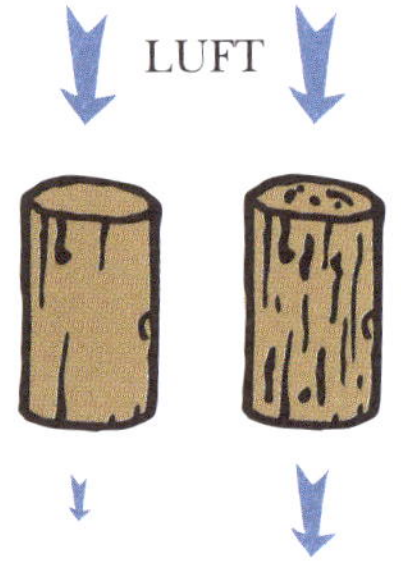

Die Qualität des Korkens hängt mit der Qualität des Holzes zusammen. Je geringer die Maserung, desto hermetischer ist er als Verschluss. Wenn ein Ende gar keine Maserung aufweist, spricht man von einem Spiegel. Korken mit einem Spiegel an beiden Enden sind extrem selten. Ihr Stückpreis kann um die 3€ betragen. Sie werden für außergewöhnliche Flaschen verwendet, in denen der Wein bis zu einem halben Jahrhundert reifen kann.

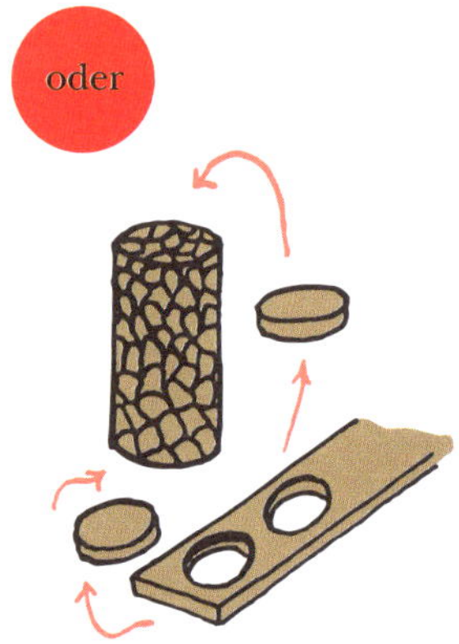

Vorteile

- Ein wunderbarer, einzigartiger Klang beim Öffnen der Flasche.

- **Wichtigste Eigenschaft**
Er ist hermetisch und verhindert das Eindringen von Sauerstoff in die Flasche.

- **Wird geschätzt**
Verbraucher*innen schätzen den natürlichen Ursprung, seine Geschichte, und sehen Kork (manchmal irrtümlich) als Zeichen für Qualität.

- Seine Elastizität ermöglicht es ihm, sich perfekt an den Flaschenhals und leichte Temperaturschwankungen anzupassen, um den Wein im Verlauf der Jahreszeiten und über die Jahrzehnte zu schützen.

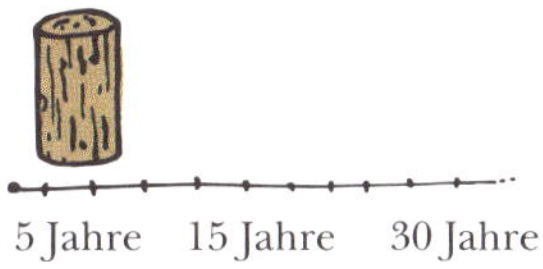

Nachteile

- Der große Nachteil von Naturkorken ist eine Verunreinigung, die sich auf den Wein übertragen kann, als berühmt-berüchtigter Korkfehlton. Dieser geht von einem Molekül aus (genannt TCA), welches das Holz befällt. Schon eine winzige Menge reicht, um eine Flasche Wein ungenießbar zu machen. Durch drastische Hygienemaßnahmen und eine sorgfältige Dekontaminierung des Korkens konnte das Vorkommen von TCA deutlich reduziert werden: Es wird davon ausgegangen, dass nur 3–4 % der gekauften Flaschen korkeln. Das bleibt Teil des Risikos beim Einkauf.

Die Flaschen hinlegen

Wichtig: Wird der Korken nicht befeuchtet, trocknet er aus. Daher ist es so wichtig, die Flaschen liegend zu lagern, damit die Flüssigkeit immer mit dem Korken in Kontakt bleibt. Sonst verliert der Korken seine Elastizität und hält den Sauerstoff nicht mehr zurück.

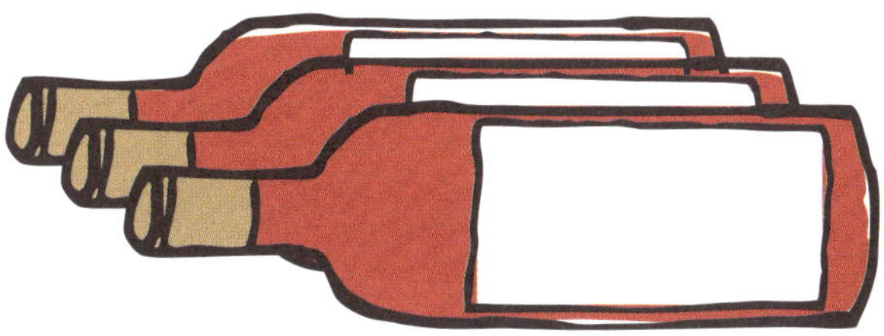

Statt echter Korken

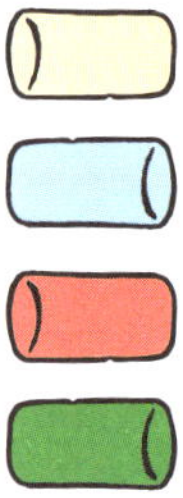

Synthetische Korken

Günstiger in der Produktion als sein natürliches Alter Ego, hat der synthetische Korken (oft aus Silikon) die gleichen Eigenschaften … allerdings nur kurzfristig.

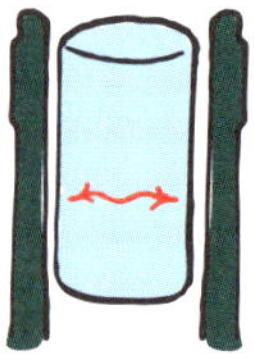

Denn seine Elastizität ist zeitlich begrenzt. Nach zwei bis drei Jahren wird er starrer und dichtet nicht mehr so gut ab. Für die meisten jung zu trinkenden Flaschen macht er seinen Job jedoch einwandfrei.

Der Schraubverschluss

Er steht in der Gunst der meisten Menschen ganz unten (wirkt unnatürlich, klingt beim Öffnen nicht so schön, das Ritual des Korkenziehens verschwindet), doch er macht das Öffnen einer Flasche Wein zu einer einfachen und schnellen Angelegenheit – bei Picknicks ein wahrer Vorteil. In der Schweiz und in Neuseeland werden seit den 1970er-Jahren erfolgreich Schraubverschlüsse für Weinflaschen verwendet.

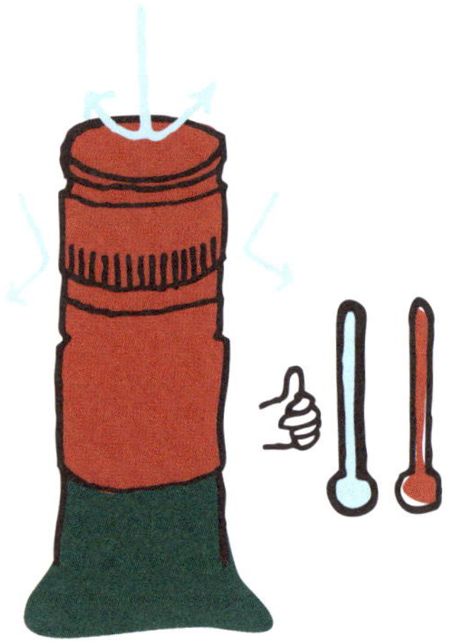

Vorteile

- Der Verschluss ist vollkommen hermetisch
- Er baut nicht ab, auch nicht bei starken Temperaturunterschieden
- Er verursacht keinen Korkfehlton.

Der Schraubverschluss ist sogar so hermetisch, dass einige Verkoster der Meinung sind, dass die Weine sich in der Flasche weniger entwickeln, ihre Aromen weniger eingebunden sind als bei Weinen mit Korkverschluss. In vergleichenden Verkostungen hat sich gezeigt, dass sich Wein innerhalb von zehn Jahren unterschiedlich entwickelt, abhängig davon, ob die Flasche mit Korken oder Schraubverschluss verschlossen ist. Daher gibt es inzwischen Schraubverschlüsse mit etwas durchlässigeren Kapseln, die eine dem Naturkorken vergleichbare Wirkung haben sollen.

Der Schraubverschluss ist auf dem Vormarsch: Von 17 Milliarden weltweit verkaufter Flaschen haben 4 Milliarden einen Schraubverschluss. Und die Zahl steigt.

DIE AUFGABE VON SCHWEFEL IN WEIN

Vorteile

- Schwefel ist ein Antioxidans: Er schützt den gärenden Most vor Sauerstoff und verhindert so eine Oxidation, die den Wein verderben würde.
- Er stoppt die alkoholische Gärung und ermöglicht den Erhalt von Restzucker für die Produktion süßer Weine.
- Er stabilisiert den Wein bei der Flaschenabfüllung, indem er ihn vor Oxidation schützt, die zur frühzeitigen Alterung führen würde.

Nachteile

- Schwefel selbst hat einen unangenehmen Geruch (nach Schwefel, also faulen Eiern).
- Schwefel ist ein Antioxidans: Er kann eine reduktive Note in Weinen verursachen, d. h. eine unangenehme Note beim Öffnen des Weins (Kohlgeruch).
- Er kann starke Kopfschmerzen verursachen (weil er den Sauerstoff bindet).
- Er lässt den Wein erstarren und nimmt ihm seinen Charakter.

Aus diesen Gründen reduzieren die meisten Winzer*innen ihre Schwefelzugabe schrittweise. Das ist möglich, wenn die Trauben während der Lese sorgfältig transportiert werden und nicht platzen, wenn der Keller sauber ist und die Weine gut vor Sauerstoff geschützt werden.

Besonders wenig bis besonders viel Schwefelzusatz ist durchschnittlich enthalten in:

Die Schwefelmenge
Die Schwefeldosis in Wein reicht von 3–300 mg/l – die Spannbreite ist also enorm. Die Menge variiert auch je nach Wein.

Weine ohne Schwefelzusatz

Einige Winzer*innen (wenige, aber wagemutige) produzieren sogar Cuvées ohne Schwefelzusatz. Das heißt, diese Weine sind nicht stabilisiert und erfordern daher strenge Lagerbedingungen (unter 16 °C), damit die Gärung nicht wieder startet oder der Wein schnell oxidiert. Diese schwefelfreien Weine bieten überraschende Geschmackserlebnisse, voller Frische und Vitalität … oder – im Fall von Problemen – den Geruch von überreifen Äpfeln und Pferdestall.

WEINBERUFE

Weinberufe werden immer häufiger von Frauen ausgeübt. Zunächst waren sie vor allem in der Verwaltung von Weingütern tätig, in Verkauf, Marketing und Kommunikation, doch heute übernehmen sie alle Aufgaben. Sie stellen im Önologiestudium und bei der Sommelierausbildung die Hälfte der Studierenden. Und auch Winzerinnen gibt es: 30 % der Führungspositionen in Weingütern sind mit Frauen besetzt. Von »weiblichen Weinen« können wir allerdings nicht reden – ob ein Mann oder eine Frau den Wein produziert hat, lässt sich nicht herausschmecken.

Önologe/Önologin

Önologen und Önologinnen verfolgen die Entwicklung der Reben, beraten zum Datum der Lese, überwachen die Weinbereitung, analysieren Qualität und Verfassung des Weins und leiten Ausbau und Verschnitt. Sie arbeiten eng mit allen Beschäftigten auf dem Weingut zusammen.

Winzer*in

Winzer*innen sind zugleich Landwirt*in, Handwerker*in und Händler*in, denn sie gestalten den Wein von der Rebe bis zur Abfüllung, manchmal übernehmen sie auch noch den Verkauf. Sie tragen die Verantwortung für den Weinbau und den Keller.

Kellermeister*in

In großen Weingütern sind die Aufgaben verteilt. Für die Arbeit im Keller sind Kellermeister*innen verantwortlich. Sie überwachen die Weinbereitung, den Ausbau und die Reifung der Weine. Sie verkosten und legen fest, wann die Weine auf den Markt kommen. Häufig arbeiten sie mit einem Önologen oder einer Önologin zusammen.

Weinbergsmanager*in

Weinbergsmanager*innen leiten und überwachen in großen Weingütern die Arbeiten im Weinberg und die Entwicklung der Reben und Trauben. Sie sind für den Weinbau verantwortlich und leiten die Arbeiter*innen an, die sie unterstützen.

Flying Winemaker

Berater*in im Keller und im Weingut allgemein. Der Begriff wurde ursprünglich für Kellereitechniker*innen aus Australien geprägt, die während der Lese nach Europa kamen, um Weingüter bei Weinlese und -bereitung zu unterstützen.

Négociant

So nennt man in Frankreich ein Unternehmen, das Trauben, Most oder Weine verschiedener Winzer*innen ankauft, verschneidet und unter einer eigenen Marke verkauft (Handelshaus). Dies ermöglicht den Vetrieb großer Mengen sowie einer breiten Auswahl an Appellationen. In schwierigen Jahrgängen kann der Négociant eine homogenere Menge und Qualität sicherstellen.
Im Bordeaux ist es ein wenig anders: Hier verschneidet der Négociant den Wein nicht, sondern kauft die Flaschen großer und kleiner Châteaus und vertreibt sie auf dem internationalen Weinmarkt. So vertrauen viele Weingüter die Vermarktung ihrer Weine einem Négociant an.

Sommelier/Sommelière

Sommelier und Sommelière sind auf die Weinbegleitung zum Essen spezialisiert. Sie arbeiten in Restaurants und haben ein breites Wissen über Weine, ihre Verkostung und den Service. Sie stellen die Weinkarte zusammen, kaufen die Flaschen, beraten die Gäste. Außerdem sind sie für den Weinkeller verantwortlich, bestimmen den besten Zeitpunkt zum Trinken eines Weins, sorgen für die optimale Temperatur des Weins und wählen die passenden Gläser.

Weitere Weinberufe

Es gibt viele weitere Berufe rund um den Wein: Pflanzenzüchter*in in einer Rebschule, Küfer*in (stellt Holzfässer her), Courtier (handelt die Preise zwischen Produzenten und Käufern aus), Agent*in (importiert und verkauft Weine), Spezialist*in für Marketing und Kommunikation, Korken-Fabrikant*in, Händler*in, Etiketten-Drucker*in und nicht zu vergessen Weinhändler*in!

Eines Tages packte Caroline ihren Rucksack, stieg in ihr Auto und weg war sie. Ein Sabbatjahr. Eine große Reiselust hatte sie gepackt. Natürlich hatte sie eine genaue Vorstellung: raus aus der Stadt und Weine verkosten! Caroline programmierte ihr Navi, nutzte es letztlich aber nicht viel. Viel lieber ließ sie sich treiben, fuhr auf schlecht befestigten Landwegen und hielt ganz nach Lust und Laune bei großen und kleinen Weingütern an. In Frankreich hielt sie sich an die Hinweisschilder der »Routes des Vins«, fuhr Hügel hinauf und wieder hinunter in die Täler. Sie hielt an, um die Trauben in der Sonne zu bewundern, wanderte über verschiedenste Böden, von felsigen zu lehmhaltigen, kickte zwischen den Reben ruhende Kiesel ...

Niklas hatte ihr gesagt: »Du wirst sehen, je nach Region und Terroir sehen die Rebstöcke und Weinberge ganz unterschiedlich aus.« Und sie hat sie gesehen: Reben an Hanglagen, vom Alter geplagte Reben, verheißungsvolle Triebe. Und sie hat gekostet: nervöse Weißweine aus dem Elsass, sanfte Weißweine aus dem Languedoc, Vinho Verde aus Portugal, seidige Rotweine aus der Rioja, kräftige Rotweine aus der Toskana. Von ihrer Reise hat Caroline Hunderte Fotos mitgebracht, vor allem jedoch die Erinnerung an all die guten Weine, die sie kosten durfte. Sie hat erlebt, wie Region, Klima, Höhenlage, Dürrephasen, die Geschichte, die Entscheidungen und die Arbeit der Menschen dazu beitragen, jedem Wein eine ganz eigene Persönlichkeit zu verleihen. Der Begriff Terroir war für sie zu Beginn ihrer Reise eher vage, doch jetzt versteht sie, was dahintersteht.

Dieses Kapitel ist allen gewidmet, die es wie Caroline lieben, zu reisen, Entdeckungen zu machen und vor Ort Neues zu lernen.

CAROLINE

BESUCHT DIE WEINBERGE

Das Terroir • Die Weine Europas • Die Weine der Welt

DAS TERROIR

Der Begriff »Terroir« lässt sich nur schwer in andere Sprachen übersetzen. Deswegen verwendet man das französische Wort auch im Deutschen. Unter Terroir versteht man die Gesamtheit aller Faktoren, die einem Wein seinen eigenen Charakter verleihen.

Geografische Lage

Das Klima

Der Begriff »Klima« umfasst die atmosphärischen Bedingungen, die eine Region von anderen abgrenzen.
Das Klima eines Weinbaugebietes lässt sich durch diese Parameter definieren:

- Durchschnitt der Höchst- und Tiefsttemperaturen,
- durchschnittlicher Niederschlag,
- Art des Windes, der die Trauben trocknet, kühlt oder wärmt (und das Gefrieren verhindert),
- klimatische Gefahren wie Frost, Hagel oder Gewitter.

Man spricht von kontinentalem Klima, Meeresklima, Gebirgsklima, mediterranem Klima … Dazu gesellt sich noch eine Vielzahl von Mikroklimata, deren einzigartige Eigenschaften das lokale Klima beeinflussen: ein Talkessel, die Flanke eines Hügels, ein Gewässer, ein Wald ...

Die Höhe

Werden Reben in größerer Höhe angebaut, reagieren die Trauben anders, als wenn sie ungefähr auf Höhe des Meeresspiegels wachsen: Die Temperaturunterschiede zwischen Sommer und Winter und auch zwischen Morgen und Abend sind deutlicher. Ebenso wie das Klima ist dieser Faktor entscheidend für die Wahl der Rebsorte.

Die Lage

Die Topografie spielt eine ebenso wichtige Rolle:
In Hanglagen läuft das Wasser besser ab, sodass die Wurzeln nicht im Wasser stehen.
Ein Weinberg mit Süd-, Südost- oder Südwestlage profitiert von der idealen Sonneneinstrahlung.
An Hängen sind die Böden in der Regel nicht so nährstoffreich wie in der Ebene.
Aus diesen Gründen geben in (mehr oder weniger steilen) Hanglagen gepflanzte Weinberge häufig bessere Weine.

DEUTSCHLAND

In Deutschland gibt es dreizehn Weingegenden, die alle eher im Süden des Landes liegen, wo das Klima milder ist. Was meist nur Profis wissen: Deutsche Weißweine gehören zu den elegantesten der Welt und können sich jahrzehntelang halten. Sie haben eine fantastische Säure, die stets von der Süße ausbalanciert wird. Doch leider gibt es neben den besten Weinen hier auch wirklich schwache. Um nicht enttäuscht zu werden, solltet ihr euch von den weniger aromatischen Sorten fernhalten und stattdessen Riesling wählen, eine anspruchsvolle Rebsorte, die mit Sorgfalt angebaut wird. Die Eigenschaften der Weine hängen vom Weinbaugebiet ab: Die besten wachsen an den Ufern der Mosel, im Rheingau, Rheinhessen und in der Pfalz. In Deutschland wird außerdem lebhafter und fruchtiger Rotwein produziert. Die besten sind aus Spätburgunder gekeltert und ähneln den Pinots noirs aus dem Burgund.

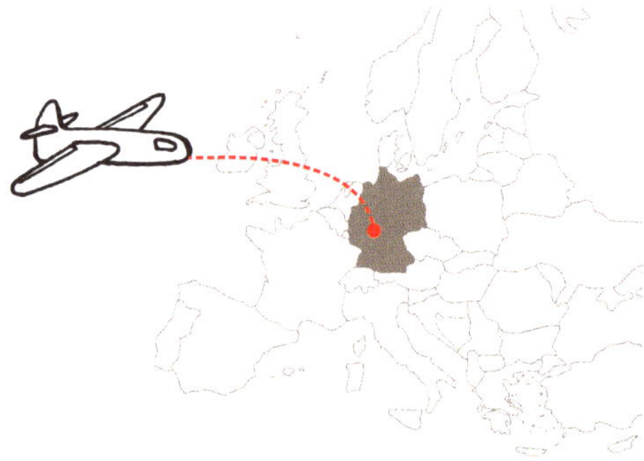

Süß und trocken

Lange Zeit waren die meisten deutschen Weine süß oder halbtrocken. Noch in den 1980er-Jahren lag der Anteil trockener Weine nur bei 15 %. Doch mittlerweile ist jeder zweite in Deutschland gekelterte Wein trocken. Vor allem Riesling und Spätburgunder, aber auch Silvaner oder Chardonnays werden in ihren Varianten ohne Restzucker immer beliebter. Die süßen und halbtrockenen Rieslinge sind aber zum Glück nicht ausgestorben, sondern bestehen als Spezialitäten weiter. Auf dem Etikett geben die Prädikatsstufen den Zuckergehalt in den Trauben an. Das ist besonders bei Süßweinen wichtig. Die Stufen von niedrig bis hoch: Kabinett, Spätlese, Auslese, Beerenauslese, Trockenbeerenauslese. Besonders rar ist der Eiswein, der nur im Winter aus am Stock gefrorenen Trauben gekeltert werden darf und für süße, konzentrierte Weine steht.

Burgunder aus Deutschland

Obwohl deutscher Wein, insbesondere im Ausland, eng mit Riesling verknüpft ist, wächst heute auf einem Drittel der Rebfläche Burgunder. Die Traube ist in Deutschland mittlerweile die zweitwichtigste Sorte. Die bedeutendsten weißen Sorten sind Weiß- und Grauburgunder, neu gepflanzte Chardonnay-Weinberge sprießen gerade überall aus dem Boden. Auch Rotwein wird wichtiger: Seit den 1980er-Jahren hat sich die Spätburgunderfläche verdreifacht. Deutsche Spätburgunder sind meist mittelschwer und oft fruchtbetont, können aber auch kraftvoll und elegant ausfallen. Die besten Produzent*innen orientieren sich am burgundischen Stil und verwenden Eichenfässer.

Die großen Regionen

Westen

Am Rhein und dessen Nebenfluss, der Mosel, liegen die traditionellen Riesling-Regionen Mosel, Mittelrhein und Rheingau. Hier wachsen neben trockenen Weinen auch die meisten edelsüßen Beerenauslesen und Trockenbeerenauslesen. Die Ahr steht für Spätburgunder.

Mitte

Rheinhessen, Nahe, Pfalz, Hessische Bergstraße, Franken, Saale-Unstrut und Sachsen eint ihr Nebeneinander ganz verschiedener Rebsorten von der Scheurebe bis zum Spätburgunder, auch wenn sich meist eine regionale Lieblingssorte herauskristallisiert hat. In Rheinhessen, Pfalz, an der Nahe und der Hessischen Bergstraße ist es Riesling, in Franken Silvaner, in Sachsen und der Region Saale-Unstrut sind Müller-Thurgau, Riesling und Burgundersorten sehr präsent.

Südwesten

Baden und Württemberg gehören als Bundesland zusammen, bilden aber zwei sehr unterschiedliche Anbaugebiete. In Baden wachsen vor allem Spätburgunder, Weißburgunder, Grauburgunder und immer mehr Chardonnay. Weiter östlich in Württemberg sind hingegen die roten Sorten Trollinger und Blaufränkisch zu Hause, der hier Lemberger genannt wird.

Weiße Rebsorten
Riesling, Müller-Thurgau, Silvaner, Grauburgunder …

Rote Rebsorten
Spätburgunder (Pinot noir), Dornfelder, Portugieser, Trollinger …

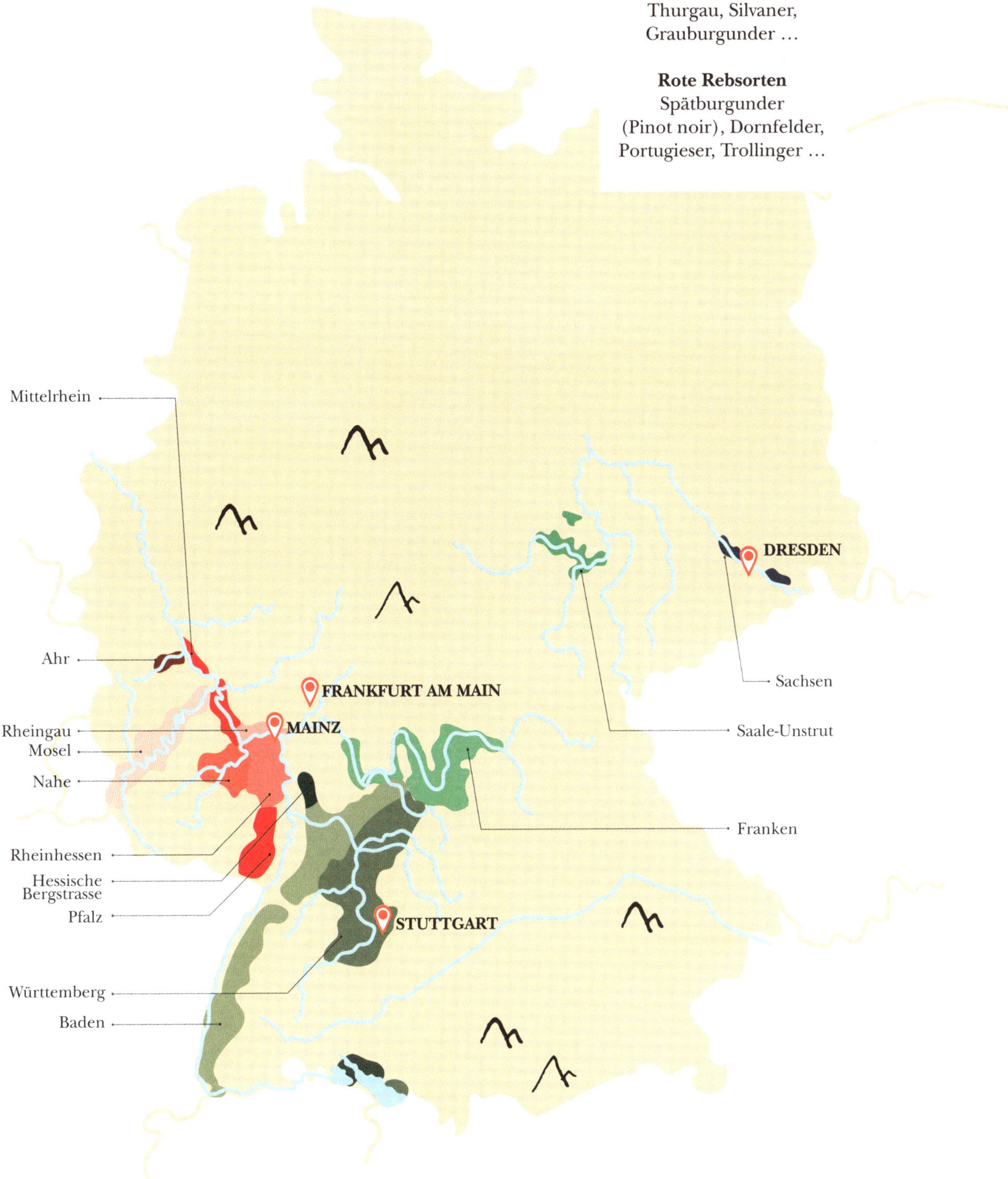

DEUTSCHLANDS WESTEN

Die Regionen im Westen Deutschlands bringen fast ausschließlich die beiden wichtigsten Rebsorten des Landes hervor: den urdeutschen Riesling und den aus Frankreich stammenden, aber schon seit mehr als 500 Jahren in Deutschland kultivierten Spätburgunder. Bis auf den südlichen Teil des Rheingaus gelten die westlichen Anbaugebiete als kühle Regionen, weswegen ihre Weine, rot wie weiß, stets von einer lebendigen Säureader durchzogen sind.

Die Regionen und ihre Rebsorten

An Ahr, Mosel und Mittelrhein sowie im Rheingau sind häufiger als anderswo in Deutschland Spezialisten am Werk, die sich auf eine einzige Rebsorte fokussieren. Zwar wachsen überall vereinzelt auch andere Sorten wie Müller-Thurgau, Grauburgunder, Chardonnay oder Weißburgunder, doch das Gros der Winzer*innen keltert daraus allenfalls einfache Weine. Richtig spannend wird es im Westen fast nur bei Spätburgunder oder Riesling, die hier meist getrennt voneinander gedeihen: Wächst an der Ahr fast nur Spätburgunder, findet man an der Mosel und am Mittelrhein kaum etwas anderes als Riesling. Der Rheingau beheimatet zwar beide Sorten, der größte Teil der roten Reben steht jedoch im Dörfchen Assmannshausen – dort wächst kein Riesling, dafür wimmelt es von Spätburgunder-Spezialisten.

Ahr

Der gute Ruf von Deutschlands nordwestlichster Weinregion fußt auf dem Spätburgunder, der hier mit großem Abstand die wichtigste Rebsorte ist und mittelschwere Rotweine hervorbringt. Ahr-Weine aus dem Holzfass können zu den großen Roten der Weinwelt gehören. Neben Spätburgunder beheimatet die Ahr auch dessen Verwandten, den Frühburgunder, und ein klein wenig Riesling. Mit zwei Dritteln dominiert der Ausbau trockener Weine.

Mosel

Vor 100 Jahren waren Mosel-Rieslinge die teuersten Weine der Welt. Nach Phasen des Schwächelns in den 1970er- und 80er-Jahren gehört die Region an der Mosel und ihren Nebenflüssen Saar und Ruwer heute wieder zu den gefragten Anbaugebieten für Weißwein. Zwar gedeihen auch Müller-Thurgau, Weißburgunder, Spätburgunder und die autochthone Sorte Elbling, die mit großem Abstand wichtigste Rolle spielt hier jedoch der Riesling. In der jüngsten Vergangenheit hat sich die Region gewandelt: weg von der reinen Süßweindestination, hin zur Heimat für ganz verschiedene Rieslinge von süß bis trocken. Alle vereint die regionstypisch spitze Säure, die selbst die zuckersüßen Trockenbeerenauslesen auszubalancieren vermag. Mosel-typisch ist außerdem, dass selbst trockene Weine eine gewisse Fruchtsüße mitbringen und mit kleinem Zuckerschwänzchen ausklingen.

Rheingau und Mittelrhein

Die vornehmlich für Weißwein bekannten Regionen begleiten den Flusslauf zwischen Wiesbaden und Bonn und gehen im Mittelrheintal ineinander über. Aus beiden Anbaugebieten ist der Riesling kaum wegzudenken, aber auch die Spätburgunder sind nicht zu unterschätzen. Die besten kommen aus dem Rheingauer Westen, wo kraftvolle Rotweine mit markanter Säure zu Hause sind. Im Rheingau und am Mittelrhein ist der Wandel von süß zu trocken weiter fortgeschritten als an der Mosel. Für beide Regionen ist trockener Riesling mittlerweile der wichtigste Wein. Im Rating steht der Rheingau über dem Mittelrhein: Die besten Weingüter des Rheingaus spielen mit ihren zitrischen Rieslingen regelmäßig oben mit, während der Mittelrhein irgendwo zwischen schlafendem Dornröschen und Underdog rangiert. Hervorragende Weine gibt es aber zweifellos in beiden Regionen.

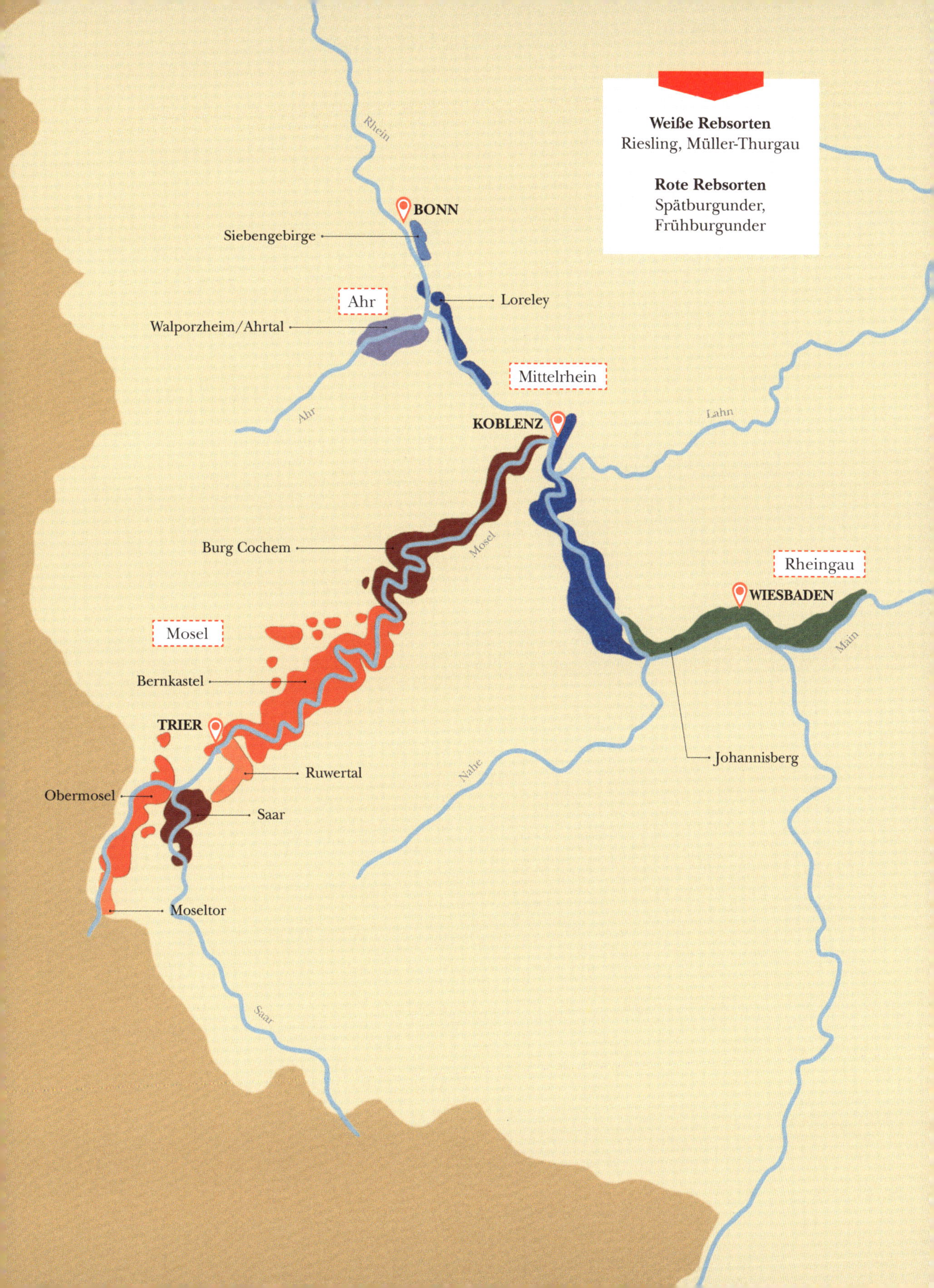

Weiße Rebsorten
Riesling, Müller-Thurgau
Rote Rebsorten
Spätburgunder,
Frühburgunder
Rhein
BONN
Siebengebirge
Ahr
Loreley
Walporzheim/Ahrtal
Mittelrhein
Ahr
KOBLENZ
Lahn
Burg Cochem
Mosel
Rheingau
WIESBADEN
Mosel
Main
Bernkastel
TRIER
Nahe
Johannisberg
Ruwertal
Obermosel
Saar
Moseltor
Saar

DEUTSCHLANDS MITTE

Rheinhessen, Nahe, Pfalz, Hessische Bergstraße, Franken, Saale-Unstrut und Sachsen sind allesamt eigenständige Regionen, auch wenn die Weinberge der einen oft in die der anderen übergehen. Der Weinbau ist hier besonders vielfältig, weswegen es schwerfällt, einen Stil der Mitte auszumachen. Einzige Gemeinsamkeit: Es florieren vor allem trockene Weißweine.

Die Regionen und ihre Rebsorten

Alle Regionen eint das Nebeneinander verschiedener Rebsorten. Es finden sich kaum Weingüter, die weniger als eine Handvoll Sorten im Sortiment haben. Überall existiert Riesling, er teilt sich seinen Platz mit Müller-Thurgau, Silvaner, Weißburgunder, Grauburgunder, Scheurebe, Chardonnay, Spätburgunder oder Dornfelder.

Rheinhessen

Das größte Anbaugebiet Deutschlands hatte lange den Ruf als Massenweinproduzent inne. Doch seit den 2000er-Jahren wandelt sich das Bild, und aus Rheinhessen kommen heute einige der besten trockenen Rieslinge. Auch Chardonnay und Spätburgunder aus dieser Region sind mittlerweile international konkurrenzfähig. Daneben existieren nach wie vor große Massen belangloser Weine aus sämtlichen Rebsorten, von Muskateller über Grauburgunder und Portugieser bis zum Syrah. In Rheinhessen gibt es alles, was der deutsche Weinbau zu bieten hat – im Guten wie im Schlechten.

Nahe

Der kleine Nebenfluss des Rheins beheimatet vor allem Riesling, der als einziger Wein der Nahe regelmäßig zum Spitzengewächs heranreift. Daneben bringen Müller-Thurgau, Weißburgunder und Grauburgunder einfache Weine hervor.

Pfalz

Der Pfälzer Riesling ist stark gefragt und fällt auch bei trockenen Weinen typischerweise fruchtiger und üppiger aus als Riesling von Rhein oder Mosel. Auch die Weißburgunder und Grauburgunder leben von Frucht und Frische. Ähnlich wie Rheinhessen ist auch die Pfalz vom Nebeneinander erstklassiger und belangloser Weine geprägt. Derzeit wächst die Bedeutung von Chardonnay, der in seiner besten Ausprägung an gute Burgunder erinnert.

Hessische Bergstraße

Das kleinste Weinbaugebiet Deutschlands bleibt häufig unter dem Radar. Da sich die wirklich guten Winzer hier an einer Hand abzählen lassen, gibt es wenig Gründe, aktiv nach Weinen von der Hessischen Bergstraße Ausschau zu halten. Meiden muss die fruchtbetonten, vorrangig aus Riesling und Grauburgunder gekelterten Weine aber sicher niemand.

Franken

Nirgends ist Silvaner wichtiger als in Franken und nichts ist für Franken wichtiger als Silvaner. Die Weißweinsorte repräsentiert die Region sowohl in der Breite als auch in der Spitze am besten. Gute Frankenweine sind sehr trocken und leben von knackiger Säure und herber Apfelfrucht. Daneben sind duftiger Müller-Thurgau für einfache Weine und Riesling für das Topsegment wichtige Rebsorten. Aus allen drei werden auch edelsüße Weine gekeltert, von der Spätlese bis zum Eiswein. Neben dem Rheingau und der Mosel gehört Franken zu den großen Süßweinregionen des Landes, auch wenn der Anteil trockener Weine höher ist.

Saale-Unstrut und Sachsen

Die beiden Gebiete kamen nach der deutschen Wiedervereinigung als 12. und 13. Anbaugebiet hinzu und liegen etwas abseits der anderen und ein wenig weiter nördlich im Osten des Landes. In den vergangenen Jahren konnten die kühlen Regionen von der Klimaerwärmung profitieren. Zwar fehlen hier nach wie vor die Flaggschiffbetriebe, die Qualität ist aber gewaltig gestiegen. Die spannendsten Weine sind auch in diesen beiden Regionen trockene Rieslinge.

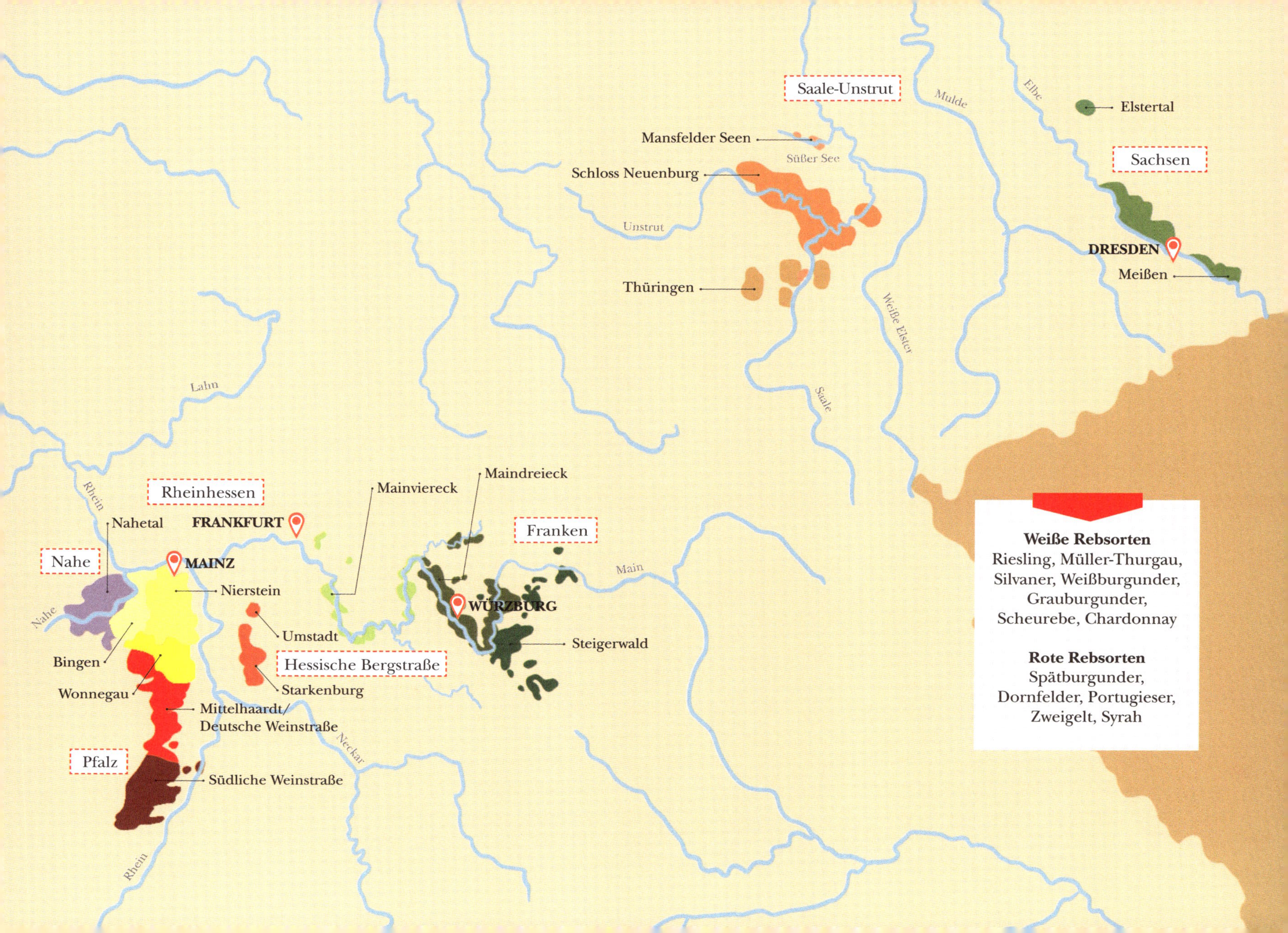
Saale-Unstrut
Mansfelder Seen
Süßer See
Schloss Neuenburg
Unstrut
Thüringen
Saale
Weiße Elster
Mulde
Elbe
Elstertal
Sachsen
DRESDEN
Meißen
Lahn
Rhein
Rheinhessen
Nahetal
FRANKFURT
Nahe
MAINZ
Nierstein
Nahe
Bingen
Wonnegau
Mittelhaardt/
Deutsche Weinstraße
Pfalz
Südliche Weinstraße
Rhein
Umstadt
Hessische Bergstraße
Starkenburg
Neckar
Mainviereck
Maindreieck
Franken
WÜRZBURG
Steigerwald
Main
Weiße Rebsorten
Riesling, Müller-Thurgau,
Silvaner, Weißburgunder,
Grauburgunder,
Scheurebe, Chardonnay
Rote Rebsorten
Spätburgunder,
Dornfelder, Portugieser,
Zweigelt, Syrah

DEUTSCHLANDS SÜDWESTEN

Der Südwesten teilt sich in zwei Weinbaugebiete: Baden und Württemberg. Während württembergischer Weinbau vor allem im Großraum Stuttgart stattfindet, liegen die badischen Weinberge über eine Länge von 250 Kilometern verteilt zwischen der Schweizer und der hessischen Grenze. Als Großregionen beheimaten sowohl Baden als auch Württemberg eine Vielzahl charakteristischer Weine, auch wenn beide Anbaugebiete im Ausland recht unbekannt sind.

Die Regionen und ihre Rebsorten

Eine Besonderheit im Weißweinland Deutschland ist, dass im Südwesten die roten Rebsorten eine verhältnismäßig große Rolle spielen. Die wichtigste Sorte ist hier der Spätburgunder, und sie wird immer wichtiger, seit Spitzenwinzer*innen daraus Rotweine nach Burgunder Vorbild keltern. Wer ein wenig sucht, wird badische und württembergische Spätburgunder finden, die denen aus Frankreich zum Verwechseln ähneln – für einen Bruchteil des Geldes. Bei den weißen Sorten dominieren je nach Region Riesling, Chardonnay, Weißburgunder, Grauburgunder und Müller-Thurgau. Mit den roten Sorten Lemberger und Trollinger sowie mit dem weißen Gutedel kann der Südwesten auch eigene Rebsorten vorweisen, die nirgends sonst in Deutschland wachsen.

Baden

Kein deutsches Weinbaugebiet dehnt sich in nord-südlicher Richtung über eine längere Strecke aus als Baden. Das erklärt, weswegen es nicht eine badische Weinstilistik gibt, sondern mehrere Subregionen mit ihren jeweiligen Eigenheiten.
Die bekanntesten Weine kommen vom Kaiserstuhl, einer der wärmsten Gegenden Deutschlands. Klassischerweise glänzen hier vor allem Grauburgunder und Weißburgunder, die, im Holz gereift, cremige und nussige Aromen vereinen. Mittlerweile setzen allerdings immer mehr Winzer*innen auf Chardonnay, weil Weiß- und Grauburgunder im Zuge des Klimawandels in der badischen Sonne ihre Säure verlieren. Außerdem gilt der Kaiserstuhl als Spitzendestination für deutschen Spätburgunder.
Spannendes ist außerdem im Markgräflerland zu finden. Wie am Kaiserstuhl erreichen die Spätburgunder höchstes, mitunter burgundisches Niveau. Eine regionale Weißwein-Spezialität ist der spritzige, fein-hefige Chasselas, der hier Gutedel genannt wird. Weiter nördlich liegen die Subregionen Ortenau, Kraichgau und Badische Bergstraße. Die Winzer*innen erreichen hier nur selten das Niveau ihrer südlicheren Kollegen. Auch ist das Rebsorten-Portfolio breiter: Neben roten und weißen Burgundern finden sich Riesling, Silvaner, Traminer und Müller-Thurgau. Südöstlich und weit abgelegen von den anderen badischen Weinbergen liegt der Bodensee, an dessen Nordufer Weinbau betrieben wird. Auch wenn der Großteil als solider, aber einfacher Touristenwein abgefüllt wird, findet man einige rote und weiße Burgunder mit Anspruch.

Württemberg

Württemberg ist neben der Ahr das einzige deutsche Anbaugebiet, in dem der Rotwein den Weißwein überwiegt. Das liegt neben dem regen Spätburgunder-Anbau vor allem an den traditionell württembergischen Rebsorten Trollinger und Blaufränkisch, der hier Lemberger heißt. Die besten Spätburgunder aus dem Holzfass stehen auf einer Ebene mit denen von der Ahr, dem Rheingau und Baden. Dunkelfarbiger Lemberger und hellroter Trollinger werden traditionell häufig miteinander verschnitten, da der eine die Frische, der andere die Würze beisteuert.
Doch die große Zeit dieser Rotwein-Cuvées ist vorbei. Viel interessanter wird es, wenn Winzer*innen sich den Rebsorten einzeln widmen: Lemberger ergibt dann würzige, leicht pfeffrige mittelschwere bis kräftige Rotweine. Beim Trollinger koexistieren, wie so häufig im Weinland Deutschland, Belangloses und Hochwertiges. Neben unzähligen einfachen Zechweinen faszinieren einige gut gemachte Trollinger mit Frische, Säure und Finesse.
Württembergische Weißweine bestehen fast ausnahmslos aus Riesling. Die besten Weine der Region können mit den besten Deutschlands mithalten.

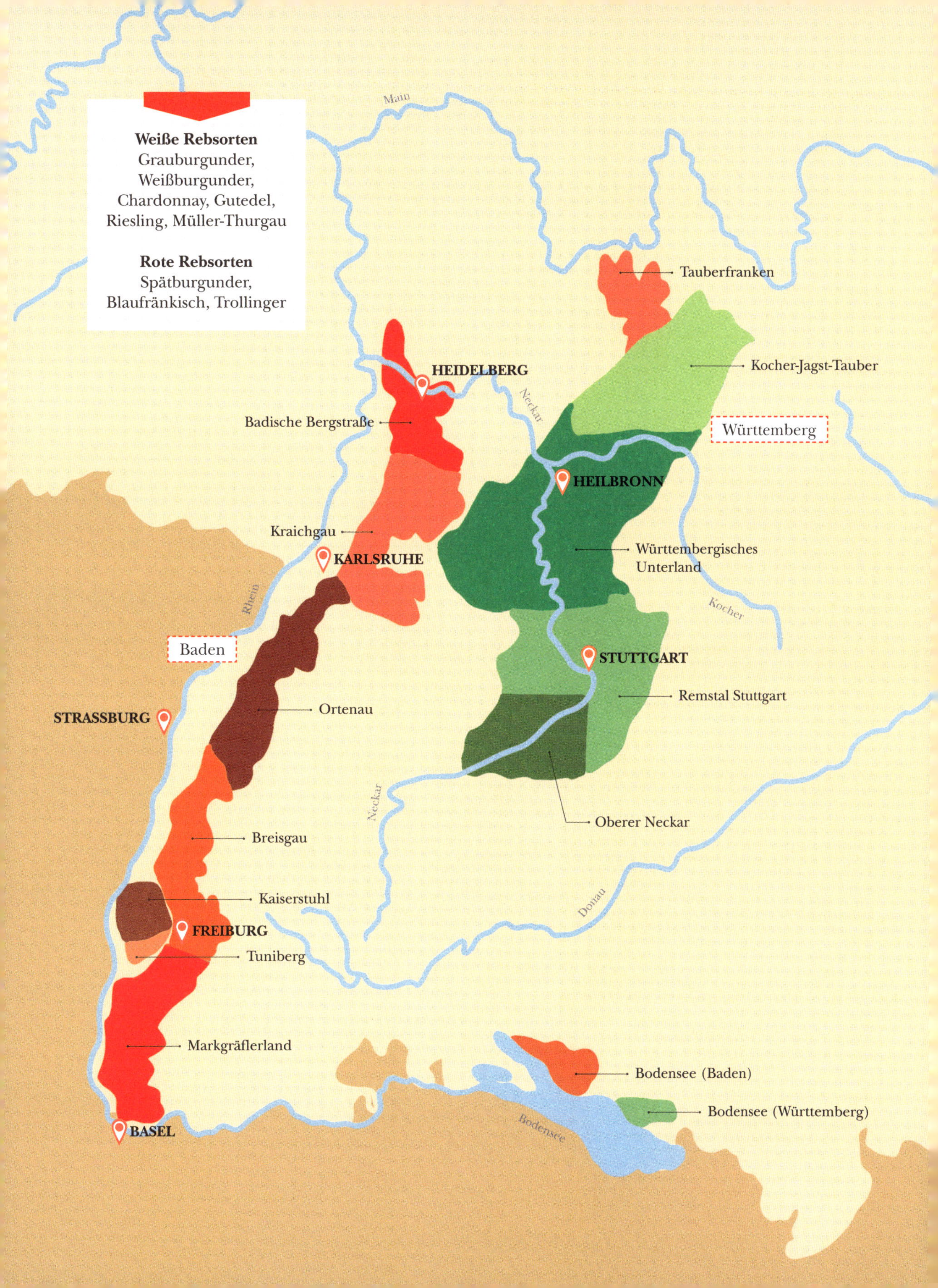

Weiße Rebsorten
Grauburgunder, Weißburgunder, Chardonnay, Gutedel, Riesling, Müller-Thurgau
Rote Rebsorten
Spätburgunder, Blaufränkisch, Trollinger
Main
Tauberfranken
Kocher-Jagst-Tauber
HEIDELBERG
Neckar
Württemberg
Badische Bergstraße
HEILBRONN
Kraichgau
Württembergisches Unterland
KARLSRUHE
Rhein
Kocher
Baden
STUTTGART
Remstal Stuttgart
Ortenau
STRASSBURG
Neckar
Oberer Neckar
Breisgau
Kaiserstuhl
Donau
FREIBURG
Tuniberg
Markgräflerland
Bodensee (Baden)
Bodensee (Württemberg)
Bodensee
BASEL

ÖSTERREICH

Nur ein kleiner Teil des Landes ist mit Reben bestockt, da das alpine Hochgebirge für den Weinbau zu kühl ist. Die Weinbaugebiete liegen deswegen größtenteils im Osten des Landes, in den Hügellandschaften am Fuß der Alpen. Dort erstrecken sie sich von der tschechischen Grenze im Norden bis in den Süden, wo die Steiermark an Slowenien grenzt.

Aufbruch in Österreich

Bis in die 1980er-Jahre kannte man hier fast nur süße und halbtrockene Weine. Ein Dolchstoß für die Weingüter war der sogenannte Glykol-Skandal, in dem aufgedeckt wurde, dass zahlreiche Winzer ihre Weine illegal mit Frostschutzmittel süßten. Das Positive daran: Der Skandal diente als Weckruf und förderte den Aufbruch einer jungen Generation, die den österreichischen Weinbau in kürzester Zeit auf den Kopf gestellt hat. Heute ist der Ruf österreichischen Weins besser als je zuvor. Seit den 1990er-Jahren wächst der Anteil trockener Weine, weiß wie rot.

Die Regionen und ihre Rebsorten

So klein Österreich ist, so groß ist die Rebsortenvielfalt. Die wichtigste weiße Rebsorte in der Breite und in der Spitze ist der pfeffrig-fruchtige Grüne Veltliner, der fast ausschließlich in Österreich zu finden ist und charakteristische Erbsenaromen mitbringt. Auch beim säurebetonten Welschriesling handelt es sich um eine autochthone Rebsorte, die allerdings im Ausland fast unbekannt ist. Daneben finden sich internationale weiße Rebsorten wie Riesling, Muskateller, Weißburgunder oder Müller-Thurgau. Die französischen Sorten Chardonnay und Sauvignon blanc wachsen vor allem im Süden und sind dort schon seit mehr als 100 Jahren zu Hause. Weißwein dominiert zwar deutlich, aber auch Rotweinliebhaber werden bei fruchtigem Zweigelt, samtigem Sankt Laurent und würzigem Blaufränkisch fündig.

Niederösterreich und Wien

In Niederösterreich und Wien liegen zwei Drittel der österreichischen Weinberge. Jeder zweite Stock trägt hier Grünen Veltliner. An den Hängen der Donau und deren Nebenflüssen Krems, Traisen und Kamp hat auch Riesling Fuß gefasst. Die üppigen Grünen Veltliner aus der Wachau an der Donau sind die wohl prestigeträchtigsten und teuersten trockenen Weißweine des Landes. Carnuntum und die Thermenregion sind vor allem für fruchtbetonte Rotweine aus Zweigelt, Blaufränkisch und Sankt Laurent bekannt. In Wien und im nördlich der Stadt gelegenen vielseitigen Weinviertel wachsen fast alle Rebsorten, die Österreich zu bieten hat, von Chardonnay bis Muskateller.

Burgenland

Das Burgenland ist Rotweinland. Die besten werden aus Blaufränkisch gekeltert. In ihrer idealen Ausprägung ergibt die Rebsorte einen mittelschweren Rotwein aus dem Holzfass, der an gute Burgunder erinnert. Grüner Veltliner wächst vor allem an der Grenze zu Niederösterreich. Auch Dessertweine hat das Burgenland zu bieten: Vom Ufer des Neusiedler Sees kommen die besten Süßweine Österreichs, vor allem aus Welschriesling, Muskateller, Chardonnay und Weißburgunder.

Steiermark

Die Steiermark teilt sich in drei eigenständige Regionen auf, die alle gemeinsam haben, dass die österreichische Leitrebsorte, der Grüne Veltliner, hier fehlt. In der Südsteiermark und im Vulkanland sind die internationalen Globetrotter Chardonnay und Sauvignon blanc schon seit mehr als 100 Jahren zu Hause und ergeben knackige, filigrane Weine. Im Schilcherland in der Weststeiermark wächst die lediglich dort vorkommende Sorte Blauer Wildbacher, die traditionell nur als Rosé mit spritziger, knackiger Säure ausgebaut wird.

Weiße Rebsorten
Grüner Veltliner,
Riesling, Pinot blanc,
Chardonnay, Pinot gris,
Sauvignon blanc

Rote Rebsorten
Blaufränkisch,
Zweigelt, Portugieser,
Sankt Laurent

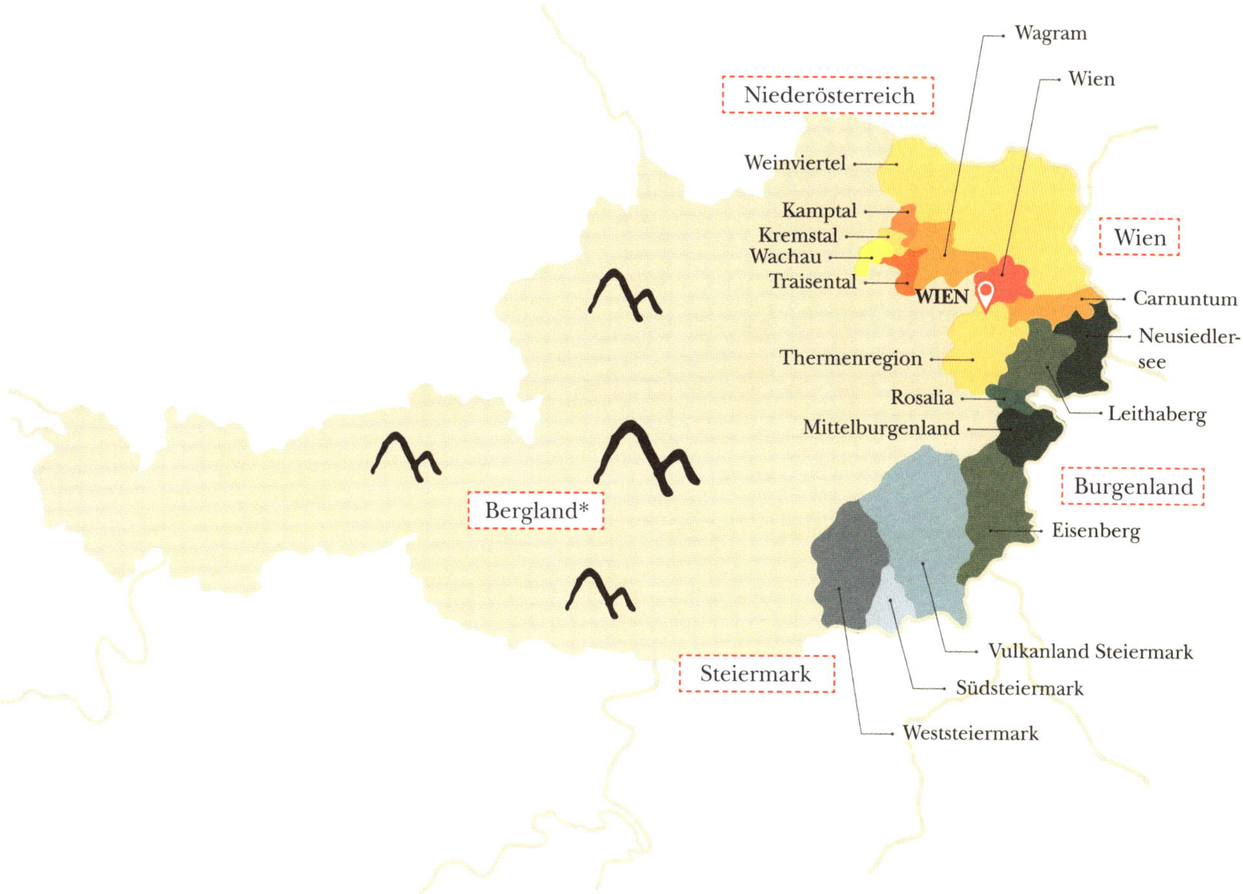

* Die Weinbauregion Bergland umfasst die Bundesländer Oberösterreich, Kärnten, Salzburg, Tirol und Vorarlberg, spielt jedoch im Vergleich zu den Weinbauregionen Weinland (Burgenland, Niederösterreich, Wien) und Steirerland (Steiermark) eine untergeordnete Rolle.

SCHWEIZ

Auch wenn in allen 26 Kantonen Weinbau betrieben wird, konzentriert er sich auf den Südwesten des Landes, wo mehr als die Hälfte der Weinberge liegt. Die Schweiz ist eines der kleinsten Weinbauländer Europas und weist gerade mal so viel Rebfläche auf wie das Elsass. Spektakulär ist der Weinbau an den Steilhängen der Alpentäler. Die höchsten Weinberge liegen auf über 1000 Metern Höhe.

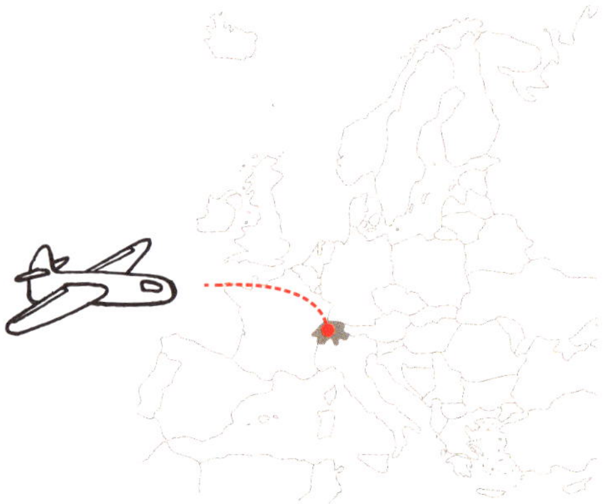

Im Ausland kaum bekannt

Schweizer trinken ihre Weine vor allem selbst. Die hohen Produktionskosten des Alpenlandes machen zudem selbst einfache Weine teuer. Daher sind Schweizer Weine im Ausland nur selten erhältlich.

Die Regionen und ihre Rebsorten

Zwei Rebsorten dominieren den Schweizer Weinbau, eine rote aus Frankreich und eine weiße, ureigen schweizerische: Pinot noir und Chasselas nehmen gemeinsam mehr als die Hälfte der Rebfläche ein. Man muss den Schweizern zugutehalten, dass es ihnen gelingt, aus dem an sich wenig aromatischen Chasselas Charakter herauszukitzeln. Die besten sind elegant, fein-hefig und passen mit ihrer subtilen Aromatik perfekt zum Raclette. Daneben kennt die kleine Schweiz mehr als 200 Rebsorten, aus denen zahlreiche mikroregionale Spezialitäten gekeltert werden.

Französische Schweiz

Der größte Teil des Schweizer Weins stammt aus dem französischsprachigen Teil des Landes. Die höchste Bekanntheit genießt dabei der Genfer See. Vom Waadtland am Nordufer kommen die spannendsten Chasselas, die hier Fendant genannt werden. Um die Stadt Genf dominieren Gamay und dessen verwandte Ganaroir und Gamaret, die sich in der Nase marmeladig und wild, am Gaumen leicht präsentieren. Die Drei-Seen-Region ist für Chasselas und mittelschwere Pinots noirs bekannt.

Italienische Schweiz

Hier spielt man nach anderen Regeln. Das italienischsprachige Kanton Tessin nördlich von Lago Maggiore und Luganer See ist auf Rotwein aus Merlot spezialisiert. Dafür sucht man Chasselas vergeblich und Pinot noir findet man nur in einigen wenigen Lagen. Tessiner Rotweine reifen meist im Holzfass, sind aber leichter als das Pendant aus Bordeaux. Beliebt ist außerdem weiß gekelterter, frisch-fruchtiger Merlot bianco, der gern zum Aperitif getrunken wird.

Deutschschweiz

Der Weinbau in den 21 deutschsprachigen Kantonen ist kleinteilig und aufgesplittert. Chasselas hat sich nirgendwo durchgesetzt, mittelschwere Pinot noir dominieren fast überall. Die größte zusammenhängende Rebfläche befindet sich um den Zürichsee, wo Pinot noir und der autochthone Räuschling wachsen, eine der unzähligen regionalen Rebsorten der Schweiz. Graubünden bietet vereinzelt Chardonnay, die mit guten Burgundern mithalten können.

Wallis

Die Weinberge des Wallis liegen teils im französischsprachigen, teils im deutschsprachigen Teil der Schweiz. Zusammen liefern sie mehr als ein Drittel des hiesigen Weins. Zwar sind Pinot noir und Chasselas auch hier die wichtigsten Sorten, daneben ist die Rebsortenvielfalt aber gewaltig: Neben Syrah, Gamay und Sauvignon blanc hat sich das Wallis auch zahlreiche vergessene Sorten erhalten, mit Namen wie Cornalin, Humange rouge oder Petite Arvine. Einige der spannendsten Weine des Wallis werden aus Heida gekeltert, der im französischen Jura als Savagnin sehr geschätzt ist und nussige, säurereiche Weine hervorbringt. Mit Heida ist auch der höchste Weinberg der Schweiz auf 1150 Metern Höhe bepflanzt.

Weiße Rebsorten
Chasselas, Müller-Thurgau, Petite Arvine

Rote Rebsorten
Pinot noir (Spätburgunder), Gamay, Merlot, Humagne, Cornalin

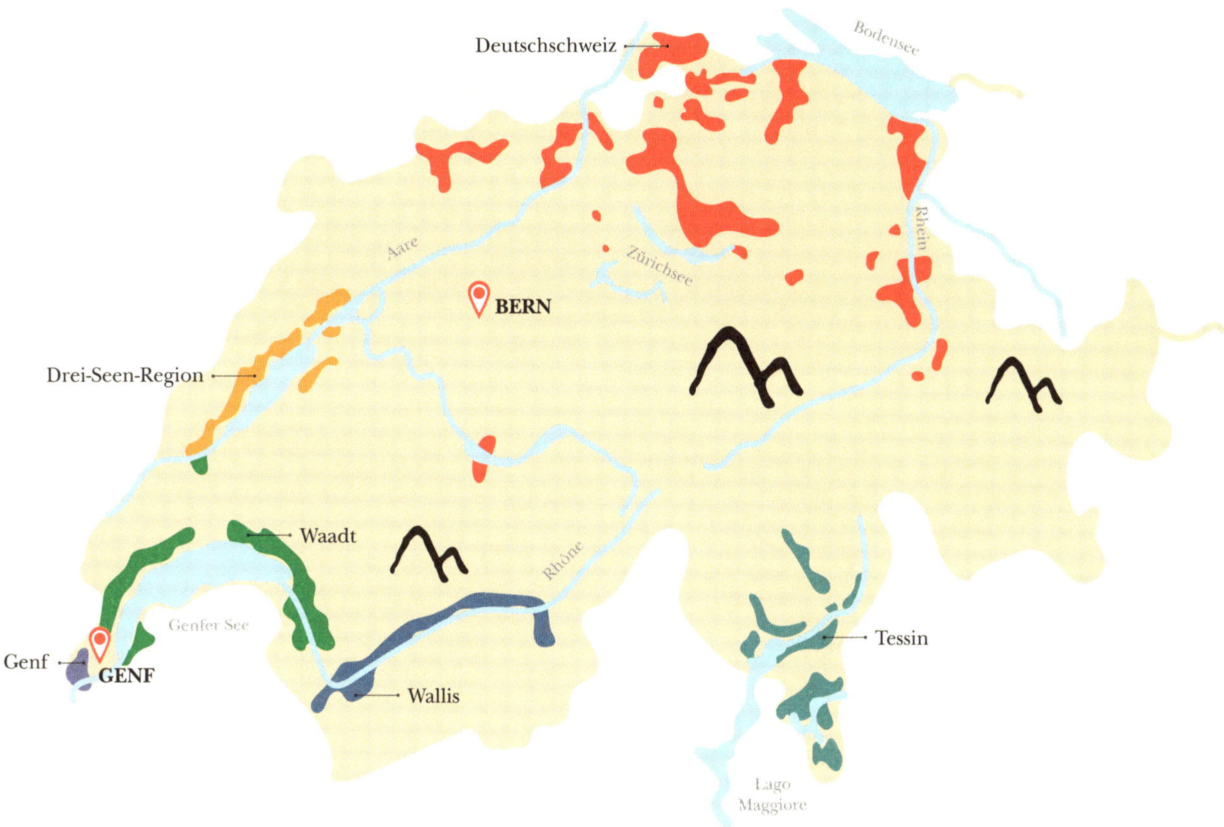

ITALIEN

*Die Weine Italiens, ebenso reichhaltig, komplex und spannend wie die Frankreichs, überraschen Weinliebhaber*innen immer wieder. Während italienische Weine in den 1980er-Jahren den Ruf hatten, unkompliziert, charmant und günstig zu sein, haben sie inzwischen ihren Adelstitel wiedererlangt. In Italien ist alles zu finden, und das in sehr guter Qualität: Von exzellenten Schaumweinen zu formidablen Roten, von fruchtig bis kräftig, dazu feine, überschwängliche, verführerische Weine … für jeden Geschmack ist etwas dabei.*

Eine Vielzahl an Terroirs

Eine derartige Diversität der Weinstile erklärt sich vor allem durch ein unendlich variables Klima: Die Weinberge in Hanglagen befinden sich zwischen Bergen und Küste und profitieren so vom Einfluss beider, die Reben wachsen auf kalkhaltigen Böden im Norden und vulkanischen im Süden.
Zur Vielfalt trägt auch eine beeindruckende Anzahl autochthoner Rebsorten bei: Es gibt mehr als 1000 im Land, von denen 400 offiziell zugelassen sind. Hinzu kommt ein selbst für Italiener*innen unübersichtliches Gewirr an Appellationen … was dazu führt, dass der Name der Produzent*innen häufig Vorrang vor der Herkunftsangabe hat.

Die großen Regionen

Fast im ganzen Land wird Wein produziert. Übrigens konkurriert Italien jedes Jahr mit Frankreich um die Führungsposition der Produzent*innen weltweit und steht als Exportland an der Spitze.

Der Nordwesten

Die Lombardei, das Aostatal und vor allem das Piemont – dies sind die Regionen der kräftigen Rotweine. Barolo und Barbaresco, basierend auf der tanninreichen Rebsorte Nebbiolo, gelten weltweit als Giganten, sie zeigen sich extrem aromatisch (Leder, Tabak, Teer, Pfaume, Rose), die Tannine zunächst störrisch, es sei denn, der Wein ist mindestens 15 Jahre in der Flasche gereift. Allerdings sind sie äußerst teuer. Die Rebsorte Barbera, nicht ganz so geschätzt, aber weiter verbreitet, enthält weniger Tannine, dafür aber mehr Säure. Auf jeden Fall solltet ihr Weine von der Rebsorte Dolcetto verkosten – sehr fruchtig und bitter-süß am Gaumen.

Der Nordosten

In Venezien, Friaul und Trentino werden leichte, elegante Weißweine produziert, perfekt als Aperitif oder als Begleitung zu leichten Speisen. Der berühmte Prosecco ist ebenfalls lebhaft und frisch. Die Rotweine, wie etwa der Valpolicella, sind alle sehr leicht.

Zentralitalien

Die Toskana ist die Nummer eins unter den Weinregionen des Landes. Die nobelste Rotweinsorte der Toskana ist der Sangiovese, aus dem die berühmten Chiantis hervorgehen, die immer besser werden und hervorragend zu Gerichten mit Tomaten passen. Viele Weinliebhaber ziehen dem Chianti jedoch den Brunello di Montalcino vor, ebenso fruchtig, aber kräftiger, und den Vino nobile di Montepulciano. Und dann sind da noch die »Supertoskaner«, basierend auf Merlot und Cabernet, verschnitten mit italienischen Rebsorten. Sie sind preislich allerdings außer Reichweite.

Der Süden

Hier könnt ihr Entdeckungen und Schnäppchen machen. Die Weine sind nur selten teuer. Doch aus den vielen Rebsorten, die nur hier wachsen, entstehen Weine mit außergewöhnlichem Charakter, vom pfeffrigen Primitivo bis zum nach Mandeln duftenden Aglianico, nicht zu vergessen den Negroamaro und den Nero d'Avola, die Weine mit großartiger Qualität hervorbringen. Auch einige Weißweine faszinieren, trocken und süß, und natürlich der Marsala.

Weiße Rebsorten
Moscato, Arneis, Pinot bianco, Malvasia, Trebbiano, Cortese, Pinot grigio, Gewürztraminer, Sauvignon, Chardonnay …

Rote Rebsorten
Nebbiolo, Sangiovese, Barbera, Lambrusco, Negroamaro, Nero d'Avola, Primitivo, Aglianico, Dolcetto, Cabernet Sauvignon, Merlot, Pinot nero …

PIEMONT

Rotweine: etwa 70 %
Weißweine: etwa 30 %

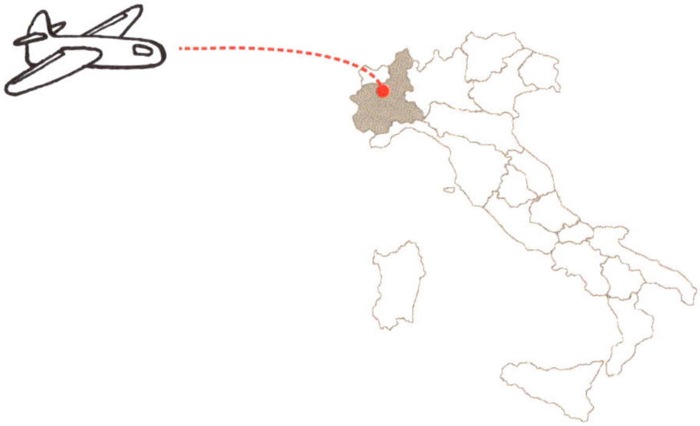

Das Piemont steht mit einer Rebfläche von ungefähr 48 000 Hektar kaum hinter der Größe der Weinbaugebiete in Sizilien, Apulien und Venezien zurück. Obwohl einige hervorragende Weißweine aus dieser Region stammen, ist sie vor allem für ihre exzellenten Rotweine bekannt: Von den Langhe zum Monferrato, vom Roero bis ins nördliche Piemont konkurrieren die Anbaugebiete darum, kräftige, duftende und besonders komplexe Rotweine zu produzieren.

Weiß oder rot?

Das Piemont ist berühmt für seine großen Rotweine, doch hat es auch bemerkenswerte Weißweine zu bieten: vom mineralischen, würzigen Gavi zum originellen Timorasso, über zu Unrecht als minderwertig angesehene Weine wie den Erbaluce di Caluso (bei Liebhabern dank hochwertiger Weine aus kleiner Produktion immer mehr in Mode). Und doch machen die großartigen roten Appellationen das Herzstück aus, die großen Klassiker der Region, angefangen bei Barbera und Dolcetto.

Einkauf

Die großen Weine mit der kontrollierten Herkunftsbezeichnung Doc oder Docg sind nicht billig. Bei Dolcetto und Barbera könnt ihr von bezahlbaren Preisen ausgehen, beim Barbaresco wird es schon etwas teurer und im Fall von Barolo liegen wir bei mindestens 30–40 Euro (und deutlich mehr für die besonders gefragen Flaschen).

Die großen Nebbiolos

Bei allem Respekt gegenüber den geschätzten traditionellen Rebsorten der Region, von Dolcetto zu Barbera, von der duftenden Freisa über die würzige Pelaverga bis hin zum grazilen Grignolino: Die meistgeschätzte Rebsorte des Piemont bleibt immer noch der Nebbiolo. Temperamentvoll und schwierig anzubauen, geben die Trauben komplexe Rotweine mit einzigartiger Tiefe. Allen voran sind hier Barolo und Barbaresco zu nennen, aber auch (und immer häufiger) die raffinierten Interpretationen des Nordens: Gattinara, Boca, Bramaterra, Ghemme, Fara, Carema und Lessona.

Der berühmte Moscato

Von großer wirtschaftlicher Bedeutung ist auch der Anbau der Rebsorte Moscato. Ihre Trauben bringen süße, leicht perlende Weine hervor, die in die ganze Welt exportiert werden. Die Nachfrage nach diesem Stil – in Form von Asti Spumante und Moscato d'Asti, letzterer aus nur teilweise vergorenem Most, alkoholarm und süß – steigt, auch im Ausland.

Weiße Rebsorten
Moscato, Cortese, Erbaluce, Timorasso, Arneis ...

Rote Rebsorten
Nebbiolo, Barbera, Dolcetto, Freisa, Pelaverga, Brachetto, Grignolino ...

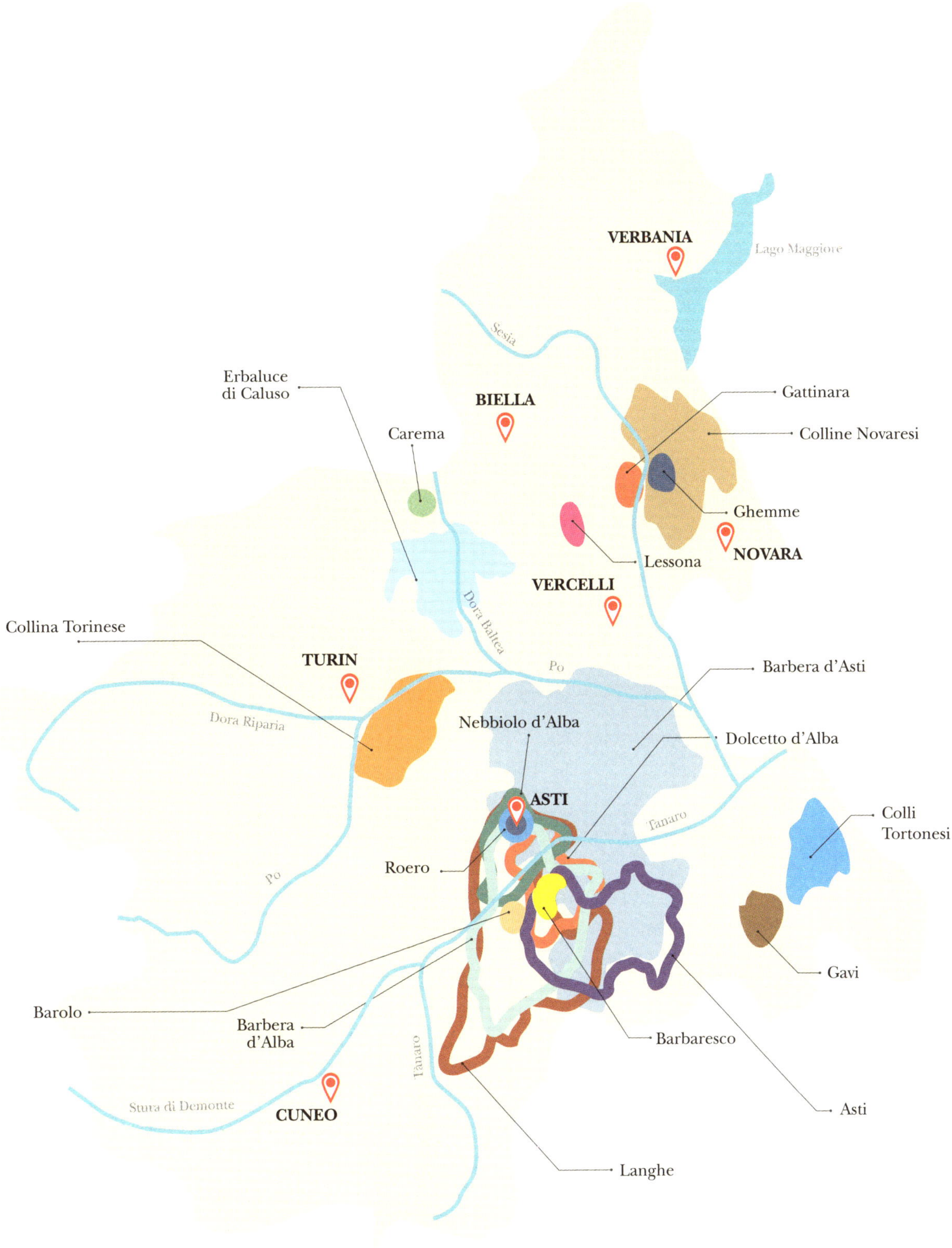
VERBANIA
Lago Maggiore
Sesia
Erbaluce di Caluso
BIELLA
Carema
Gattinara
Colline Novaresi
Ghemme
NOVARA
Lessona
VERCELLI
Dora Baltea
Collina Torinese
TURIN
Po
Barbera d'Asti
Dora Riparia
Nebbiolo d'Alba
Dolcetto d'Alba
ASTI
Tanaro
Colli Tortonesi
Roero
Po
Gavi
Barolo
Barbera d'Alba
Barbaresco
Tanaro
Asti
Stura di Demonte
CUNEO
Langhe

WEITERE REGIONEN NORDITALIENS

Aostatal

Weine aus dem Aostatal sind nicht leicht zu bekommen, aber es lohnt sich, danach zu suchen, denn sie sind originell und häufig sehr gut. Der Weinbau ist schwierig und somit teuer, meist handelt es sich um Steillagen. Die Weine basieren auf weniger bekannten Rebsorten wie Fumin, Cornalin, Mayolet, Petite Arvine. Die Struktur ist fast immer schlank und die Trinkbarkeit garantiert. Das Gebiet ist sehr interessant für Weinliebhaber, die Lust auf Neues haben.

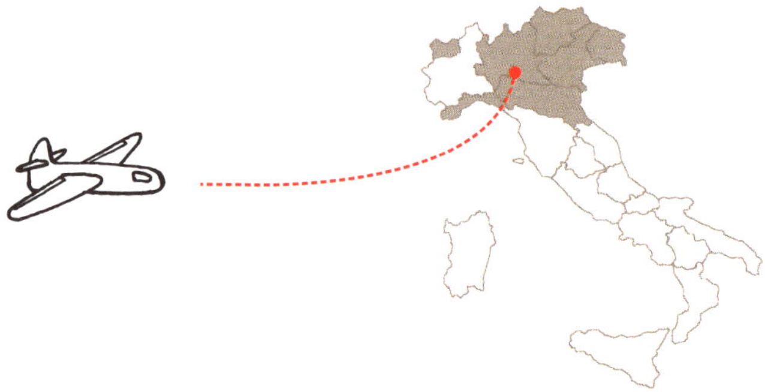

Ligurien

Ähnlich wie im Aostatal findet auch der Weinbau in Ligurien unter extremen Bedingungen statt. Es reicht schon der Blick auf die Steillagen entlang der Küste, um zu begreifen, dass der ligurische Weinbau nicht günstig sein kann. Das bedeutet wiederum, dass auch die ligurischen Weine nicht billig sein können. Ihre Qualität, die mindestens ausgezeichnet, wenn nicht sogar exzellent ist, rechtfertigt ihren Preis jedoch. Vermentino und Pigato, die bekanntesten Weißweine der Region, sind sehr gut und vielseitig bei der Speisenbegleitung. Bei den Roten ist der feine, duftige Rossese besonders hervorzuheben, der gefährlich leicht zu trinken ist.

Lombardei

Die Produktion der Lombardei ist breit gefächert und zuverlässig, in Hinblick auf Menge und Qualität. Drei Gebiete dominieren: Oltrepò Pavese, das größte Weinbaugebiet der Region, die Franciacorta, Reich der großen Schaumweine nach klassischer Methode, und das Veltlin, eine Bergregion, die Rotweine seltener Komplexität hervorbringt. Aus Oltrepò stammen sowohl Perlweine (Bonarda, Gutturnio, Schaumweine klassischer Methode) als auch stille Weine (Buttafuoco, Barbera, Riesling, Sauvignon usw.). Aus dem Veltlin (ital. *Valtellina*) solltet ihr unbedingt die eleganten Nebbiolos der Steillagen kosten: Rosso d'Annata, Inferno, Sassella und Grumello.

Trentino-Alto Adige/Südtirol

Aus dieser Region, einer der beständig besten Weinregionen des Landes, kommen exzellente Weiß- und sehr hochwertige Rotweine. Im Trentino ist neben den lebhaften trockenen Weißweinen Nosiola und Moscato giallo der Schaumwein Trentodoc zu erwähnen, der zu den besten Italiens gehört.
Südtirol besticht durch eine beachtliche Sortenvielfalt und eine ebenso beeindruckende beständige Qualität auf sehr hohem Niveau. Hier ist es fast unmöglich, bei gepflegten Rotweinen wie Pinot nero, Lagrein und Santa Maddalena oder aromatischen Weißweinen wie Sauvignon, Gewürztraminer, Riesling oder Müller-Thurgau etwas falsch zu machen.

Venezien

In Venezien ist eine Vielzahl von Weinbergen und Weinen zu finden. Hier gibt es fast alles – auch in jeder Qualität. Die Weißweine aus der Gegend Soave sind im Allgemeinen sehr gut und zählen zu den besten Italiens. Auch der Bianco di Custoza steigt im Kurs, sehr beliebt ist der Lison-Pramaggiore. Besonderer Stolz der Region ist das Gebiet Valpolicella, bekannt für intensive, fruchtige Rotweine, unter denen der berühmte Amarone eine Spitzenstellung einnimmt. Der Prosecco, weit verbreitet und meistens von zuverlässiger Qualität, ist vermutlich der im Ausland meistgefragte italienische Wein.

Friaul-Julisch Venezien

Das Friaul ist traditionell für seine hochwertigen Weißweine bekannt, aber es hat auch faszinierende, ungewöhnliche Rotweine zu bieten: etwa Refosco und Schioppettino oder Terrano del Carso. Und doch bestimmen die Weißweine immer noch den regionalen Weinbau: vom geschichtsträchtigen Tocai (aufgrund von EU-Vorgaben heute »Friulano«, nachdem ein jahrelanger Rechtsstreit mit dem ungarischen Tokaji verloren wurde) über Ribolla gialla zu den Klassikern Chardonnay, Sauvignon und Pinot grigio.

Emilia-Romagna

Während die Emilia vor allem für ihre perlenden Weine bekannt ist, allen voran Lambrusco (Reggiano, di Sorbara, Grasparossa), bringt die Romagna immer wieder gute Weißweine und hervorragende Rotweine hervor, etwa den immer mehr geschätzten Sangiovese di Romagna. Nicht zu vergessen der traditionelle Albana, ein bescheidener, aber vielseitiger Weißwein und optimaler Speisenbegleiter.

Weiße Rebsorten
Vermentino, Albana, Trebbiano, Glera, Garganega, Friulano, Sauvignon, Gewürztraminer, Pinot bianco, Pinot grigio ...

Rote Rebsorten
Rossese, Bonarda, Nebbiolo, Corvina, Schiava, Lagrein, Teroldego, Lambrusco ...

TOSKANA

Rotweine: etwa 70 %
Weißweine: etwa 30 %

Was die Qualität der italienischen Weine angeht, teilt sich die Toskana mit dem Piemont den ersten Platz. Die ausgedehnte Weinproduktion deckt fast alle erdenklichen Weinstile ab. Obwohl es berühmte, hochwertige Weißweine aus der Region gibt, wie den Vernaccia di San Gimignano, liegt ihre Stärke in den Rotweinen.

Weiß oder rot?

Neben dem berühmten und geschichtsträchtigen Vernaccia di San Gimignano hat die Region weitere gut gemachte und angenehme Weißweine zu bieten, vor allem entlang der Küste (Colli di Luni an der Grenze zu Ligurien, Bianco di Pitigliano, Ansonica dell'Argentario usw.).
Doch im Bereich intensiver Rotweine mit Struktur kann es die Toskana mit fast jeder anderen Weinbauregion weltweit aufnehmen, ganz gleich, wie berühmt diese ist: Allein Weine kontrollierter Herkunftsbezeichnung wie Brunello di Montalcino, Chianti Classico, Nobile di Montepulciano und Bolgheri rechtfertigen ihren Ruf. Nicht zu vergessen die Süßweine und die oxidativ ausgebauten Weine, unter denen die verschiedenen Versionen des Vin Santo besonders bemerkenswert sind.

Weine aus Sangiovese

Die Rebsorte Sangiovese steht exemplarisch für die Region. Sie wird zu unterschiedlichen Stilen vinifiziert, von leichten, unkomplizierten Rotweinen (selten Rosés), die innerhalb von ein bis zwei Jahren getrunken werden sollten, bis zu schweren Rotweinen mit monumentaler Struktur, hohem Alkoholgehalt und vielen Tanninen. Bei Weinen aus besonders geeigneten Gebieten tritt der Sortencharakter in den Hintergrund, und die Stimme des Terroirs ist deutlich zu erkennen. Aus Montalcino stammt wärmender, duftender, komplexer Sangiovese – Brunello und Rosso – mit hohem Alkoholgehalt und reichlich Tanninen.

Brunello di Montalcino ist meist teuer, profitiert von einigen Jahren Flaschenreife vor dem Entkorken und hat potenziell eine lange Lebensdauer, bis zu zwei bis drei Jahrzehnten oder darüber hinaus.
Im Chianti Classico nimmt die Rebsorte ihre vielleicht eleganteste Erscheinungsform an. Fein in Aroma und Geschmack und doch körperreich, gelingt es diesen Rotweinen, Kraft und Grazilität, Tanninreichtum und Trinkbarkeit, Anmut in der Jugend und aromatische Komplexität in der Reife zu vereinen. Auch sie haben eine lange Lebensdauer, von vielen Jahren bis zu Jahrzehnten.
Im Montepulciano zeigt sich der Sangiovese hingegen kräftiger, mit würzigen Tanninen und sperrig in der Jugend. Doch ein guter Vino Nobile di Montepulciano altert mit Würde.
Nicht zu vergessen ist der rustikale, angenehme Sangiovese, der den Morellino di Scansano aus der Region Maremma hervorbringt. Er hat einen deutlichen Alkoholgehalt, spürbare Tannine, und zeigt sich nach ein paar Jahren im Keller samtig und wärmend.

Weiße Rebsorten
Trebbiano, Vermentino, Vernaccia, Ansonica ...

Rote Rebsorten
Sangiovese, Aleatico, Canaiolo, Ciliegiolo ...

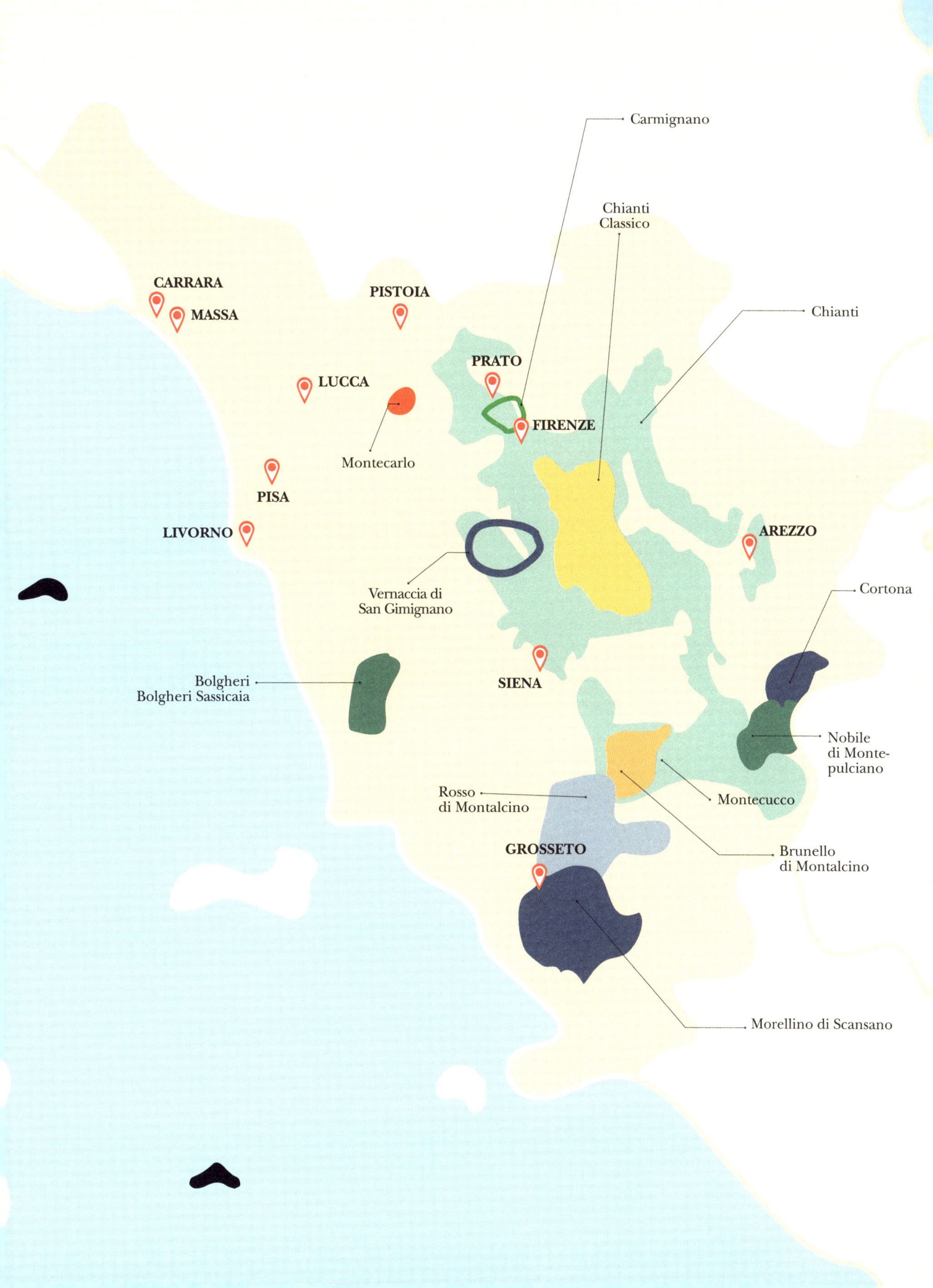
Carmignano
Chianti Classico
CARRARA
PISTOIA
MASSA
Chianti
PRATO
LUCCA
FIRENZE
Montecarlo
PISA
LIVORNO
AREZZO
Vernaccia di San Gimignano
Cortona
SIENA
Bolgheri Bolgheri Sassicaia
Nobile di Monte-pulciano
Rosso di Montalcino
Montecucco
GROSSETO
Brunello di Montalcino
Morellino di Scansano

FRANKREICH

Der französische Weinbau reicht im Norden bis auf die Höhe Belgiens. Doch das Gros der Weine kommt aus den Regionen im Süden zwischen Atlantik und Côte d'Azur. Von Nord nach Süd nimmt die Bedeutung weißer Rebsorten stetig ab, am Mittelmeer wachsen fast nur noch rote Trauben.

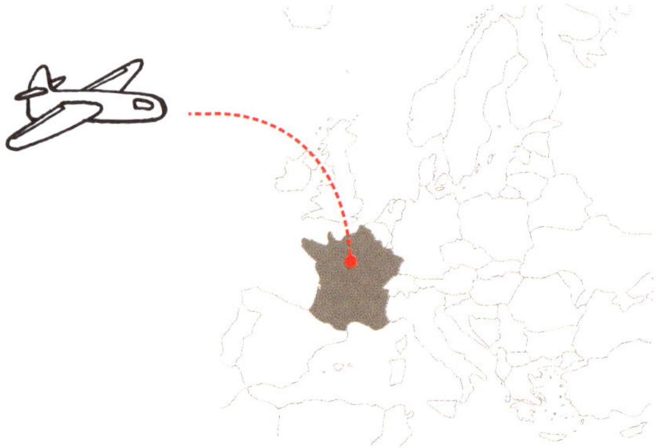

Prinzip Herkunft

Herkunft und Rebsorte sind in Frankreich untrennbar miteinander verbunden. Meist ist sogar gesetzlich geregelt, was wo angebaut wird, weswegen die Rebsorte fast nie auf dem Etikett zu finden ist. Im Restaurant bestellt man deswegen viel eher »einen Bordeaux« als »einen Cabernet Sauvignon«.

Die großen Drei

Nach wie vor ist der Ruf französischer Weine unerreicht. Das liegt vor allem an den Regionen Burgund, Bordeaux und Champagne. Die besten Weine aus diesen Regionen können mehrere Hundert oder gar Tausend Euro pro Flasche erzielen. Von ihnen haben sich andere Regionen inspirieren lassen und die jeweiligen Stile imitiert: Deutschland die Chardonnays, Neuseeland die Pinots noirs aus dem Burgund, die Franciacorta in Norditalien die nussigen fruchtarmen Schaumweine aus der Champagne.

Nordosten

Die Champagne, das Elsass und Lothringen keltern fast keinen Rotwein. In der Champagne stehen zwar zahlreiche rote Pinot-Reben, ihre Trauben werden aber zu weißem oder roséfarbenem Champagner verarbeitet. Die Region produziert fast ausschließlich die weltbekannten Schaumweine. Das Elsass ist von seiner deutschen Vergangenheit geprägt, weswegen hier vor allem fruchtbetonte Weine aus Riesling, Gewürztraminer, Pinot blanc, Pinot gris und vereinzelt Spätburgunder entstehen.

Mitte

In allen Regionen der Mitte gibt es etwa gleich viel Rot- und Weißwein. An ihrer Atlantikmündung bringt die weit gestreckte Loire leichten, weißen Muscadet hervor, im Landesinneren mittelschwere kräutrige Rotweine aus Cabernet franc, fruchtigen Chenin blanc sowie grasige Sauvignon blanc aus Pouilly und Sancerre. Das Burgund steht für die elegantesten Pinots noirs der Welt und für säurehaltige toastige Chardonnays aus dem Holzfass. Wem das Burgund zu teuer ist, der kann auf die roten Gamays aus dem Beaujolais ausweichen, die trotz anderer Rebsorte oft ein ähnliches Säurespiel mitbringen. Die Splitterregionen Bugey, Auvergne und Savoyen produzieren einfache und erdige Rot- und Weißweine. Das Jura schätzen vor allem Kenner für den unverwechselbar oxidativ-würzigen Weißweinstil.

Süden

Anders als der Norden ist Südfrankreich in der Lage, die große Nachfrage nach einfachem Wein zu bedienen. Es gibt aber auch zahlreiche Inseln des guten Geschmacks. Von der nördlichen Rhône kommen große, pfeffrige Syrah, aus Bandol konzentrierte erdige Rotweine und zitrische Rosés, aus Châteauneuf-du-Pape und Gigondas lagerfähige schwere Rotwein-Cuvées, aus Banyuls süße Rote im Portweinstil, und Bordeaux ist als Wiege hochklassigen Weins ohnehin bekannt. Hinzu gesellen sich überall zahlreiche Winzer aus der Naturweinbewegung, die die günstigen Quadratmeterpreise für experimentelle Freiräume nutzen. In allen Regionen des Südens dominiert Rotwein, der häufig aus einem Verschnitt mehrerer Sorten gekeltert wird. Die bekannteste Variante ist die Bordeaux-Cuvée aus Merlot, Cabernet Sauvignon und Cabernet franc. Die Rotweine aus Châteauneuf-du-Pape bestehen aus bis zu 13 Rebsorten. Auf Korsika zeugt Sangiovese, der hier Nielluciu heißt, von vergangener italienischer Herrschaft.

Weiße Rebsorten
Chardonnay, Sauvignon blanc, Sémillon, Chenin blanc, Viognier, Marsanne, Roussanne, Riesling, Muscat, Ugni blanc, Grenache blanc, Melon de Bourgogne, Savagnin
Rote Rebsorten
Pinot noir, Pinot Meunier, Cabernet franc, Cabernet Sauvignon, Merlot, Gamay, Mourvèdre, Grenache, Syrah, Carignan, Cinsault, Malbec
Champagne
Lothringen
Elsass
Burgund
Jura
Bugey
Loiretal
Auvergne
Savoyen
Beaujolais
Côtes du Rhône
Bordeaux
Aveyron
Gigondas
Provence
Toulouse
Südwesten
Baskenland
Languedoc-Roussillon
Banyuls
Korsika
Béarn

ELSASS

Weißweine:
etwa 90 %
Rotweine und Rosé:
etwa 10 %

Die Rebsorten

Im Gegensatz zu den anderen französischen Weinregionen wählen wir im Elsass zunächst die Rebsorte, die wir trinken möchten: Muscat, Silvaner … Sie spielt in dieser Region eine größere Rolle als das Terroir. Jede Rebsorte hat ihre eigene Persönlichkeit, vom mineralischen Riesling zum aromatischen Gewürztraminer, nicht zu vergessen die rauchigen Noten des Pinot gris. Je nach Anlass wählen wir auch zwischen Schaumwein (Crémant, meist basierend auf Pinot blanc), trockenem Wein oder Süßwein. Süßweine können aus den vier sogenannten »noblen« Rebsorten gewonnen werden: Muscat, Pinot gris, Gewürztraminer und Riesling. Geerntet werden sie als Spätlese oder Sélection de grains nobles, je nach gewünschtem Zuckergehalt der Weinbeeren.

Grand Cru

Ist die Rebsorte gewählt, halten aufgeklärte Weinliebhaber*innen nach der Bezeichnung »Grand Cru« Ausschau. Sie ist reserviert für Weine aus den vier noblen Rebsorten in 51 Spitzenlagen des Elsass (zum Beispiel Osterberg, Rangen, Schlossberg, Zinnkœpflé …). Das Elsass gilt als die geologisch komplizierteste Weinregion Frankreichs, weil hier unterschiedliche geografische Profile miteinander verflochten sind. Insgesamt 13 sind es, von vulkanischem Sedimentgestein über Sandstein zu Gneis. Egal wie komplex die Region ist: Hier findet ihr schöne Weine zu vernünftigen Preisen und sehenswerte Weingüter, auf denen alles erklärt wird.

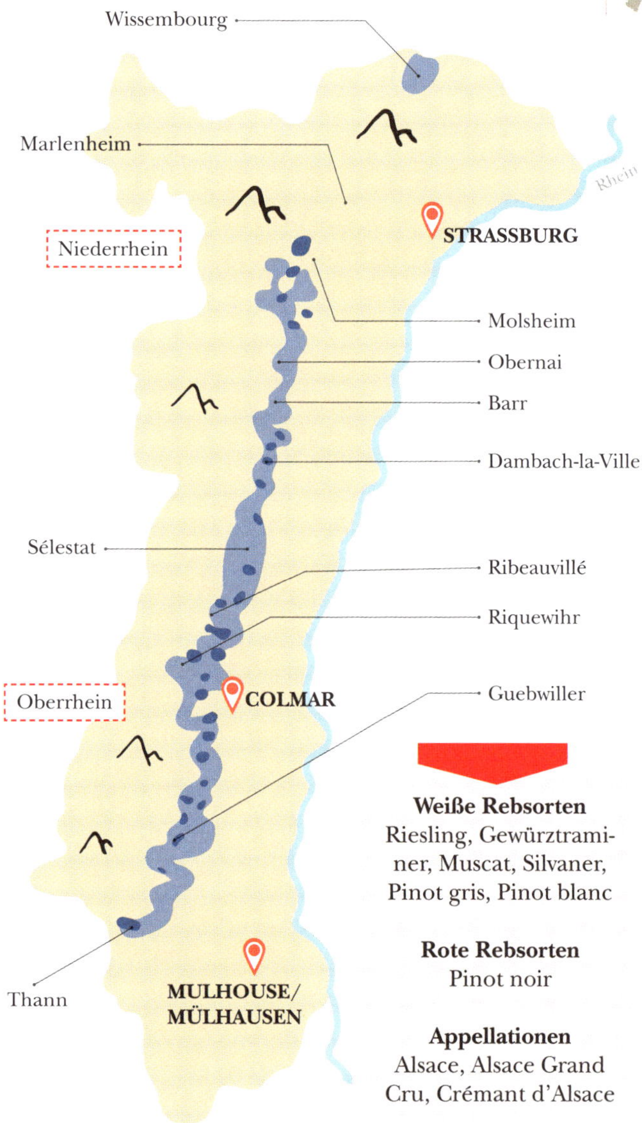

Weiße Rebsorten
Riesling, Gewürztraminer, Muscat, Silvaner, Pinot gris, Pinot blanc

Rote Rebsorten
Pinot noir

Appellationen
Alsace, Alsace Grand Cru, Crémant d'Alsace

DAS BEAUJOLAIS

Rotweine: 98 %
Weiß- und
Schaumweine: 2 %

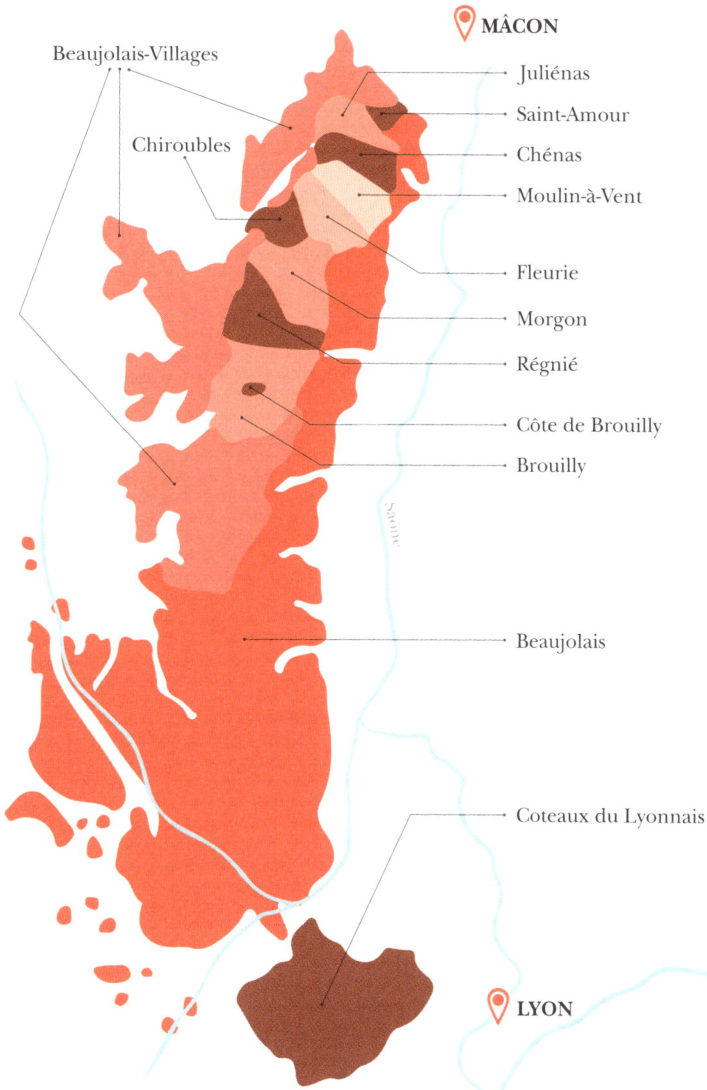

Beaujolais und Beaujolais nouveau

Wenn es um Wein aus dem Beaujolais geht, denken viele an Beaujolais nouveau oder primeur, den kleinen Bruder des Beaujolais. Er wird sofort nach der Weinbereitung in Flaschen abgefüllt und kommt weltweit am dritten Donnerstag im November auf den Markt. Dadurch hat er keine Zeit, komplexe Aromen zu entwickeln. Häufig wird er wegen seiner Einfachheit und seines berüchtigten »Bananengeschmacks« kritisiert. Doch die Region hat mehr zu bieten: Die fruchtige und tanninarme Rebsorte Gamay stammt aus dem Beaujolais. Aus ihr werden leicht zu trinkende Rotweine produziert, aus Cru-Lagen auch komplexere Weine, die zehn Jahre und länger reifen können.

Welchen Wein soll ich wählen?

Auf der Suche nach einem süffigen, leichten und lebendigen Wein greift ihr nach einem Beaujolais-Villages. Die besten Entdeckungen zu guten Preisen könnt ihr jedoch unter den Crus machen. Morgon, Chénas und Moulin-à-Vent sind vollmundig und etwas tanninreicher mit Reifepotenzial. Aus Chiroubles und Saint-Amour kommt hingegen ein feinerer, leichterer Beaujolais, Weine aus Fleurie sind aromatisch, intensiv und haben Noten roter Früchte und Blüten.

Weiße Rebsorten
Chardonnay

Rote Rebsorten
Gamay

RHÔNETAL

Rotweine und Rosés: etwa 90 %
Weißweine: etwa 10 %

Regionen und Rebsorten

Das Weinbaugebiet der Côtes du Rhône besteht im Grunde genommen aus zwei Regionen: der nördlichen Rhône, bis nach Valence, und der südlichen Rhône. Im Norden werden die Rotweine ausschließlich aus Syrah gewonnen und die Weißweine vor allem aus Viognier, manchmal aber auch aus Marsanne und Roussanne. Im Süden sind deutlich mehr Rebsorten verbreitet: In Châteauneuf-du-Pape gibt es zum Beispiel 13 für Rotweine zugelassene Sorten. Neben Weiß-, Rosé- und Rotweinen sind an der Rhône auch Vins doux naturels zu finden, auf der Grundlage von Muscat für die weißen (Muscat de Beaumes-de-Venise) oder Grenache für die roten (Rasteau). Und schließlich gibt es noch einen Schaumwein auf Basis von Muscat und Clairette, den Clairette de Die.

Der Geschmack

Der Syrah von den nördlichen Côtes du Rhône produziert kräftige, tanninreiche Weine mit Aromen von Pfeffer und Schwarzen Johannisbeeren. In ihrer Jugend wirken die Tannine streng, doch nach ein paar Jahren in der Flasche sind sie wunderbar.
Die Weine sind häufig teuer.
Auch im Süden sind die Weine kräftig, manchmal sogar kräftiger, dank Grenache jedoch auch runder. In beiden Lagen sind hochangesehene Weine zu finden, Côte-Rôtie und Hermitage im Norden, Châteauneuf-du-Pape im Süden.
Was die Weißweine betrifft, sind die aus dem Norden manchmal außergewöhnlich: Condrieu und Château-Grillet gehören zu den aromatischsten der Welt, der Viognier explodiert in Blumen, Sahne und Aprikose. Die Weißweine des Südens sind von unterschiedlicher Qualität: Sie können charmante Aromen von Bienenwachs, Kamille und Kräutern haben. Ist die Sonne jedoch zu intensiv, können diese ins Unangenehme umschlagen. Ähnliches gilt für die Rotweine, die köstlich sein können – vorausgesetzt, sie sind nicht überwältigend. Und Vorsicht beim Alkohol: Häufig sind auf den Etiketten Werte von 14,5 % oder sogar 15 % verzeichnet. Alkohol und Tannine werden oft von der Fülle des Weins überdeckt, das ist tückisch, denn so ist er leicht zu trinken! Darüber hinaus sind die Weine günstig.

Côtes du Rhône Villages

Die Herkunftsbezeichnung Côtes du Rhône Villages darf in einem großen Gebiet der Weinberge an der südlichen Rhône verwendet werden. Zusätzlich dürfen etwa 20 Gemeinden, die für die Qualität ihrer Weine und die Besonderheit ihres Terroirs bekannt sind, ihren Namen auf das Etikett setzen, beispielsweise Massif d'Uchaux, Séguret, Visan oder Laudun-l'Ardoise.

Weiße Rebsorten
Viognier, Marsanne, Roussanne, Clairette, Bourboulenc, Picpoul, Grenache blanc, Ugni blanc

Rote Rebsorten
Syrah, Grenache, Mourvèdre, Carignan, Cinsault, Counoise, Vaccarèse

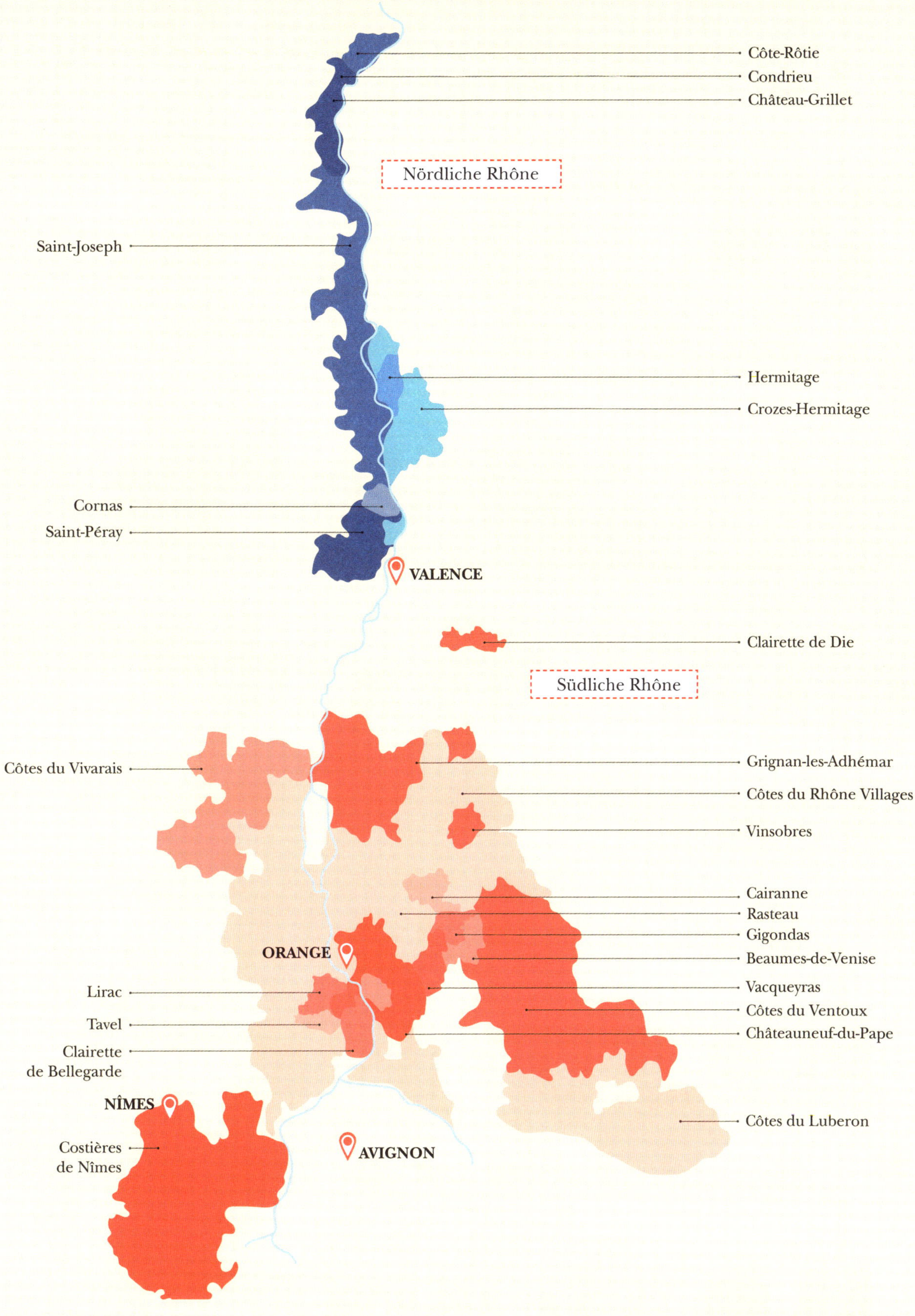

Côte-Rôtie
Condrieu
Château-Grillet
Nördliche Rhône
Saint-Joseph
Hermitage
Crozes-Hermitage
Cornas
Saint-Péray
VALENCE
Clairette de Die
Südliche Rhône
Côtes du Vivarais
Grignan-les-Adhémar
Côtes du Rhône Villages
Vinsobres
Cairanne
Rasteau
Gigondas
Beaumes-de-Venise
ORANGE
Lirac
Vacqueyras
Tavel
Côtes du Ventoux
Clairette
de Bellegarde
Châteauneuf-du-Pape
NÎMES
Côtes du Luberon
Costières
de Nîmes
AVIGNON

LANGUEDOC-ROUSSILLON

Rotweine und Rosés: etwa 80 %
Weißweine: etwa 20 %

Das Languedoc-Roussillon ist die führende Weinbauregion Frankreichs, was Produktionsvolumen (40 % der Gesamtproduktion) und Rebfläche betrifft. Sie erstreckt sich von Nîmes, wo ihre Weinberge die der Côtes du Rhône berühren, bis zur spanischen Grenze. In der Region werden Weißweine, Rotweine und Rosés produziert, trocken und süß.

Die Region

Lange war die produzierte Menge im Languedoc-Roussillon wichtiger als die Qualität. Doch heute wollen die Winzer*innen der Region große, charmante und charaktervolle Weine produzieren. Und sie erreichen ihr Ziel: Mittlerweile kann man sehr gute Flaschen zu vernünftigen Preisen finden – zum Beispiel Weißweine aus Limoux und Rotweine aus Corbières und vom Pic Saint-Loup. Und die Appellation Terrasses du Larzac beheimatet eine Menge sehr talentierter neuer Winzer*innen. Die Preise steigen, aber die Weine sind fantastisch.

Der Geschmack

Wundert euch nicht, wenn ihr hier einige Gemeinsamkeiten mit den Weinen der südlichen Rhône entdeckt: Die Rebsorten sind fast identisch. Nur der schroffe Carignan, die charakteristische Rebsorte des Languedoc-Roussillon, kann für Überraschungen sorgen, wenn er von gut gepflegten alten Reben stammt. Dann gibt er einen gleichzeitig rustikalen wie mineralischen Wein.
Bei den Weißweinen ist der Chardonnay immer präsenter (und bemerkenswert), und aus einer Reihe weiterer Rebsorten aus allen Himmelsrichtungen werden Weine verschnitten, die mit den reichhaltigen Aromen exotischer Früchte, Haselnüsse und weißer Blüten aufwarten.

Die Appellationen

Betrachtet man die Appellationen, so sind die Weine von Saint-Chinian, Faugères und Minervois im Allgemeinen etwas zarter und nicht so robust wie die Corbières, Languedocs und Côtes du Roussillon. Die im Landesinneren und in Höhenlagen produzierten Weine sind frischer und delikater. Den anderen ist ein imposanter Charakter gemeinsam, geprägt von aromatischen Kräutern wie Thymian, Lorbeer und Garrigue, die zwischen den Rebstöcken wachsen.
Mit der Appellation Languedoc könnt ihr unter den 17 lokalen Herkunftsbezeichnungen positive Überraschungen erleben, etwa bei La Clape oder Pic-Saint-Loup. Doch ist es vor allem die Arbeit der Winzer*innen, die den Unterschied macht. In dieser Region könnt ihr Schnäppchen machen, wenn ihr etwas sucht.

Die Vins doux naturels

Besonders berühmt ist die Region für ihre Vins doux naturels, sowohl rote als auch weiße.
Unter den Weißen entfalten die Muscats (Muscat de Lunel, Muscat de Mireval, Muscat de Frontignan, Muscat de Rivesaltes) kräftige Aromen und viel Anmut am Gaumen.
Bei den Roten (Maury, Banyuls) kommen Aromen von Kakao, Kaffee, Lakritz, Feigen, kandierten Früchten, Mandeln und Walnüssen mit einer geschmeidigen Textur zusammen. Sie sind von ähnlicher Komplexität wie großartige Portweine.

Weiße Rebsorten
Chardonnay, Clairette, Grenache blanc, Bourboulenc, Picpoul, Marsanne, Roussanne, Macabeo, Mauzac, Muscat

Rote Rebsorten
Carignan, Syrah, Grenache, Cinsault, Mourvèdre, Merlot

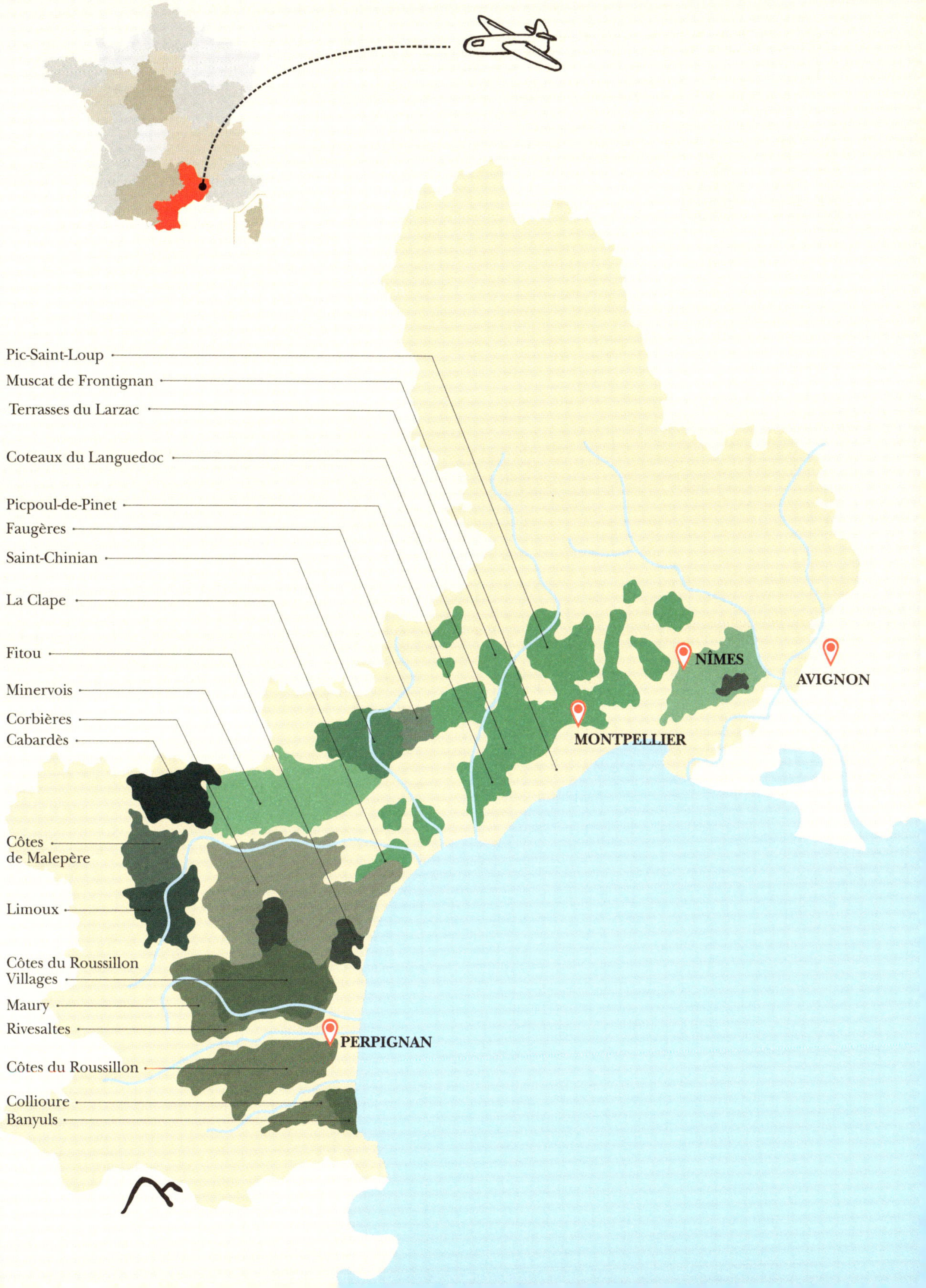
Pic-Saint-Loup
Muscat de Frontignan
Terrasses du Larzac
Coteaux du Languedoc
Picpoul-de-Pinet
Faugères
Saint-Chinian
La Clape
Fitou
Minervois
Corbières
Cabardès
Côtes de Malepère
Limoux
Côtes du Roussillon Villages
Maury
Rivesaltes
Côtes du Roussillon
Collioure
Banyuls
NÎMES
AVIGNON
MONTPELLIER
PERPIGNAN

BORDEAUX

Rotweine und Rosés: etwa 90 %
Weißweine: etwa 10 %

In der Heimat der renommiertesten (und teuersten) Rotweine der Welt sind auch Weine weniger bekannter Châteaus zu kleinem Preis zu finden. Hier fällt die Wahl schwer. Wenn ihr die Etiketten lest, solltet ihr auf die Appellation, den Namen des Châteaus und den Jahrgang achten.

Die Appellation

Zu unterscheiden sind die umfassenderen Herkunftsangaben wie Bordeaux oder Bordeaux supérieur, die geografisch genaueren Appellationen (zum Beispiel Médoc) oder (für die besonders renommierten) die kommunalen Appellationen (wie Pauillac, Margaux, Saint-Émilion).

Bordeaux supérieur

Anders als der Name es vermuten lässt, ist Bordeaux supérieur nicht besser als Wein aus einer Appellation wie Pomerol oder Saint-Julien. Vielmehr können die Trauben für diese regionale AOC aus allen Weinbergen des Bordeaux kommen. Allerdings unterliegen sie strengeren Regeln als im Fall von einfachem Bordeaux. So müssen sie beispielsweise von Rebstöcken stammen, die älter als 20 Jahre sind, und mindestens zwölf Monate im Fass sein, ehe sie auf den Markt kommen.

Das Château

Im Bordeaux sprechen wir eher von einem Château als von einem Weingut. Allerdings handelt es sich bei diesen Châteaus häufig nur um Höfe, die von Weinbergen umgeben sind. Einige sind sehr bekannt und bieten zuverlässige Qualität (bei entsprechendem Preis), andere sind unauffälliger, nicht ganz so teuer und die Entdeckung wert. Wieder andere existieren nur auf dem Papier, sind Erfindungen der Marketingabteilung großer Firmen ... und im Glas nicht besonders spannend.

Weiße Rebsorten
Sauvignon blanc, Sémillon, Muscadelle

Rote Rebsorten
Cabernet Sauvignon, Merlot, Cabernet franc, Petit Verdot, Malbec

Jahrgang und Primeur-Weine

Der Jahrgang spielt im Bordeaux eine wichtige Rolle, da er die Preiskurve des Jahres diktiert, vor allem im Fall der berühmten Weine. Jedes Jahr im April strömen Verkoster und Händler aus der ganzen Welt in die berühmten Weinberge des Bordeaux, um die Primeur-Weine direkt nach der Vinifizierung zu verkosten. So können sie die Qualität des Jahrgangs einschätzen, um dann im Verteilungsnetzwerk Place de Bordeaux den Preis festzulegen.
Wie viel die Weine eines Châteaus kosten, hängt also mehr oder weniger vom Ruf des Jahrgangs ab. So kosten die Weine der hoch bewerteten Jahrgänge 2010 und 2015 mehr als die der Jahre 2011 oder 2013 des gleichen Weinguts. In guten Jahren gelingen die Weine kleinerer Weingüter gut und die der großen Namen altern vorzüglich.

Einige gute Jahrgänge der letzten Zeit

2018 2016 2015 2010 2009

Der Geschmack

Der Geschmack von Bordeaux-Weinen ist seit mehr als zwei Jahrhunderten ein Richtwert, der weltweit kopiert wird. In englischsprachigen Ländern ist die Bezeichnung *Bordeaux blend* für Cuvées aus Merlot und Cabernet geläufig. Charakteristisch für den Bordeaux sind deutliche Tannine bei gleichzeitiger Frische und eine durch Barrique-Ausbau verstärkte Struktur. Darüber hinaus hat Bordeaux in seiner Jugend häufig holzige Noten.

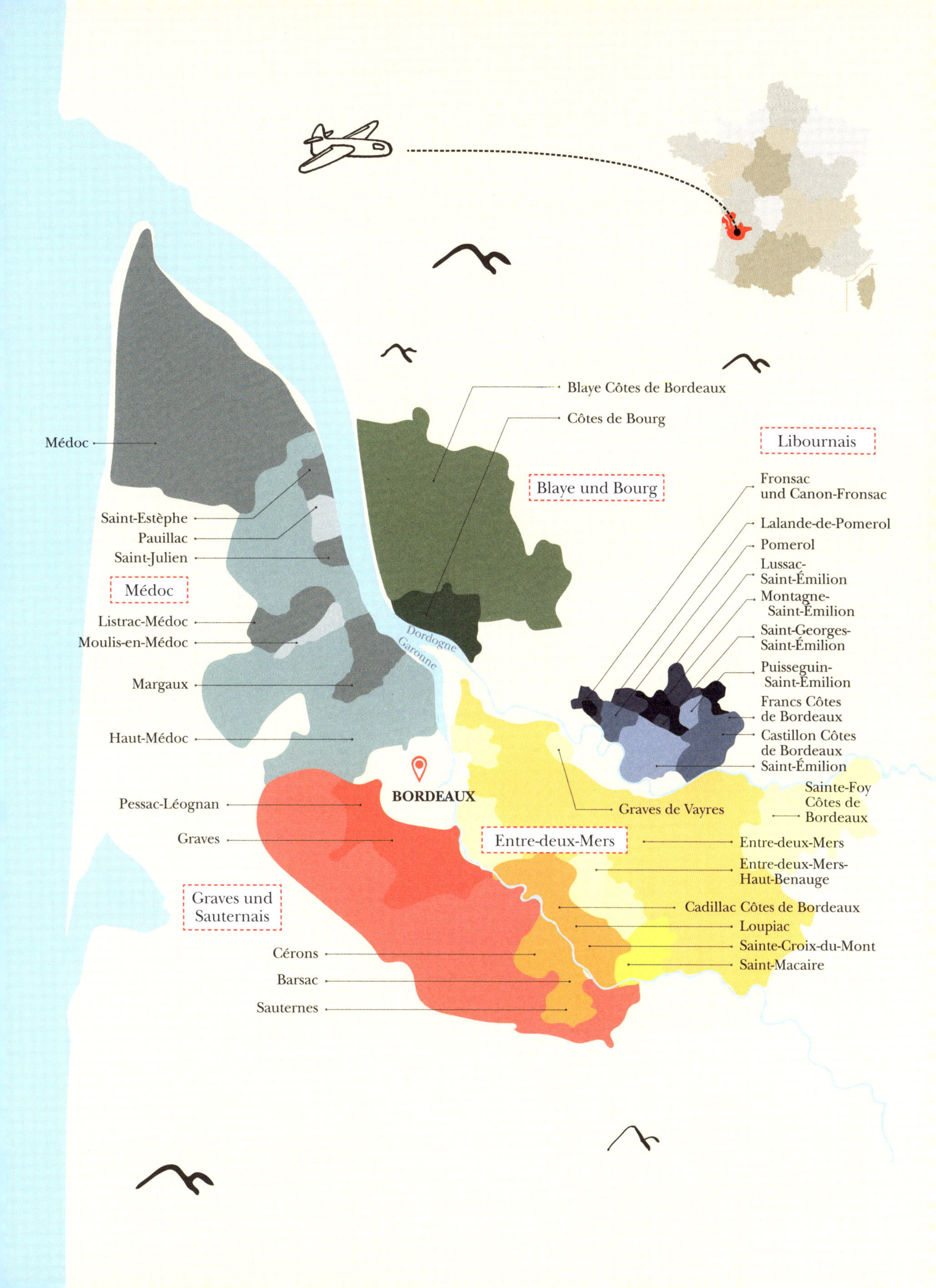

Blaye Côtes de Bordeaux
Côtes de Bourg
Libournais
Médoc
Blaye und Bourg
Fronsac und Canon-Fronsac
Saint-Estèphe
Lalande-de-Pomerol
Pauillac
Pomerol
Saint-Julien
Lussac-Saint-Émilion
Médoc
Montagne-Saint-Émilion
Listrac-Médoc
Saint-Georges-Saint-Émilion
Moulis-en-Médoc
Dordogne
Garonne
Puisseguin-Saint-Émilion
Margaux
Francs Côtes de Bordeaux
Haut-Médoc
Castillon Côtes de Bordeaux
Saint-Émilion
Pessac-Léognan
BORDEAUX
Sainte-Foy Côtes de Bordeaux
Graves de Vayres
Graves
Entre-deux-Mers
Entre-deux-Mers
Entre-deux-Mers-Haut-Benauge
Graves und Sauternais
Cadillac Côtes de Bordeaux
Loupiac
Cérons
Sainte-Croix-du-Mont
Saint-Macaire
Barsac
Sauternes

CHAMPAGNE

Der weltweit bekannteste Schaumwein für festliche Anlässe stammt aus den nördlichsten Weinbergen Frankreichs. Hauptsächlich drei Rebsorten werden für die Produktion von Champagner verwendet: Chardonnay, Pinot noir und Pinot Meunier, häufig im Verschnitt. Ausschließlich aus Chardonnay gewonnener Champagner wird Blanc de Blancs genannt (weißer Champagner aus einer Weißweinrebsorte). Blanc de noirs basiert nur auf Pinot noir und Pinot Meunier. Rosé-Champagner kommt durch Maischung oder (in der Mehrzahl der Fälle) Zugabe von Rotwein zustande.

Appellationen spielen in der Champagne keine Rolle: Die Trauben für die großen Marken stammen aus der gesamten Region. Chardonnay wächst vor allem an der Côte des Blancs und der Côte de Sézanne, Pinot noir an der Montagne de Reims und der Côte des Bar, Pinot Meunier im Marne-Tal. Wichtig ist in der Champagne aber die Hierarchie: Champagne, Champagne 1er Cru, Champagne Grand Cru. Die 1ers und Grands Crus werden durch die Qualität der Trauben bestimmt, die in der jeweiligen Gemeinde geerntet werden, hauptsächlich in der Gegend von Épernay.

Der Geschmack

Es gibt viele subtile, aber wenige deutliche Unterschiede. Champagner, die hauptsächlich auf Chardonnay basieren, und Blancs de blancs sind häufig feiner, mit geringerem Säuregehalt, und perfekt als Aperitif oder Begleitung zu leichten Speisen geeignet. Blancs de noirs und Rosés sind kräftiger, ihre Aromen und der Körper können eher an Wein erinnern. Sie können zum Essen getrunken werden. Die Böden beeinflussen den Geschmack: Die Kreideböden um Reims und Épernay geben feine, mineralische Champagner, tonhaltige Böden vollere.

Weiße Rebsorten
Chardonnay

Rote Rebsorten
Pinot noir, Pinot Meunier

Jahrgangschampagner oder nicht?

Generell hat Champagner keinen Jahrgang. Er entsteht durch den Verschnitt von Weinen der Lese des aktuellen Jahres sowie vergangener Jahre, um eine jährlich gleichbleibende Qualität sicherzustellen. Ein Champagner trägt daher die Handschrift des Hauses, aus dem er stammt. Wenn die Lese jedoch besonders gut ist, kommt es vor, dass einzelne Häuser Jahrgangschampagner produzieren, ausschließlich mit den Trauben eines Lesejahres. Diese Champagner haben eine eigene Persönlichkeit und ein Alterungspotenzial bis zu mehreren Jahrzehnten. Allerdings sind sie auch viel teurer.

Brut oder doux?

Die Versanddosage, die zugefügt wird, bevor die Flasche mit dem Korken verschlossen wird, enthält mehr oder weniger Zucker, zwischen 0 und 50 g/l, und hat damit einen deutlichen Einfluss auf den Charakter eines Champagners. Daher wird unterschieden zwischen: nature oder non dosé (ohne Zugabe von Zucker), extra-brut, brut, sec, demi-sec oder doux.
Extra-brut- und Brut-Champagner sind dank ihres puren, erfrischenden Charakters für festliche Anlässe und zum Aperitif geeignet. Sec-, Demi-sec- und Doux-Champagner sind eine gute Alternative zu Süßweinen zum Dessert.

Große Marke oder kleiner Produzent?

Die Champagne ist die Region der großen Marken. Das macht den Einkauf leichter, denn die Champagner der großen Häuser sind weltweit bekannt und erhältlich. Die großen Marken bieten verlässliche Qualität. Die Trauben für ihre Produktion kaufen sie größtenteils von kleineren Weinbauern ab. Allerdings mangelt es den Champagnern der großen Häuser bisweilen an Persönlichkeit. Daher kann man sich auf der Suche nach etwas Besonderem – oder einem guten Preis-Leistungs-Verhältnis – an kleinere Produzent*innen halten. Diese findet man am besten vor Ort. Das ist aufwendig, aber die Adresse eines vertrauenswürdigen Champagnerproduzent*innen lässt garantiert alle eure Freunde vor Neid erblassen.

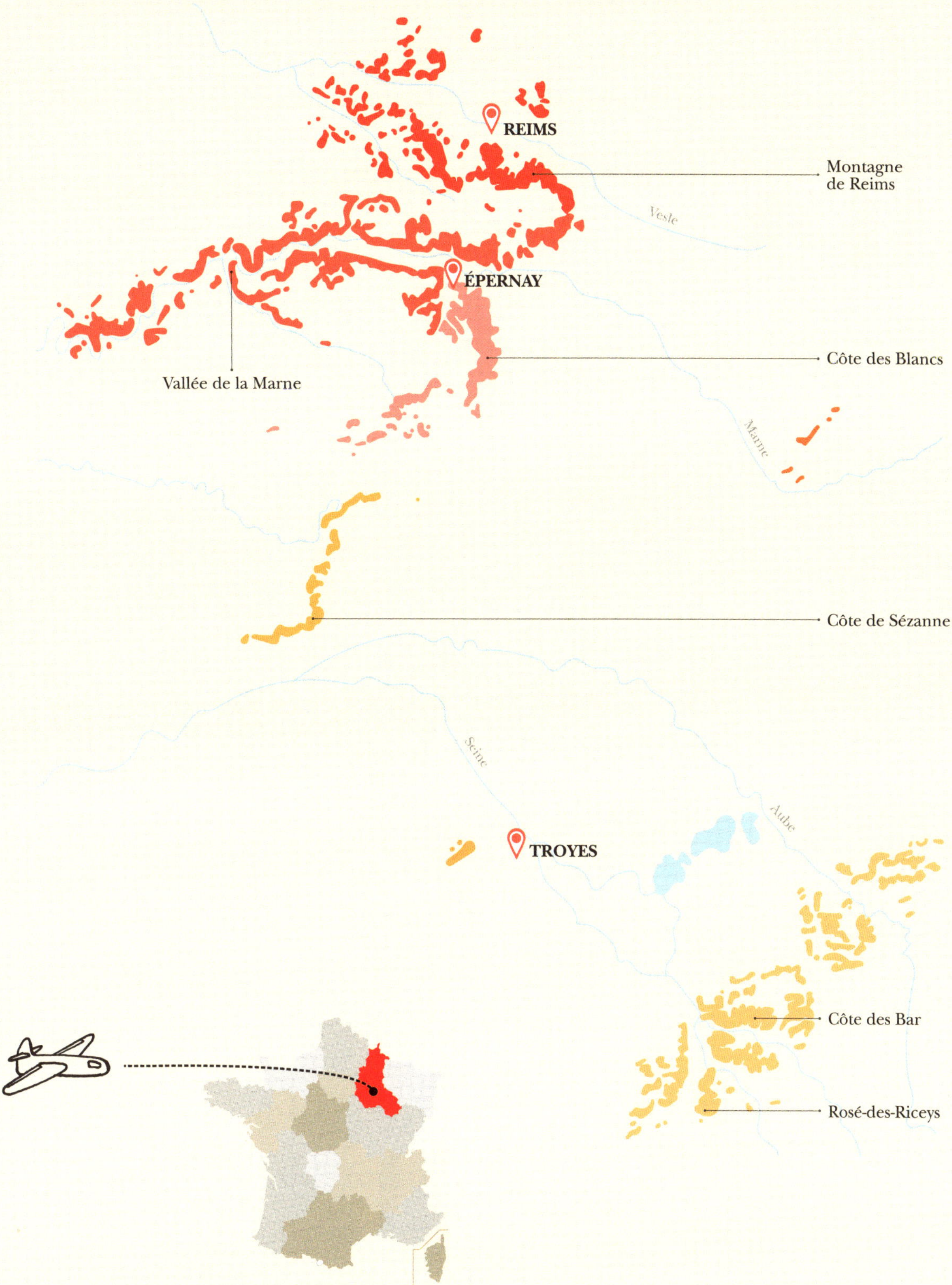
REIMS
Montagne
de Reims
Vesle
ÉPERNAY
Côte des Blancs
Vallée de la Marne
Marne
Côte de Sézanne
Seine
Aube
TROYES
Côte des Bar
Rosé-des-Riceys

LOIRETAL

Weißweine:
etwa 55 %
Rotweine und Rosés:
etwa 45 %

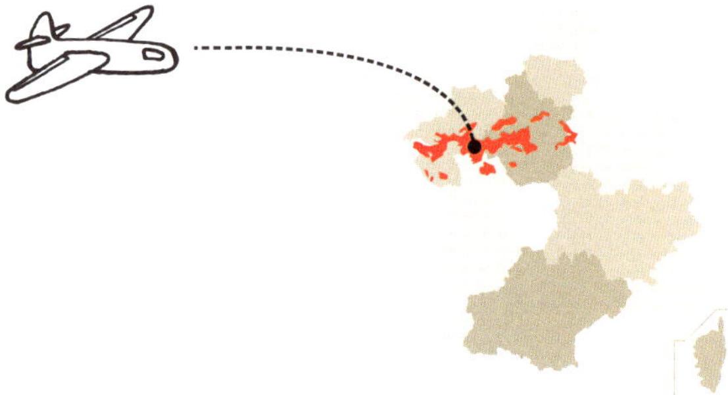

Das Loiretal ist die ausgedehnteste Weinbauregion in Frankreich. Es erstreckt sich von der Atlantikküste bei Nantes entlang der Loire bis nach Orléans und Bourges. Die Region bietet alle Weinsorten: Weißwein, Rosé, Rotwein, Süßwein und Schaumwein. Viele junge Winzer*innen haben sich in dieser Region niedergelassen und vollbringen wahre Heldentaten des Weinbaus, bieten kleine Juwelen aller Stilrichtungen in allen Preisklassen.
Die Region wird in vier große Gebiete unterteilt, die jeweils Weine mit ganz eigener Persönlichkeit hervorbringen: Pays Nantais, Anjou, Touraine und Centre-Val de Loire.

Die großen Regionen

Die Region ist groß, daher sind die Appellationen zahlreich, jedoch gibt es keine Hierarchie. Die Unterschiede zwischen den Weinen sind hingegen enorm. Jede Gegend hat ihre bevorzugten Rebsorten.

Pays Nantais

Die Gegend ist das Königreich des Muscadet (Rebsorte: Melon de Bourgogne). Dieser Wein war lange wegen seiner schlechten Qualität verschrien, nun erlebt er eine neue Blütezeit. Die Crus bieten trockene Weine mit schöner Säure und können mehrere Jahre in der Flasche reifen. Sie sind eine gute Lösung für den Aperitif zu kleinem Preis. Aus der Gegend von Ancenis kommt außerdem ein lebhafter und leichter Rotwein aus Gamay.

Anjou, Saumur und Touraine

In diesen Regionen gewinnen die Weine an Struktur. Die Weißweine basieren auf Chenin blanc, sie sind sowohl in der trockenen als auch in der süßen Ausführung aromatisch reichhaltig. Die trockenen Weißweine sind – zum großen Glück für unsere Geldbeutel – zu Unrecht unbekannt, häufig jedoch großartig. In der süßen Ausführung sind diese Weine perfekt als Begleitung zu Desserts geeignet. Sie halten sich mehrere Jahrzehnte. Ihre sehr komplexen Aromen erinnern an weiße Blüten, Honig und Quitten. Chenin blanc eignet sich darüber hinaus auch zur Produktion eleganter Schaumweine.
Bei den Rotweinen halten sich Cabernets francs gut zwei bis zehn Jahre, bieten viel Frische und Geschmeidigkeit, mit Aromen von Himbeeren und Erdbeeren. Sie sind leicht zu trinken und in Pariser Bistros sehr beliebt. Noch einfacher und leichter ist der Gamay. Die Rosés aus Anjou, mit leichter Restsüße, sind vor allem etwas für Einsteiger*innen.

Centre-Val de Loire

Hier dominiert Sauvignon blanc, den wir auch in der Touraine finden. Dank dieser Region, vor allem dank Sancerre, hat diese Rebsorte sich international einen guten Ruf für ihren intensiven Duft nach zartem Gras, Zitrone und Grapefruit erworben. Die Preise sind inzwischen jedoch recht hoch, und es lohnt, sich in den benachbarten Appellationen Menetou-Salon oder Reuilly nach erschwinglicheren Alternativen umzusehen.
Rotweine im Centre-Val de Loire werden wie im Burgund aus Pinot noir gewonnen. Sie sind sanft und fruchtig und passen sogar zu Fisch.

Weiße Rebsorten
Melon de Bourgogne, Chenin blanc, Sauvignon blanc, Chardonnay

Rote Rebsorten
Cabernet franc, Gamay, Pinot noir

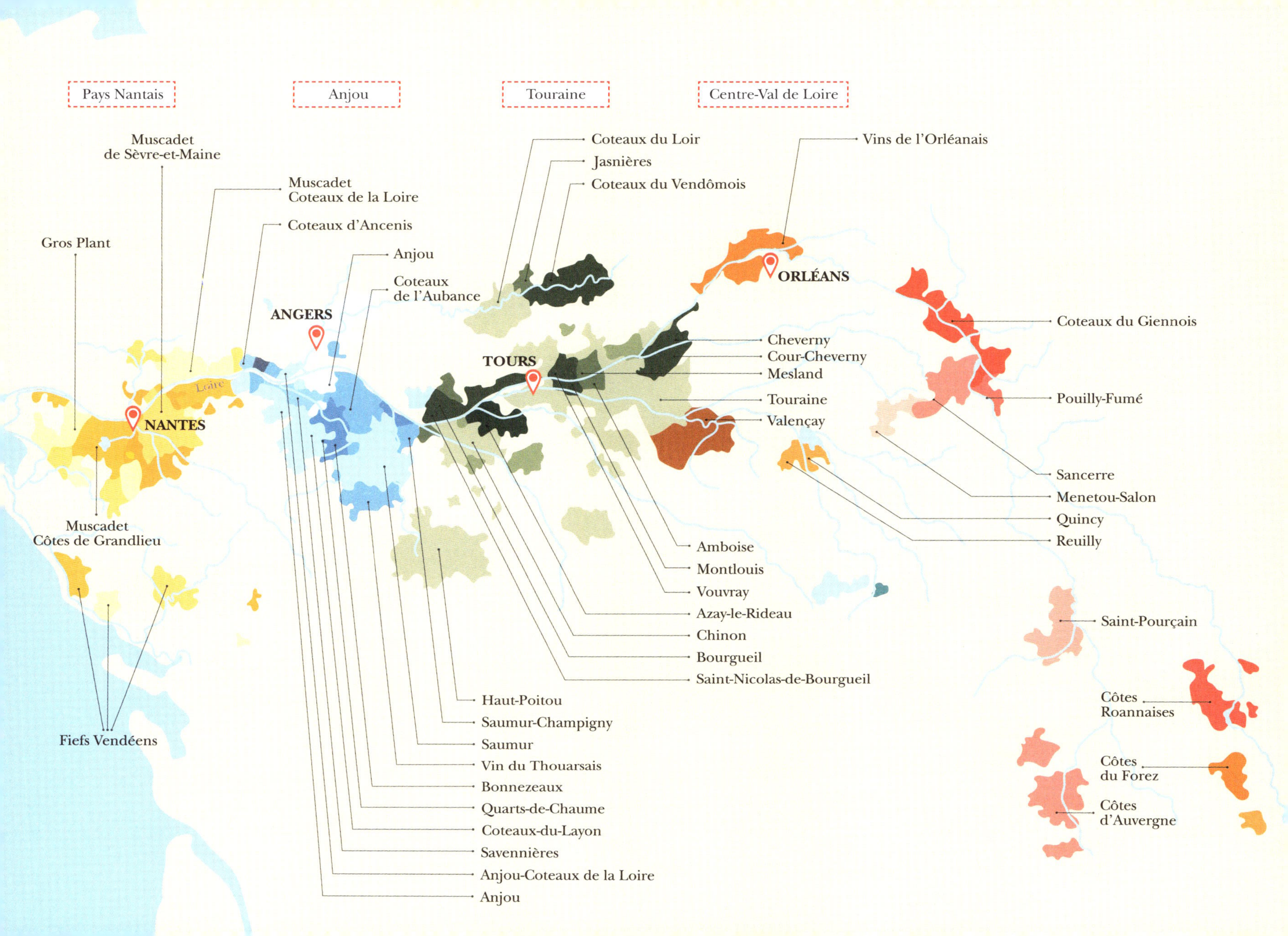

Pays Nantais
Anjou
Touraine
Centre-Val de Loire
Muscadet
de Sèvre-et-Maine
Muscadet
Coteaux de la Loire
Coteaux d'Ancenis
Gros Plant
Anjou
Coteaux
de l'Aubance
ANGERS
Loire
NANTES
Muscadet
Côtes de Grandlieu
Fiefs Vendéens
Coteaux du Loir
Jasnières
Coteaux du Vendômois
Vins de l'Orléanais
ORLÉANS
TOURS
Coteaux du Giennois
Cheverny
Cour-Cheverny
Mesland
Touraine
Valençay
Pouilly-Fumé
Sancerre
Menetou-Salon
Quincy
Reuilly
Amboise
Montlouis
Vouvray
Azay-le-Rideau
Chinon
Bourgueil
Saint-Nicolas-de-Bourgueil
Haut-Poitou
Saumur-Champigny
Saumur
Vin du Thouarsais
Bonnezeaux
Quarts-de-Chaume
Coteaux-du-Layon
Savennières
Anjou-Coteaux de la Loire
Anjou
Saint-Pourçain
Côtes
Roannaises
Côtes
du Forez
Côtes
d'Auvergne

SPANIEN

Spanien ist der drittgrößte Weinproduzent der Welt und steht auch im Export an dritter Stelle (Stand: 2020). Der Erfolg ist der Tatsache zu verdanken, dass hier alle Stilrichtungen produziert werden, von leicht zu trinkenden bis hin zu kräftigen Weinen, von einfachen zu anspruchsvollen. Spanische Weine der Mittelklasse sind oft sehr vollmundig und fruchtig. Es sind gutmütige Weine, freundlich und herzlich, die uns in eben diesen Gemütszustand versetzen, wenn wir sie trinken.

Der Nordosten

Penedès

In dieser Region werden körperreiche, recht kräftige Weißweine und intensive Rotweine produziert, bekannt ist sie aber vor allem für ihre Spezialität: den Cava. Dieser Schaumwein wird wie Champagner produziert, wird immer besser und bleibt doch preisgünstig. Getrunken wird er ebenso wie sein französischer Cousin zu festlichen Anlässen, als Aperitif oder in ungezwungenen Momenten.

Priorat

Wer kräftige Rotweine liebt, wird in dieser Region fündig. Hier ist man vor allem auf konzentrierte, sehr reife Rotweine von großer Intensität spezialisiert, die gut reifen. Das Renommee dieser Weine ist enorm – ebenso wie ihr Preis.

Navarra

Lange waren die Weine aus Navarra im Stil denen aus dem Rioja sehr ähnlich: fruchtig und samtig. Doch die Region wird vielseitiger. Inzwischen finden wir hier verschiedene spanische und internationale Rebsorten und Weine unterschiedlichen Charakters, vom knackigen Weißwein zum im Holz ausgebauten Roten, und dazu eine ganze Reihe runder, süffiger, leicht zu trinkender Rotweine.

Nord- und Nordwesten

Rioja

Die traditionellen Rotweine aus dieser Region sind weithin bekannt, vollmundig und seidig, mit Vanillearomen und viel Frucht. Aus dem Rioja stammen aber auch leichtere und – auf der anderen Seite des Spektrums – dichtere Weine, je nach Weingut. Weißweine von hier sind häufig kräftiger, mit Aromen gerösteter Mandeln.

Ribera del Duero

Die Weine gehören zu den gefragtesten des Landes, wegen ihrer Struktur, ihrer dunklen Farbe und ihrer Tiefe. Allerdings sind sie unheimlich teuer.

Toro

Die Weine der Weinbauregion Toro sind nicht ganz so komplex, aber dafür etwas kräftiger als die Weine des Ribera del Duero – eine interessante und preisgünstigere Alternative.

Rueda

Hier finden wir exzellente, frische Weißweine, mit schöner Säure und zarten Kräuteraromen aus der Rebsorte Verdejo.

Zentralspanien und Süden

La Mancha

Von hier kommen ehrliche, einfache, fruchtige und zugängliche Weine aller Farben, zum Beispiel aus Valdepeñas. Etwas komplexer (und teurer) sind die Weine aus Manchuela.

Jerez

Heimat des fantastischen Sherrys. Im Gegensatz zu anderen gespriteten Weinen sind die bezauberndsten Sherrys trocken – und nicht teuer.

Weiße Rebsorten
Verdejo, Albariño,
Sauvignon blanc, Moscatel,
Parellada, Macabeo,
Chardonnay, Malvasia …

Rote Rebsorten
Grenache, Tempranillo,
Carignan, Mourvèdre,
Cabernet Sauvignon …

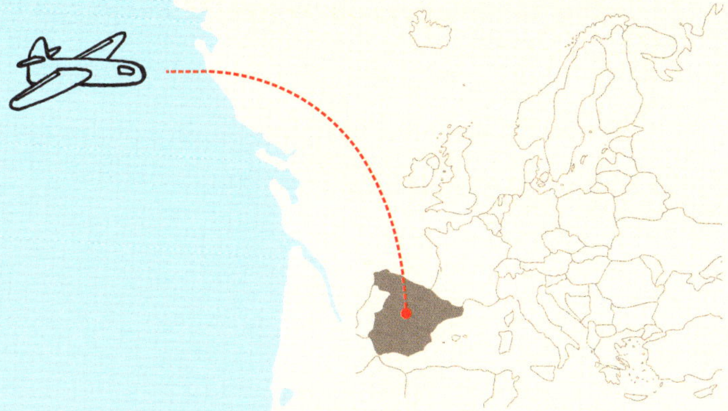

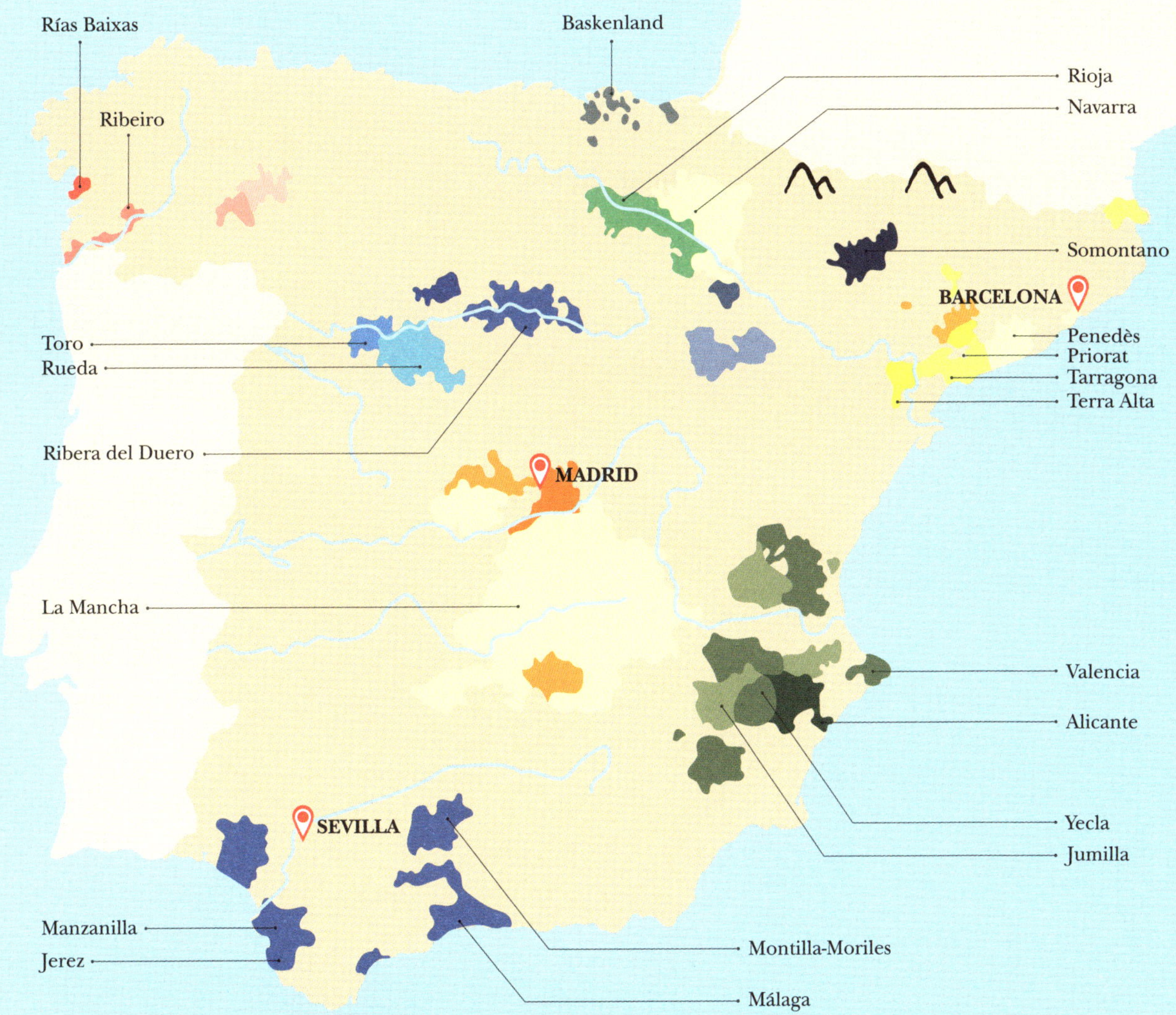

PORTUGAL

Portwein und Madeira

Portugal ist vor allem für den besten gespriteten Süßwein der Welt bekannt, der jahrzehntelang reifen und sich verbessern kann: Portwein. Aus diesem Land stammt auch der gespritete Wein Madeira. Er ist ein wenig trockener als Portwein und hat rauchige Noten.
Portwein und Madeira lassen bisweilen vergessen, dass in Portugal auch gute Rot- und Weißweine produziert werden.

Die anderen Weine

Beim Vinho verde handelt es sich um sehr jungen, knackigen Weißwein, der im Sommer wunderbar erfrischt und nicht teuer ist.
Die Rotweine vom Ufer des Douro (wo der Portwein produziert wird), bieten eine Menge Frucht- und Kräuteraromen. Die aus der portugiesischen Rebsorte Touriga nacional produzierten Weine solltet ihr auf jeden Fall kosten, sie haben sonnige Aromen von Harz, Brombeeren und Pinien.
Aus Alentejo im Süden kommen weiche, fruchtige Weine, deren Qualität im Lauf der Jahre steigt.

Weiße Rebsorten
Loureiro, Trajadura, Arinto, Malvasia

Rote Rebsorten
Touriga nacional, Tinta pinheira, Tinta roriz, Vinhão

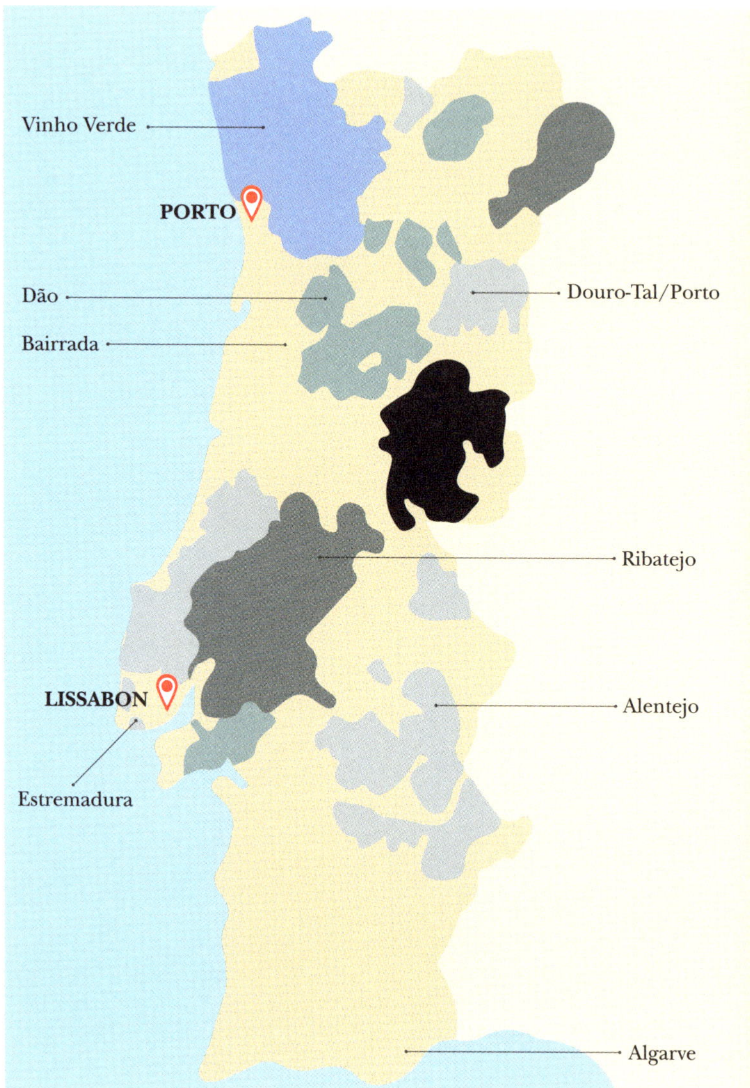

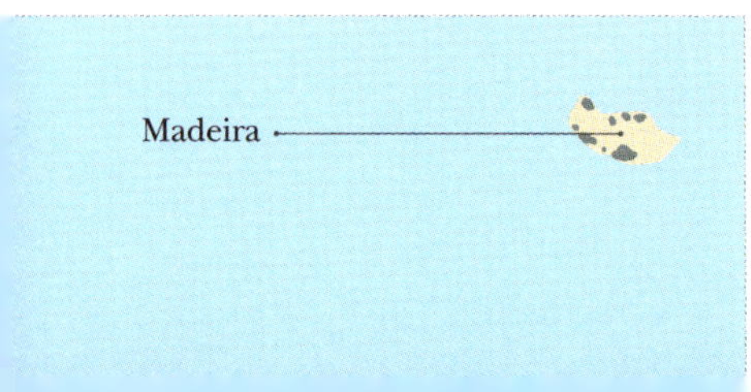

GRIECHENLAND

Der Weinbau Griechenlands hat bewegte Zeiten hinter sich. Während die Weine in Antike und Mittelalter sehr gefragt waren, gingen die Rebflächen vom 15. Jahrhundert bis nach dem Unabhängigkeitskrieg in der Mitte des 19. Jahrhunderts zurück. Seit einigen Jahrzehnten setzt das Land nun verstärkt auf seine 300 autochthonen Rebsorten und erarbeitet sich so einen Ruf für Weine mit klarer Typizität.

Wir treffen vor allem auf Weißweine großer mineralischer Reinheit von vulkanischen Böden und auf den süßen Muskateller der Insel Samos. Von den Höhen des Peloponnes stammen dichte Rotweine mit langer Lebensdauer. Gute Rotweine und Rosés kommen aus Makedonien. Leider ging der Weinkonsum während der Wirtschaftskrise von 2010 zurück, was einen Rückschlag für den Weinbau bedeutete.

OSTEUROPA UND KAUKASUS

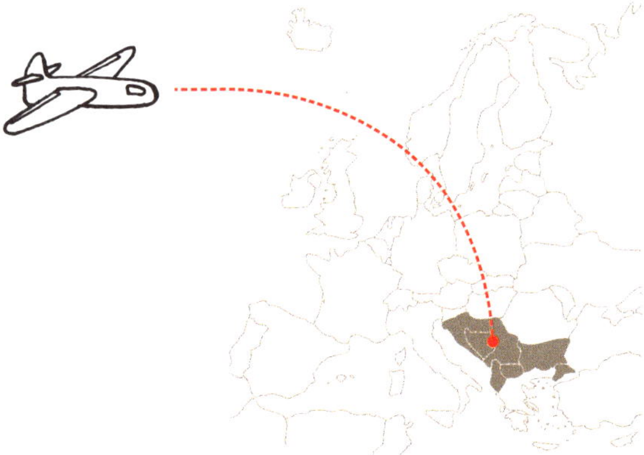

*In den Balkanländern und im Kaukasus hat Wein eine teils jahrtausendealte Tradition. Politische und ökonomische Entwicklungen zwangen die Weinbauern jedoch, ihre Rebflächen zu vernachlässigen. Glücklicherweise haben sich neue Winzer*innen aufgemacht, alte Weingüter wieder aufzubauen oder neue zu gründen und Rebsorten wiederzuentdecken.*

Kroatien

Die Republik Kroatien ist für ihre hervorragenden Weine bekannt. Hier wird seit dem 6. Jahrhundert Weinbau betrieben, allerdings litten die Weinberge während der kommunistischen Herrschaft.
Heute verfügt Kroatien über 60 000 Hektar Rebfläche. Das Land kann in zwei Terroirs unterteilt werden: Die Mittelmeerregion von Istrien nach Dubrovnik mit den adriatischen Inseln (darunter Hvar und Korčula) bringt exzellente kräftige Rotweine aus autochthonen Rebsorten wie Plavac mali oder Dingač hervor. Das zweite Terroir ist im Norden Kroatiens gelegen. Hier werden vor allem Weißweine produziert, etwa Graševina.

Slowenien

In Slowenien wird schon seit der vorrömischen Antike Wein angebaut. Die Weinregion gehört heute zu den wohlhabendsten Mitteleuropas. Sie ist auf Weißweine spezialisiert. Viele internationale Rebsorten sind hier zu finden, aber auch lokale, wie beispielsweise Šipon, verwandt mit dem berühmten Furmint (aus dem in Ungarn Tokaji gewonnen wird). Hier werden noch alte Weinbautechniken angewandt, besonders der Ausbau in Amphoren.

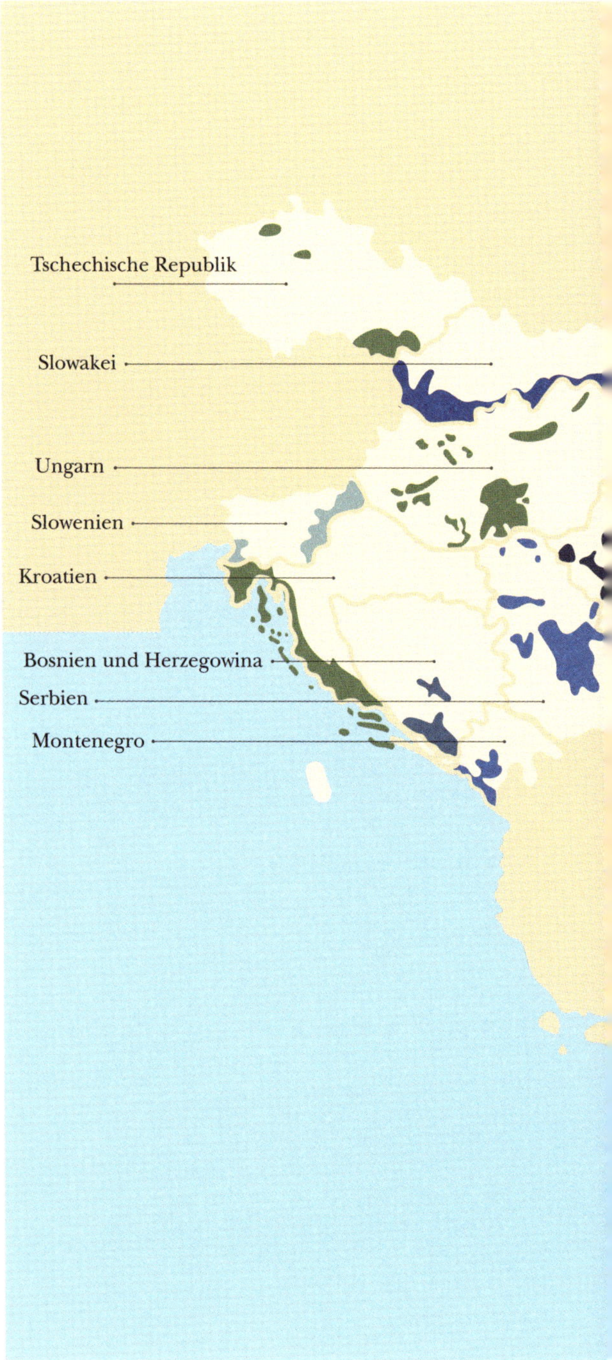

Ukraine
Republik Moldau
Krim
Rumänien
Bulgarien
Georgien
Armenien

VEREINIGTE STAATEN

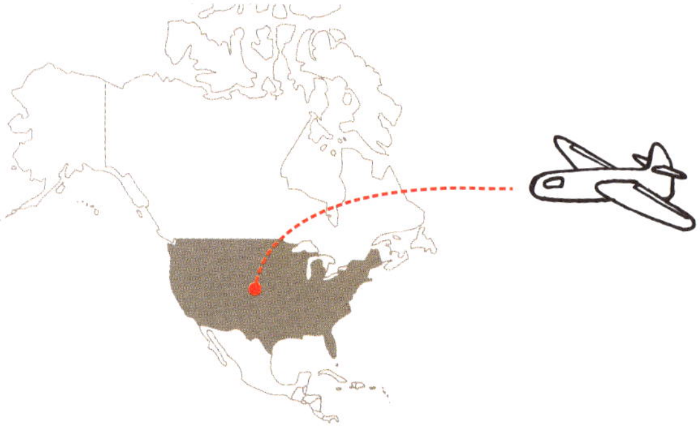

Die Vereinigten Staaten sind die Wiege der Weine aus der Neuen Welt. Ihr Stil unterscheidet sich vom europäischen: mehr Süße bei den Rotweinen, merkliche Holznoten und mehr Geschmeidigkeit bei den Weißweinen, eine deutliche Fruchtigkeit bei Weinen aller Farben.

Die Kritiker*innen dieser Weine werfen ihnen vor, zu verführerisch zu sein, zu charmant, ohne Charakter und zu wenig komplex. In einigen Fällen mag das stimmen, doch ihr Vorteil ist, dass sie am Gaumen fast immer angenehm sind. Außerdem versteht man es, perfekte kleine Wunder hervorzubringen. Heute bewegen sich die großen Rotweine Kaliforniens preislich in der Nähe der Grands Crus aus dem Bordeaux. Ihre Qualität steht außer Frage.

Kalifornien

Kalifornien ist in Bezug auf Menge und Qualität die große Weinregion Nordamerikas.
Rebflächen sind im ganzen Bundesstaat zu finden, dessen Klima perfekt für runde, fruchtige Weine geeignet ist. Die berühmteste Region ist das Napa Valley. Die Weinpreise sind hier gehoben und die Besucher kommen in Strömen: Es gibt zahlreiche Rundwege für Wein-Touristen. Cabernet Sauvignon und Merlot sind die großen Klassiker. Es lohnt sich auf jeden Fall, auch die überschwänglichen Weine der heimischen Rebsorte Zinfandel zu kosten.
In der Nähe, nördlich von San Francisco, werden im Sonoma Valley ebenso große Rot- und Weißweine produziert, die noch etwas samtiger sind.
Entlang der Küste Richtung Los Angeles liegen die Weinberge von Monterey, San Luis Obispo und Santa Barbara, die etwas bescheidener ausfallen (auch im Preis), aber durchaus gut sind.

Oregon und Washington

Nördlich von Kalifornien hat der Wein mehr Frische. Pinot noir kann sich hier wunderbar entwickeln, mit etwas mehr Zucker und Erdbeeraroma als im Burgund. Aber Achtung: In Oregon werden keine Massenweine produziert, und die Preise sind entsprechend hoch.
Noch weiter im Norden, in der Nähe von Seattle im Bundesstaat Washington, befinden sich Rebflächen im großen Columbia Valley. Washington State ist der zweitgrößte Weinproduzent der USA. Das Columbia Valley ist nicht ganz so schick wie Oregon, die Weine sind jedoch günstiger, bei guter Qualität. Das gilt für Riesling wie für Sémillon, Sauvignon, Chardonnay, Cabernet Sauvignon und vor allem Merlot.

Der Mittlere Westen

Auch in Ohio, Missouri und Michigan werden Weine produziert! Aufgrund des Klimas kann man sie selten aufbewahren, ihnen fehlt die Säure. Doch dank internationaler Rebsorten können wir auch hier vergnügliche, jung zu trinkende Weine finden. Auch Texas startet in den Weinbau, mit dem Slogan »Wine, the next big thing from Texas!« (Wein, das nächstes große Ding aus Texas).

Die Ostküste

Schwer zu glauben, aber auch in New York State wird Wein angebaut, der Staat steht an dritter Stelle der Wein produzierenden Bundesstaaten – mit etwa 470 Weinproduzent*innen … und ungefähr 1000 Traubensafthersteller*innen. Tatsächlich reifen die Trauben nur schwer, sodass Zucker zugegeben werden muss. Nur Riesling und Chardonnay machen sich hier wirklich gut.

Weiße Rebsorten
Chardonnay, Sauvignon blanc, Riesling

Rote Rebsorten
Merlot, Cabernet Sauvignon, Syrah, Grenache, Zinfandel, Pinot noir, Barbera

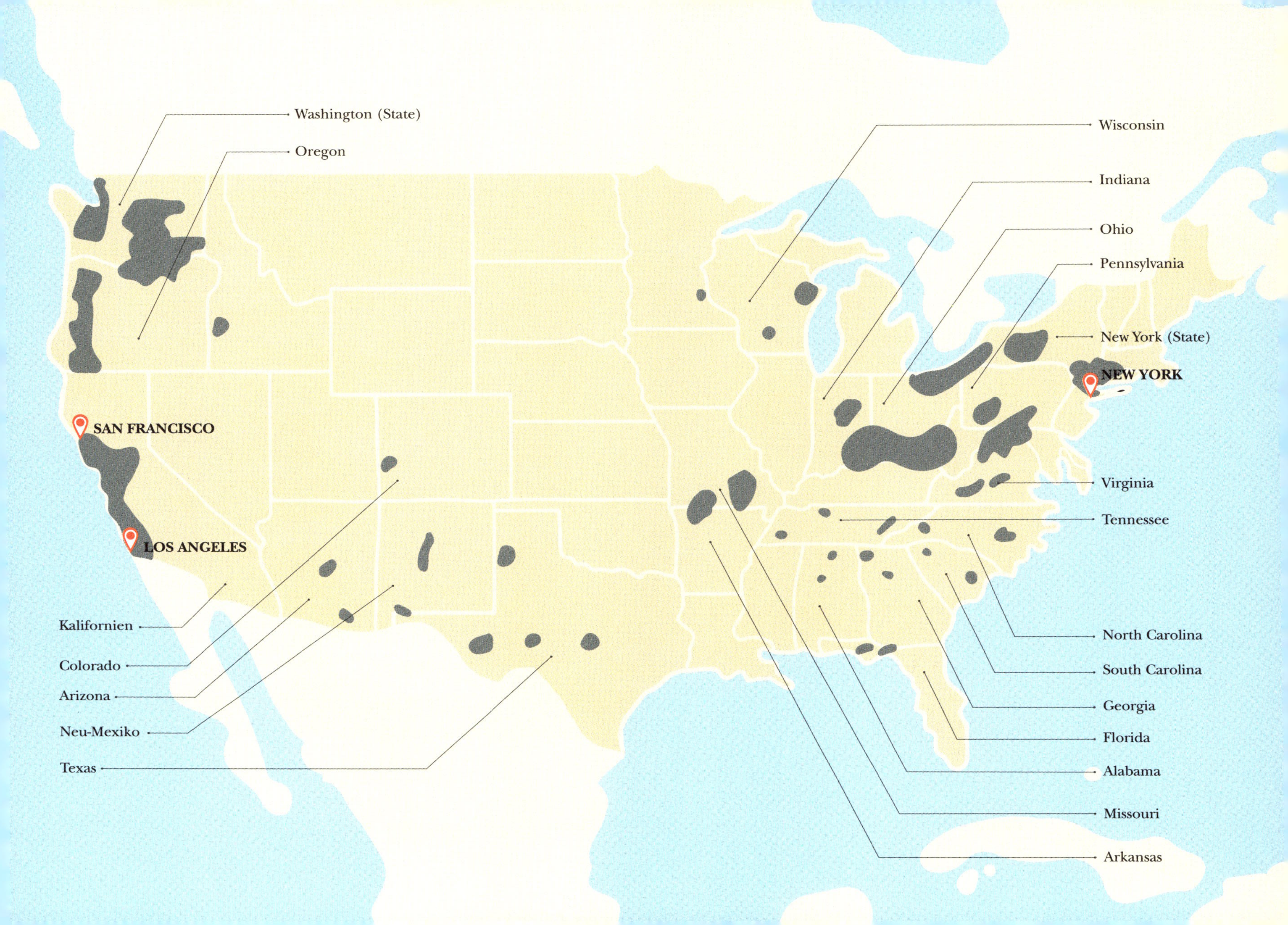

Washington (State)
Oregon
SAN FRANCISCO
LOS ANGELES
Kalifornien
Colorado
Arizona
Neu-Mexiko
Texas
Wisconsin
Indiana
Ohio
Pennsylvania
New York (State)
NEW YORK
Virginia
Tennessee
North Carolina
South Carolina
Georgia
Florida
Alabama
Missouri
Arkansas

CHILE

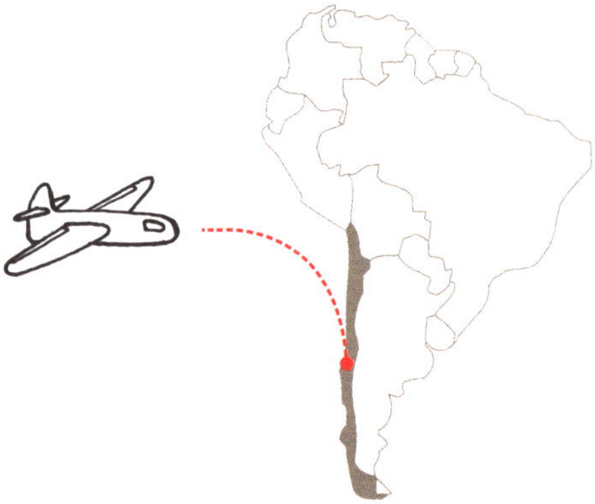

An das Preis-Leistungs-Verhältnis chilenischer Weine kommt kaum ein anderes Land heran. Selbst die Einstiegsweine bieten Vergnügen, Sonnenschein und Gewürzaromen, ohne dabei schwer zu sein. Vielleicht ist Chile der Star der Weinwelt von morgen? Das Land verfügt einfach über ein wunderbares Klima: Die Sonne scheint intensiv, es ist heiß, doch der Meereswind kühlt und trocknet die Reben tagsüber, und nachts strömt Kühle von den Anden herab. Außerdem ist das Land von Wasserläufen durchzogen, die von den Bergen Richtung Pazifik strömen und dabei die Reben bewässern.

Die Rebsorten

Die internationalen Standardsorten herrschen vor: Cabernet Sauvignon, Merlot, Chardonnay. Eine Ausnahme ist der bemerkenswerte Carménère. Er wäre beinahe verschwunden und gibt heute großartige Weine.

Die Regionen

Die Rebflächen liegen vor allem in der Region Valle Central (mit Valle del Maipo, Valle del Rapel, Valle de Curicó und Valle del Maule). Viele kleinere Regionen ringsum, ermöglichen ein Mosaik verschiedener Stile.

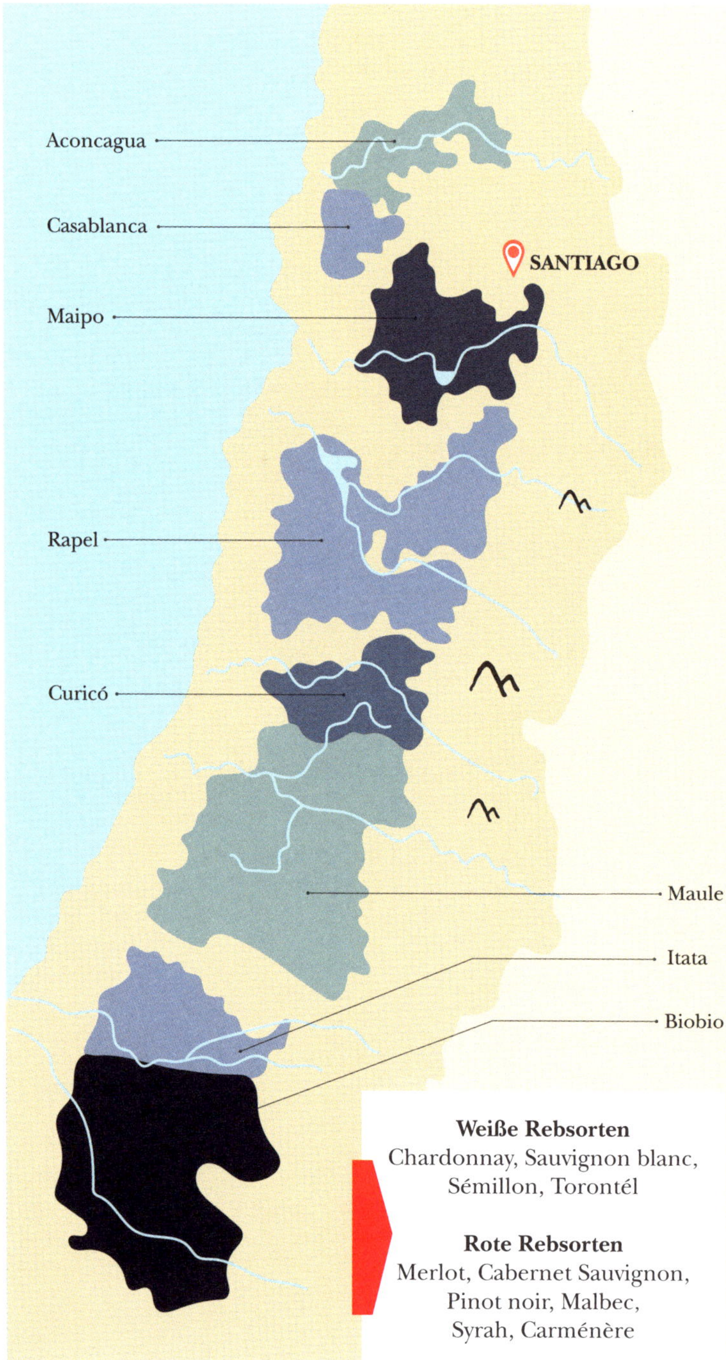

Weiße Rebsorten
Chardonnay, Sauvignon blanc, Sémillon, Torontél

Rote Rebsorten
Merlot, Cabernet Sauvignon, Pinot noir, Malbec, Syrah, Carménère

ARGENTINIEN

Die hinter den Anden liegenden Weinberge Argentiniens werden, im Gegensatz zu den chilenischen, nicht vom Meereswind des Ozeans gekühlt. Die Bergtäler bieten jedoch ein günstiges Terroir, mit der Lebendigkeit der Höhenlagen und einer optimalen Sonneneinstrahlung. Die Weine sind im Allgemeinen gehaltvoller und komplexer als die aus Chile.

Die Rebsorten

Die interessanteste und bekannteste Rebsorte Argentiniens ist Malbec, aus der kräftige, reife Weine entstehen. Doch auch Bonarda, Merlot, Cabernet Sauvignon und Syrah, die viel Sonne brauchen, gedeihen hier. Die Weißweine sind hingegen weniger berauschend – mit Ausnahme einiger sehr aromatischer Torrontés.

Die Regionen

Die hauptsächliche Weinbauregion ist Mendoza im Zentrum des Landes. Eine große Produktion gibt es auch in Patagonien, besonders im nördlichen Teil in der Region Rio Negro.

AUSTRALIEN UND NEUSEELAND

Australien: das Ringen mit der Natur

Australiens Weine haben fast alles der Technik und menschlicher Arbeit zu verdanken. Die Menschen vollbringen Meisterleistungen, um die klimatischen Herausforderungen zu überwinden und großartige Weine zu produzieren. Auf diesem Kontinent, auf dem seit dem Ende des 18. Jahrhunderts Weinbau betrieben wird, ist nicht von Terroir, Boden oder der Typizität einzelner Parzellen die Rede. Stattdessen spielen intensive Bewässerung, angemessene Laubpflege, Transport des Leseguts in Lastern mit Kühlsystem und Gärung bei niedrigen Temperaturen eine wichtige Rolle und verdienen Respekt. Der gigantische Arbeitsaufwand, mit dem die unwirtliche Natur gezähmt wird, hat sich ausgezahlt: In Australien werden Weine mit klarem Stil produziert, ohne Zugeständnisse an die Qualität. Davon zeugt der Ruf der Weine und ihr Einfluss auf die weltweite Produktion.

Die Weinberge Australiens

Reben gedeihen in den gemäßigteren Zonen des Kontinents, an den südöstlichsten und südwestlichsten Punkten. Doch auch wenn sie aus diesen vergleichsweise kühlen Regionen stammen, sind die Weine immer reif, sehr reif. Wer hier Wein produziert, versucht nicht, diese Eigenschaft zu verwischen, sondern macht sie sich zu Nutze – die tiefen, opulenten Shiraz-Weine sind heute weltweit anerkannt.
Es gibt keine autochthonen Rebsorten in Australien, man baut alle internationalen Standardsorten an. Unter ihnen bringt vor allem der Syrah, hier unter dem Namen Shiraz, die besten Flaschen hervor.
Und doch ist der Kontinent beunruhigt: Eine seit mehreren Jahre anhaltende Dürreperiode wird zur Bedrohung der Rebflächen.

Die Weine Neuseelands

Neuseeland ist in der Weinwelt vor allem für seine fabelhaften Sauvignons blancs bekannt. Man versteht es hier, diese Rebsorte in einen sehr lebendigen und unglaublich aromatischen Weißwein zu verwandeln, am Gaumen mit Noten von Limetten, Ananas und Passionsfrucht. Besonders erfolgreich werden diese Weine in Hawke's Bay und Marlborough (führendes Weinbaugebiet Neuseelands) produziert.
Allgemein machen Weißweine ungefähr zwei Drittel der neuseeländischen Weinproduktion aus: Chardonnay, Riesling und Gewürztraminer ergeben hier ebenfalls gute Weine.
Eine weitere Perle des Landes ist der Pinot noir. Diese Rebsorte profitiert von kühlerem Klima und gedeiht in den Weinbergen der Südinsel sowie um Wellington. Sie ergibt delikate Weine, die im Stil den Burgundern ähneln. Im wärmeren Hawke's Bay machen sich Cabernet Sauvignon und Merlot gut.

Weiße Rebsorten
Chardonnay, Sauvignon blanc, Sémillon, Riesling, Muskateller, Chenin blanc

Rote Rebsorten
Shiraz (Syrah), Cabernet Sauvignon, Pinot noir

Northern Territory
Queensland
Western Australia
South Australia
New South Wales
PERTH
SYDNEY
Victoria
MELBOURNE
Tasmanien
Northland
Auckland
AUCKLAND
Gisborne
Hawke's Bay
Nelson
Martinborough / Wairarapa
WELLINGTON
Marlborough
Canterbury
Central Otago

SÜDAFRIKA

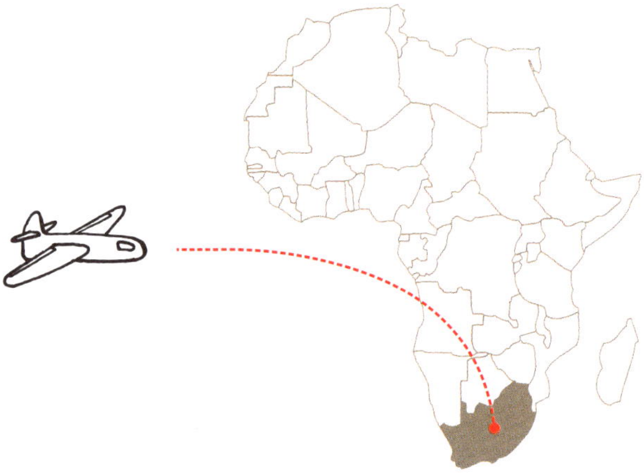

Eine lange Geschichte

Schon lange wird in Südafrika Wein produziert: Der Süßwein Klein Constantia gehörte zu den Lieblingsweinen Napoleons während seines Exils. Heute ist die Weinwirtschaft jedoch eine ganz andere. Seit Ende der Apartheit (1991) und der Wiederaufnahme der Handelsbeziehungen mit anderen Ländern erlebt sie eine Renaissance.

Die Rebsorten

Inzwischen werden in Südafrika sehr unterschiedliche Weinstile produziert – und auch die Qualität ist variabel. Es gibt die Klassiker aus Chardonnay bei den Weiß- und Cabernet Sauvignon bei den Rotweinen. Auch Syrah und Merlot sind gut vertreten. Seine Typizität findet südafrikanischer Rotwein jedoch mit Pinotage, einer lokalen Sorte, die fruchtige und tiefe Weine ergibt.
Bei den Weißweinen sorgte Chenin blanc für eine Überraschung: Man trifft ihn selten außerhalb der Loire-Region an, doch hier bringt er elegante trockene Weißweine und glänzende Süßweine hervor.

Die Regionen

Eine junge Generation von Winzer*innen legt den Akzent auf das Terroir, wie in der besonders dynamischen Region Swartland.
Gute Weine kommen aus den Regionen um Kapstadt, sie profitieren von der frischen Meeresluft. Besonders weit entwickelt sind die Regionen Stellenbosch und Paarl.

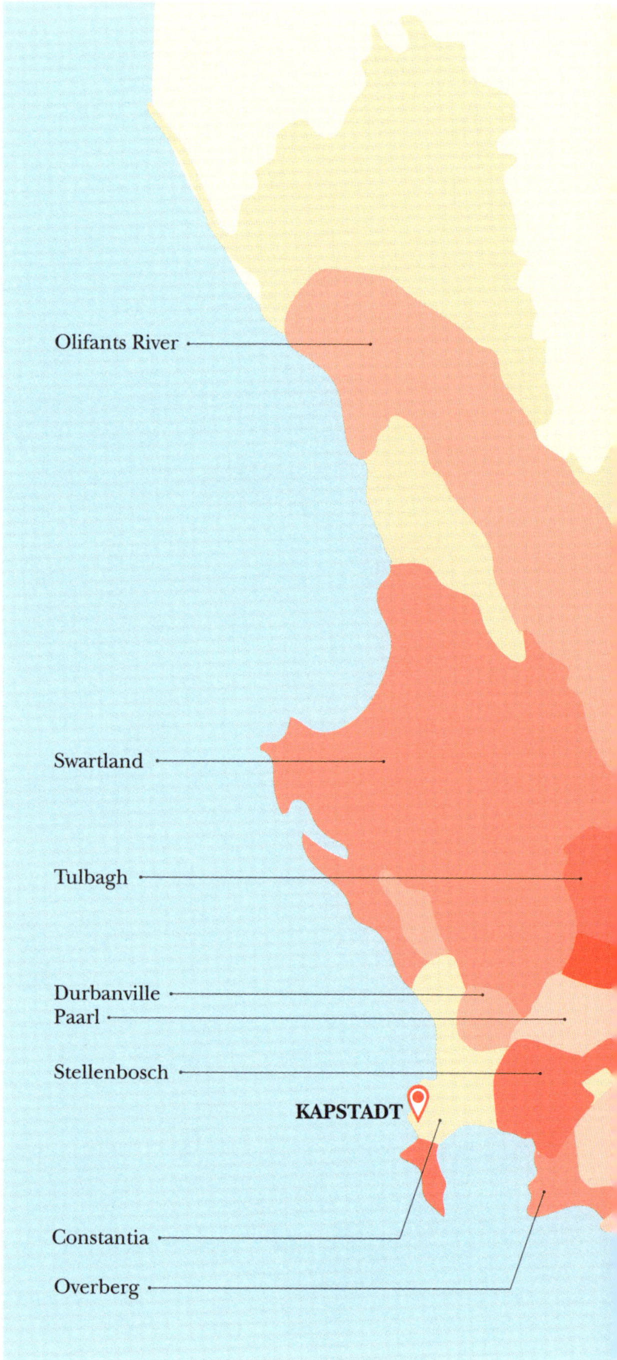

Weiße Rebsorten
Chardonnay, Sauvignon blanc,
Sémillon, Riesling, Muskateller, Chenin blanc

Rote Rebsorten
Cabernet Sauvignon, Merlot, Pinot noir,
Syrah, Pinotage, Zinfandel

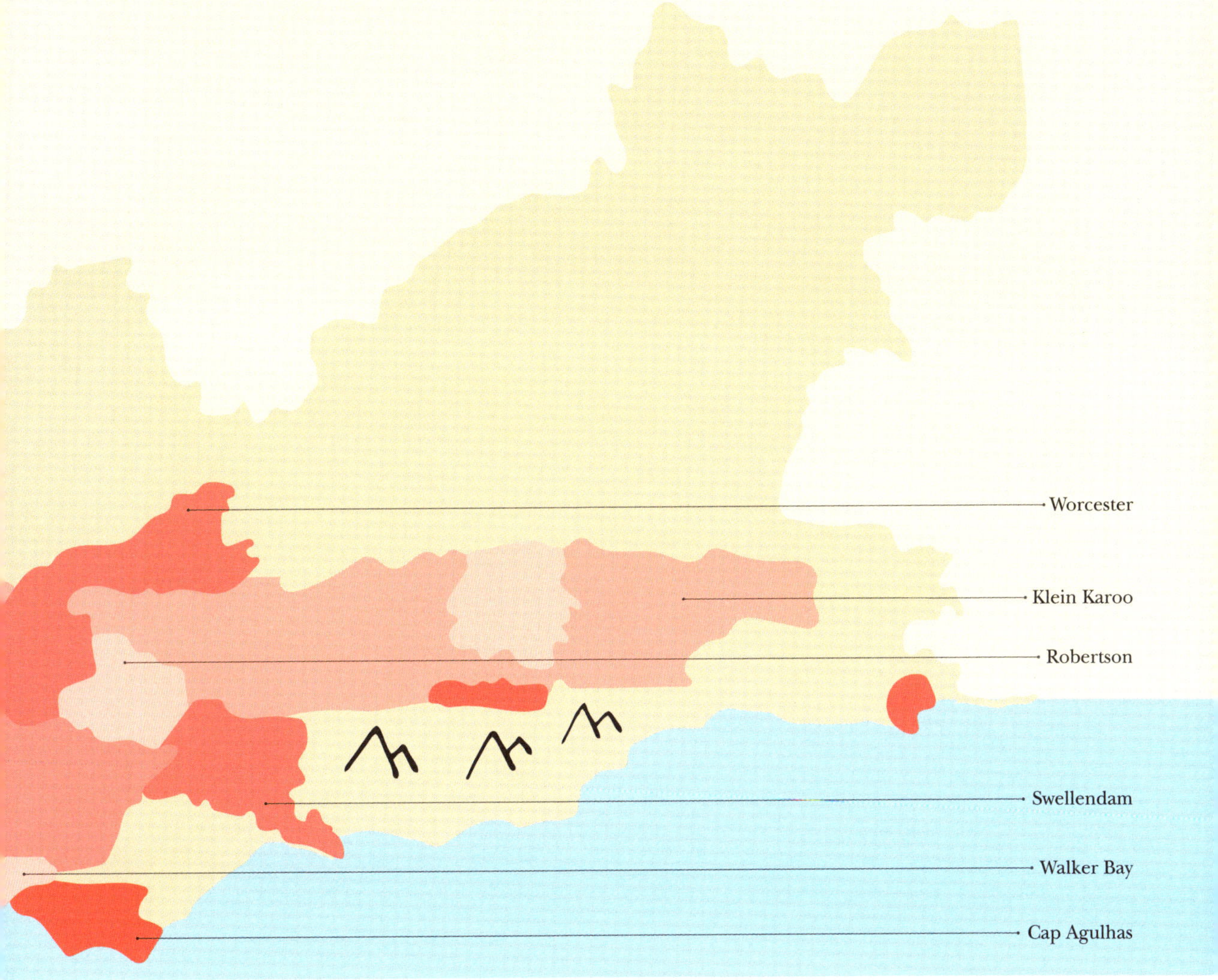

WEITERE WEINE DER WELT

Weinbau wird auf dem gesamten Planeten betrieben, in einigen Ländern schon sehr lang, in anderen entdeckt man ihn neu. Zweifellos wird sich die Landkarte der Weinwelt im Laufe der nächsten Generation weiter verändern. Verbesserte Techniken ermöglichen schon heute den Anbau von Wein an Orten, wo wir es nie für möglich gehalten hätten. Angesichts dieser Entwicklung sehen traditionelle Weinbauländer ihre Reben mit anderen Augen und gehen mit überraschender Dynamik in den Wettlauf um die Qualität.

Großbritannien Liegt es an der Erderwärmung, besonders aufmerksamer Arbeit oder am Einsatz der neuesten Technik? Es gelingt auf jeden Fall immer besser, in Großbritannien Trauben reifen zu lassen. Vielversprechend sind die Schaumweine aus den Küstenregionen mit ihren Kreideböden.

Im **Nahen Osten** werden im **Libanon** international renommierte Weine produziert, deren Ruf immer besser wird. Die Weinbautradition des Landes geht auf die Phoenizier vor 3000 Jahren zurück. Später errichteten die Römer einen Bacchus geweihten Tempel im Bekaa-Tal, wo sich die Weinberge heute konzentrieren.
Die Châteaus Ksara und Kefraya sowie das bekannte Château Musar produzieren großartige Rotweine mit Noten von Gewürzen und Schokolade, sowie intensiv duftende Weißweine. Neben diesen Klassikern machen etwa 40 Weingüter von sich reden.

Oft wird vergessen, dass in den Nachbarländern des Libanon ebenfalls Wein produziert wird, in **Israel**, **Syrien** und sogar **Afghanistan**. Es bleibt zu hoffen, dass aktuelle Konflikte die Weinberge nicht zerstören. In **Ägypten** gibt es ebenfalls bemerkenswerte Weingüter, beispielsweise Jardin du Nil.

Auch im Maghreb sind Weinbautraditionen fest verwurzelt. Erwähnenswert sind vor allem Rosés und Rotweine mit Gewürznoten, von denen einige, vor allem aus **Marokko**, unter den großen mitmischen können.

In **China** steigen Weinproduktion und Konsum exponentiell an. Es ist bereits heute das Land mit der weltweit zweitgrößten Rebfläche und wird sicherlich bald auch die Position des weltgrößten Weinproduzenten einnehmen.
Die Reben sind auf gigantischen Flächen angepflanzt, sowohl im Nordosten als auch im Nordwesten des Landes. Obwohl die Weinberge auf ähnlichen Breitengraden liegen wie das Mittelmeer, sind Terroirs und Klimata hier sehr unterschiedlich. China hat zunächst viele Spezialistinnen und Spezialisten aus dem Ausland hinzugezogen, heute werden im Land selbst höchst spezialisierte Weinfachleute ausgebildet.

In **Japan** gibt es viele Kenner*innen und Liebhaber*innen von Weinen, die Produktion dort ist zwar sehr beschränkt, hat allerdings eine sehr gute Qualität. Die Rebflächen befinden sich vor allem südwestlich von Tokio, in der Weinbauregion des Fuji. Die bekannteste Rebsorte ist der Kōshū, aus der reiner, delikater Weißwein gewonnen wird.

Mit seinem tropischen Klima ist **Indien** für den Weinbau nicht sonderlich gut geeignet, aber es entfaltet dennoch – unter Zuhilfenahme modernster Techniken – eine erstaunliche Dynamik. Seine Produktion wächst kontinuierlich. Heute gibt es mehrere Dutzend Produzenten in drei Weinbauregionen: Nashik und Sangli in Maharashtra sowie Bengaluru (Bangalore) in Karnataka. Die reichen Eigentümer konsultieren die besten Önolog*innen der Welt.

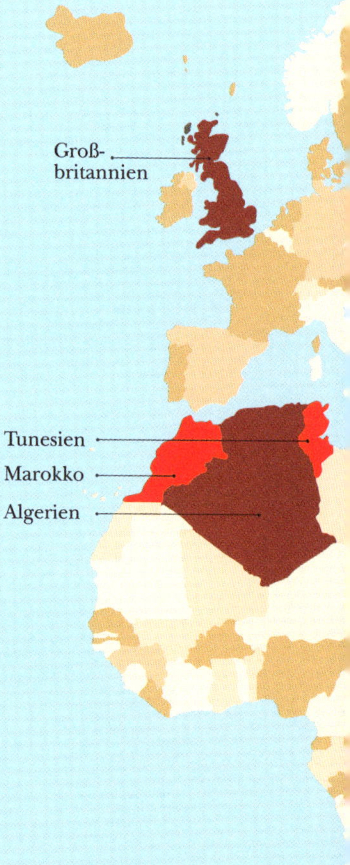

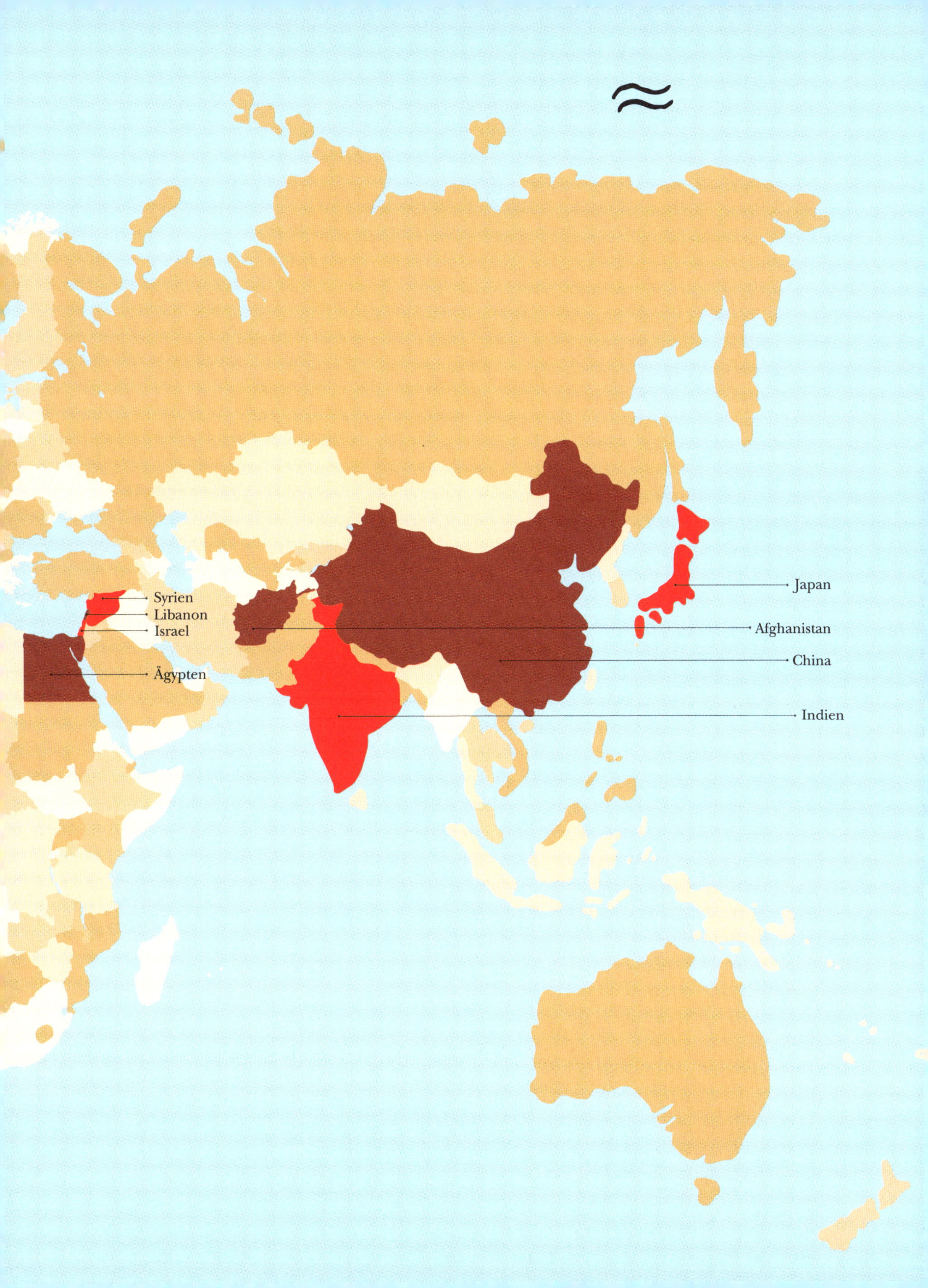
Syrien
Libanon
Israel
Ägypten
Japan
Afghanistan
China
Indien

Leonie kann sich noch gut an den Tag erinnern, an dem sie sich für Wein zu interessieren begann: Es war während eines gewöhnlichen Sonntagsessens mit der Familie. Sie hatte einen Bissen vom Essen genommen, einen Schluck Wein, dann einen weiteren Happen Essen … und plötzlich schmeckte das Essen noch besser – dank des Weins! Dieser hatte dem Essen eine neue Note verliehen, es köstlicher gemacht. Das war also die Magie des Weins? Leonie hatte gerade die perfekte Paarung entdeckt.

Seitdem ist sie bei jedem gepflegten Essen von der Weinbegleitung besessen. Dabei will sie nicht einfach einen guten oder den besten Wein finden, sondern ... den besten Wein für die jeweilige Mahlzeit. Manchmal öffnet sie zwei oder drei Flaschen, nur um zu vergleichen. Eines Tages probierte sie es mit einer verrückten Kombination: Austern und Sauternes. Davon hatte sie irgendwo gelesen. Einige ihrer Freunde waren schockiert, andere begeistert (darunter ein Paar aus dem Bordeaux, das diese Paarung bereits kannte). Daraus schloss Leonie, dass die perfekte Weinbegleitung nicht für alle gleich ist, sondern auch vom Geschmack und vom kulturellen Hintergrund abhängt.

Inzwischen kennt sie die klassischen Weinbegleitungen und hält sich gern daran, probiert aber auch immer wieder Neues aus und lässt sich überraschen. Wer weiß, vielleicht trifft sie so zufällig auf die Kombination, die ihre Augen zum Strahlen und ihr Herz zum Hüpfen bringt. Denn das ist die perfekte Weinbegleitung.

Leonie

MACHT DIE AUSBILDUNG
ZUR SOMMELIÈRE

Grundlagen der Weinbegleitung • Welcher Wein zu meinem Essen? • Welches Essen zu meinem Wein?

GRUNDLAGEN DER WEINBEGLEITUNG

Die Paarung von Essen und Wein ist wie eine Ehe: Ist sie gelungen, können sich beide in der Gegenwart des oder der anderen entfalten, schmecken noch besser als alleine. Geht es schief, ignorieren sich die beiden bestenfalls, schlimmstenfalls streiten sie sich und verlieren das, was sie anziehend macht. Um diese Ehe zu beurteilen, kosten wir den Wein zunächst am besten separat. In der Küche, in der Nähe der dampfenden Töpfe. Dann kosten wir ihn nochmal zu dem Gericht, um zu sehen, wie er sich verhält. Vergessen wir nicht, dass jede Ehe eine Frage des Geschmacks ist. Es kann gut sein, dass ihr von einer Kombination begeistert seid, euer Tischnachbar jedoch weniger. Hier folgen nun einige klassischen Prinzipien der Weinbegleitung. Diesen könnt ihr folgen – oder Neues ausprobieren.

Paarung nach Farben

Der einfachste Trick für die gelungene Weinbegleitung: Kombiniert Essen und Wein nach Farbe, also Weißwein zu weißen, Rotwein zu roten und Rosé zu rosa oder orangenen Speisen.

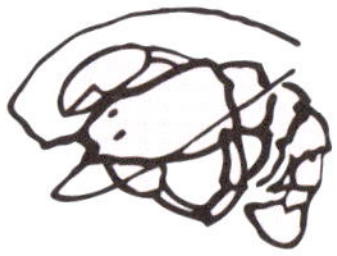

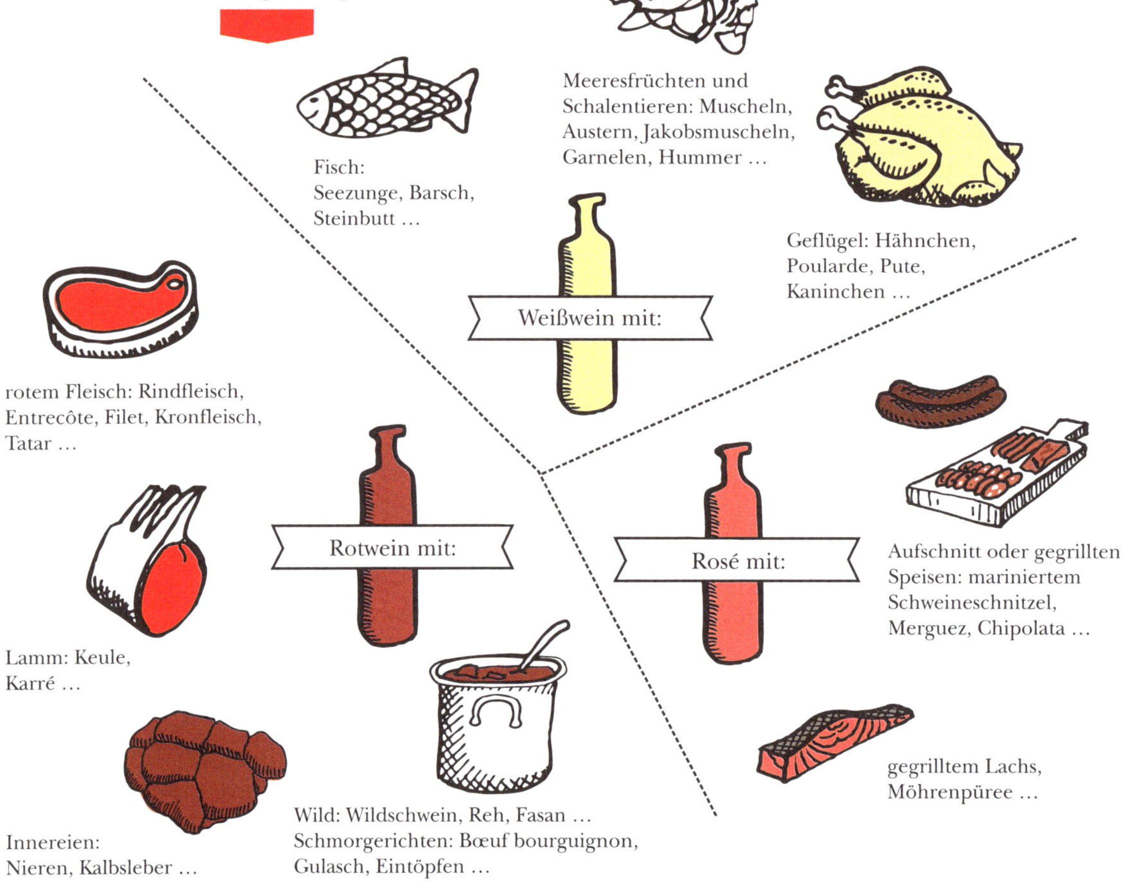

Paarung nach Terroir

Bei regionaltypischen Lebensmitteln (vor allem dann, wenn sie in der Speise vorherrschen) lohnt es sich immer, einen Wein aus der gleichen Gegend in Betracht zu ziehen: zu Leberknödeln oder Saumagen Riesling aus der Pfalz, zu Parmaschinken einen Pinot Grigio aus Italien, zu Raclette einen Weißwein aus dem Jura, zur Paella einen spanischen Rotwein, zu einem Lamm aus Pauillac Rotwein aus Pauillac …

Gleich und gleich gesellt sich gern

Sucht in der Speise und dem Wein Gemeinsamkeiten: Fetter Wein zu fettigen Speisen, trocken zu trocken, salzig zu salzig. Etwa ein Muscadet mit salzigen Noten oder ein Chablis mit Jod-Noten zu Austern, Sauternes mit Ananas-Aromen zu flambierter Ananas, ein kräftiger Wein zu Speisen mit intensivem Geschmack, ein leichter Wein zu zarten Gerichten. Falls ihr mit (gutem) Wein gekocht habt, serviert den gleichen oder einen ähnlichen Wein, also aus der gleichen Region und Rebsorte, zum Essen.

Gegensätze ziehen sich an

Ziel ist es hier weniger, die Speise zu begleiten. Stattdessen geht es darum, zu überraschen, neue Aromen zu enthüllen. Denn aus der Begegnung von Speise und Wein kann ein neuer Geschmack hervorgehen. Besonders erstaunliche Paarungen erreichen wir mit seltener getrunkenen Weinen wie Schaumweinen, Süßweinen und gespriteten Weinen.

ZU FLEISCH

Bei Fleisch streben wir nach Ausgleich: Der Wein sollte nicht von Fleisch mit intensivem Geschmack in den Hintergrund gedrängt werden, darf Fleisch mit zartem Aroma aber auch nicht überdecken. Zu fettem Fleisch passt auch ein Kontrast mit kräftigen Tanninen oder einem lebhaften Wein, um dem Gericht mehr Pep zu geben.

Rind

- Rosé (Grillgerichte)
- vollmundiger Rotwein (geschmort, gegrillt, gebraten)
- kräftiger Rotwein

Lamm, Hammel

- aromatischer Weißwein (Hirn)
- Rosé (Wurst, Merguez)
- vollmundiger Rotwein (gekocht)
- kräftiger Rotwein
- * Vin doux naturel

Wurst

- frischer Weißwein
- Rosé
- leichter Rotwein
- vollmundiger Rotwein

Schwein

- frischer Weißwein (Speck)
- aromatischer Weißwein (Innereien)
- leichter Rotwein (Innereien, Kotelett)
- vollmundiger Rotwein (gebraten, gegrillt)
- kräftiger Rotwein (gut gewürzt, gegrillt)

Kalb

- frischer Weißwein (Innereien)
- aromatischer Weißwein (Innereien)
- kräftiger Weißwein (in Sahnesauce)
- Rosé
- leichter Rotwein
- vollmundiger Rotwein (gegrillt)

* überraschende Paarung

ZU GEFLÜGEL UND WILD

Zu Geflügel vermeidet man kräftigen Rotwein, er würde das Gericht dominieren. Stattdessen suchen wir nach einer delikateren Weinbegleitung, einer überraschenden, originellen Kombination. Zu Wild streben wir nach Eleganz, doch gerade Fleisch mit intensivem Geschmack erfordert einen Wein, der sich durchzusetzen weiß.

Hähnchen, Pute

- kräftiger Weißwein (gebraten, in Sahnesauce)
- Rosé
- leichter Rotwein (gebraten)
- * Schaumwein (in Sahnesauce)
- * Süßwein

Eier

- frischer Weißwein (Quiche)
- aromatischer Weißwein (Omelettes)
- * Süßwein

Ente

- vollmundiger Rotwein (Entenbrust)
- kräftiger Rotwein (gebraten, * Foie gras)
- Süßwein (Foie gras)
- * Vin doux naturel (flambiert)

Federwild

- leichter Rotwein
- vollmundiger Rotwein
- * kräftiger Weißwein

Kleinwild

- aromatischer Weißwein
- kräftiger Weißwein
- leichter Rotwein
- * Schaumwein (in Sahnesauce)

Haarwild

- vollmundiger Rotwein (Hase)
- kräftiger Rotwein (geschmort, mit Sauce)

* überraschende Paarung

ZU FISCH

Zu Fisch solltet ihr tanninreiche Weine vermeiden, da sie eine metallische Facette hervorbringen. Haltet euch lieber an aromatische, leichte Weine, die euren Speisen eine leichte, maritime Seite verleihen.

Thunfisch

- aromatischer Weißwein (roh)
- Rosé
- leichter Rotwein

Süßwasserfisch

- aromatischer Weißwein
- Rosé (gegrillt)
- * vollmundiger Rotwein (Aal in Rotweinsauce)

Lachs

- Schaumwein (roh)
- frischer Weißwein (roh)
- aromatischer Weißwein
- Rosé

Fischkonserven

- frischer Weißwein
- aromatischer Weißwein

weißer Fisch

- frischer Weißwein
- aromatischer Weißwein
- kräftiger Weißwein (reichhaltige Sauce)
- Rosé (frittiert, gegrillt, Suppe)
- * vollmundiger Rotwein (Rotbarbe)

Räucherfisch

- Schaumwein
- frischer Weißwein
- aromatischer Weißwein

* überraschende Paarung

ZU MEERESFRÜCHTEN

Mit nur wenigen Ausnahmen befinden wir uns hier im Reich der Weißweine, mit und ohne Perlage. Sie sind die besten Begleiter für die jodierten, salzigen Noten von Meeresfrüchten und unterstreichen das zarte Fleisch.

Jakobsmuscheln

- Schaumwein
- aromatischer Weißwein
- kräftiger Weißwein (mit Sahnesauce)

Austern, Wellhornschnecken

- Schaumwein
- frischer Weißwein
- * vollmundiger Rotwein (warme Austern)
- * Süßwein

Miesmuscheln

- frischer Weißwein
- * Schaumwein

Krebs, Teufelskrabbe

- frischer Weißwein
- aromatischer Weißwein
- Rosé

Hummer

- aromatischer Weißwein
- kräftiger Weißwein
- * leichter Rotwein (gegrillt)

Garnelen

- frischer Weißwein
- aromatischer Weißwein
- Rosé
- * Schaumwein

* überraschende Paarung

FÜR VEGETARIER*INNEN

Ihr esst vegetarisch und liebt Wein? Gute Sache. Weniger gut ist, dass die Weinbegleitung zu vegetarischen Speisen relatives Neuland ist. Glücklicherweise gibt es Weine, die sehr gut zu vegetarischen Gerichten passen, sodass großartige Paarungen möglich sind.

Die Herausforderung

Vegetarische Speisen bereiten Sommeliers und Sommelièren oft Kopfzerbrechen. Das liegt zum einen daran, dass die klassische Weinbegleitung auf die traditionelle Küche ausgerichtet ist, abgestimmt auf ein Stück Fleisch oder Fisch. Zum anderen werden in vielen Fällen delikatere Weine benötigt als bei Fleischgerichten, da letztere kräftiger im Geschmack sind.
Doch Sommeliers bilden sich weiter, stellen sich auf die Trends ein. Und in renommierten vegetarischen Restaurants arbeiten bereits Sommeliers und Sommelièren, die auf diese Art der Weinbegleitung spezialisiert sind.

In erster Linie Weißwein

Die Textur von Gemüse ist häufig weniger robust als die von Fleisch oder Fisch. Tanninhaltige Rotweine sind daher eher problematisch, da sie schnell zu rau oder intensiv wirken. Also serviert man besser Weißwein. Ob frisch, aromatisch oder kräftig – vegetarische Gerichte sind seine Spielwiese.
Rohkost und Salate (ohne Vinaigrette!) flirten mit einem frischem Weißen, Avocado, Hummus oder sautiertes Gemüse lieben aromatischen Weißwein. Und an kräftige Weißweine könnt ihr euch zu Risottos und Nudelaufläufen wagen. Gereifte, komplexere Weine bieten sich an, wenn Pilze mit im Spiel sind: Morcheln, Pfifferlinge, Steinpilze und Trüffel.

Rotwein aber auch

Die Weinbegleitung nach Farben funktioniert aber auch hier: Zu rotem Gemüse könnt ihr durchaus Rotwein wählen. Kräftiger Rotwein passt seltener (allerdings harmoniert er mit roten Bohnen oder Linsen, oder mit Pilzen, falls es ein älterer, gereifter Wein ist), leichte Rotweine haben sich ihren Platz auf dem vegetarischen Tisch aber durchaus verdient: zu geschmorten Möhren, geschmortem Gemüse wie Ratatouille, mediterranen und würzigen Speisen – zu denen auch Rosé passt. Vollmundige Rotweine passen gut zu gerösteten und karamellisierten Speisen, etwa gebratenem Kürbis und Auberginenauflauf.

ZU VEGETARISCHEN SPEISEN

In vegetarischen Gerichten kommen häufig viele unterschiedliche Zutaten zusammen. Um eine gute Wahl bei der Weinbegleitung zu treffen, achtet auf das dominante Aroma und die Grundzutat. Findet ihr einen Wein, der zu beiden passt, ist das großartig. Ansonsten haltet euch an das Kriterium, das euch am bedeutendsten erscheint.

Grünes Gemüse

- frischer Weißwein
- aromatischer Weißwein

Stärkehaltige Beilagen

- kräftiger Weißwein
- Rosé (Couscous, Paella, Nudel-/Kartoffelsalat)
- vollmundiger Rotwein

Hülsenfrüchte

- aromatischer Weißwein
- leichter Rotwein (Püree, Suppe)
- kräftiger Rotwein

Pilze

- kräftiger Weißwein
- vollmundiger Rotwein
- kräftiger Rotwein

Wurzelgemüse

- aromatischer Weißwein
- * Süßwein
- vollmundiger Rotwein (gratiniert, gegrillt, gebraten)

Fruchtgemüse

- frischer Weißwein (Salat)
- Rosé (Salat, gefüllt, Ratatouille, überbacken)
- vollmundiger Rotwein (in Sauce, überbacken)

* überraschende Paarung

ZU KRÄUTERN UND GEWÜRZEN

Während Kräuter mit dezentem Aroma für einen Hauch Frische sorgen, den der Wein unterstreicht, verlangen Aromaten, also kräftigere Kräuter und Gewürze sowie Wurzelgemüse, nach Wein mit Charakter. Gewürze bieten die Gelegenheit, nach einem originellen Wein zur Speisebegleitung zu greifen. Übrigens besänftigen Süßweine die feurige Schärfe von Chili hervorragend.

Frische Kräuter

Zu Speisen, in denen Minze, Petersilie, Basilikum ... dominieren

- frischer Weißwein
- aromatischer Weißwein
- Rosé (Salat)
- vollmundiger Rotwein

Aromaten

Zu Speisen, in denen Thymian, Rosmarin, Lorbeer, Salbei ... dominieren

- aromatischer Weißwein
- kräftiger Weißwein
- vollmundiger Rotwein
- kräftiger Rotwein

Scharfe Speisen

Zu scharfen Speisen mit Chili

- Süßwein

Würzige Speisen

Zu Speisen mit Curry, Zimt, Muskatnuss, Ingwer ...

- kräftiger Weißwein
- kräftiger Rotwein
- Süßwein
- * Vin doux naturel

* überraschende Paarung

ZU KÄSE UND NACHTISCH

Weißweine sind einfach die beste Begleitung zu allen Käsesorten, denn sie halten den Gaumen wach. Zum Nachtisch bietet sich die Gelegenheit, Süßweine oder gespritete Weine zu verkosten – die Wahl hängt davon ab, ob gelbe oder rote Früchte die Hauptrolle spielen.

Halbfeste Schnittkäse

Feta, Ziegenkäse, Brousse …

- frischer Weißwein
- aromatischer Weißwein
- * Schaumwein

Schimmelkäse

Roquefort, Gorgonzola …

- Süßwein
- * Vin doux naturel

Mit Schokolade

- Vin doux naturel
- * kräftiger Rotwein

Hartkäse

Comté, Tomme, Gouda, Gruyère …

- aromatischer Weißwein
- kräftiger Weißwein

Kuchen

- Schaumwein
- Süßwein
- * aromatischer Weißwein

Mit Sahne

- Süßwein

Weichkäse

Camembert, Brie, Munster …

- aromatischer Weißwein
- leichter Rotwein
- vollmundiger Rotwein (affiniert)
- * Schaumwein

Mit roten Früchten

- Rosé (frisch, Obstsalat)
- vollmundiger Rotwein
- Vin doux naturel
- * kräftiger Rotwein

Mit gelben Früchten

- aromatischer Weißwein
- Süßwein

* überraschende Paarung

EIN PAAR GEWAGTE PAARUNGEN

Hier können wir auch von kontrastierenden Paarungen sprechen. Es sind keine naheliegenden Kombinationen, doch sie unterstreichen die Magie des Weins und zeigen, dass die überraschendsten Paare manchmal sehr gut harmonieren.

Vin jaune aus dem Jura zu Hähnchencurry. Er begleitet das Curry mit einem Bouquet von Äpfeln, Walnüssen und Trockenfrüchten.

Brut Champagner (oder Crémant) mit sehr reifem Camembert. Der schäumende Wein bildet einen frischen Kontrast zum Fett des Käses.

Süßwein zu asiatischen Speisen. Süßwein zu feurig-scharfen Gerichten löscht das Feuer und mildert die Schärfe.

Likörwein zu Fourme d'Ambert (oder Sauternes zu Roquefort). Die Süße des Weins besänftigt die Würze des Käses und betont seine Rundung.

Ein reifer Bordeaux mit samtigen Tanninen zu gebratener Foie Gras. Sie haben Eleganz und Komplexität gemeinsam.

Süßwein (z. B. Sauternes) zu Brathähnchen mit Kartoffeln. Reine Extase! Die Süße des Weins umschmeichelt das Fleisch und prickelt auf der knusprigen Haut.

DIE KILLER-LEBENSMITTEL

Einige Lebensmittel können Wein nicht ertragen. Es ist nicht nur so, dass sie den Wein nicht unterstreichen, nein, schlimmer noch: Sie setzen alles daran, ihn zu zerstören.

Essig verwandelt Wein in einen Zombie.

Bei Rohkostplatten wird ihm schwindelig.

Die Knoblauchzehe ist eine Wein-Würgerin.

Chicorée, Artischocken, Lauch und Spinat sind Wein-Serienmörder (nur Muskateller können es mit ihnen aufnehmen).

Die Grapefruit ist ein Kamikaze.

Außerdem werdet ihr vermutlich enttäuscht, wenn ihr diese Paarungen ausprobiert:

- Tanninreicher Rotwein zu Fisch oder Krustentieren. Leichte, geschmeidige Rote (Loire, Burgund, Beaujolais) können sich mit Meeresfrüchten verstehen. Doch Tanninen verleiht Fisch einen metallischen Geschmack.
- Trockener Weißwein zu süßen Desserts. Beim Anblick von Zucker wird der Wein trotzig und greift das Dessert an.

ZU SCHAUMWEIN

Schaumweine passen zu vielen Speisen. Sie haben unterschiedliche Eigenschaften, von kräftigem Jahrgangschampagner über süßen Blanquette zu leichtem, fruchtigem Crémant. Allen gemeinsam ist die feine Perlage, die einfache und raffinierte Gerichte aufpeppt. Von kräftigen Speisen können sie jedoch überwältigt werden.

Fisch

- Lachs (roh)
- geräucherter Fisch

Meeresfrüchte

- Austern, Wellhornschnecken ...
- Jakobsmuscheln

Desserts

- Kuchen und Torten (wenn der Wein nicht zu trocken ist)

Rebsorten

Chardonnay, Pinot noir, Pinot Meunier, Pinot Auxerrois, Riesling, Chenin, Muskateller, Mauzac und viele Cuvées

Appellationen

Champagne, Crémant du Jura, Crémant d'Alsace, Crémant de Bordeaux, Crémant de Bourgogne, Crémant de Limoux, Crémant de Loire, Clairette de Die, Blanquette de Limoux, Cava, Gaillac, Spumante, Prosecco

*überraschende Paarungen

- Hähnchen und Pute (in Sahnesauce)
- Kleinwild (in Sahnesauce)
- Miesmuscheln
- Garnelen
- Aromaten
- halbfester Schnittkäse
- Weichkäse

ZU FRISCHEM WEISSWEIN

Ein guter frischer Weißwein ist belebend wie eine frische Brise. Er weckt die Geschmacksknospen und regt den Appetit an, ist nie schwer, ermüdend oder aufdringlich. Seine Säure mag überraschen, garantiert jedoch Frische und Reinheit. Die salinen, mineralischen Noten und die Aromen von Zitruszesten bereichern die einfachsten Gerichte.

Fleisch

- Schwein (Speck)
- Kalb (Innereien)
- Wurst & Aufschnitt
- Eier (Quiche)

Fisch

- Lachs (roh)
- weißer Fisch
- Ölkonserven
- geräucherter Fisch

Kräuter & Gewürze

- frische Kräuter

Rebsorten

Sauvignon, Melon de Bourgogne, Chenin, Pinot blanc, Pinot Auxerrois, Silvaner, Chasselas, Aligoté, Trebbiano, Albariño

Appellationen/ Regionen

Sancerre, Pouilly-Fumé, Muscadet, Anjou, Saumur, Alsace, Savoie, Bourgogne Aligoté, Markgräflerland, Franken, Lugana, Steiermark, Rias Baixas

Meeresfrüchte

- Austern …
- Miesmuscheln
- Krebse & Krabben
- Garnelen

Gemüse

- grünes Gemüse
- Fruchtgemüse

Käse

- halbfester Schnittkäse

ZU AROMATISCHEM WEISSWEIN

Aromen von Blüten und Früchten, seltene Düfte: Diese Weine haben eine explosive Persönlichkeit … je nach Rebsorte allerdings eine andere. Ihr Charakter macht wahre gastronomische Erfahrungen möglich, manchmal gewagt, jedoch erstaunlich, wenn gelungen. Einige dieser Weine werden kräftiger, wenn sie altern.

ZU KRÄFTIGEM WEISSWEIN

An Kraft und Struktur steht er Rotwein in nichts nach! Häufig in Holzfässern ausgebaut, ist er am Gaumen fett und vollmundig. Er verströmt Aromen von Butter, Blumen und Früchten … Wir servieren ihn zu edlen Zutaten, Gerichten wie Fisch und Meeresfrüchten, denen er Dank seiner Textur Reichhaltigkeit verleiht.

ZU ROSÉ

Abhängig von ihrer Herkunft und der Weinbereitung haben Rosés unterschiedliche Charaktere. Blass, dunkel, leicht, eher kräftig … immer mit ausdrucksstarker Frucht und diskreten Tanninen. Sie machen sich gut als Begleitung zu Fleisch und Fisch, denn sie vereinen die Säure von Weiß- mit den Aromen von Rotwein.

Fleisch

Rind
(Wurst, Merguez)

Kalb
(Innereien)

Hammel, Lamm
(Merguez)

Hähnchen, Pute

Wurstwaren

Fisch

Lachs

Thunfisch

weißer Fisch
(gebraten,
gegrillt, Suppe)

Süßwasserfisch
(gegrillt)

Rebsorten

Pinot noir, Cabernet franc, Cabernet Sauvignon, Merlot, Grenache, Syrah, Cinsault, Mourvèdre, Pineau d'Aunis, Montepulciano d'Abruzzo, Tempranillo … (die meisten roten Rebsorten!)

Appellationen/ Regionen

Côtes de Provence, Tavel, Corse, Bordeaux rosé, Anjou, Coteaux du Vendômois, Bourgogne rosé, Gris de Toul, Gris de Boulaouane, Cerasuolo d'Abruzzo, Rioja rosado …

Meeresfrüchte

Krebse
& Krabben

Garnelen

Gemüse

stärkehaltige Beilagen
(Couscous, Paella,
Nudel-/Kartoffelsalat)

Fruchtgemüse
(Salat, Gratin)

Kräuter & Gewürze

frische Kräuter
(Salat)

Desserts

mit roten
Früchten

ZU LEICHTEM ROTWEIN

Mit den Aromen roter Beeren und einer süffigen Textur stillt er den Durst oder peppt ein Gericht auf. Leichter Rotwein stammt häufig aus kühlem oder gemäßigtem Klima. Aber Achtung: Leicht heißt nicht immer einfach! Die Pinot noirs von der Côte de Nuits im Burgund sind ebenso fein wie delikat und komplex.

ZU VOLLMUNDIGEM ROTWEIN

Vollmundiger Wein fällt nicht wegen seiner Finesse auf, auch nicht wegen seiner Struktur, sondern wegen seiner Fülle. Er ist häufig sehr fruchtig, teilweise mit Gewürznoten, und hat eine geschmeidige, samtige Textur, ist manchmal fast fett. Er verleiht einer Mahlzeit Weichheit und Genuss und überzieht die Speisen wie eine Sauce.

Fleisch

Schwein (gebraten, gegrillt)

Rind (geschmort, gegrillt)

Hammel, Lamm (gekocht)

Kalb (gegrillt)

Ente (Brust)

Haarwild (Hase)

Federwild

Wurstwaren

Gemüse

stärkehaltige Beilagen

Pilze

Fruchtgemüse (in Sauce, überbacken)

Rebsorten

Grenache, Merlot, Cabernet franc, Carignan, Sangiovese, Primitivo, Dornfelder und Cuvées

Appellationen/ Regionen

Côtes du Rhône Villages, Lirac, Gigondas, Vacqueyras, Châteauneuf-du-Pape, Costières de Nîmes, Saint-Joseph, Coteaux du Languedoc, Saint-Émilion, Pomerol, Côtes de Blaye, Côtes de Bourg, Bordeaux supérieur, Côte de Beaune, Côtes de Provence, Corse, Anjou, Chinon, Bourgueil, Saumur-Champigny, Toskana, Apulien, Sizilien, Rioja, Napa Valley, chilenische Weine …

Kräuter & Gewürze

frische Kräuter

Aromaten

Käse

Weichkäse (affiniert)

Desserts

mit roten Früchten

* überraschende Paarung

weißer Fisch (Rotbarbe)

Süßwasserfisch (Aal mit Rotweinsauce)

Austern (warm)

ZU KRÄFTIGEM ROTWEIN

Mit muskulöser Struktur und soliden Tanninen ist er am Gaumen kräftig, hat eine dunkle Farbe und Aromen von schwarzen Früchten und Gewürzen. Kräftiger Rotwein kommt aus einer sonnigen Region oder von Grand-Cru-Terroir. Er verträgt sich gut mit deftigen Speisen, gern mit Sauce und ein wenig Fett, die den Tanninen Halt geben. Der Wein muss oft reifen, bevor er getrunken wird.

Fleisch

- Schwein (gewürzt, gegrillt)
- Rind
- Hammel, Lamm
- Ente (gebraten)
- Haarwild (geschmort, mit Sauce)

Gemüse

- Hülsenfrüchte
- Pilze

Rebsorten

Tannat, Cabernet Sauvignon, Mourvèdre, Malbec, Syrah, Tempranillo, Nebbiolo, Nero d'Avola, Montepulciano

Appellationen/Regionen

Haut-Médoc, Pauillac, Saint-Estèphe, Saint-Julien, Margaux, Graves, Corbières, Fitou, Minervois, Saint-Chinian, Faugères, Côtes du Roussillon, Bandol, Madiran, Cahors, Côte-Rôtie, Hermitage, Crozes-Hermitage, Cornas, Pommard, Échezeaux, Chambertin, Priorat, Ribera del Duero, Barolo, Barbaresco, argentinische Weine, Shiraz aus Australien …

Kräuter & Gewürze

- Aromaten
- Gewürze

* überraschende Paarung

- Ente (Foie gras)
- Desserts mit roten Früchten
- Desserts mit Schokolade

ZU SÜSSWEIN

Süßweine werden häufig mit Desserts kombiniert, doch sie vertragen sich durchaus auch mit Geflügel, Meeresfrüchten, würzigen Speisen, herzhaft-süßen Rezepten, Käse … Allerdings solltet ihr auf den genauen Süßegrad achten, denn der macht einen Unterschied. Lieblicher Wein verträgt sich besser mit Hauptgerichten, Süßwein verleiht Schalentieren, Käse und Desserts Charakter.

Fleisch

Ente (Foie gras)

Kräuter & Gewürze

Chili

Gewürze

Käse

Blauschimmelkäse

Rebsorten

Chenin, Sémillon, Petit und Gros Manseng, Riesling, Gewürztraminer, Pinot gris, Muskateller, Furmint, Malvasia

Appellationen/Regionen

Alsace (Vendanges tardives (Spätlese), Sélection de grains nobles), Barsac, Sauternes, Monbazillac, Jurançon, Pacherenc du Vic-Bilh, Bonnezeaux, Quarts-de-Chaume, Vouvray, Coteaux-du-Layon, Montlouis, Strohwein (Jura, Italien, Griechenland, Spanien), Passerillé (Südwestfrankreich, Schweiz), Tokaji (Ungarn), Auslese und Trockenbeerenauslese (Deutschland), Eiswein (Deutschland, Österreich, Kanada)

Desserts

mit weißen und gelben Früchten

Kuchen

Sahnedesserts

* überraschende Paarung

Hähnchen & Pute

Eier

Austern, Wellhornschnecken …

Wurzelgemüse & Kürbisse

ZU VIN DOUX NATUREL

Ebenso süß, aber mit einem höheren Alkoholgehalt als Süßwein, ist Vin doux naturel (und auch Likörwein) deutlich vollmundiger, besonders der rote. Er verträgt sich gut mit Schokoladendesserts, aber auch mit kräftigen Fleischgerichten. Als Weinbegleitung hat er es ganz schön in sich, er überrascht wegen des Zuckers, ist originell und selten und verleiht manchem Essen eine großartige Komplexität.

Desserts

mit roten Früchten

mit Schokolade

Rebsorten

Muskateller, Grenache, Malvasia, Maccabeu, Touriga nacional und francesa, Tinta roriz, Sercial, Verdelho, Bual …

Appellationen

Muscat de Beaumes-de-Venise, Muscat de Rivesaltes, Muscat de Frontignan, Muscat du Cap Corse, Banyuls, Maury, Rasteau, Portwein, Sherry, Madeira, Malaga, Marsala, Likörweine (Pineau des Charentes, Macvin, Floc de Gascogne …)

* überraschende Paarung

Hammel, Lamm (in Sauce)

Ente (flambiert)

Haarwild

Gewürze

Blauschimmelkäse

Paul ist jemand, der das gute Leben liebt, ein Typ, den man gern zu sich einlädt. Sobald er die Wohnung betritt, ruft er: »Ich habe eine Flasche Wein mitgebracht. Na, was gibt es Neues?« Und alle wissen, dass sie sich amüsieren werden.

Noch lieber besuchen ihn seine Freunde und Freundinnen zu Hause. Sie freuen sich auf den Moment, in dem Paul mit einem Funkeln in den Augen sagt: »Kommt, lasst uns in den Keller gehen und eine Flasche Wein aussuchen.« So wählen sie schon den Wein gemeinsam aus, bevor sie sich um die Gläser versammeln.

Allerdings war das nicht immer so. Alle können sich noch an Zeiten erinnern, als Paul neben dem Besten auch mit dem Schlechtesten ankam, manchmal dem Bizarren. Das lag daran, dass er »nach Gefühl« Wein kaufte – zum Beispiel Bordeaux aus dem Supermarkt, weil das Etikett so schön war und darauf »Grand Vin« stand … Nach und nach ging er aber immer häufiger in den Weinfachhandel, fand einen guten Laden, wo er kompetent beraten wurde, wo man verstand, was er suchte – und so wurde er zum treuen Kunden. Eines Tages begab er sich auf eine Weinmesse, hatte bewegende Begegnungen und kam mit vollen Armen nach Hause.

Spätestens jetzt hatte Paul es satt, nach der Arbeit noch schnell eine Flasche Wein kaufen zu müssen. Er beschloss, seinen eigenen Weinkeller aufzubauen, sodass er für alle Fälle immer die passende Flasche zur Hand hat. Dafür bestellte er bei Winzern und Winzerinnen, die er auf der Messe kennengelernt hatte.

So baute er sich über die Jahre eine schöne Sammlung auf, vielseitig und bunt, mit Weinen zum Reifen und anderen, die man gleich trinken kann. Darauf ist er stolz, fragt sich manchmal jedoch auch, wer das alles trinken soll ... Aber dafür hat er ja Freunde!

Dieses Kapitel ist für alle, die wie Paul den passenden Wein für den richtigen Moment dahaben möchten.

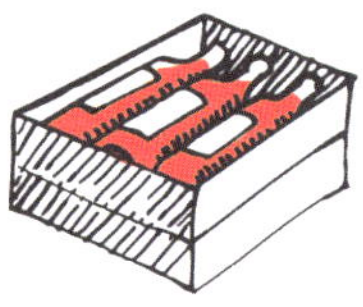

PAUL

KAUFT WEIN

Der Preis des Weins • Im Restaurant
Weinetiketten verstehen • Eine Flasche Wein kaufen
Den Weinkeller zusammenstellen

DER PREIS DES WEINS

Was kostet Wein? Was wir dafür zu zahlen bereit sind! Im Ernst: Wein unterliegt dem gleichen Gesetz wie die meisten Waren, dem von Angebot und Nachfrage. Je besser der Ruf und je größer die Nachfrage, desto höher der Preis!

Das Gesetz des Marktes

Der Markt ist mehr oder weniger reaktiv, abhängig von der Produktionsart und dem Willen der Winzer*innen.

Handelsmarken
Sie können sich leichter als unabhängige Winzer*innen an steigende Nachfrage anpassen, indem sie mehr Trauben ankaufen.

Unabhängige Winzer*innen

- Das Angebot ist begrenzt, verkauft wird nur, was produziert wurde.
- Bei großer Nachfrage (oder geringer Produktion) wird der Wein nur treuen Kunden angeboten – zum bisherigen Preis. Alternativ werden die Preise angehoben, um die Nachfrage zu regulieren.
- Möglich ist auch der Ankauf neuer Landflächen, um mehr zu produzieren. Preissteigerung führt dann zu schnellerer Rentabilität.

Weitere Faktoren, die zu einer Preissteigerung führen können

Ein schwieriger Jahrgang
Es gab Frost, Hagel, es war zu warm … und es gibt deutlich weniger Trauben (und damit Wein) als in den vergangenen Jahren. Bei guter Qualität können die Preise angehoben werden, um die Einkünfte zu sichern.

Der Wert des Lands steigt
In Deutschland liegt der Preis von einem Hektar Rebfläche zwischen 20 000 € und 500 000 €, je nach Region! Eine neue Klassifizierung, eine Region, die zum Trend wird, und schon steigen die Preise. Werden Rebflächen und Weingüter vererbt, entstehen Kosten, die sich auf den Preis des Weins niederschlagen können.

Ein neues Image
Eine neue Pressekampagne, neue Angestellte im Marketing … Auch Personal und Arbeitsstunden außerhalb der Produktion spiegeln sich im Preis wider.

Bestimmte Konsumenten ansprechen
Es mag seltsam erscheinen, aber manchmal wird der Preis einer originellen Cuvée (aus seltenen Rebsorten oder speziellem Anbau) angehoben, damit anspruchsvolle und wohlhabende Kunden und Kundinnen sich überhaupt angesprochen fühlen.

Was kostet die Produktion einer Flasche Wein?

Vom Fusel zum Grand Cru weichen die Produktionskosten stark ab. Sie schwanken zwischen weniger als 1 € bis 40 € pro Flasche. Diese Schwankungen sind mit einer Reihe von Faktoren zu erklären: mit der Sorgfalt, die im Weinberg aufgewendet wird, dem Ankauf von Barriques, der Qualität der Korken, sogar mit Maßnahmen zum Schutz vor Fälschungen bei den ganz großen Weinen.

Diese Kosten müssen eingerechnet werden (pro Flasche):

- Produktionskosten pro Hektar: zwischen 0,20 € und 5 €
- Weinbereitung und Ausbau: zwischen 0,10 € und 5 €
- Verwaltung des Weingutes: zwischen 0,10 € und 10 €
- Flaschenabfüllung: zwischen 0,50 € und 5 €
- Verpackung und Vermarktung: zwischen 0,30 € und 15 €

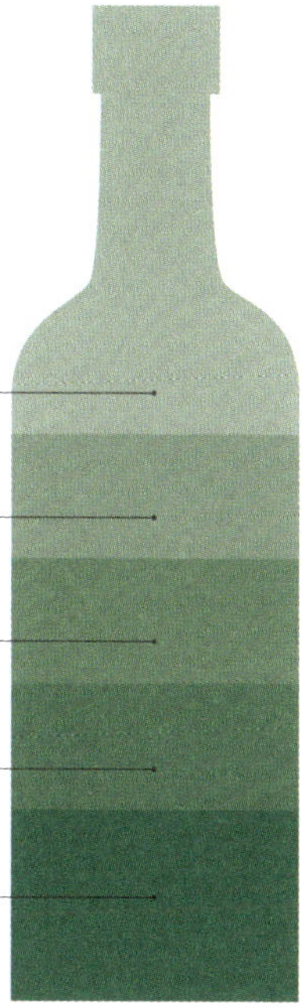

Wofür ist der Wein bestimmt?

Nicht alle Flaschen werden mit dem gleichen Ziel produziert. Ein Weingut bietet immer verschiedene Weine zu unterschiedlichen Preisen an. Da gibt es die gut zu trinkenden Einstiegsweine, die nur kurz ausgebaut wurden. Und dann sind da die hochwertigeren Weine für die Gastronomie oder den Keller, konzentrierter und häufig von alten Reben oder besonders guten Parzellen, die länger (oft in Holzfässern) ausgebaut wurden, bevor sie auf den Markt kamen, und die ein gutes Alterungspotenzial haben. Die Produktionskosten für diese beiden Arten von Wein sind sehr unterschiedlich, und der Verkaufspreis ist es zwangsläufig auch.

Verkaufspreis im Verhältnis zu den Kosten

Es geht darum,

- die Kosten zu decken,
- Gewinne zu machen, damit der Winzer oder die Winzerin und eventuelle Angestellte davon leben können,
- eventuelle Bankkredite zurückzuzahlen, die für Erbschaften oder den Ankauf von Rebflächen aufgenommen wurden, und Versicherungen (z. B. gegen Hagelschäden) zu zahlen.

Sonderfall Süßwein

Süßweine sind meist teurer als trockene Weine, denn

- die Trauben werden viel reifer geerntet, in den Beeren ist weniger Saft. Man braucht also mehr Trauben, um die gleiche Menge Wein zu produzieren,
- es wird in mehreren Durchgängen (und in Handarbeit) gelesen, die Kosten sind daher höher.

IM RESTAURANT

Die Weinkarte

Die Wahl eines guten Weins im Restaurant bereitet oft Kopfzerbrechen. Es gibt unterentwickelte Weinkarten, auf denen nichts Lust macht, und es gibt Karten, so dick wie ein Wörterbuch, die man sich gar nicht erst zu öffen traut. Wie finden wir den richtigen Wein?

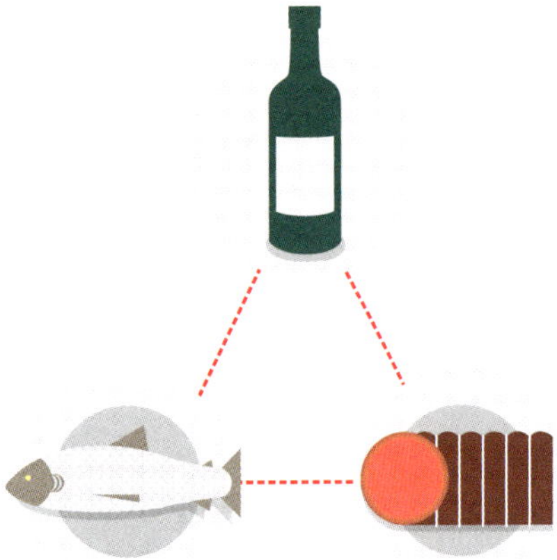

Regel Nummer 1 Vertraut eurer Auswahl. Falls der Wein schlecht ist, liegt das schließlich nicht an euch, sondern am Restaurant.

Regel Nummer 2 Wählt einen Wein, der zu allen bestellten Gerichten passt, d. h. keinen tanninreichen Rotwein, falls jemand Fisch bestellt hat, keinen lebhaften Weißwein, wenn jemand rotes Fleisch essen wird. Wurden sehr unterschiedliche Speisen bestellt, wählt einen leichten Rotwein oder einen kräftigen Weißwein, sie passen zu fast allem.

Regel Nummer 3 Bei gleichem Preis wählt die bescheidenere Appellation. Für 30 € ist ein Vin de Pays sicher besser als ein Médoc. Ebenso ist es besser, den teuersten Wein einer kleineren Appellation oder Region zu wählen als den günstigsten Wein einer prestigeträchtigen Appellation oder Region.

Einfallsreiche Weinkarten

Für Weinneulinge können klassische Weinkarten, so komplett sie auch sind, verwirrend sein. Daher stehen moderne und einfallsreiche Gastronomen in einer Art kreativem Wettbewerb, um die Aufgabe zu erleichtern. Hier drei Beispiele kreativer Weinkarten:

- **Die skurrile Verkostungsnotiz** Jeder Wein wird durch einen bildhaften und einzigartigen Satz zusammengefasst: »Ein Wein wie ein Glatzkopf, der ebenso viel Geld hat wie Allüren«, »Ein süßes, üppiges und naives Aschenputtel.« Lustig und inspirierend.
- **Weinkarte auf dem Touchpad** Klickt man auf einen beliebigen Wein, öffnet sich eine Seite mit Karte des Weinbergs, Informationen zu den Rebsorten und Wissenswertem zum Weingut. Spielerisch und ausführlich zugleich.
- **Einteilung nach Weinstilen** Zunächst wird der Stil des Weins gewählt: sperrig und kräftig, vollmundig und samtig, leicht und fruchtig … Dann entscheidet man sich für Region und Appellation. Einfach und einleuchtend.

DIE WEINKARTE

OFFENE WEINE

(12 cl)

WEISS

Riesling (Mosel), »Vom Roten Schiefer«, trocken, Clemens Busch 2021 — 7,50 €

ROT

Frankreich, Vin de Pays du Cantal, IGP Gamay-Gilles Monier 2015 — 6,10 €

FLASCHEN

FRANKEN 1

Silvaner, »Der Schäfer«, trocken – Weingut May 2020 — 62 €

3 4 5

BADEN

Spätburgunder Malterdingen, trocken, Bernhard Huber 2018 — 56 €

BURGUND

Marsannay »Le Clos« – R. Bouvier 2014 — 57 €

2

RHÔNETAL

Saint Joseph »Silice« – P. et J. Coursodon 2014 — 56 €

TOSKANA

»Insoglio« – Tenuta Campo di Sasso 2015 — 42 €

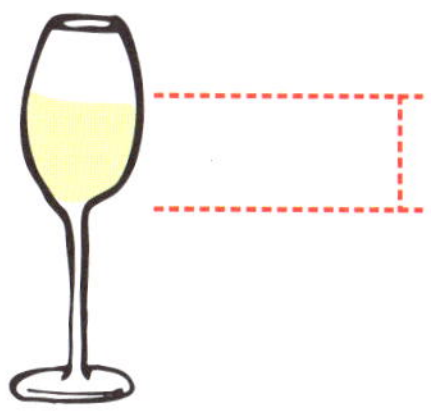

Offene Weine

Auf der Weinkarte sollte mindestens ein offener Wein angeboten werden. In der Regel handelt es sich dabei um einfache Weine, ihr solltet sie aber nicht außer Acht lassen, da sie die Auswahl der Verantwortlichen widerspiegeln. Ist nur die Region angegeben: Nehmt euch in Acht. Es werden viele offene Weine angeboten? Fragt nach, wie diese aufbewahrt werden. Werden sie nicht in speziellen Vorrichtungen oder mit Vakuum-Verschluss konserviert, lässt die Qualität des Weins schnell nach.

Angegeben werden müssen immer

1 die Region,

2 die Appellation/Herkunft,

3 der Name von Weingut, Handelsmarke oder Produzent,

4 der Jahrgang,

5 der Preis.

Weitere Informationen können sein

- der Name der Parzelle (zum Beispiel 1er Cru Vaillons),
- der Name der Cuvée (zum Beispiel Cuvée X, Cuvée Silice, G-Max),
- das Land, falls es sich um eine internationale Weinkarte handelt,
- die Rebsorte,
- die Angabe, ob der Wein trocken ist.

Fehlt eine dieser Angaben oder sogar mehrere?

Dann bittet den Kellner oder die Sommelière darum, die Lücken für euch zu füllen. Er oder sie sollte die Weine kennen, die serviert werden, und eure Fragen beantworten können. Falls nicht, könnte das ein Hinweis darauf sein, dass Weine für dieses Restaurant keine wichtige Rolle spielen.

Preisunterschiede

Offene Weine

Im Vergleich sind sie oft teurer als eine Flasche. In der Regel entspricht ein Glas einem Sechstel des Flaschenvolumens, wird häufig aber zu einem Viertel des Flaschenpreises verkauft. Wird derselbe Wein offen und als Flasche angeboten, rechnet nach, ob es sich nicht lohnt, gleich die Flasche zu kaufen.

Die Flasche im Restaurant

Restaurants haben den Ruf, eine hohe Marge auf den Wein aufzuschlagen. Mit dem Wein machen sie große Gewinne. In den Preis fließt auch die Zeit ein, die gereifte Flaschen im Weinkeller verbracht haben. Durchschnittlich wird der Flaschenpreis in der Gastronomie verdoppelt bis verdreifacht: Wenn die Flasche im Einkauf 8 € kostet, wird sie im Restaurant für 16 bis 24 € angeboten.

Ärgerlich und geradezu empörend ist, dass einige angesagte Restaurants die Unwissenheit der Gäste ausnutzen und den Preis auf das Sechs- bis Achtfache anheben!

Unser Tipp
Über zahlreiche Apps könnt ihr den durchschnittlichen Preis für die meisten Flaschen Wein ermitteln (wenn er nicht zu geheim ist). So könnt ihr im Restaurant etwas mehr über die Preispolitik des Hauses erfahren.

Die eigene Flasche mitbringen

Falls ihr einen gut sortierten Weinkeller zu Hause habt, könnte es sich lohnen, die eigene Flasche mit ins Restaurant zu bringen. Erkundigt euch vorher, ob dies möglich ist. Wenn ja, werden pro Flasche etwa 10 € Korkgeld verlangt. Bei guten Flaschen zahlt sich das trotzdem aus.

DIE AUFGABEN DES SOMMELIERS

Im gehobenen Restaurant ist der Sommelier bzw. die Sommelière für euch da und kann euch bei der Weinauswahl helfen. Ihre Rolle ist es, den Wein zu finden, der perfekt zu eurem Essen und eurem Geschmack passt. Häufig sind sie auch für den Ankauf von Wein verantwortlich. Und dafür, dass dieser perfekt serviert wird.

Ein guter Sommelier/eine gute Sommeliere

- weiß genau über den Wein Bescheid, spielt sich vor den Gästen aber nie auf.
- kennt die Weinkarte und achtet darauf, dass sie aktuell ist (mit guten Jahrgängen). Ist ein Wein ausgegangen, weist er/sie euch darauf hin und kann euch eine passende Alternative empfehlen.
- hat Menschenkenntnis und kann zwischen den Zeilen lesen, was euch gefallen und begeistern wird.
- stellt euch taktvoll ein paar Fragen, um eine Vorstellung von euren Weinvorlieben zu bekommen.
- schlägt euch einen Wein vor, wenn ihr unsicher seid, was ihr wählen sollt. Selbstverständlich nicht den teuersten, sondern einen, der zu euren Speisen passt – und zu eurem Geschmack.
- hilft euch bei der Entscheidung, wenn ihr zwischen zwei oder drei Weinen schwankt. Besser noch, er/sie kann eine Synthese eurer Wünsche vorschlagen.
- verurteilt niemals eure Wünsche. Alternativvorschläge sind in Ordnung, solange ihr nicht das Gefühl bekommt, eure Entscheidung sei falsch.
- lässt euch zunächst kosten, falls ihr einen offenen Wein bestellt.

Der Moment des Servierens

Die Flasche sollte vor euren Augen geöffnet werden. Ist sie bereits geöffnet, vermutet ihr vielleicht zu Recht, dass sie zuvor von einem anderen Gast abgewiesen wurde. Achtet in diesem Fall beim Kosten besonders auf Fehler!

Der Sommelier oder die Sommelière fragen, ob ihr kosten möchtet. In der Regel kostet die Person, die den Wein bestellt hat. Wenn ihr dem Wein zustimmt, wird zunächst den euch begleitenden Personen und dann euch selbst eingeschenkt.

Warum sollte man den Wein kosten?

Um sicherzugehen, dass er keinen Fehler hat: Korkfehlton, oxidiert, reduktive Note, falsche Serviertemperatur.

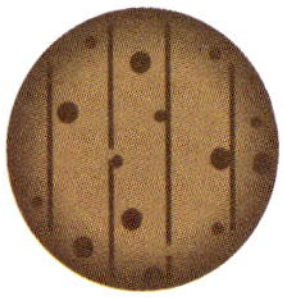

Hat der Wein einen Korkfehlton oder ist oxidiert, lasst ihn zurückgehen und euch eine identische (aber geschlossene) Flasche bringen. Der Sommelier sollte euch keinesfalls widersprechen, falls ihr Kork schmeckt! Denkt daran: Es ist niemandes Schuld, falls der Wein einen Korkfehlton hat.

Hat der Wein eine reduktive Note oder ist verschlossen (hat keine Aromen), bittet darum, den Wein zu dekantieren. Wenn die Sommelière ihre Weine kennt, wird sie das sowieso tun oder es euch wenigstens anbieten.

Ist der Wein zu warm, bittet um einen Weinkühler mit Eis.

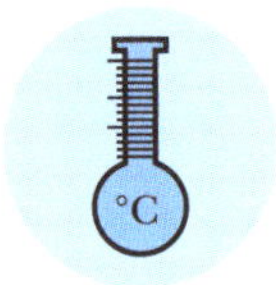

Ist der Wein zu kalt, sagt es dem Sommelier. Ihr könnt nur die Hände ums Glas legen und den Wein dadurch aufwärmen. Denkt daran, dass Kälte die Aromen verdeckt – ihr werdet vielleicht überrascht sein, wenn der Charakter des Weins zum Ausdruck kommt.

Falls ihr den Wein nichtssagend findet, aber er keine Fehler aufweist, könnt ihr die Flasche nicht zurückgehen lassen. Aber ihr könnt mit der Sommelière darüber sprechen und nachfragen, was sie bewogen hat, diesen Wein in die Weinkarte aufzunehmen.

WEINETIKETTEN VERSTEHEN

Beispiel: Etikett eines Bordeaux-Weins

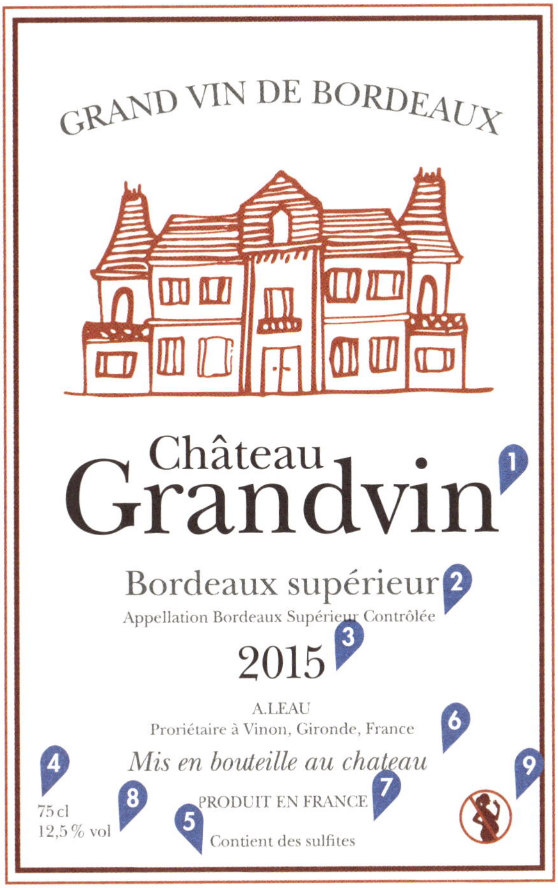

Die hier aufgeführten Beispiele zeigen französische Weinetiketten. Etiketten unterscheiden sich stets etwas von Land zu Land. Häufig findet sich noch ein Recycling-Logo auf der Flasche. In Deutschland finden sich zudem Informationen zur Rebsorte und zum Süßegrad.

1 **Name des Weins** Im Fall von Bordeaux ist das häufig der Name des Châteaus. Lage, Marke oder Rebsorte sind auch möglich.

2 **Die Herkunftsangabe** ist obligatorisch, egal ob es sich um eine Appellation d'Origine Contrôlée (AOC Bordeaux Supérieur), eine Appellation d'Origine Vin Délimité de Qualité Supérieure (AOVDQS), Vin de Pays oder Vin de Table handelt.

3 **Der Jahrgang** Die Angabe ist nicht erforderlich, weist aber darauf hin, dass der Wein komplett aus der Lese des angegebenen Jahrs stammt.

4 **Die Menge** des Flascheninhalts muss zwingend angegeben werden.

5 **Hinweis auf Sulfite/Schwefel** Die Angabe ist quasi obligatorisch, denn es ist eine Ausnahme, wenn ein Wein keine Sulfite enthält.

6 **Der Abfüller** Es muss zwingend angegeben werden, wo der Wein abgefüllt wurde (in diesem Fall: vor Ort im Château).

7 **Das Herkunftsland** muss für den Export angegeben werden.

8 **Der Alkoholgehalt** muss in Volumenprozent angegeben werden.

9 **Das Schwangeren-Logo** ist obligatorisch, es sei denn, es wird durch einen expliziten Hinweis ersetzt, dass Frauen während der Schwangerschaft Alkohol meiden sollten.

Weiteres Beispiel: Etikett eines Weins aus dem Burgund

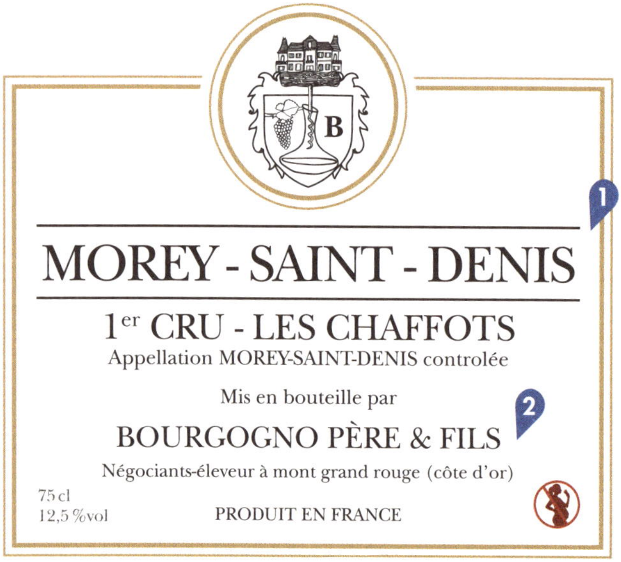

1 **Name der Appellation** Im Falle eines Burgunders 1er Cru oder Grand Cru wird die Region nicht immer erwähnt, bei einem 1er Cru jedoch der Name des sogenannten Climat (bestimmte Parzelle des Terroirs, hier: Les Chaffots).
Im Gegensatz zum Bordeaux, wo die Weine nach Weingütern eingestuft werden, werden die Weine des Burgund abhängig vom Terroir klassifiziert. Daher müssen Terroir und Produzent unterschieden werden.

2 **Name des Erzeugers** Es kann sich um einen Produzenten (Winzer/Winzerin) oder, wie in diesem Fall, ein Handelshaus (Négociant) handeln.

Freiwillige Angaben

1 **Abbildung des Châteaus**, des Weinguts oder der Handelsmarke – getreu oder stilisiert

2 **Weinbereitungsmethode**, Art des Ausbaus oder andere traditionelle Angaben, z. B. Barrique-Ausbau, Alte Reben

3 **Rebsorte(n)**, aus denen der Wein produziert wurde

4 **Preise** oder andere Auszeichnungen

5 **Art des Weins** brut, sec, demi-sec, doux … Nur bei Schaumweinen sind diese Angaben obligatorisch.

Das rückseitige Etikett

Damit das vordere Etikett schön klar und übersichtlich bleibt, bringen einige Produzent*innen ein weiteres Etikett auf dem Flaschenrücken an, auf dem zusätzliche Informationen Platz finden:

1 **Präsentation des Betriebes** Geschichte, Traditionen, Vorstellung von Wein …

2 **Empfehlungen zum Servieren** Optimale Serviertemperatur, Vorschläge zur Weinbegleitung, sollte der Wein dekantiert werden

3 **Zusätzliche Siegel** Zum Beispiel Biosiegel, Vegan-Label ...

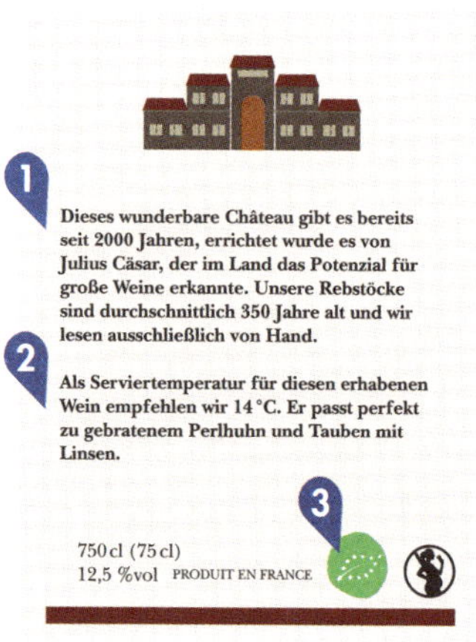

DIE GUTEN ZEICHEN

Unter all diesen Angaben solltet ihr nach denen Ausschau halten, die auf einen hochwertigen, sorgfältig produzierten Wein hinweisen.

Cru classé Grand Cru im Elsass, 1er… 5e Grand Cru classé und Cru bourgeois im Bordeaux, 1er Cru und Grand Cru im Burgund. Aber auch außerhalb dieser Klassifikationen gibt es großartige Weine.

Erzeugerabfüllung (Mis en bouteille à la propriété/au château/au domaine): Klar, es gibt auch mittelmäßige Weine aus Erzeugerabfüllung und gute Weine, die außerhalb des Weinguts abgefüllt wurden. In der Regel ist es jedoch ein gutes Zeichen, wenn der Wein im Weingut abgefüllt wird. Auf jeden Fall solltet ihr Weine mit Angaben vermeiden wie »mis en bouteille dans la région« denn das bedeutet, dass die Weine von irgendeiner Kellerei der Region abgefüllt wurden und bestenfalls nichtssagend sind.

Akzeptabler Alkoholgehalt Waren die Trauben bei der Lese nicht reif genug, hat der Wein einen geringeren Alkoholgehalt und neigt zur Säure. Haltet euch bei trockenen Weinen an die mit mindestens 12 % Alkohol. Bei Süßweinen sollte der Alkoholgehalt bei mindestens 13,5 % liegen.

Ein originelles rückseitiges Etikett Standard-Beschreibungen und Weinbegleitungsvorschläge werden häufig von Agenturen geschrieben und sind oft nicht nur langweilig, sondern auch nichtssagend. Ein »hausgemachtes« Gedicht, eine engagierte Beschreibung oder eine überraschende Anekdote vom Weingut weisen darauf hin, dass der Produzent oder die Produzentin Persönlichkeit ausdrücken will. Die Chancen, dass sich das auch im Glas zeigt, stehen gut.

Die Zinnkapsel Bei französischen Weinen geben Zinnkapseln mit der Marianne, dem Symbol der französischen Nation, wichtige Informationen. Bei AOC-Weinen sind sie grün, bei Vins de Pays oder Vins de Table blau und bei speziellen, aufgespriteten Weinen orange. Greift bei trockenen Weinen also am besten nach den Flaschen mit grüner Zinnkapsel. Seit einiger Zeit können die blauen und grünen Kapseln jedoch durch rote ersetzt werden. Die Buchstaben N, E oder R sind von Bedeutung: N für Négociant und E für Entrepositaire weisen darauf hin, dass der Wein von einem Handelshaus oder einer großen Marke stammt, die Trauben oder der Wein also angekauft wurden, um sie unter eigenem Namen zu vermarkten. R für Récoltant steht für Winzer*innen, die ihren Wein selbst produzieren und vermarkten.

DAS MARKETING-SPIEL

*Viele Angaben auf den Etiketten hören sich gut an. Aber tappt nicht in ihre Falle: Es sind nur schöne Formulierungen, die das Marketing sich ausgedacht hat, um Verbraucher*innen anzulocken.*

Grand Vin de Bordeaux

Diese Angabe bedeutet rein gar nichts! Manchmal steht sie auf AOC-Flaschen – ein Versuch, sie vom Ruhm der Region profitieren zu lassen. Diese Angabe sagt allerdings nichts über die Qualität des Weins.

Grande Cuvée, Tête de Cuvée, Cuvée Prestige, S, R oder RR

Auch diese Angaben sagen nicht viel aus. Lasst euch davon nicht beeindrucken. Eine derartige Bezeichnung für eine Cuvée bedeutet im Allgemeinen nur, dass sie etwas besser ist als der Einstiegswein des Weingutes. Über den Ruf des Weinguts sagt sie allerdings nichts. »S« und »R« stehen für »Selektion« und »Reserve«, aber die Begriffe sind nicht definiert und daher ebenfalls nichtssagend.

Vieilli (oder élevé) en fûts de chêne/Im Holzfaß gereift

Diese Angabe sagt etwas über den Stil des Weins, nicht über seine Qualität. Sie ist freiwillig. Außerdem wird damit keine Aussage über das Alter der Fässer oder die Länge des Ausbaus gemacht. Und erst recht nicht darüber, ob der Wein dem Barrique-Ausbau überhaupt standhalten kann. Besondere Vorsicht ist angesagt, wenn die Angabe übermäßig betont wird.

Vieilles vignes/Alte Reben

Von alten Reben kann man sprechen, wenn die Rebstöcke über 40 Jahre alt sind, denn dann hat ihr Alter Einfluss auf den Geschmack des Weins. Allerdings sprechen einige Produzent*innen bereits bei einem Alter von 20–30 Jahren von alten Reben. Gesetzliche Vorgaben gibt es hier keine.

Die Form des Etiketts

Wagemutige Produzenten und Produzentinnen kleben bisweilen fantasievolle Etiketten auf ihre Flaschen: in Tropfenform, rund, geteilt … Diese Weine richten sich an ein extravaganteres Publikum, nicht an die Liebhaber von Etiketten im Pergamentpapier-Stil. Diese klassischen Etiketten werden von Verbrauchern zunehmend als altmodisch empfunden. Letztlich handelt es sich lediglich um ein Accessoire, das nichts über die Qualität des Weins aussagt. Wenn euch das Etikett gefällt, warum also nicht?

Das Design

Die Weine der Neuen Welt haben häufig coole Zeichnungen oder Fotos auf den Etiketten, die dem Wein eine jugendliche Erscheinung geben sollen. Einige französische Weingüter bedrucken ihr Etiketten für die einzelnen Jahrgänge mit unterschiedlichen Illustrationen. Unter ihnen ist besonders der Pionier des Genres bekannt, Mouton-Rothschild. Das Weingut lässt jedes Jahr einen zeitgenössischen Künstler das Etikett entwerfen. Picasso, Keith Haring oder, aktueller, Jeff Koons haben dabei gern mitgewirkt.

Das Mädchen-Etikett

Frauen konsumieren und kaufen Wein, und sie machen häufiger als Männer Großeinkäufe im Supermarkt. Da ist es keine Überraschung, dass die Marketingfachleute sie ins Visier nehmen. Sie lassen mehr oder weniger geschmackvolle rosa Etiketten gestalten – mit gemischtem Erfolg: In Marktumfragen hat sich herausgestellt, dass Frauen sich nicht so leicht beeinflussen lassen und sogar zögern, optisch femininen Wein zu kaufen, wenn er in einer gemischten Runde serviert werden soll. Es gibt aber auch ein paar gelungene Beispiele.

Weitere Überraschungen

Das Château

Die Verwendung des Begriffs »Château« auf Weinflaschen unterliegt einer sehr spezifischen Gesetzgebung. Es muss sich zum einen um Wein einer kontrollierten Herkunftsbezeichnung handeln (AOC). Zum anderen müssen die Trauben aus den Weinbergen des Weinguts stammen, auf dem der Wein produziert und abgefüllt wird. So können sowohl Genossenschaften als auch unabhängige Winzer*innen die Bezeichnung »Château« tragen.

Genossenschaftsabfüllung

Auf Genossenschaftswein finden wir manchmal die Angabe »Mis en bouteille à la propriété«/»Erzeugerabfüllung«. Die Winzer*innen sind ja auch finanziell an der Kooperative beteiligt, also ist es ihr Eigentum.

Ein Siegel, das größer ist als der Name

Siegel für Bio- oder biodynamischen Weinbau , etwa AB, Écocert oder Demeter, sind häufig ein Zeichen dafür, dass die Winzer*innen bei der Arbeit im Weinberg und Keller besonders sorgfältig waren. Allerdings sind diese Siegel bei den Konsumenten und Konsumentinnen auch sehr beliebt und daher ein Marketingargument. Falls ein Siegel groß, zu groß, auf dem Etikett platziert wurde, ist es gut möglich, dass der Wein zwar von zertifizierten Bioreben stammt, jedoch in industriellem Maßstab vinifiziert wurde

Ein irreführender Name

Es gibt das Château Lafite, aber auch ein Château Laffite. Um die gleichen Weine handelt es sich aber nicht! Der erste ist einer der besten Weine des Bordeaux, ein Premier Grand Cru classé, der zu astronomischen Preisen verkauft wird, der zweite ist ein deutlich bescheidenerer Wein aus Saint-Estèphe oder ein gleichnamiger Wein aus Madiran.

Vin de Pays/Landwein

Sie sind selten, aber es gibt sie, die fabelhaften Vins de Pays, die einen besseren Ruf haben als die meisten AOC-Weine. Oft stammen sie von engagierten Produzent*innen, die sich bewusst entschlossen haben, die Appellation zu verlassen, um Weine nach ihren Vorstellungen produzieren zu können, ohne sich an die AOC-Regeln zu halten. Einige mittlerweile recht erfolgreiche Winzer*innen wählen eine in der AOC nicht zugelassene Rebsorte oder möchten sich nicht an die vorgegebenen Mengenverhältnisse halten. Sie verzichten daher auf die AOC und vermarkten ihre Weine als Vin de France. Diese Weine haben dennoch einen hohen Preis und sind im Supermarkt nicht zu finden.

EINE FLASCHE WEIN KAUFEN

Im Laden an der Ecke

Darauf solltet ihr achten

In einem kleinen Eckladen werden die Weine oft aufrecht und bei Raumtemperatur gelagert, also nicht bei optimalen Bedingungen: Der Wein ist zu warm und die Korken trocknen aus. Wenn möglich, solltet ihr eine Flasche mit Schraubverschluss wählen, da er auch unter schlechten Bedingungen dicht hält.

Welchen Wein wählen?

Lasst die großen, teuren Appellationen liegen, denn sie müssen einige Jahre reifen. Wenn nicht, sind bei Rotweinen die Tannine zu markant und bei Weißweinen die Holzaromen vom Ausbau zu intensiv.

Haltet euch an fruchtige, jung zu trinkenden Weine

Rotweine: Von der Loire (Chinon, Saumur-Champigny, Bourgueil), den südlichen Côtes du Rhône (geschmeidige Tannine, wärmende Weine), ein Barbera aus Italien, ein Malbec aus Argentinien, ein Zinfandel aus Kalifornien oder ein Spätburgunder aus Baden. Auch die Weine aus Spanien oder Chile sind eine gute Alternative.
Weißweine: Vergesst die trockenen Weine mit knackiger Säure und nehmt stattdessen einen runden, fruchtigen Weißwein, zum Beispiel einen Riesling von der Mosel, einen Wein aus der Provence, ein Soave aus Italien oder ein Grauburgunder aus Oregon.
Schaumwein: Von zuverlässiger Qualität sind Winzersekt mit Flaschengärung oder Champagner einer bekannten Marke.

Wenn möglich, zieht Weine von Handelshäusern vor, bei denen auch die Qualität der günstigeren Weine stärker reguliert ist: etwa einen Riesling von Kloster Eberbach, einen Burgunder aus dem Haus Jadot oder Bouchard, einen Languedoc von Gérard Bertrand, einen Côtes du Rhône der Häuser Chapoutier oder Guigal, einen Dolcetto von Vietti oder einen Malbec von Montes Alpha.

Im Supermarkt

In der Weinabteilung größerer Supermärkte findet ihr alles Mögliche: eine große Auswahl in jeder Preisklasse.

Der Vorteil beim Kauf im Supermarkt Es ist nicht unbedingt die Größe des Angebots (von dem zwei Drittel in der Regel uninteressant sind), es sind die Preise, die uns anziehen: Große Supermärkte handeln sehr günstige Preise aus, um ihren Kunden bessere Angebote machen zu können als die Konkurrenz.

Der Nachteil Meistens ist niemand da, der einen beraten könnte.

Werbung am Flaschenhals

Kleine Etiketten oder Umschläge aus Pappe weisen uns darauf hin, dass der Wein von einem Weinführer ausgewählt (oder empfohlen) wurde: Mundus Vini, Gault & Millau usw. Das bedeutet noch lange nicht, dass der Wein fabelhaft ist, garantiert aber eine akzeptable und verlässliche Qualität.

Die Medaillen

Nicht alle Medaillen sind aussagekräftig: Eine Bronzemedaille in einem unbekannten Wettbewerb garantiert noch keinen guten Wein. Das Renommee des Wettbewerbs und die angetretene Konkurrenz sind es, die einer Medaille Wert verleihen. Die in Deutschland bekanntesten sind Mundus Vini und die Berlin Wine Trophy, weitere wichtige werden vom Salon des Vignerons Indépendants, dem Salon de l'Agriculture, dem Concours Général Agricole de Paris und dem Concours Mondial de Bruxelles verliehen. Glaubt aber nicht, dass dieser Wein für seine gesamte Existenz der beste seiner Kategorie ist – er wurde einfach in einem bestimmten Moment von einigen Menschen am besten bewertet. Übrigens muss man für die Teilnahme an den Wettbewerben bezahlen.

Markenweine

Die Weine der großen Weingüter, Kooperativen oder Handelsmarken sind besonders leicht zu finden. Sie sind eine sichere Wahl und bieten beständige Qualität (sind allerdings nicht besonders originell). Beachtet, dass es auch viele Eigenmarken gibt: Richtig Lecker ist die Eigenmarke des Discounters Penny, hinter der Rheinberg Kellerei steht Edeka. Le Club des Sommeliers ist eine Marke des französischen Supermarkt-Riesen Casino, Chantet Blanet von Leclerc, und Reflets de France von Carrefour. Eigenmarken haben meist keine große Persönlichkeit, sind aus önologischer Sicht aber durchaus gut gemacht.

Winzer-Weine

Manchmal verkaufen Winzer*innen ihre Weine exklusiv in Supermärkten, die allerdings in der Regel lieber die Weine großer Produzent*innen anbieten, die mehrere Filialen das ganze Jahr über verlässlich versorgen können. Häufig sind das Weine, die vielen Menschen schmecken.
Ein ungewöhnlicher, charaktervoller oder in kleinen Mengen produzierter Winzer-Wein im Supermarkt ist daher ein echtes Fundstück.

Etiketten scannen

Bewaffnet euch mit einer Weinbewertungs-App – so findet ihr im Supermarkt schnell die entsprechenden Bewertungen.
Ebenso könnt ihr die QR-Codes scannen, die immer häufiger auf den Etiketten auftauchen. Über sie könnt ihr mehr über die Produzentinnen oder Produzenten der Weine erfahren.

Direkt vom Winzer

Dies ist (zusammen mit der Weinmesse, siehe S. 259) der beste Ort, um Wein zu kaufen, denn: Auf dem Weingut könnt ihr kosten, bevor ihr kauft!

Der Preis

Direkt vom Winzer oder von der Winzerin gekaufter Wein ist immer günstiger, denn es ist niemand dazwischengeschaltet, der seine Marge auf den Preis aufschlägt.

Das Angebot

Ein Weingut produziert nicht nur einen Wein – in der Regel gibt es immer Weine für den Einstieg und komplexere Weine. Bestimmte Parzellen können separat vinifiziert werden, außerdem werden je nach Terroir, Appellation, Verschnitt und Ausbau mehrere Cuvées verkauft. Vor Ort habt ihr die Gelegenheit, das gesamte Angebot zu verkosten. Natürlich müsst ihr nicht automatisch den teuersten Wein mögen. Im Gegenteil, ihr habt das gute Recht, den günstigsten zu bevorzugen. Gute Winzer*innen gehen mit ihren Einstiegsweinen ebenso sorgsam um wie mit ihren großen Lagen. Nichts sollte euch davon abhalten, den einfachsten Wein zu kaufen und euch im nächsten Jahr von einem komplexeren verführen zu lassen.

Die Unterhaltung

Während einer Weinmesse haben Winzer*innen häufig nicht die Zeit, ausführlich mit den Besuchern zu sprechen. Wenn ihr sie jedoch auf dem Weingut besucht, nehmen sie sich in den meisten Fällen gern Zeit, um euch ihre Weine vorzustellen.

Der Besuch des Weinguts

Auf dem Weingut könnt ihr Genaueres erfahren: über das durchschnittliche Alter der Rebstöcke, die Bodenzusammensetzung, die Ausrichtung der Lagen, den fehlenden oder übermäßigen Regen während der Wachstumsperiode, die Arbeit im Keller. So entwickelt ihr ein Verständnis dafür, warum der eine Jahrgang voller, ein anderer eleganter ist.
Ihr solltet jedoch darauf achten, Zeit und Gastfreundschaft der Winzer*innen nicht auszunutzen: Zwei Stunden im Weingut zu verbringen, um schließlich nur eine halbe Flasche zu kaufen, wäre nicht fair. Wenn ihr nicht in der Lage seid, mehrere Flaschen mitzunehmen, sagt das von Anfang an. Gleiches gilt, wenn ihr ein renommiertes Château besucht. Viele Weingüter berechnen die Verkostung auch, wenn kein Verkauf folgt.

Horizontale oder Vertikale

Während einer horizontalen Verkostung werden unterschiedliche Cuvées des gleichen Jahrgangs und vom gleichen Weingut verkostet. Das geschieht häufig, wenn ihr ein Weingut oder Château besucht. So könnt ihr euch einen guten Überblick über das Angebot eines Produzenten verschaffen.

Die sogenannte vertikale Verkostung ist seltener. Dabei wird der gleiche Wein aus mehreren Jahrgängen verkostet. Weingüter, die über ein kleines Lager verfügen, können so mehrere Jahrgänge gleichzeitig vermarkten. Die Vertikale bietet eine großartige Gelegenheit, den Einfluss des Wetters auf den Wein und seine Entwicklung zu beobachten.

Grundregel des Besuchs von Weingütern

Kündigt euren Besuch an! Für den Besuch des Kellers von Handelshäusern und Genossenschaften braucht man häufig keinen Termin, auf kleineren Weingütern hat man aber nicht immer Zeit für euch. Während der Lese wäre ein Besuch zum Beispiel ungünstig.

Im Weinfachhandel

*Gute Weinhändler*innen sind immer leidenschaftlich dabei. Und häufig gesprächig. Für Weinliebhaber*innen sind sie eine wichtige Anlaufstelle: Sie führen von einer Flasche zur nächsten, ermutigen uns, Neues zu probieren, das wir von uns aus nie gekauft hätten, und öffnen uns die Türe zu schönen Überraschungen und Neuentdeckungen.*

Franchise-Weinhandel

Franchise-Nehmer*innen von Unternehmen wie Jacques' Weindepot wählen ihr Angebot im Katalog der Muttergesellschaft aus. Bestimmte Flaschen werden entsprechend der Kundschaft hervorgehoben. Verglichen mit dem unabhängigen Weinhandel ist die Auswahl eher klassisch, meist ist für jeden Geschmack etwas dabei und das Fachpersonal wird euch entsprechend beraten.

Unabhängiger Weinhandel

Unabhängige Weinhändler*innen besuchen die Weingüter, wählen die Weine bei ihnen aus, verhandeln den Preis usw.
Je nach Lust und Persönlichkeit haben sie ein klassisches Angebot oder sind spezialisiert auf vergessene Rebsorten, unbekannte Appellationen, Bioweine, Naturweine … Im guten unabhängigen Weinhandel werden euch große Klassiker ebenso wie überraschende Weine angeboten.

Ein guter Weinhändler

- wird euch nicht den teuersten Wein vorschlagen, wenn ihr ihm eine Preisspanne nennt, sondern einen, der preislich in der Mitte liegt,
- liest nicht vom Etikett ab, wenn ihr nach mehr Informationen zum Wein fragt, sondern kann euch den Namen des Produzenten oder der Produzentin nennen und bestenfalls Infos zum Weingut geben
- kann euch seine momentanen Lieblinge nennen. Er trinkt die angebotenen Weine und hat Vorlieben,
- hat ein paar gute Rieslinge, einen guten Beaujolais, ein paar gute Burgunder und neben Champagner auch ein paar Winzersekte, Cava oder Prosecco im Angebot. Neben den bekannten Regionen findet sich auch der ein oder andere ausgefallene Wein in seinem Sortiment.

Auf einer Weinmesse

Ihr habt Entdeckergeist? Wie wäre es mit dem Besuch einer Weinmesse? In Frankreich gibt es diese Messen für Endverbraucher seit etwa dreißig Jahren auf Initiative großer Handelsgesellschaften, sie machen mehr als ein Drittel der Jahresumsätze der Branche aus. Auch in Deutschland gibt es mittlerweile zahlreiche Weinmessen.

Der Ablauf

In Frankreich finden Weinmessen zweimal im Jahr statt, im Frühjahr und im Herbst, und dauern etwa zwei Wochen. Die September-Messe ist deutlich interessanter: Der neue Jahrgang ist dann gerade abgefüllt, und für den Großhandel ist dies der ideale Zeitpunkt, die Lager zu leeren, um Platz für den neuen Jahrgang zu schaffen. Eines ist sicher: Auf solchen Weinmessen lässt sich immer ein Schnäppchen machen. Der Wettbewerb unter den Großhändlern ist in dieser Zeit so hart, dass die Margen auf ein Minimum reduziert werden.

Lust zu flanieren?

Ihr könnt auch eine Auswahl unterschiedlicher Flaschen kaufen, diese verkosten und dann wiederkommen, um eine größere Menge eurer Lieblingsweine zu kaufen.

Kommt vorbereitet

Jedes Abenteuer will gut vorbereitet sein! Zu Weinmessen erscheinen Sonderausgaben in der (Fach-)Presse. Hier findet ihr ausführliche Vergleiche und könnt eine Strategie entwickeln. Bestimmte Weine werden nur bei diesen Veranstaltungen angeboten, doch in der Regel handelt es sich um nicht verkaufte Flaschen, die sich den Winter über angesammelt haben. Daher ist es wichtig, gut informiert zu sein, bevor man zuschlägt.

Die Schnäppchen

Werden oft am ersten Tag gemacht – oder am Vortag, falls man zum Eröffnungsabend eingeladen wird. Das ist nicht kompliziert, in der Regel reicht es, einem Verantwortlichen Interesse zu signalisieren. Doch dann muss man schnell sein: Die Einkaufswagen füllen sich rasch und die Regale leeren sich ebenso schnell bei diesen Events.

Im Internet

Der Onlineverkauf von Wein ist explosionsartig gewachsen: Seit 2007 steigen die Internet-Verkäufe durchschnittlich um 33 Prozent im Jahr. Resultat: Die Branche ist in Bewegung. Ständig verschwinden vertraute Websites, nur um sofort durch neue ersetzt zu werden. Wie wissen wir, welchen wir trauen können?

Hinweise erkennen

Die Weinbeschreibungen
Ein Hauptproblem bei Verkaufsangeboten im Netz ist der Mangel an Beratung und Informationen. Wenn ihr auf eine Seite stoßt, auf der die Eigenschaften und Aromen des Weins ausführlich beschrieben sind und dazu noch ein Datenblatt kommt, auf dem Herkunftsangabe, Rebsorten, Alkoholgehalt usw. aufgelistet sind, ist das ein gutes Zeichen. Wenn Details hingegen fehlen, seid misstrauisch!

Die praktischen Informationen
Die Lagerbedingungen, die so wichtig sind, werden oft vernachlässigt. Falls ihr auf der Website keine Informationen darüber findet, kauft besser keine älteren Jahrgänge. Wichtig sind auch Kosten, Qualität und Zeit der Lieferung. Dazu sollten genaue Angaben gemacht werden, und zwar nicht nur kleingedruckt in den Verkaufsbedingungen.

Die falschen Angebote
Ein klassischer Marketingtrick ist der durchgestrichene Preis oder ein fett gedrucktes Schild »Mega-Angebot«. Aber ist das Angebot wirklich so gut? Zögert nicht, den Preis mit den Angaben auf spezialisierten Seiten wie Wine Decider oder Wine-Searcher zu vergleichen. Ein Tipp, wenn euch das Aussehen nicht so wichtig ist: Weine mit verschmutztem oder beschädigtem Etikett werden oft im Preis reduziert.

Die angebotenen Weine
Prüft, ob die zum Verkauf angebotenen Weine tatsächlich schon auf dem Markt sind! Es gibt unzählige Websites, die Primeur-Weine angeboten haben, die sie selbst noch nicht erstanden hatten und letztlich nicht kaufen konnten – zum Leidwesen der Kunden vor dem Bildschirm, die bereits die Bestellung aufgegeben hatten.

Eine Auswahl klassischer Websites für den Onlinekauf

Verlässlich und beständig: Lobenberg, Delinat, Vinatis, Millesima
Privatverkauf: 1Jour1Vin, Veepee
Auktionen : iDealwine
Wein-Abos: Wein am Limit, Amicalement vin
Weinhändler : K&U – Die Weinhalle, La Viña

Weinführer

Um Weinbegeisterten bei der Auswahl zu helfen, konkurrieren zahlreiche auf Wein spezialisierte Einkaufsführer um Platz in den Buchhandlungen. Die Auswahl liegt bei euch, abhängig von eurer Lust und eurem Geschmack.

Wozu brauche ich einen Weinführer?

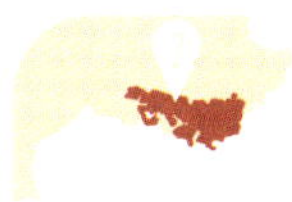

Vor dem Einkauf

Um das Weinbaugebiet und die Appellation zu finden, die euren persönlichen Vorlieben entsprechen.

Um euch über die Region zu informieren, die ihr besuchen möchtet, um euren Besuch in den Weinbergen zu planen.

Um einen aufstrebenden Lieblingswein zu finden.

Zum Einkaufen, solange der Weinführer nicht zu dick ist.

Um Preise vor Ort mit denen im Führer zu vergleichen. Aber Achtung, die Preise in den Weinführern sind häufig die Preise ab Weingut und daher niedriger als im Weinhandel oder Restaurant.

Nach dem Einkauf

Um eure Verkostungsnotiz mit der Meinung unabhängiger Profis zu vergleichen.

Um die Kontaktdaten eines Weinguts zu finden, wenn ihr Wein bestellen möchtet, oder um euch eine Vorstellung von den anderen Weinen des Weinguts zu machen.

Was steht im Weinführer?

Er enthält *mindestens*: die Namen der Weingüter und ihre Adressen, eine Liste der Weine mit Appellationen, Kommentare zu Weinen und Weingut, den Preis der Weine, den Jahrgang der verkosteten Weine und das Erscheinungsjahr des Führers. Letzteres ist wichtig, weil die Auswahl auf der Verkostung zu einem bestimmten Zeitpunkt beruht.

Es gibt drei Arten von Weinführern

Von einem Gremium von Verkostern verfasste Weinführer: Journalist*innen, Önolog*innen, Sommeliers und Produzent*innen verkosten blind und schreiben abschließend eine gemeinsame Verkostungsnotiz.

Von einer kleinen Gruppe von Profis geschriebene Weinführer, vereint hinter einem großen Namen. Diese Weinführer zeigen die Handschrift des Verkosters in einer originellen Auswahl.

Porträts von Winzer*innen, von denen der Autor/die Autorin des Führers begeistert ist. Kommentare zum Wein sind Nebensache.

Alternativen zu Weinführern

Im Internet (Weingut-Websites, soziale Netzwerke, Foren, Blogs) findet ihr exzellente Alternativen zu Weinführern. Eventuell dauert die Recherche etwas länger, die Ergebnisse sind jedoch umfangreich.

ROBERT PARKER

(Geboren 1947)

*Robert Parker, ein Amerikaner, ist der weltweit bekannteste Weinverkoster und -kritiker. Sein Einfluss ist so groß, dass seine Beurteilung lange den Marktpreis der großen Weine diktierte. Einige Produzent*innen gingen sogar so weit, ihre Weine seinem Geschmack anzupassen.*

Robert Parker entdeckte Wein für sich, als er in seinen Zwanzigern war. Damals arbeitete er als Anwalt. Erster Schritt seiner neuen Karriere war ein Newsletter, in dem er ab 1978 seine Verkostungsnotizen festhielt: *The Wine Advocate.*

Sein Ruf nahm 1982 einen kometenhaften Aufstieg, als er während der Verkostung der Bordeaux Primeur-Weine unter Dutzenden von Kritikern der einzige war, der den Jahrgang großartig fand und darauf bestand, dass es sich um einen einzigartigen Jahrgang handele. Die Zukunft gab ihm Recht. Seit diesem Zeitpunkt ist sein 100er-Punktesystem unangefochtener Maßstab der Weinbeurteilung.
Weine, die von Robert Parker eine hervorragenden Wertung zwischen 90 und 100 Punkten erhalten, werden mit Sicherheit vollständig verkauft.

Im Laufe seiner Karriere hob Robert Parker mehrfach die Regionen hervor, die ihm besonders am Herzen lagen: Ihm haben wir die Preisexplosion der Grands Crus im Bordeaux zu verdanken, den Ruf von Châteauneuf-du-Pape und einigen Weingütern entlang der Rhône, im Languedoc oder der Provence. Daher zögerten einige Weinproduzenten und -produzentinnen nicht, ihre Weine zu »parkerisieren«, also nach dem »Parker-Geschmack« zu vinifizieren, sogar dann, wenn sich das Terroir dafür eigentlich nicht anbot.
Diese Weine wurden häufig zu Karikaturen: zu konzentriert, zu warm, zu viel Holz. Diese Verirrungen sind heutzutage jedoch selten.

Mit seinem unvergleichlichen Verkostungstalent ließ sich Robert Parker seine Nase für eine Million US-Dollar versichern. Im Jahr 2012 ging er in den Ruhestand, doch seine Beurteilungen bleiben unangefochten.

DEN WEINKELLER ZUSAMMENSTELLEN

Welcher Ort, welches Budget?

Eine Flasche reicht schon aus, um eine Weinsammlung zu beginnen. Danach hängt alles davon ab, wie viel Platz euch zur Verfügung steht … und von eurem Budget. Ideal ist eine Auswahl von Weinen für alle Situationen.

2–5 Flaschen

Besorgt ein paar alltägliche Flaschen Weiß- und Rotwein, für den Aperitif oder spontane Abendessen. Haltet euch an fruchtige, angenehme Weine, zum Beispiel Rotweine von der Loire, aus dem Languedoc, der Toskana, Chile und Argentinien, Weißweine aus der Provence, ein Chablis, ein Riesling oder ein Vermentino. Außerdem solltet ihr einen Schaumwein kaufen, Winzersekt, Champagner oder Crémant, für die Momente, in denen es was zu feiern gibt. **Budget: zwischen 5 und 12 € pro Flasche**

5–10 Flaschen

Erweitert eure Beute um einen Süßwein für Desserts oder den Kuchen am Sonntagnachmittag. Plant einen Vin doux naturel für späte Abende oder Liebhaber*innen süßer Weine zum Aperitif ein (Portwein, Muscat de Rivesaltes), sowie einen Rosé für den Sommer. Einen hochwertigen Rotwein und einen Weißwein solltet ihr auch besorgen, etwa einen Lagen-Spätburgunder aus Baden, einen Pomerol oder einen Saint-Émilion (rot) und einen Lagen-Riesling aus Rheinhessen oder einen Meursault (weiß). Das sind Weine, die ihr ein paar Jahre behalten könnt, um sie zu einem besonderen Anlass zu öffen: Jahrestag, Liebeserklärung, Wiedersehensfeier.
Budget: zwischen 5 und 30 € pro Flasche

! Stürzt euch nicht in den Ruin!

Kauft niemals einen Wein, dessen Preis über euren Verhältnissen liegt, auch nicht, um euch »mal etwas zu gönnen«. Denn ihr werdet es nicht wagen, diese Flasche zu öffnen. Eure Erwartungen werden ins Unermessliche steigen, und falls ihr die Flasche dann doch öffnet, werdet ihr höchstwahrscheinlich enttäuscht. Außerdem müssen sehr teure Weine in der Regel länger gelagert werden, und wenn ihr nicht die richtigen Bedingungen dafür habt, habt ihr euch für nichts und wieder nichts ruiniert.

10–30 Flaschen

Es ist an der Zeit, eure Sammlung zu erweitern: Wählt Weine aus verschiedenen Regionen und Ländern – das bringt mehr Abwechslung. Wichtig ist, dass die Weine unterschiedliche Aromen- und Geschmacksprofile haben: lebhafte und leichte Weine, feine und komplexe, intensive und gewürzte, seidige und kraftvolle … So habt ihr für jeden Anlass den passenden Wein. Ein paar besondere Weine sollten auch dabei sein, aus einer vergessenen Rebsorte oder einer originellen Appellation. Wenn es eine schöne Geschichte dazu gibt und es Bioweine sind, umso besser.
Budget: zwischen 5 und 40 € pro Flasche

Mehr als 30 Flaschen

Kauft die von euch gewünschten Flaschen in 3er- oder 6er-Kisten. So kommt ihr in den Genuss, beobachten zu können, wie sich ein Wein entwickelt, wie er nach sechs Monaten, einem Jahr, zwei Jahren oder in größeren Zeitabständen nach dem Einkauf schmeckt.

Beginnt, euch für Jahrgänge zu interessieren
Sicher habt ihr inzwischen ein paar Lieblingsweingüter, die ihr regelmäßig besucht. Kauft deren Weine jedes Jahr wieder, um nachzuvollziehen, wie sich die unterschiedlichen Jahrgänge entwickeln.

Zum Lagern bestimmte Weine erkennen
Trennt die Weine, die ihr bald trinken könnt, von denen, die noch reifen sollen. Die ersten trinkt ihr und ersetzt sie sooft wie nötig. Bei den zweiten wartet ihr ein paar Jahre (vielleicht sogar ein Jahrzehnt), bevor ihr sie zu trinken beginnt. Trotzdem kauft ihr auch solche Weine regelmäßig. So habt ihr immer junge Weine, reife Weine und alte Weine zur Hand.
Budget: kein Preislimit

DIE LAGERBEDINGUNGEN

Je nach Lagerbedingungen entwickelt sich Wein mehr oder weniger schnell. Bei einer Temperatur von beispielsweise 18 °C altert er schneller als bei 12 °C. Doch ähnlich wie wir Menschen altert Wein besser, wenn er das langsam tut.

Damit Wein gut erhalten bleibt, muss der Weinkeller einigen Kriterien entsprechen.

Flaschen horizontal lagern Wein, der sich noch gedulden muss, sollte immer liegend gelagert werden, vor allem, wenn er einen Korkverschluss hat. So bleibt die Flüssigkeit in Kontakt mit dem Korken, hält ihn feucht und der Kork schließt besser.

Temperatur Die ideale Raumtemperatur für Weine, die ein paar Jahrzehnte gelagert werden sollen, liegt zwischen 11 und 14 °C. Die meisten Flaschen lassen sich aber auch zwischen 6 und 16 °C ein paar Jahre sehr gut lagern. Eine kalte Umgebung verlangsamt die Entwicklung des Weins, Wärme beschleunigt sie. Der langsame, natürliche Rhythmus der Jahreszeiten im Weinkeller lässt Weine daher harmonisch altern. Extreme Temperaturunterschiede müssen vermieden werden, da sie den Wein verderben. Wird der Wein in der Nähe einer Wärmequelle gelagert, altert er zu schnell.

Luftfeuchtigkeit ist sehr wichtig. Ist die Luft nicht feucht genug, trocknen Korken aus und werden luftdurchlässig. Ideal ist eine Luftfeuchtigkeit zwischen 75 und 90 %. Das einzige Risiko zu hoher Luftfeuchtigkeit (sehr selten), sind schimmlige Korken und sich lösende Etiketten.

Licht tut dem Wein nicht gut. Sowohl Farbe als auch Aromen leiden darunter. Daher sollte Wein immer dunkel gelagert werden – im Schrank, unter der Treppe oder einfach abgedeckt mit einer Decke, das reicht schon.

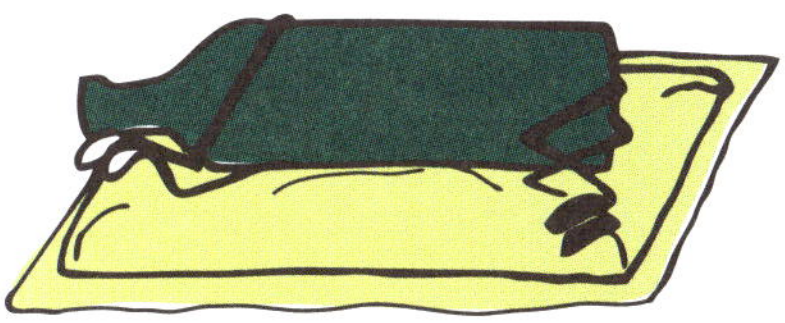

Ruhe Stöße und Vibrationen zerschlagen Moleküle und stören die Aromen. Daher sollte Wein nicht über einem U-Bahn-Tunnel oder auf der Waschmaschine gelagert werden. Wie wir braucht Wein Ruhe, wenn er schläft.

Schlechte Gerüche Es ist merkwürdig, aber starke Gerüche können tatsächlich durch den Korken dringen. Knoblauchzehen, Putzmittel oder Heizöl haben daher in der Nähe eures Weinlagers nichts zu suchen. Sogar ein feuchter Karton, in dem eine Flasche zu lange liegt, kann den Geschmack des Weins beeinflussen.

WEIN ALTERN LASSEN

Zu wissen, wie man Wein altern lässt, bedeutet vor allem eines: den richtigen Zeitpunkt zum Trinken zu finden. Nicht alle Weine sind dazu gedacht zu reifen. Ziel ist es, einen Wein auf seinem Höhepunkt zu genießen. Die Weinwelt wird euch dann reicher erscheinen – ganz gleich, ob der Wein zwei oder zwanzig Jahre alt ist.

Weine, die jung getrunken werden können

Die meisten günstigen Weine, Schaumweine, Weißweine, Rosés, leichte Rotweine mit wenig Tanninen – letztlich die meisten Weine, die wir kaufen können. Man genießt sie am besten in ihrer jugendlichen Frische, schön fruchtig, denn sie gewinnen nichts mit dem Alter.

Welche Weine ?
Es gibt Ausnahmen, doch in der Regel sind auf Pinot blanc (Weißburgunder), Viognier, Sauvignon blanc und Gamay basierende Weine in ihrer Jugend besser.
Handelt es sich um einen eher kräftigen Wein, könnt ihr ihn natürlich trotzdem ein paar Jahre aufheben. Dann könntet ihr durchaus positiv überrascht werden.

Weine, die alt getrunken werden können

Oft handelt es sich um die renommierteren, teureren Weine. Sie sind in ihrer Jugend sehr kraftvoll und brauchen Zeit, sich zu entfalten und ein komplexes, harmonisches Aroma zu entwickeln.

Welche Weine?
Wir finden sie unter anderem unter den großen Rotweinen aus Bordeaux und Burgund, den Hermitages, Châteauneufs-du-Pape, den Madirans, den Priorats und Riberas del Duero aus Spanien, den italienischen Barolos und Barbarescos, den Portweinen, den großen Weinen aus Argentinien, Kalifornien und Australien. Bei den Weißweinen sind es einige trockene und liebliche Chenins von der Loire und aus Südafrika, große Burgunder, deutscher Riesling (trocken und süß) und Süßweine wie Sauternes, Tokaji und Moscato.

Wie findet ihr heraus, ob Wein altern soll?

Informiert euch im Weingut oder bei den Weinhändlern, bei denen ihr den Wein kauft, auf dem rückseitigen Etikett der Flasche, im Internet …

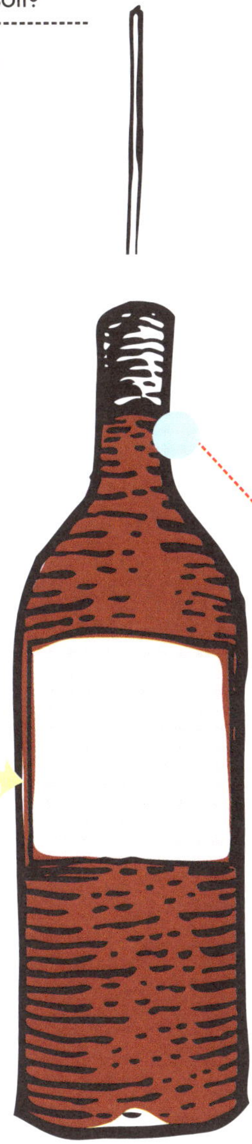

Wie reift Wein in der Flasche?

Es ist der Sauerstoff, der Wein altern lässt. In jeder Flasche Wein bleibt immer eine kleine Luftblase zurück. Diese kleine Blase reicht aus, um den Wein an Reife gewinnen zu lassen – bis zu seinem Höhepunkt und dann zu seinem Niedergang. Wenn die Flasche liegt, hat der Wein mehr Kontakt mit dem Sauerstoff, sodass er sich besser entwickelt – ein weiterer guter Grund, die Flaschen liegend zu lagern.

Die Luft in der Flasche

Die Größe der Luftblase ist in einer regulären Flasche und einer doppelt so großen Magnum identisch. Daher reift Wein in einer Magnum langsamer, ist darin besser haltbar … und kostet verhältnismäßig mehr.

Kostet ihn Wenn ihr mindestens zwei Flaschen des gleichen Weins dahabt, öffnet eine. Findet ihr den Wein verschlossen, kompakt, dicht, wenig aromatisch? Dann ist er offensichtlich frustriert, dass er zu früh geöffnet wurde. Habt etwas Geduld. Ist er sehr kräftig, mit sehr markanter Säure und Tanninen (bei Rotweinen)? Dann kann er noch ein paar Jahre warten.

EINEN WEINKELLER BAUEN

In einer kleinen Wohnung

Belegt einen Schrank, ein Kämmerchen, eine Schuhschublade oder eine Luke unter der Treppe. Falls ihr einen stillgelegten Kamin habt, könnt ihr die Flaschen darin lagern, denn dort ist es oft kühler als im Rest der Wohnung. In allen Fällen ist wichtig, dass der Wein im Dunkeln und von Hitzequellen entfernt gelagert wird. Wenn ihr ein Flaschenregal habt, stellt sicher, dass es nicht von Sonnenstrahlen aufgeheizt wird.

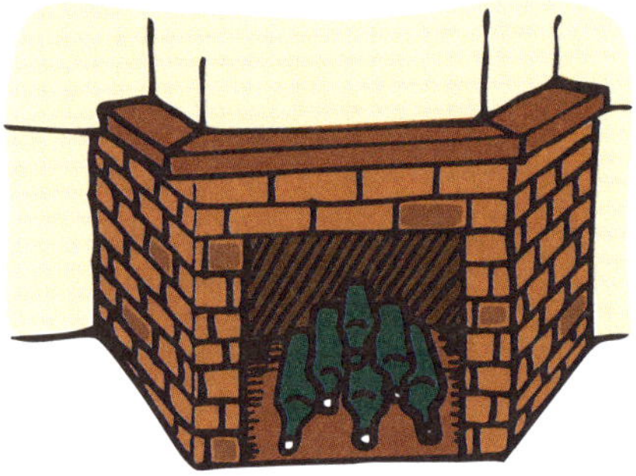

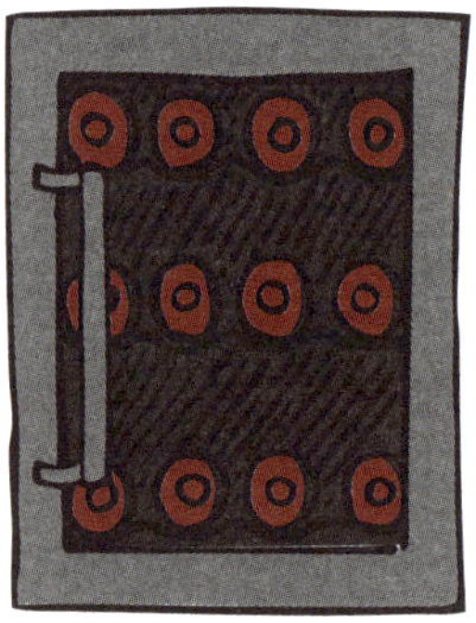

In einer größeren Wohnung oder einem Haus

Ihr habt etwas Geld, viele Flaschen aber keinen Keller? Dann investiert in einen Weinkühlschrank. Die mehr oder weniger großen Kühlschränke (je nach Modell für 12–300 Flaschen) halten Temperatur und Luftfeuchtigkeit konstant, die Flaschen werden vor Licht geschützt. Es gibt drei Arten: Weinklimaschränke mit einer Temperaturzone, für Weine, die innerhalb einiger Monate getrunken werden, Weinlagerschränke, in denen, wie der Name schon sagt, Weine bei einer konstanten Temperatur von 12 °C gelagert werden können, und, das Nonplusultra, Weinklimaschränke mit mehreren Temperaturzonen. Weinfachleute empfehlen, die Temperatur der Weinkühlschränke jahreszeitabhängig um 2–3 °C zu variieren, um den natürlichen Kreislauf der Jahreszeiten nachzuempfinden.

In einem Haus

Ihr habt viel Geld und Ambitionen, aber keinen Keller? Dann baut euch einen! Mit ein wenig Arbeit ist es durchaus möglich, einen speziellen Raum für eure Weine einzurichten: gut isoliert, keine Fenster oder Ritzen, eine Klimaanlage und, als Luftbefeuchter, einen Eimer Wasser. Außerdem braucht ihr eine solide Tür mit gutem Schloss. Einige Unternehmen haben sich sogar darauf spezialisiert, runde Keller auszuheben und als Weinlager auszubauen. Der Zugang erfolgt über eine Leiter oder, großer Luxus, eine Wendeltreppe in der Mitte. In solchen Weinkellern können zwischen 500 und 5 000 Flaschen gelagert werden.

Ihr habt bereits einen Keller?

Glück gehabt … oder gut geplant. Handelt es sich um einen unterirdischen Keller mit dicken, alten Steinmauern und Lehmboden, so ist das ideal.
Es ist ein moderner Keller, betoniert und relativ warm? Prüft, ob ihr ihn isolieren und vielleicht sogar eine Klimaanlage einbauen könnt. Um keine Energie zu verschwenden, könnt ihr in diesem Fall 150 Flaschen pro m^3 lagern. Wenn ihr den Raum gut nutzt, indem ihr die Weine vom Boden bis zur Decke stapelt, mit schmalem Durchgang, passen etwa 1200 Flaschen in einen 4 m^2 großen Raum.

Die Flaschen stapeln

Weinregale aus Kunststoff, Holz oder Metall kann man einzeln kaufen. Sie bieten Platz für sechs oder zwölf Flaschen und sind stapelbar. Eine perfekte modulare Lösung, die ihr gut anpassen könnt. Einziger Nachteil: Höhere Stapel können instabil sein.

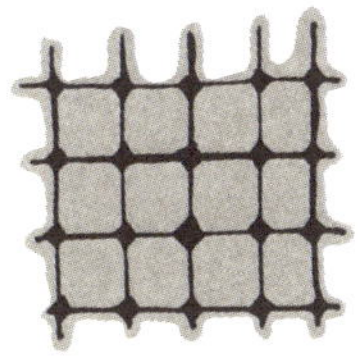

Fixierte Weinregale Die an der Wand angebrachten Regale sind widerstandsfähig und bieten einen guten Schutz für die Flaschen. Ihr könnt sie nach euren Bedürfnissen bauen (lassen) oder spezielle Weinregale kaufen.

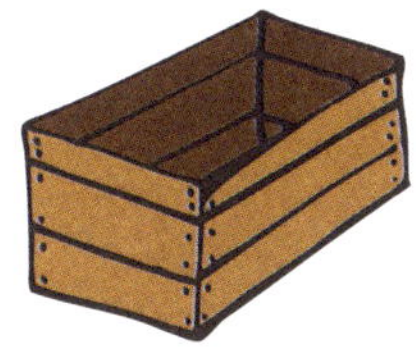

Weinkisten Warum nicht, wenn sie aus schönem Holz sind und die Umgebung nicht zu feucht ist. Vorsicht bei hoher Luftfeuchtigkeit: Pappe und sogar Holz können schimmeln und Schimmelpilze auf die Weinkorken übertragen.

Sortieren der Weine

Nach Region Dies ist die klassische Ordnung, die es euch ermöglicht, schnell den richtigen Weinstil für eine gute Mahlzeit zu finden.

Nach Jahrgang Eine gute Möglichkeit, die Flaschen, die innerhalb der nächsten zwei Jahre getrunken werden müssen, von denen zu trennen, die noch ein paar Jahre reifen müssen.

Nach Priorität Die Flaschen, die bald getrunken werden müssen, sollten besonders leicht zu erreichen sein. Die Weine, die noch ein paar Jahre reifen können, müssen nicht ganz so leicht zugänglich sein. Sie können hinten, auf dem Boden oder ganz oben gelagert werden.

Das Kellerbuch

Für Weinsammler*innen ist es ein unverzichtbares Hilfsmittel. Aufgezeichnet werden darin: Herkunftsregion, Jahrgang, Name des Weinguts bzw. der Produzent*innen, Ort, Preis und Datum des Einkaufs, Anzahl der angeschafften Flaschen (muss jedes Mal angepasst werden, wenn eine Flasche geöffnet wurde) und vor allem die Positon, auf der sich die Flasche im Weinkeller befindet!

Mit einem Kellerbuch könnt ihr den gewünschten Wein schnell finden. Dafür zeichnet ihr ein Gitterschema eurer Regale mit der Position eurer Weine, zum Beispiel Burgunder auf B4, Languedoc auf B5, jung zu trinkender Bordeaux auf C1 …

GLOSSAR

Abbeeren
Entfernen der Trauben von den Rappen (Stielen) nach der Lese, damit die besonders in grünen Traubenstielen vorhandenen Gerbstoffe nicht in den Traubenmost gelangen.

Abfüllen
Fertig ausgebaute Weine werden in Flaschen abgefüllt. Abfüller und Erzeuger/Weingut sind nicht zwangsläufig identisch. *Siehe auch* Erzeugerabfüllung.

Abgang
Ausdruck für den (angenehmen) Nachgeschmack des Weins. Wie lange er anhält, ist ein Qualitätskriterium.

Ablagerungen
Fester Bodensatz, der sich aus einer Flüssigkeit abgesetzt hat, etwa der Hefesatz aus abgestorbenen Hefezellen nach der Gärung oder das Depot, das sich in den Flaschen alter Rotweine bildet.

Abstich
Hefen und andere Ablagerungen, die sich am Boden abgesetzt haben, werden entfernt, indem der Wein in ein anderes Fass umgefüllt wird.

Adstringenz
In Bezug auf Wein die Wirkung von Tannin, die den Speichelfluss hemmt und ein trockenes Gefühl im Mund hervorruft.

Alte Welt
Sammelbezeichnung für die traditionellen Weinregionen Europas.

Antioxidanzien
Substanzen, die Oxidation verhindern, die den Wein verderben lässt (z. B. Schwefel).

Anbaugebiet
Geografisch definiertes Gebiet, in dem Wein angebaut wird. Beinahe jedes Land verfügt über unterschiedliche Anbaugebiete für Wein, in Deutschland sind es 13.

AOC (*Appellation d'Origine Contrôllée,* kontrollierte Ursprungsbezeichnung) *Siehe auch* AOP.

AOP (*Appellation d'Origine Protégée,* geschützte Ursprungsbezeichnung)
Höchste Qualitätsstufe für französische und Schweizer Weine, früher AOC (*Appellation d'Origine Contrôllée,* kontrollierte Ursprungsbezeichnung). AOP-Weine stammen aus einem klar definierten geografischen Gebiet *(Appellation)* und entsprechen strengen qualitativen Vorgaben hinsichtlich der zugelassenen Rebsorten, des Anbaus, des Ertrags, der Lese und des Ausbaus.

Appellation
Französischer Begriff für eine offizielle Herkunftsbezeichnung, die angibt, wo die Trauben angebaut wurden. Sie ist ein wichtiges Qualitätsmerkmal. So kann z. B. die Edeltraube Cabernet Sauvignon ihr volles Potenzial nur dann ausschöpfen, wenn sie unter bestimmten Bedingungen wächst. Deshalb heißen so viele europäische Weine nach ihrer Region und nicht nach der Traube. Je enger die Herkunft eingegrenzt ist, desto hochwertiger der Wein. *Siehe auch* Herkunftsbezeichnung

Aromen
In der Nasenhöhle wahrgenommene Komponenten, die durch die Nase (als Duft) sowie durch Mund und Rachen (als Geschmacksnoten) wahrgenommen werden. *Siehe auch* Geschmack.

Atmen
Wechselwirkung zwischen Wein und Sauerstoff nach dem Öffnen der Flasche. *Siehe auch* belüften.

Ausbau
Zusammenfassender Begriff für sämtliche Arbeitsschritte zwischen Gärung und Abfüllung, z. B. Entwicklung der Aromen, Reifung oder Stabilisierung der Farbe. *Siehe auch* Fassbausbau.

Auslese
Bezeichnung für deutsche Weine aus vollreifen, besonders ausgewählten, oft auch edelfaulen Trauben. Auslesen gehören zu den Prädikatsweinen.

Barrique
Traditionelles französisches 225- oder 228-Liter-

Weinfass, das für Weinstile verwendet wird, die während der Reifung Aromen von neuer Eiche annehmen sollen.

Bâtonnage
Bei der Gärung wird der Hefesatz mit einem Stock aufgerührt, damit er wieder in der Flüssigkeit schwebt. Der Wein wird dadurch geschmeidiger. Den Prozess des Aufrührens nennt man *Bâtonnage.*

Beerenauslese
Qualitätswein mit Prädikat aus überreifen oder edelfaulen Beeren. Die in der Regel vollen und fruchtigen Weine zeichnen sich durch einen hohen Zuckergehalt aus.

belüften
Viele Weine, vor allem junge Rotweine, profitieren nach dem Öffnen und vor dem Trinken von einer Belüftung. Bei älteren, gereiften Weinen und jungen Weißweinen ist eine Belüftung oft kontraproduktiv. *Siehe auch* Karaffieren.

Biodynamik
Form der natürlichen Landwirtschaft, die auch Boden, Pflanzen und Tiere berücksichtigt, synthetische Mittel im Weinberg ausschließt und die Bewirtschaftung nach dem Mondzyklus ausrichtet. Ziel ist es, die Energie des Bodens zu verbessern, um die Entwicklung der Reben zu fördern.

biologisch, ökologisch
Art der Landwirtschaft, bei der die Verwendung synthetischer Chemikalien verboten ist.

biologischer Säureabbau (BSA)
Auch bekannt als malolaktische Gärung. Dabei wird die in den Trauben natürlich gebildete Apfelsäure in Milchsäure umgewandelt und es entsteht Kohlendioxid. Der Wein wird runder und milder.

bitter, Bitterkeit
Eine der sechs Geschmacksrichtungen, oft verwechselt mit der Adstringenz des Tannins im Wein (wie in schwarzem Tee). Bitterkeit wird häufig im Abgang wahrgenommen, einige Sekunden nach den anderen Geschmacksrichtungen.

Blanc de Blancs (frz. »Weißer aus Weißen«)
Weißwein (in der Regel Schaumwein), der ausschließlich aus Weißweintrauben hergestellt wurde. Im Gegensatz dazu nennt man einen Weißwein, der ausschließlich aus Rotweintrauben gekeltert wurde, Blanc de Noirs.

Botrytis cinerea
Ein im Weinbau bedeutsamer Schimmelpilz. Führt bei Reben und unreifen Trauben zu unerwünschter Grau- oder Rohfäule und damit zu Ertragsausfällen. Bei reifen Beeren sorgt er für die sogenannte Edelfäule. *Siehe auch* Edelfäule.

Bouquet
Die Summe und das Zusammenwirken aller Aromen in einem Wein.

Branntwein
Aus Wein destillierte Spirituose von hohem Alkoholgehalt. Sie wird zum Spriten von Weinen wie Portwein oder Sherry verwendet. *Siehe auch* gespriteter Wein.

brut
Amtlicher Etikettbegriff für Schaumweine mit weniger als 15 Gramm Zucker pro Liter.

brut nature
Amtlicher Etikettbegriff für Schaumweine mit weniger als 3 Gramm Zucker pro Liter.

Château
Französische Bezeichnung für ein Weingut, gebräuchlich vor allem im Bordeaux.

Crémant
Französische Schaumweine, die auf die gleiche Art hergestellt werden wie Champagner, aber nicht aus der Champagne kommen.

Cru
Französischer Begriff für Lagen, die hochklassige Weine hervorbringen, meist als Grand Cru oder Premier Cru geadelt. Er wird im Deutschen oft mit »Gewächs« übersetzt, bedeutet aber eher »Rang« (in einer Klassifikation). Je nach Region wird der Begriff nach anderen Kriterien verwendet und unterschiedlich streng gehandhabt. *Siehe auch* Grand Cru, Premier Cru.

Cuvée
So nennt man Weine, die aus fertigen Weinen (unterschiedliche Jahrgänge, Rebsorten oder Lagen) zusammengeführt bzw. verschnitten werden. So sollen konstante Qualität und

konstanter Geschmack garantiert werden. Auch Verschnitt oder *Assemblage* genannt.

DAC *(Districtus Austriae Controllatus)*
Bezeichnung für einen gebietstypischen und herkunftskontrollierten Qualitätswein aus Österreich. Entspricht dem französischen AOP. *Siehe auch* AOP.

Degorgieren
Begriff für die Entfernung des Hefesatzes aus dem Schaumwein. Dazu wird zunächst der Flaschenhals eingefroren. Beim Entfernen des Korkens wird dann der gefrorene Hefesatz unter Einwirkung des Gases aus der Flasche geschleudert.

Dekantieren
Ältere Rotweine trennt man vor dem Servieren von ihrem Sediment. Dazu füllt man den Wein aus der Flasche in ein Gefäß (»Dekanter«) um. Diesen Vorgang nennt man dekantieren. Junge Weine werden karaffiert. *Siehe auch* karaffieren.

demi-sec
Amtlicher französischer Etikettbegriff für Weine mit erkennbarer Süße (Restzuckergehalt 12–18 Gramm pro Liter), halbtrocken. Bei Demi-sec-Schaumweinen darf der Restzuckergehalt 32–50 Gramm pro Liter betragen.

Depot
Siehe Ablagerungen.

Dessertwein
Kategorie für Weine von intensiver Süße. Dazu zählen Eisweine, Süßweine, edelfaule Weine und gespritete Likörweine.

Deutscher Wein
Bezeichnung für deutschen Wein der untersten Qualitätsstufe, früher wurde er als Tafelwein bezeichnet. Tafelweine sind einfache Weine ohne Hinweis auf eine geografische Herkunft mit maximal 11,5 Vol-% Alkohol. Bei der Produktion darf der Most mit Zucker angereichert werden. In Frankreich heißt diese Qualitätsstufe *Vin de France*, in Italien *Vino da tavola*, in Spanien *Vino de mesa*.

DOC (*Denominazione di Origine Controllata*, kontrollierte Ursprungsbezeichnung)
Siehe auch DOP.

DOCG (*Denominazione di Origine Controllata e Garantita*, kontrollierte und garantierte Ursprungsbezeichnung)
Höchste Qualitätsstufe für italienische Weine.

DOP (*Denominazione di Origine Protetta*, geschützte Ursprungsbezeichnung)
Zweithöchste Qualitätsstufe für italienische Weine, früher *DOC (Denominazione di Origine Controllata*, kontrollierte Ursprungsbezeichnung). DOP-Weine stammen aus einem klar definierten geografischen Gebiet und entsprechen strengen qualitativen Vorgaben hinsichtlich der zugelassenen Rebsorten, des Anbaus, des Ertrags, der Lese und des Ausbaus.

Dosage
Bevor Schaumwein mit einem Korken verschlossen wird, kann die Flasche mit der zum Süßen bestimmten Dosage aufgefüllt werden. Abhängig von deren Zusammensetzung ist der Schaumwein dann mehr oder weniger süß.

doux
Französische Bezeichnung für süßen Wein oder Schaumwein. *Siehe* süß.

edelfaul, Edelfäule
Wenn reife Trauben vom Pilz *Botrytis cinerea* befallen werden, reichern sich besonders viel Zucker und Aromen in den Trauben an. Die vertrockneten Beeren bilden nach der Lese die Grundlage für qualitativ hochwertige Süßweine. *Siehe auch Botrytis cinerea* und Trockenbeerenauslese.

Edelstahl
Die meisten Gärbehälter sind heute aus Edelstahl. Weißweine ohne Eichennote werden meist auch in Edelstahltanks gelagert.

Eiswein
Dessertwein aus Trauben, die bis in den Winter am Stock hängen bleiben, dort gefrieren und deshalb sehr konzentrierten Saft abgeben.

Entrappen
Siehe Abbeeren.

erdig
Begriff für Weine, deren Geruch an Natur und Landleben erinnert, wie Mulch, Steine und Herbstlaub.

erfrischend
Beschreibung für Weine, deren Säuregehalt ein belebendes, frisches Gefühl vermittelt.

Ertrag
Maß für die Produktivität eines Weinbergs, angegeben meist in Tonnen pro Hektar (für Trauben) oder in Hektoliter pro Hektar (für Traubensaft).

Erzeuger
Die Person oder Firma, die den Wein tatsächlich herstellt. Traubenanbau und Weinbereitung liegen keineswegs immer in einer Hand, vor allem in der Neuen Welt gibt es viele Kellereien, die ihr Lesegut von spezialisierten Traubenanbauern beziehen.

Erzeugerabfüllung
Bei einer Erzeugerabfüllung kommen Anbau, Weinerzeugung und Abfüllung aus einer Hand (z. B. Winzer, Winzergenossenschaft). Gekennzeichnet wird das in Frankreich mit *Mise en bouteille à la propriété* oder, im Bordeaux, *Mise en bouteille au château*, in Italien mit *Imbottigliato dal viticoltore*, in Spanien mit *Embotellado en origen* und im englischsprachigen Raum mit *Estate bottled*.

extra-brut
Amtlicher Etikettbegriff für Schaumweine mit einem Restzuckergehalt von 0–6 Gramm pro Liter.

extra-sec
Amtlicher Etikettbegriff für Schaumweine mit einem Restzuckergehalt von 12–17 Gramm pro Liter.

Fass
Holzgebinde, das zur Reifung oder Gärung von Weinen verwendet wird. Fast ausschließlich Eiche, vereinzelt Kastanie, Kirsche und Akazie.

Fassausbau
Lagerung des Weines in einem Holzfass, um ihn darin reifen zu lassen. Größe, Alter, Holzart und die Art der Herstellung des Fasses beeinflussen Ablauf und Länge des Reifungsprozesses. *Siehe auch* Barrique.

Fasswein
Massenwein. Niedrigste Qualitätskategorie für Weine, oft in billigen Verschnitten verwendet.

fett
Beschreibung für vollmundige, körperreiche Weine mit hohem Alkoholgehalt, die am Gaumen viel Volumen bieten.

Filtrierung
Verfahren, bei dem der Wein von Schwebestoffen, Trübteilchen, Hefen und Bakterien befreit wird.

Flaschenreife
Manche hochklassige Weine können auch nach der Abfüllung noch eine Zeit lang von weiterer Reifung in der Flasche profitieren.

fleischig
Siehe fett.

flüchtig
Substanz, die bei normaler Temperatur leicht verdunstet – eine Eigenschaft vieler Weinbestandteile, insbesondere von Alkohol und Aromaverbindungen wie Estern.

Frucht, fruchtig
Im Zusammenhang mit Wein Begriff für bestimmte Aromen, die aus der Traube oder von der Weinbereitung herrühren. Wenn sie vorherrschen, bezeichnet man den Wein als fruchtig oder fruchtbetont.

Gärung
Wichtigster Vorgang bei der Weinbereitung, der Traubensaft in Wein umwandelt. Er liegt allen alkoholhaltigen Getränken zugrunde: Lebende Hefezellen wandeln durch ihren Stoffwechsel Zucker in Alkohol und Kohlendioxid um.

Geschmack
Umgangssprachlich sind damit alle Wahrnehmungen im Mund gemeint, die im Zusammenhang mit Essen und Trinken stehen. Direkt in der Mundhöhle, vor allem von den Geschmacksknospen der Zunge, werden aber nur die sechs primären Geschmacksqualitäten wahrgenommen: süß, sauer, salzig, bitter, umami und fett. Weitergehende »Geschmacksnoten« wie blumig, grasig, Kirsche, Brombeere usw. sind in Wirklichkeit Geruchsempfindungen in der oberen Nasenhöhle, also Aromen.

gespriteter Wein
Kategorie von Weinen mit einem Alkoholgehalt von 15–20 Vol.-%, denen Branntwein zugefügt wurde, um die Gärung zu stoppen. Beispiele

sind Portwein, Sherry, Madeira. Die meisten von ihnen werden zu Beginn des Gärprozesses gespritet, Sherry erst kurz vor der Abfüllung.

Gewicht
Begriff für die Textur eines Weins, die im Mund als »Dicke« oder Viskosität wahrgenommen wird. Weine, die viel Alkohol enthalten, fühlen sich schwerer an als solche, die alkoholschwächer oder auch trockener sind.

g.g.A. (geschützte geografische Angabe)
Siehe Landwein.

Gran reserva
Etikettbegriff für gereifte Weine der Spitzenklasse aus Spanien oder Südamerika.

Grand cru
Höchste französische Qualitätsklassifikation für Wein aus der Champagne, dem Burgund, Bordeaux und dem Elsass. *Siehe auch* Cru.

g.U. (geschützte Ursprungsbezeichnung)
Siehe Qualitätswein.

halbtrocken
Mit leichter Süße, nicht ganz trocken.

Handelshaus
Siehe Négociant.

Hefen
Einzellige Mikroorganismen, die Zucker in Alkohol verwandeln. *Siehe auch* Gärung.

Hefesatz
Sediment aus nach der Gärung abgestorbenen Hefezellen. Einige Weiß- und Schaumweine lagern noch eine Zeit lang auf dem Hefesatz und nehmen dabei Brot- und Toastnoten an.

Herkunftsbezeichnung
Qualitätsweine lassen sich an der geschützten Herkunftsbezeichnung erkennen und klassifizieren, vom Land als größter geografischer Einheit absteigend über Region/Anbaugebiet, Ort und Lage bis hin zur Parzelle als kleinster Einheit. Meistens gilt: Je enger die Herkunft eingegrenzt ist, desto hochwertiger der Wein.

Jahrgang
Das Jahr, in dem die Trauben eines Weins gelesen wurden, oft auf dem Etikett angegeben.

jung
Beschreibung für Wein, der vor der Marktfreigabe nicht im Fass und nach der Abfüllung nicht in der Flasche reift. Oft jünger als zwei Jahre.

Kabinett
Unterste Qualitätsstufe der Prädikatsweine nach dem deutschen Weingesetz, bereitet aus Trauben von mittlerer Reife. Viele Kabinett-Weine sind halbtrocken und alkoholarm, es gibt aber auch schwerere und trockene Exemplare.

Karaffieren
Ziel des Karaffierens ist es, den Wein zu belüften und ihn sein Aroma entfalten zu lassen. Junger Wein wird karaffiert, alter Wein dekantiert.

Kirchenfenster
Siehe Tränen.

knackig
Verkostungsbegriff für frische Weine mit einem gewissen, nicht zu hohen Säuregehalt.

komplex
Begriff für simultane Eindrücke beim Weingenuss, in der Regel vielschichtige Düfte und Geschmacksnoten, vor allem solche, die bei der Gärung oder Reifung entstehen.

Konservierungsstoffe
Substanzen, die die Oxidation eines Weins hemmen und ihn dadurch haltbarer machen. Sie können wie Tannin von Natur aus im Wein enthalten sein oder hinzugefügt werden, wie Schwefeldioxid.

konzentriert
Begriff für Weine mit überdurchschnittlicher Intensität der Geruchs- und Geschmackseindrücke. Bezieht sich eher auf Frucht- als auf Eichennoten.

Korken
Aus der Rinde der Korkeiche gewonnener Flaschenverschluss. Teilweise durch Kunststoffe ersetzt.

korkig, Korkschmecker
Durch den Kontakt mit Naturkorken hervorgerufener Weinfehler. Er wird meist durch die chemische Verbindung TCA (2,4,6-Trichloranisol)

verursacht, die dem Wein einen unangenehm muffigen Geruch verleiht.

Körper
Der Ausdruck beschreibt die Textur des Weins, meist abhängig vom Alkoholgehalt. *Siehe auch* Gewicht.

körperreich
Begriff für Wein mit überdurchschnittlich voller Textur. *Siehe auch* schwer.

kräuterwürzig, krautig
Beschreibung für Weine, deren Aromen an Kräuter, Blätter oder Gemüse erinnern. »Krautig« hat einen negativen Beiklang.

Landwein
Bezeichnung für deutschen und österreichischen Wein der zweiten Qualitätsstufe. Landweine zählen zu den Weinen mit geschützter geografischer Angabe (g.g.A.). Er darf nur aus Trauben einer bestimmten Region erzeugt werden und enthält in der Regel maximal 11,5 Vol.-% Alkohol. Bei der Produktion darf der Most mit Zucker angereichert werden. In Frankreich heißt er *Vin de Pays,* in Italien *Vino tipico,* in Spanien *Vino de tierra.*

Länge
Siehe Abgang.

lebhaft
Beschreibung für den Geschmack eines Weins mit harmonischem Säuregehalt. Alternative Begriffe sind u. a. feinsäuerlich, frisch, lebendig oder spritzig.

leicht
Beschreibung für Weine mit feiner Textur. Damit verbindet man Weine von weniger als 13 Vol.-% Alkohol.

Likörwein
Weine, die während des Gärprozesses alkoholisch verstärkt wurden, z. B. mit Weinbrand oder anderen neutralen Alkoholen. Ein Likörwein muss zwischen 15 und 22 Vol.-% Alkohol aufweisen. Bekannte Vertreter sind Portwein, Madeira oder Marsala. *Siehe auch* gespriteter Wein.

Maischung
Am weitesten verbreitete Gärtechnik für Rotwein. Nach dem Abbeeren werden die Trauben leicht angequetscht. Diese sog. Maische wird dann in offenen Behältern aus Holz oder Stahl vergoren.

marmeladig
Beschreibung für Weine, deren Aromen an gekochte oder gesüßte Früchte erinnern.

Massenträgersorten
Rebsorten, die auch bei sehr hohen Erträgen noch passable Weine hervorbringen können. Oft werden sie für Fass- und Billigweine verwendet.

Méthode ancestrale
Traditionelle Methode der Schaumwein-Herstellung. Es handelt sich um eine Flaschengärung mit natürlichen Hefen und ohne Zuckerzugabe. In der Regel wird nicht filtriert, und die Weine werden etwas trüb abgefüllt. Die Methode wird auch als *Méthode rurale* bezeichnet.

mild
Bezeichnung für Weine mit Aromen von geringer Intensität.

Mis en bouteille à la domaine/au château
Siehe Erzeugerabfüllung.

mittelschwer
Beschreibung für Weine mit mittlerer Textur, weder leicht noch schwer, die meist zwischen 13 und 14 Vol.-% Alkohol enthalten.

Mousse, moussierend
Begriff für das Schäumen bzw. Perlen eines Weins.

Mundgefühl
Im Mund wahrgenommene taktile Empfindungen.

Muscadet
Weinbauregion in Frankreich, nicht zu verwechseln mit der Rebsorte Muscat (*siehe* Muskateller).

Muskateller
Eine der ältesten Rebsorten mit zahlreichen Varianten, z. B. Muscat, Moscatel, Moscato, Muscadelle und Muskat. Nicht zu verwechseln mit Muscadet, einer Weinbauregion in Frankreich.

Naturwein
Weine, die möglichst ohne Zusätze und ohne aufwändige Kellertechnik produziert werden. Die meisten Naturweine sind biologisch-dynamisch erzeugt. Eine gesetzliche Regelung gibt es für sie allerdings nicht.

Négociant
So nennt man in Frankreich ein Unternehmen, das Trauben, Most oder Weine verschiedener Winzer*innen ankauft, verschneidet und unter einer eigenen Marke verkauft. Der deutsche Begriff lautet Handelshaus.

neue Eiche
Fässer oder andere Produkte aus Eiche, die noch nicht mit Wein in Kontakt gekommen sind, verleihen Wein bestimmte Aromen und Geschmacksnoten.

Neue Welt
Sammelbezeichnung für die Weinregionen Amerikas und der Südhalbkugel.

neutrales Fass
Eichenfass, in dem schon mindestens drei Jahre lang Wein gelagert wurde und das deshalb kaum noch Eichennoten abgibt.

Oxidation, oxidiert
Oxidation bezeichnet die Reaktion des Weins mit Sauerstoff. Sie ist die Hauptursache für fehlerhafte Weine. Bei der Weinbereitung vermeidet man daher gewöhnlich zu langen Luftkontakt. Als Weinbeschreibung steht »oxidiert« für Weine mit wenig Frische, bräunlicher Farbe sowie Aromen von Nüssen und überreifen Früchten.

oxidativer Ausbau
Weine, die in Fässern gezielt mit einer bestimmten Menge Luft ausgebaut werden. Sie entwickeln Aromen von Nüssen, Curry, Trockenfrüchten oder Bitterorange.

Paarung, Pairing
Beschäftigt sich mit der Frage »Welcher Wein passt zu welchen Speisen?«. Auch *Wine Food Pairing* genannt.

Perlage
Französische Bezeichnung für die Perlen in einem Schaumwein. Je feiner die Perlen, desto höher die Qualität.

Perlwein
Durch Zufuhr von Kohlensäure leicht schäumender Wein mit niedrigerem Kohlensäuregehalt als Schaumwein, z. B. Frizzante oder Prosecco.

Pétillant naturel
Bezeichnung für natürlich schäumende Weine, auch *Pét Nat* genannt.

phenolische Verbindungen
Farb- und Aromastoffe, die in den Traubenschalen enthalten sind, darunter Tannin und Anthocyanin. Häufig sind es auch Antioxidanzien mit konservierender Wirkung.

Pigeage
Technik bei der Rotweinherstellung. Der bei der Gärung oben schwimmende Tresterhut (Traubenschalen usw.) wird maschinell, mit Rührlöffeln oder mit den Füßen wieder nach unten gestoßen. Der Alkohol kann den Trauben so besser die Farb-, Aroma- und Gerbstoffe entziehen.

potenzieller Alkohol
Der Zuckergehalt der Trauben vor der Gärung bestimmt den möglichen maximalen Alkoholgehalt der aus ihnen bereiteten Weine.

Prädikatswein
Bezeichnung für deutschen Wein der höchsten Qualitätsstufe, auch »Qualitätswein mit Prädikat« (QmP). Die Trauben für Prädikatsweine müssen ein gewisses Mindestmostgewicht haben. Der Most darf bei der Produktion nicht mit Zucker angereichert werden. Es gibt sechs Prädikate: Kabinett, Spätlese, Auslese, Beerenauslese, Trockenbeerenauslese und Eiswein.

Premier cru
Zweithöchste französische Qualitätsklassifikation für Wein aus der Champagne und dem Burgund. *Siehe auch* Cru.

Punktbewertung
Von Kritikern und Zeitschriften verwendete Methode, um Weine einzustufen, meist Zahlen in einem 100-Punkte-Schema.

Q.b.A. (Qualitätswein bestimmter Anbaugebiete) *Siehe* Qualitätswein.

QmP (Qualitätswein mit Prädikat) *Siehe* Prädikatswein.

Qualitätsstufe
Für deutsche Weine gibt es vier Qualitätsstufen. Auf der untersten Stufe steht der Deutsche Wein (früher Deutscher Tafelwein), darauf folgen Landwein, Qualitätswein und Prädikatswein. Jedes europäische Land hat eigene Qualitätsstufen definiert, die Angabe auf dem Etikett ist verpflichtend.

Qualitätswein
Bezeichnung für deutschen Wein der dritten Qualitätsstufe, auch »Qualitätswein bestimmter Anbaugebiete« (Q.b.A.). Qualitätsweine zählen zu den Weinen mit geschützter Ursprungsbezeichnung (g.U.). Qualitätswein muss in einem der 13 Weinanbaugebiete hergestellt worden sein, und es dürfen nur Rebsorten verwendet werden, die für die jeweilige Region zugelassen sind. Bei der Produktion darf der Most mit Zucker angereichert werden. In Frankreich und der Schweiz entspricht dies AOP, in Österreich DAC, in Italien und Spanien DOP.

rau
So bezeichnet man entweder Rotweine mit viel adstringierendem Tannin oder sehr alkoholische Weine allgemein.

Raumtemperatur
Es wird empfohlen, Rotwein bei Raumtemperatur zu servieren. Doch diese Empfehlung stammt aus einer Zeit, als die Raumtemperatur bei etwa 17 °C lag. Die Serviertemperatur sollte – je nach Rotwein – zwischen 14 und 18 °C betragen.

Rebsorte
Die Kulturpflanze, aus der Wein gewonnen wird, ist die Rebenspezies *Vitis vinifera* – fast alle der zur Weinbereitung verwendeten Trauben gehören dieser Art an. Es werden Rotwein- und Weißweinsorten unterschieden.

reichhaltig
Siehe vollmundig.

reif
Bezeichnung für Weine, die auf dem Höhepunkt sind und nicht weiter lagern müssen. In Bezug auf Trauben *siehe* Traubenreife.

Reifung
Der Teil der Weinbereitung nach der Gärung, bei der der Wein in Fässern, Tanks oder Flaschen lagert.

reinsortig
Wein, der zu 100 % aus einer einzigen Rebsorte bereitet ist.

Reserva, Reserve, Riserva
Etikettbegriffe, die höhere Qualität vermuten lassen. Amtlich in Spanien, Italien und Südamerika, anderswo aber ohne gesetzliche Grundlage.

Rosé
Kategorie von rosafarbenen bis hellroten Weinen. Bei ihrer Bereitung kommt der Traubensaft nur kurz mit den dunklen Schalen in Kontakt.

Röstnote
Begriff, der Weine mit Eichennoten beschreibt: nussige, karamellisierte Aromen, die vom Anrösten des Holzes über offener Flamme beim Fassbau herrühren.

rund
Beschreibung für Weine mit sanftem und harmonischem Geschmack, vorwiegend für (ältere) Rotweine.

salzig
Eine der Geschmacksqualitäten, die von den Geschmacksknospen der Zunge wahrgenommen werden. Salzige Speisen lassen Weine, die dazu getrunken werden, säureärmer erscheinen.

sauer, Säure
Säure gehört zu den sechs primären Geschmacksqualitäten, die insbesondere mit der Zunge wahrgenommen werden.

scharf
Beschreibung für außerordentlich säurebetonte Weine.

Schaumwein
Oberbegriff für kohlensäurehaltigen Wein, der Bläschen bildet. Dazu gehören z. B. Cava, Champagner, Crémant und Sekt.

schönen
Bezeichnung für kellertechnische Maßnahmen, um Wein z. B. von unerwünschten Schwebeteilchen zu befreien, um Geschmack und Aussehen zu verbessern oder um Wein haltbarer zu machen.

schwer
Begriff für Weine mit reichhaltiger, den Mund ausfüllender Textur. Das sind oft Weine, deren Alkoholgehalt über 14 Vol.-% liegt. *Siehe auch* Gewicht.

sec
Französische Bezeichnung für trockenen Wein. *Siehe auch* trocken.

seidig
Beschreibung der Textur eines Weins, meist eines Rotweins, dessen Tannine im Mund kaum adstringierend wirken. Solche Weine werden auch als weich oder samtig bezeichnet.

Sélection de grains nobles
In Frankreich gebräuchliche, recht vage Bezeichnung für Beerenauslese oder Trockenbeerenauslese. *Siehe auch* Beerenauslese *und* Trockenbeerenauslese.

Sommelier, Sommelière
Weinkellner*in in einem (gehobenen) Restaurant, der/die in der Regel auch für den Weineinkauf des Hauses zuständig ist.

sortenrein
Siehe reinsortig.

Spätlese
Allgemein ein Ausdruck für solche Weine, deren Trauben erst spät im Herbst oder früh im Winter geerntet wurden und daher reifer und süßer sind. In Deutschland die zweitunterste Qualitätsstufe der Prädikatsweine nach dem deutschen Weingesetz, bereitet aus spät gelesenen Trauben von überdurchschnittlicher Reife. Spätlese-Weine sind oft halbtrocken oder lieblich mit mäßigem Alkoholgehalt, es gibt aber auch schwerere und trockenere Exemplare.

spritzig
Frische, junge Weine mit deutlicher Säure, die unter Umständen leicht prickeln.

Stärke, stark
Bezeichnung für den Alkoholgehalt eines Weins. *Siehe auch* Gewicht.

Stillwein, still
Ausdruck für Wein, der keine Kohlensäure enthält, im Gegensatz zu Perlwein oder Schaumwein.

Strohwein
Süßwein aus Trauben, die nach der Lese auf Strohmatten, Schilf oder Holzgestellen getrocknet werden. Aus ihnen wird ein schwerer Wein mit hohem Alkoholgehalt (mind. 14 vol.%) bereitet, der sehr lange lagerungsfähig ist.

subtil
Beschreibung für Weine, deren Geruch und Geschmack weniger intensiv sind.

süß, Süße
Spürbare Gegenwart von Zucker. Eine der sechs an der Zunge wahrnehmbaren Geschmacksqualitäten.

Tafeltrauben
Zum direkten Verzehr bestimmte Trauben, oft kernlos, saftig und dünnschalig.

Tafelwein
Siehe Deutscher Wein.

taktil
Auf den Tastsinn bezogen.

Tannin
In Traubenschalen vorkommende phenolische Verbindung mit adstringierenden Eigenschaften, die auch als natürlicher Konservierungsstoff wirkt. Tanninbetonte Rotweine erzeugen ein austrocknendes Gefühl im Mund.

Terroir
Sammelbegriff für die Summe der einzigartigen Eigenschaften eines Weinanbaugebiets, z. B. Boden, Lage oder Klima. Das Terroir prägt die Rebsorten und folglich die daraus hergestellten Weine, weshalb ein Chardonnay aus Rheinhessen anders schmeckt als einer aus der Champagne. In Frankreich ist das Terroir wesentliche Grundlage für die AOP-Klassifikation.

Textur
Bezeichnung für den Körper bzw. die Viskosität eines Weins, in der Regel im Zusammenhang mit dem Alkoholgehalt. *Siehe auch* Gewicht.

Tränen
Die Tropfen, die sich an der Glaswand bilden, wenn ein Wein im Glas geschwenkt wird – ein sichtbares Zeichen für das Gewicht eines Weins.

Traubenreife
Die Schlussphase der Entwicklung der Frucht in den letzten Wochen vor der Lese, wenn Sonne und Wärme die Trauben süß machen.

Trester
Bezeichnung für die Masse aus Traubenschalen, Fruchtfleisch, Kernen und unter Umständen auch Stielen nach dem Pressen.

trocken
Bezeichnung für Wein ohne erkennbaren Zuckergehalt – das Gegenteil von süß und für die allermeisten Weine die Norm. Nicht zu verwechseln mit dem austrocknenden Effekt, den Tannin von Rotwein im Mund verursacht.

Trockenbeerenauslese
Qualitätswein mit Prädikat aus überreifen, rosinenartig eingetrockneten, edelfaulen Beeren, der eine Alterungsfähigkeit von Jahrzehnten mitbringt. Er bildet die Spitze der Prädikatsweine.

üppig
Begriff für sehr aromatische, geschmacksintensive Weine.

Vanille
Hauptaromaverbindung von Vanilleschoten. Auch in Eichenholz reichlich vorhanden. Die Eichennote in Weinen ist deshalb oft auch eine Vanillenote.

veganer Wein
Wein, der ohne tierische Stoffe (z. B. Eiklar oder Gelatine) geklärt wird. Verwendet werden pflanzliche Proteine aus Erbsen, Bohnen oder Kartoffelstärke. Geschmacklich gibt es keinen Unterschied zu nicht-veganem Wein.

verschneiden, Verschnitt
Einen Wein, der aus mehreren verschiedenen Rebsorten erzeugt wurde, nennt man Verschnitt. Das heißt aber nicht, dass Trauben verschiedener Sorten gemeinsam vergoren werden. Aus jeder Sorte wird zunächst ein eigener Wein bereitet, dann werden die fertigen Weine miteinander verschnitten.

Vin de Pays
Siehe Landwein.

Vin doux naturel
Französischer Dessertwein, erzeugt durch *Mutage*, also durch Spriten mit Branntwein nach der »Port-Methode«.

Vinifikation
Bezeichnung für den Prozess der Weinbereitung von der Weinbergpflege über Weinlese bis zur Abfüllung des Weins in Flaschen.

Vitis vinifera
Für die Weinerzeugung wichtigste Spezies der Weinrebe.

vollmundig
Beschreibung für Weine, die sich überdurchschnittlich fett anfühlen.

weich
Beschreibung für Weine mit wenig adstringierendem Tannin, manchmal auch für säurearme Weine.

Weinbereitung
Der Prozess, bei dem frische Trauben durch Gärung in Wein verwandelt werden.

Weingeist
Hochprozentiger, fast reiner Alkohol.
Siehe auch Branntwein.

Weingut, Gut
Winzerbetrieb, der den Wein auch selbst erzeugt, wodurch Traubenanbau und Weinbereitung in einer Hand bleiben.

REGISTER

L

M

N

U

V

W

X

Z

Der Autorin
Vielen Dank an das gesamte Team von Marabout, das an meine Arbeit geglaubt, mich unterstützt, mich korrigiert und dieses Buch verständlich, schön und erfolgreich gemacht hat. Vielen Dank Yannis für seine passenden Zeichnungen, die den Texten mehr Bedeutung verleihen.
Vielen Dank meinem lieben Vater für das aufmerksame Korrekturlesen.
Vielen Dank meinem reizenden Ehemann für die tägliche Unterstützung.

Des Illustratoren
Vor allem möchte ich mich bei meiner Frau bedanken, Anne-Laure, dafür, dass sie mich während dieses gesamten großartigen Projekts unterstützt hat!
Bei der Autorin, Ophélie Neiman, möchte ich mich dafür bedanken, dass sie mein Weinwissen mit viel Humor und Herzlichkeit erweiterte.
MERCI.

Für die deutsche Ausgabe:
Verlagsleitung Monika Schlitzer
Programmleitung Heike Faßbender
Projektbetreuung Muriel Magon
Herstellungsleitung Dorothee Whittaker
Herstellungskoordination Katharina Schäfer
Herstellung Inga Reinke

Übersetzung Carla Gröppel-Wegener
Lektorat Elke Sagenschneider Texte und Projekte, München
Redaktionelle Bearbeitung Paul Kern

Titel der französischen Originalausgabe: Le vin c'est pas sorcier

Der Originaltitel erschien 2013, 2015, 2017, 2020 und 2021
in Frankreich bei Hachette Livre (Marabout),
58 rue Jean Bleuzen, 92170 Vanves.

Texte Ophélie Neiman
Weitere Texte S. 93–97, 109–112, 164–175, 184–185: Paul Kern, S. 89-90, 113–117: Wine isn't Rocket Science (2017, Black Dog & Leventhal Publishers), S. 91–92, 178–183: Vino - Manuale per Aspiranti Intenditori (2022, Giunti Editore S.p.A.)
Illustrationen Yannis Varoutsikos
Design Gérard Lamarche et les PAOistes

ISBN 978-3-8310-4356-9

Druck und Bindung L.E.G.O. S.p.A., Italien

MIX
Papier | Fördert gute Waldnutzung
FSC® C023419
FSC www.fsc.org

www.dk-verlag.de

Hinweis
Die Informationen und Ratschläge in diesem Buch sind von der Autorin und vom Verlag sorgfältig erwogen und geprüft, dennoch kann eine Garantie nicht übernommen werden.
Eine Haftung der Autorin bzw. des Verlags und seiner Beauftragten für Personen-, Sach- und Vermögensschäden ist ausgeschlossen.